Michael Sommer
Betriebsorganistion

DER SICHERE WEG ZUR MEISTERPRÜFUNG
IM KFZ-TECHNIKER-HANDWERK

Michael Sommer
Betriebsorganisation

Auftragsabwicklung, EDV-Organisation, Marketing

Vogel Buchverlag

Technische Akademie des Kfz-Gewerbes (TAK)

Michael Sommer, M.A., geboren 1956 in Iserlohn (NRW), arbeitet als freier Journalist im Redaktionsbüro Sommer & Partner, Stuttgart. Nach dem Studium der Germanistik und Publizistik war er ab 1984 als Mitarbeiter im Redaktionsbüro eines Motorjournalisten und Autohaus-Verkaufstrainers tätig. 1988 wechselte er als Redakteur zur DEKRA-Fachzeitschrift «ATV – Auto, Technik, Verkehr» nach Stuttgart. Seit 1992 mit eigenem Redaktionsbüro selbstständig. Neben der Mitarbeit in verschiedenen Fachpublikationen war er bis Mitte 2004 Chefredakteur des Info-Magazins «Gebrauchtwagen-Praxis».

Projektkoordination/Projektmanagement:
Dipl.-Ing. Karl Damschen/Dipl.-Ing. Ingo Meyer (ZDK)

Weitere Informationen unter www.vogel-buchverlag.de

ISBN 3-8023-1932-X
1. Auflage. 2004
Alle Rechte, auch der Übersetzung, vorbehalten. Kein Teil des Werkes darf in irgendeiner Form (Druck, Fotokopie, Mikrofilm oder einem anderen Verfahren) ohne schriftliche Genehmigung des Verlages reproduziert oder unter Verwendung elektronischer Systeme verarbeitet, vervielfältigt oder verbreitet werden. Hiervon sind die in §§ 53, 54 UrhG ausdrücklich genannten Ausnahmefälle nicht berührt.
Printed in Germany
Copyright 2004 by Vogel Industrie Medien GmbH & Co. KG, Würzburg
Umschlaggrafik: Buena la Vista AG, Würzburg
Herstellung: dtp-project Peter Pfister, 97222 Rimpar

Geleitwort

Seit 1. Januar 2001 ist die neue Meisterverordnung für das Kraftfahrzeugtechniker-Handwerk in Kraft. Aufgrund der sich ständig ändernden technischen und wirtschaftlichen Entwicklungen in der Kraftfahrzeugbranche sowie einer Änderung der Handwerksordnung am 1. April 1998 (Zusammenlegung Kraftfahrzeugmechaniker-Handwerk und Kraftfahrzeugelektriker-Handwerk zum Kraftfahrzeugtechniker-Handwerk) und der Umgestaltung von Verordnungen für Meisterprüfungen im Handwerk vom Bundesministerium für Wirtschaft und Technologie (Meisterprüfungsberufsbild und Prüfungsanforderungen) ist eine neue Meisterverordnung für den Teil I (Fachpraxis) und Teil II (Fachtheorie) im Kraftfahrzeugtechniker-Handwerk entstanden. Damit ist eine geeignete Grundlage zur Vereinheitlichung der Anforderungen zu den Meisterprüfungen und Vorbereitungslehrgängen bundesweit gegeben.

Der Zentralverband des Deutschen Kraftfahrzeuggewerbes (ZDK) hat auf Basis dieser neuen Meisterverordnungen einen bundeseinheitlichen Rahmenlehrplan zur Vorbereitung auf die Teile I und II der Meisterprüfung im Kraftfahrzeugtechniker-Handwerk entwickelt und mit Wirkung ab 1. Juli 2001 empfohlen. Dieser Rahmenlehrplan unterteilt das Gesamtgebiet der praktischen und theoretischen Vorbereitung zur Meisterprüfung aufgrund der Wahlmöglichkeit im Teil I in Schulungsschwerpunkte «Fahrzeugsysteme» und «Karosserieinstandsetzung», wobei den beiden Handlungsfeldern und den drei Prüfungsfächern «Kraftfahrzeuginstandhaltungs- und Kraftfahrzeugtechnik», «Auftragsabwicklung» sowie «Betriebsführung und Betriebsorganisation» jeweils unterschiedliche Zeitrichtwerte zugeordnet sind. Damit erhält die Meisterverordnung im Kraftfahrzeugtechniker-Handwerk eine ähnliche inhaltliche Ergänzung, wie das bei den Ausbildungsverordnungen von vorneherein der Fall ist.

Während in der Ausbildung zum Kraftfahrzeugmechaniker und Kraftfahrzeugelektriker als bundeseinheitlich unterstützendes Lehrmaterialprogramm das Ausbildungsjournal *autofachmann* zur Verfügung steht, war ein entsprechend flankierendes Konzept bisher im Rahmen der Meistervorbereitung nicht vorhanden. Wir begrüßen daher, dass der Vogel Buchverlag zusammen mit der Technischen Akademie des Kraftfahrzeuggewerbes (TAK) die Lehrmaterialreihe *Der sichere Weg zur Meisterprüfung im Kfz-Techniker-Handwerk* herausgegeben hat. Diese Lehrmaterialreihe orientiert sich in Bezug auf Struktur und Inhalt genau am ZDK-Rahmenlehrplan – sie stellt sozusagen inhaltlich das Spiegelbild des Rahmenlehrplans dar.

Der im Rahmen dieser Reihe hier vorliegende Band *Betriebsorganisation* befasst sich mit Auftragsabwicklung, EDV-Organisation und Marketing. Dieser Band dient in erster Linie der Vorbereitung auf die Meisterprüfung und gibt gleichzeitig denjenigen eine umfassende Übersicht, die an einer gezielten Fortbildung interessiert sind.

Wir danken dem Verlag, dass er bereit war, mit über 20 Autoren die vorliegende Lehrmaterialreihe zu erstellen. Wir sind sicher, dass dieses in seiner Art im Kfz-Gewerbe einmalige Gesamtwerk den Adressaten den gewünschten Lernerfolg bringt.

Bonn im September 2004

Rolf Leuchtenberger

Präsident

Dr. Wolfgang Hoffacker

Vizepräsident

Vorwort

Eine optimale betriebliche Ablauforganisation ist einer der zentralen wirtschaftlichen Erfolgsfaktoren für den Kfz-Meisterbetrieb. Alle Bereiche – von der Kundendienstannahme über das Ersatzteillager und die Werkstatt bis zur Abrechnung – müssen Hand in Hand arbeiten und einen optimalen Fahrzeugdurchlauf durch die Werkstatt sicherstellen. Der vorliegende Band aus der Vogel-Buchreihe rund um die Meisterprüfung im Kfz-Gewerbe beschreibt zunächst die Anforderungen, die schon bei der Planung eines neuen oder der Modernisierung eines bestehenden Betriebes berücksichtigt werden müssen, um eine optimale Ablauforganisation zu gewährleisten. Ausführlich werden der effektive Durchlauf des Kundenfahrzeuges durch den Betrieb sowie die sinnvolle Aufteilung und Ausrüstung der einzelnen Arbeitsplätze dargestellt.

Ein Kapitel widmet sich den EDV-Systemen, die sowohl für die Betriebsorganisation als auch für die effektive Fehlersuche am Fahrzeug im modernen Kfz-Betrieb heute große Bedeutung haben. Vernetzte EDV-Systeme können die Betriebsorganisation unterstützen und so zur Wirtschaftlichkeit des Betriebes erheblich beitragen.

Marktgerechte Preise, die nicht nur die Kosten decken, sondern selbstverständlich auch einen ausreichenden Ertrag abwerfen, sind ein weiterer wichtiger Faktor für den wirtschaftlichen Erfolg des Kfz-Meisterbetriebes – genauso wie aussagefähige Controlling-Mechanismen dafür sorgen müssen, dass Fehlentwicklungen rechtzeitig erkannt werden. Schließlich erwarten Werkstattkunden neben günstigen Preisen ein umfassendes Dienstleistungsangebot. Kundenorientiertes Verhalten aller Mitarbeiter im Kfz-Betrieb, die Einbindung des Kunden in die Werkstattorganisation sowie Marketingaktionen rund um das Werkstattgeschäft sind daher weitere zentrale Themen.

Die Rahmenbedingungen, unter denen ein Kfz-Betrieb heute handelt, stellen hohe Ansprüche an Kundenorientierung, Flexibilität und Innovationsfähigkeit: In der Bundesrepublik Deutschland gab es im Jahr 2003 rund 42 500 Kfz-Meisterbetriebe mit fast einer halben Million Mitarbeitern. In den letzten Jahren hat die Zahl der Kfz-Betriebe, der freien und markengebundenen Werkstätten, der Tankstellen mit Reparaturbetrieb und der Schnellservice-Unternehmen jedoch abgenommen.

Zwar ist der Fahrzeugbestand weiter gestiegen, so dass Anfang 2003 rund 53,7 Millionen Kraftfahrzeuge in Deutschland zugelassen waren. Andererseits jedoch ist die Zahl der vorgeschriebenen Wartungen und auch die Reparaturhäufigkeit je Fahrzeug in den letzten Jahren kontinuierlich gesunken. Möglich wurde das durch die zunehmende Qualität moderner Fahrzeuge. Diese Entwicklung führte zu einer Verringerung des Wartungs- und Reparaturbedarfs in den Werkstätten.

Aber die immer kompliziertere Fahrzeugtechnik erhöhte auch den Bedarf an Fachwissen und Werkstattkompetenz. Konnten früher viele Autofahrer kleinere Wartungs- und Reparaturarbeiten noch selbst ausführen, so sind sie heute auf die Kenntnisse und die technische Ausstattung eines Kfz-Meisterbetriebes angewiesen. Wer heute einen Kfz-Betrieb, eine Werkstatt oder einen Handelsbetrieb planen und aufbauen will, muss sich daher zunächst mit dem regionalen Markt auseinandersetzen. Besteht am Ort überhaupt noch Bedarf für eine weitere Werkstatt? Ist ein Fabrikat vielleicht noch unterrepräsentiert? Bin ich in der Lage, mit meinen Werkstattleistungen auch in einem harten Verdrängungswettbewerb zu bestehen? All das sind Fragen, die vor der eigentlichen Planung beantwortet werden müssen.

Mit kundenorientiertem Service und marktgerechten Angeboten, mit dem nötigen fachlichen Know-how und moderner Ausstattung sowie mit optimalen Abläufen und einer effizienten Betriebsorganisation jedoch hat der Kfz-Betrieb beste Chancen, auch im harten Wettbewerb erfolgreich zu bestehen. Der Band «Betriebsorganisation» gibt hierzu Hilfestellungen.

Stuttgart   Michael Sommer

Inhaltsverzeichnis

Geleitwort		5
Vorwort		7

1 Aufbauorganisation von Kfz-Betrieben 13
   1.1   Struktur des Kfz-Gewerbes 13
       1.1.1   Freie Kfz-Werkstatt 15
       1.1.2   Werkstattsystem-Konzepte für freie Kfz-Betriebe 16
       1.1.3   Freie Kfz-Werkstatt mit Kfz-Handelsgeschäft 19
       1.1.4   Reiner Gebrauchtwagenhandel 20
       1.1.5   Fabrikatsgebundene Werkstatt 21
       1.1.6   Fabrikatsgebundenes Autohaus 23
   1.2   Funktionsbereiche und ihr Stellenwert im Kfz-Betrieb 25
       1.2.1   Werkstatt 26
       1.2.2   Ersatzteile- und Zubehörverkauf 31
       1.2.3   Fahrzeugpflege, Gebrauchtwagenaufbereitung 32
       1.2.4   Gebrauchtwagenverkauf 33
       1.2.5   Neuwagenverkauf 36
       1.2.6   Verwaltung 36
   1.3   Bedarfsplanung Kfz-Betrieb 37
       1.3.1   Marktanalyse 37
       1.3.2   Personalplanung und Personalauswahl 41
       1.3.3   Marktchancen und -risiken 52
   1.4   Raumbedarf und Einrichtungsplanung 54
       1.4.1   Ablaufoptimiertes Werkstattdesign 58
       1.4.2   Ersatzteillager und Zubehörverkauf 63
       1.4.3   Fahrzeugverkauf 64
       1.4.4   Verwaltung und Sozialräume 66
   1.5   Existenzgründung und Fördermöglichkeiten 66

2 EDV-Organisation 75
   2.1   Einzel-PC-Arbeitsplatz für Verwaltung und Organisation 77
   2.2   Kaufmännische EDV-Lösungen für kleine und mittlere Kfz-Betriebe ... 83
   2.3   Prüf- und Testgeräte 86
       2.3.1   Effektive Fehlersuche mit intelligenten Diagnosesystemen 89
       2.3.2   Sollwerte und Prüfdaten auf dem neuesten Stand 92
       2.3.3   Teilebestellung per Mausklick 93
   2.4   Der vernetzte Kfz-Betrieb 93
   2.5   EDV-gestütztes Gebrauchtwagen-Management 98
       2.5.1   Professionelle Gebrauchtwagenbewertung 101
   2.6   EDV-Komplettlösungen für markengebundene Autohäuser 103
   2.7   Internetlösungen für den Kfz-Betrieb 107
       2.7.1   Der eigene Internetauftritt des Kfz-Betriebes 108
       2.7.2   Gebrauchtwagenbörsen 109
       2.7.3   Ersatzteile verschiedener Hersteller über das Internet bestellen ... 113
       2.7.4   Reparaturunterstützung über das Internet 115

3 Ablauforganisation im Kfz-Betrieb 117
   3.1   Funktionsbereich Kundendienst 118
       3.1.1   Effektive Termin- und Auslastungsplanung 119
       3.1.2   Kundendienstannahme 123
              3.1.2.1   Dialogannahme, Direktannahme 125
              3.1.2.2   Kalkulation der Reparaturkosten, Kostenvoranschlag . 131
              3.1.2.3   Der Reparaturauftrag 134
       3.1.3   Arbeitsvorbereitung 135
       3.1.4   Effektive Diagnose und Fehlersuche 136

		3.1.5	Schnellservice	139
		3.1.6	Wartung und Reparatur	140
			3.1.6.1 Der optimale Mechanikarbeitsplatz	145
			3.1.6.2 Der optimale Karosseriearbeitsplatz	146
			3.1.6.3 Fremdleistungen	148
		3.1.7	Teamkonzept oder Gruppenarbeit?	149
		3.1.8	Endkontrolle nach dem Vier-Augen-Prinzip	151
		3.1.9	Fahrzeugübergabe an den Kunden	151
		3.1.10	Zeiterfassung	154
		3.1.11	Garantiearbeiten und Kulanz	155
	3.2	Funktionsbereich Ersatzteillager		157
	3.3	Funktionsbereich Gebrauchtwagenverkauf		161
		3.3.1	Hereinnahmebewertung mit technischer Durchsicht	162
		3.3.2	Marktgerechte Hereinnahmepreis-Kalkulation	163
		3.3.3	Aktiver Gebrauchtwagenzukauf aus unterschiedlichen Quellen	165
		3.3.4	Optimale Gebrauchtwagen-Instandsetzung und -aufbereitung	166
		3.3.5	Attraktive Gebrauchtwagen-Präsentation	169
		3.3.6	Gebrauchtwagengarantie	171
		3.3.7	Gebrauchtwagenauslieferung	174
	3.4	Funktionsbereich Neuwagenverkauf		177
	3.5	Funktionsbereich Verwaltung		178
	3.6	Qualitätsmanagement im Kfz-Betrieb		180
		3.6.1	Qualitätsmanagement-Systeme nach ISO	185
		3.6.2	Werkstatttests	187
4	**Effektives Controlling**			191
	4.1	Die wichtigsten betrieblichen Kennzahlen		194
	4.2	Betriebsvergleiche		197
	4.3	Rating durch die Hausbank		199
	4.4	Organisationscontrolling in der Werkstatt		201
		4.4.1	Produktive/unproduktive Mitarbeiter	201
		4.4.2	Organisationsmittel und Systeme zur Zeiterfassung	204
		4.4.3	Nachkalkulation der Werkstattaufträge	205
		4.4.4	Kundenkontakt-Analyse/Service Return	206
	4.5	Organisationscontrolling im Neu- und Gebrauchtwagenverkauf		209
		4.5.1	Disposition und Bestellung	210
		4.5.2	Standzeitenübersicht und -kontrolle	213
		4.5.3	Nachkalkulation des Gebrauchtwagengeschäftes	215
5	**Rechte und Pflichten von Kfz-Betrieben**			217
	5.1	Geschäfts- und Reparaturbedingungen für den Kundendienst		218
	5.2	Verkaufsbedingungen für den Neu- und Gebrauchtwagenverkauf		229
	5.3	Das Gesetz gegen den unlauteren Wettbewerb		238
	5.4	Schiedsstellen für das Kfz-Gewerbe		240
	5.5	Versicherungen im Kfz-Betrieb		243
6	**Marketing**			247
	6.1	Unternehmensidentität – Corporate Identity (CI)		251
	6.2	Kundenorientierung im Kfz-Betrieb		254
		6.2.1	Kundenorientiertes Verhalten der Mitarbeiter	257
		6.2.2	Verhalten am Telefon	258
		6.2.3	Werkstatt-Öffnungszeiten	260
		6.2.4	Serviceorientierte Kundendienstannahme	261
		6.2.5	Kundenbindende Fahrzeugübergabe	263
		6.2.6	Reklamationen – Chance für den Kundendienst	264
	6.3	Medien und Märkte		266
		6.3.1	Zeitungswerbung	268
		6.3.2	Internet und e-Mail-Kontakt	271
		6.3.3	Sonstige Werbemedien für den Kfz-Betrieb	277
		6.3.4	Werbeerfolgskontrolle	279
	6.4	Spezielle Marketingaktionen in der Werkstatt		280
		6.4.1	Frühjahrs-, Urlaubs- und Winteraktionen	281

		6.4.2	Zubehöraktionen	284
		6.4.3	Paketpreise und Festpreisangebote	285
	6.5		Werbeplanung und Kosten	287
	6.6		Kundenkontaktprogramme	288
		6.6.1	Direct-mail-Aktionen	291
		6.6.2	Telefonmarketing	292
		6.6.3	Kundenkarten und Garantieprogramme	294

Quellenverzeichnis 295

Stichwortverzeichnis 297

1 Aufbauorganisation von Kfz-Betrieben

Für die Einrichtung eines optimal strukturierten Kfz-Betriebes ist zunächst eine umfassende Planung erforderlich. Dazu sind im Vorfeld eine Reihe von Fragen zu klären: Soll nur ein Werkstattbetrieb entstehen oder sollen auch Gebrauchtwagen und Neuwagen verkauft werden? Soll das Unternehmen als freier Kfz-Betrieb, als Werkstatt im Verbund eines Werkstattsystems oder als markengebundener Betrieb in Anbindung an einen Automobilhersteller oder Importeur arbeiten? Stehen Einrichtungen und Gebäude zur Verfügung oder soll «auf der grünen Wiese», etwa in einem erschlossenen Industriegebiet, ein ganz neuer Betrieb entstehen? Wird ein alteingesessener Kfz-Betrieb übernommen, den es lediglich zu optimieren gilt, oder sind umfangreiche Um- und Neubaumaßnahmen erforderlich?
Zunächst also gilt es, das Ziel zu definieren. Zudem sollte eine ausführliche Ist-Analyse vorangestellt werden. Was ist vorhanden? Was kann verwendet werden? Was ist für die Zukunft vorgesehen?

> *Je genauer man sich vor der eigentlichen Planung Gedanken über die Planungsziele macht, desto leichter ist die spätere Ausführung, umso besser wird das Ergebnis ausfallen.*

Auch das Umfeld sollte genau analysiert werden. Marktchancen und -risiken müssen gegeneinander abgewogen und dazu der Markt analysiert werden. Die hierbei gewonnenen Analysen und Einschätzungen sind zudem auch für die Finanzierung wichtig. Denn auch die Bank will wissen, wofür sie einen Kredit vergibt und vor allem, ob das zu finanzierende Unternehmen Aussicht auf wirtschaftlichen Erfolg hat. Hierbei kann der Expertenrat hilfreich sein. Die Landesverbände des ZDK, die Innungen, externe Berater, Werkstattausrüster und nicht zuletzt die Bauplanungsabteilungen der Automobilhersteller unterstützen bei Planung, Bau und Einrichtung von Kfz-Betrieben.

1.1 Struktur des Kfz-Gewerbes

Freie, markenungebundene Kfz-Betriebe und markengebundene Betriebe, die sich bislang meist auf ein Fabrikat beschränken, bilden die beiden strukturellen Hauptsäulen des deutschen Kfz-Gewerbes. Autohersteller und Importeure sind durch ein enges Marken-Servicenetz überall präsent und sorgen damit für Kundenbindung. Neben den Autohäusern, die mit Neuwagen- und Gebrauchtwagenverkauf,

Werkstatt, Teile und Zubehör die gesamte Palette bieten, existieren kleinere Markenvertragswerkstätten mit einem sehr eingeschränkten Handelsgeschäft. Diese Werkstätten sind oft organisatorisch einem Autohaus zugeordnet. Die freie Werkstatt arbeitet dagegen ohne Bindung an ein Fabrikat. In der Regel werden hier auch alle oder zumindest mehrere Automarken gewartet und instand gesetzt. Dazwischen haben sich in den vergangenen Jahren so genannte Werkstattsystem-Anbieter etabliert. Oft im Rahmen von Franchisesystemen arbeiten hier freie Kfz-Betriebe unter dem Dach eines Werkstattsystems zusammen. Der einzelne Betrieb profitiert dabei vom Know-how und oft auch den Einkaufskonditionen des Gesamtsystems.

Gemessen am Umsatz sind die Fahrzeug-Handelsbereiche die Spitzenreiter im Kfz-Gewerbe. Nach Angaben des Zentralverbandes Deutsches Kraftfahrzeuggewerbe (ZDK) erwirtschafteten die Kfz-Betriebe im Jahr 2003 einen Umsatz von rund 125,22 Milliarden Euro. Davon entfielen rund 47% auf den Handel mit neuen Pkw und Pkw-Kombi und knapp 4,8% auf den Handel mit neuen Lkw. Der Pkw-Gebrauchtwagenhandel trug gut 26% und der Handel mit gebrauchten Nutzfahrzeugen knapp drei Prozent zum Gesamtumsatz bei. Damit bleiben für den Handwerksbereich mit den Werkstattumsätzen Lohn, Ersatzteile und Zubehör ein Umsatzanteil von 19% oder bundesweit 23,841 Milliarden Euro (Bild 1.1).

Insgesamt wurden 2003 rund 85,7 Millionen Wartungen und Reparaturen (ohne Unfallreparaturen) an Pkw/Kombi durchgeführt. Kfz-Handwerksbetriebe hatten daran einen Anteil von 82%, was 75,7 Millionen Wartungs- und Reparaturaufträgen entspricht. Do-it-yourself, Schwarzarbeit oder Bekanntenhilfe hatten einen Anteil von elf Prozent, und bei sechs Prozent ist der Reparaturort unbekannt. Tank-

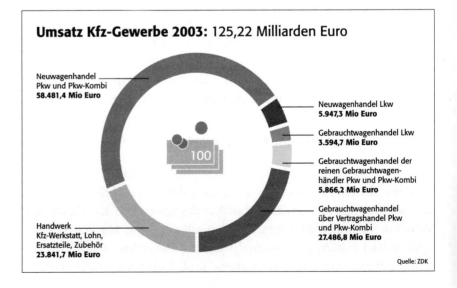

Bild 1.1
Umsatzverteilung im deutschen Kfz-Gewerbe
(Quelle: ZDK)

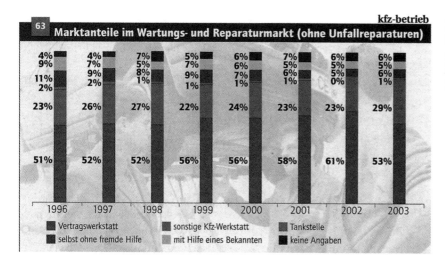

Bild 1.2
Der Marktanteil der Werkstätten am Reparaturmarkt ist in den letzten Jahren leicht gestiegen (Quelle: DAT)

stellen, die früher häufig auch eine kleine Werkstatt betrieben, haben dagegen heute für den Reparaturmarkt praktisch keine Bedeutung mehr. Die meisten Tankstellen haben sich auf ihr Kerngeschäft, den Kraftstoffverkauf, auf Autowäsche und zusätzlich das Shopgeschäft zurückgezogen.

1.1.1 Freie Kfz-Werkstatt

Grundsätzlich macht es einen erheblichen Unterschied für die Anforderungen, die an Grundstücksgröße und Gebäuden zu stellen sind, ob eine reine Kfz-Werkstatt geplant ist oder ob auch mit Fahrzeugen gehandelt werden soll. Generell muss das Grundstück natürlich bei einem Betrieb mit Fahrzeughandel größer geplant werden. Die reine Werkstatt benötigt neben der eigentlichen überbauten Werkstattfläche in jedem Fall aber auch genügend Raum, um Kundenfahrzeuge abstellen zu können. Der Kunde, der sein Fahrzeug zur Reparatur bringt, sollte nicht erst lange in der Nachbarschaft nach einem Parkplatz suchen müssen. Auch wenn er sein repariertes Fahrzeug abholt, trägt es wenig zur Kundenbindung bei, wenn ihm gesagt wird, dass sein Auto drei Straßen weiter geparkt ist. Eine breite, repräsentative Straßenfront für die Schaufenster der Fahrzeugausstellung benötigt die Werkstatt dagegen nicht. Ist die Einfahrt leicht zu finden und gut auszuschildern, dann reicht auch ein schmales Straßengrundstück, das sich nach hinten fortsetzt. So kann es gerade zu Beginn sinnvoll sein, sich zunächst ausschließlich mit dem Aufbau einer Werkstatt zu beschäftigen. Denn hier liegt schließlich der Hauptschwerpunkt der Arbeit eines Kfz-Meisters.

Mit dem Aufbau einer reinen Kfz-Werkstatt

- verringern sich die Investitionskosten.
- Weniger Betriebsfläche ist erforderlich, da keine Ausstellungshallen gebaut werden müssen.
- Das Unternehmen kann sich auf die Kernkompetenz eines Kfz-Meisters beschränken: die Wartung und Reparatur von Kraftfahrzeugen.
- Außerdem entfällt die Kapitalbindung für Neu- und Gebrauchtfahrzeuge.
- Die freie Kfz-Werkstatt kann alle Fabrikate und Typen betreuen. Damit besteht das Marktpotential theoretisch aus allen Autofahrern im lokalen Bereich.
- Kein Vertrag schreibt vor, welche Einrichtungs- und Ausrüstungsstandards eingehalten werden müssen.
- Auch die Ersatzteilbevorratung ist nicht geregelt.

Demgegenüber ergeben sich jedoch auch *Nachteile*:

- Ohne Anbindung an einen Hersteller, Importeur oder Franchise-Partner muss sich der Betrieb Informationen über technische Neuerungen an einzelnen Fahrzeugtypen oft mühsam selbst beschaffen.
- Außerdem können die Mitarbeiter nicht an den Schulungen der Hersteller teilnehmen.
- Richtzeiten- und Reparaturhandbücher sowie Ersatzteilkataloge der unterschiedlichen Fabrikate müssen angeschafft werden.
- Zum überwiegenden Teil kommen Kunden mit älteren Fahrzeugen in die Werkstatt.
- Das Geschäft mit den vorgeschriebenen Wartungen fällt fast völlig weg.
- Ersatzteillagerhaltung ist aufgrund der vielen Fabrikate nahezu unmöglich. Jedes Teil muss deshalb extra besorgt werden.
- Kunden, die sich einen Neuwagen kaufen, gehen in der Regel verloren.
- Durch den fehlenden Fahrzeug- und Teilehandel können kaum Werkstatt-Fixkosten kompensiert werden.

1.1.2 Werkstattsystem-Konzepte für freie Kfz-Betriebe

Markengebundene Werkstätten werden von der Hersteller- oder Importeur-Organisation, der sie angeschlossen sind, unterstützt. Sie erhalten alle nötigen Informationen. Handbücher, Teilelisten, Spezialwerkzeuge. Zudem sorgen interne Schulungen für das nötige

Know-how. Gut die Hälfte der 42 500 Kfz-Meisterbetriebe, die es in der Bundesrepublik gibt, sind freie Kfz-Werkstätten, und die haben gegenüber den Vertragswerkstätten trotz aktueller GVO nach wie vor Wettbewerbsnachteile.

Hier bieten Werkstattsystem-Konzepte eine Lösung (Bild 1.3). Die Bosch-Dienste bilden wohl das älteste derartige Werkstattnetz. Früher auf Autoelektrik und dann auch auf Benzin- und Diesel-Einspritztechnik spezialisiert, bieten sie als Bosch Service heute das gesamte Kfz-Instandsetzungsprogramm. Auch andere Kfz-Teilehersteller unterstützen inzwischen ihre Handelspartner mit Know-how und einem Werkstattsystem. So bietet beispielsweise der Hersteller Hella seinen Servicepartnern Unterstützung und Beratung auf den Gebieten Technik, Marketing, Ersatzteile, Zubehör und Werkstattausrüstung (Bild 1.4). Daneben sind in den vergangenen Jahren verschiedene Werkstattsysteme entstanden, die unter einem einheitlichen Markendach umfassende Unterstützung für die Freie Werkstatt bieten. Sie firmieren beispielsweise als «1,2,3 AutoService», «Automeister», «AutoCrew», «1a autoservice» oder «Meisterhaft» und sind unter diesen Markennamen inzwischen recht gut im Markt etabliert.

Unter dem Dach eines solchen Werkstattsystems kann der einzelne Betrieb dann auf das Know-how eines starken Verbundes zurückgreifen. Meist helfen die Organisationen ihren Vertragspartnern bereits bei der Errichtung und optimalen Ausstattung der Werkstatt. Dazu zählen etwa Existenzgründungsberatung, Betriebs- und Standortanalysen. Aber auch bestehende Betriebe werden unter die Lupe genommen und nach Optimierungspotentialen abgesucht. Die Partner

Bild 1.3
Werkstattsystem-Konzepte bieten eine Alternative für die markenungebundene Werkstatt
(Quelle: Bosch)

Bild 1.4
Auch Kfz-Teilehersteller bieten ihren Partnern inzwischen professionelle Unterstützung (Quelle: Hella)

werden mit Know-how, mit Umwelt- und EDV-Konzepten, mit umfangreichem Werbematerial sowie meist auch mit Ersatzteilen versorgt. Zudem bieten viele Werkstattorganisationen wie die Automobilhersteller und -importeure Aus- und Weiterbildung zu technischen Weiterentwicklungen an. Einige Werkstattsysteme bieten sogar Gebietsschutz. Das heißt, es ist sichergestellt, dass innerhalb eines definierten Umkreises um die Werkstatt keine andere Werkstatt einen Vertrag mit dem Systemanbieter bekommt. Dennoch ist aber auch gerade der Erfahrungsaustausch unter Kollegen der große Vorteil der Werkstattsysteme. Einige der Systemanbieter organisieren deshalb regelmäßige Treffen der Systempartner, bei denen neue Trends und Entwicklungen vorgestellt werden und Gelegenheit zu intensiven Kollegenkontakten besteht.

Um an einem Werkstattsystem teilnehmen zu können, muss die Werkstatt allerdings auch bestimmte Voraussetzungen erfüllen. Der einheitliche Auftritt als Systempartner gehört in jedem Fall dazu. Das heißt, schon die Außensignalisation muss die Verbindung zum Werkstattsystem dokumentieren. Einige Systeme machen auch Vorgaben für die Mindestzahl an Arbeitsplätzen und zur Ausstattung. Hinzu kommen weitere Qualitätsstandards, die die Werkstätten einhalten müssen. Das können Schulungen sein oder auch regelmäßige Werkstatttest, denen sich die Betriebe unterziehen müssen. Zum Teil wird auch die Teilnahme an betriebswirtschaftlichen Vergleichen gefordert. Nicht selten ist das dann auch an den Einsatz einer einheitlichen kaufmännischen Software gekoppelt. Mit den Vorgaben versuchen die Systemanbieter einen einheitlichen Qualitätsstandard zu erreichen und ihre Partner zudem zu betriebswirtschaftlich ordentlicher Unternehmensführung zu «zwingen» – genauso wie es Hersteller und Importeure mit den Markenwerkstätten ja auch tun.

Natürlich lassen sich die Systemzentralen ihre jeweiligen Dienstleistungen bezahlen. In der Regel ist eine Einstiegsgebühr fällig, die zwischen 1000 und 4000 € liegt. Hinzu kommen monatliche Systemgebühren, die bei einigen Anbietern nach den abgenommenen Bausteinen gestaffelt sind oder auch nach der Inanspruchnahme der Leistungen bezahlt werden.

Die meisten Kfz-Werkstätten, die sich einem solchen System angeschlossen haben, sind zufrieden und würden es wieder tun. So lautet jedenfalls das Ergebnis einer Befragung durch die Zeitschrift *kfz-betrieb* aus dem Jahr 2003. Die folgenden Liste nennt die wichtigsten **Werkstattsystem-Anbieter**. Nähere Informationen finden sich im jeweiligen Internetauftritt.

1a autoservice	www.go1a.de
AC AutoCheck	www.ac-autocheck.de
ad-Autodienst	www.ad-autodienst.de
A.T.U. Auto-Teile-Unger	www.atu.de
Auto-Einmal-Eins	www.auto-einmal-eins.de
AutoCrew GmbH	www.autocrew.de
Autofit	www.temot.de/autofit.html
Automeister/KWK	www.automeister.com
Bosch Partner System	www.bosch-partner-system.de
Coparts	www.coparts.de
LuK Meister-Service	www.luk-as.de/de/service/werkstatt/meisterservice.html
Meisterhaft (ATR)	www.meisterhaft.com
Pit-Stop Auto Service GmbH	www.pit-stop.de

1.1.3 Freie Kfz-Werkstatt mit Kfz-Handelsgeschäft

Ein Kfz-Betrieb, der Autos repariert, kommt meist zwangsläufig irgendwann auch dazu, mit Autos zu handeln. In der Regel kaufen und verkaufen die freien Kfz-Betriebe dann Gebrauchtwagen. Einige Betriebe bieten zusätzlich so genannte Re-Importe an, also Neuwagen, die im Ausland günstiger angekauft werden und dann bei uns entsprechend preiswerter als beim Markenvertragshändler verkauft werden können. Allerdings benötigt der Betrieb für die Gebrauchtwagenausstellung entsprechende Flächen. Gebrauchtwagen werden in der Regel im Freien präsentiert. Investitionen in teure Bauten sind daher nicht erforderlich, aber die Grundstücksfläche müssen natürlich auch vorhanden sein.

In den meisten Fällen sind die Gebrauchtwagenausstellungen der freien Kfz-Betriebe jedoch eher klein. Kaum ein Betrieb stellt sich mehr als zehn bis 15 Fahrzeuge auf den Hof. Dennoch kann auch dieser Geschäftszweig, richtig angepackt, zusätzliche Erlöse für den Betrieb einbringen. Auch hierbei unterstützen inzwischen einige Werkstattsystem-Anbieter ihre Partner mit so genannten Fahrzeug-Handelsmodulen. Neben dem nötigen betriebswirtschaftlichen und Marketingwissen werden dann beispielsweise auch Gebrauchtwagen-Zukaufsquellen vermittelt (Bild 1.5).

Bild 1.5
Gebrauchtwagenverkauf unter dem Siegel des Kfz-Meisterbetriebes (Quelle: ZDK)

1.1.4 Reiner Gebrauchtwagenhandel

Rund eine Million der Gebrauchten, die pro Jahr den Besitzer wechseln, werden über den reinen Gebrauchtwagenhandel vermarktet. Zu dieser Gruppe werden auch die genannten freien Werkstätten gerechnet, die nebenbei auch mit Gebrauchtwagen handeln. In den vergangenen Jahren erreichten die Gebrauchtwagenhändler einen Anteil am Gesamtmarkt von elf bis 15 Prozent.

Die meisten der reinen Gebrauchtwagenhändler beschränken sich auf das Handelsgeschäft. Eine Werkstatt gibt es meist nicht, bestenfalls eine Halle für die Gebrauchtwagenaufbereitung. Damit besteht in diesem Bereich der Kfz-Branche kaum Bedarf für einen Kfz-Meister. Denn bislang greift auch kaum ein freier Gebrauchtwagenhändler auf das technische Know-how eines Kfz-Meisters für die Hereinnahme-Bewertung zurück.

Wie in den freien Werkstätten, die zusätzlich mit Gebrauchten handeln, finden Interessenten auch beim reinen Gebrauchtwagenhandel die eher älteren Gebrauchten. Im Schnitt sind die Gebrauchten hier zwischen 5,5 und 6,5 Jahre alt. Dagegen handeln die markengebundenen Autohäuser eher mit jüngeren Gebrauchten. Hier sind die Gebrauchtwagen im Schnitt 3 bis 3,5 Jahre alt.

1.1.5 Fabrikatsgebundene Werkstatt

Eine fabrikatsgebundene Werkstatt hat sich über einen Vertrag an einen Automobilhersteller oder Importeur gebunden. Rechte und Pflichten sind in diesem Vertrag genau festgelegt. Mit der neuen Kfz-Gruppenfreistellungsverordnung (Nr.1400/2002) (GVO) der Europäischen Union vom 01.10.2002 ist zukünftig jedem Servicebetrieb die Gelegenheit eröffnet, Servicepartner eines Herstellers oder Importeurs zu werden, wenn er die qualitativen Servicestandards erfüllt. Die Fabrikatsbindung ist somit nun leichter möglich. Wichtiger Vorteil einer solchen Bindung ist zweifellos die Möglichkeit, nun auch Garantie- und Kulanzarbeiten ausführen zu können. Damit kommen auch Besitzer junger Autos in die Werkstatt. Andererseits unterstellen viele Autofahrer den Markenwerkstätten höhere Preise als in freien Werkstätten üblich. Das führt dazu, dass Besitzer älterer Autos die Markenwerkstatt meiden.

Die fabrikatsgebundene Werkstatt muss allerdings auch bestimmte Vorgaben, so genannte Standards erfüllen, die der Hersteller oder Importeur vorschreibt. Und das ist nicht selten mit erheblichen Investitionen verbunden. Die jeweiligen Standards der einzelnen Fabrikate können bei den Herstellern oder Importeuren – oft gegen eine Gebühr – angefordert werden. Einige Hersteller stellen die Standards auch über das Internet zur Verfügung. Und natürlich überprüfen die Hersteller und Importeure auch, ob die vorgegebenen Standards auch eingehalten werden. Wer sich beispielsweise um einen Servicevertrag bei Volkswagen bemüht, sollte zunächst die Standards (gegen Gebühr) anfordern und genau studieren. Eine Checkliste zeigt dem Betrieb, ob es sich überhaupt lohnt, sich zu bewerben. In der Checklisten werden die wichtigsten Vorgaben abgefragt, die die Werkstatt erfüllen muss. Fällt die Selbstprüfung positiv aus, meldet sich der Betrieb verbindlich zum Autorisierungsverfahren und einem Pre-Audit an. Ein Zertifizierungspartner von Volkswagen überprüft dann den Betrieb im Rahmen eines kostenpflichtigen **Audits**. Wird es nicht bestanden, kann der Betrieb nachbessern und sich sechs bis zwölf Wochen später nochmals kostenpflichtig auditieren lassen. Ist das Pre-Audit bestanden, kommt bald darauf der Händlervertrag. Darin verpflichtet sich der Betrieb, an weiteren Prüfungen, also weiteren Audits, teilzunehmen. In einem Erstaudit wird dann nochmals geprüft, dass alle qualitativen Servicestandards der Volkswagen AG hundertprozentig umgesetzt werden, das heißt, alle Fragen der «Checkliste Volkswagen Partnerzertifizierung Aftersales» müssen im Rahmen der Bewertungsmöglichkeit mindestens mit «zum Teil erfüllt» bewertet werden können.

Die GVO sieht die Erfüllung der Standards als Zugangsvoraussetzung für eine Markenbindung ausdrücklich vor. Die GVO spricht von qualitativer Selektion. Die Standards jedoch sind höchst unterschiedlich von Fabrikat zu Fabrikat. Es lohnt sich also durchaus, vor einer Markenentscheidung zunächst einmal ausführlich die geforderten Standards zu studieren. Zudem ist es nun auch möglich, mehrere Marken unter dem eigenen Werkstattdach zu vereinen. Zwar versuchen einige Standards das zu erschweren, in den meisten Fällen ist ein Mehrmarkenbetrieb aber möglich, wenn die jeweiligen Standards erfüllt werden können. Die Anbieter von Werkstattsystem-Konzepten raten ihren Partnerwerkstätten übrigens einhellig davon ab, einen Marken-Servicevertrag abzuschließen: zu aufwendig, zu hohe Investitionen lautet das Urteil. Verboten ist das Markenengagement für die Partnerbetriebe in der Regel aber nicht.

Die Fabrikatsbindung zieht zwar nicht zwangsläufig auch das Handelsgeschäft nach sich. In aller Regel aber wird die Werkstatt, die sich einem Fabrikat angeschlossen hat, auch die Umsatzchancen, die sich aus dem Fahrzeughandel ergeben, nutzen wollen. Für Neuwagen beschränkt sich das allerdings meist auf die Vermittlung von Neuwagengeschäften, die dann über ein größeres Autohaus abgewickelt werden. Die Auslieferung erfolgt dann aber über die Werkstatt, um hier eine Kundenbindung zu erreichen. Für den weiteren Schritt mit eigener Fahrzeugausstellung muss das Betriebsgelände einige weitere Anforderungen erfüllen. Zumindest die Neuwagen werden heute ausschließlich in Ausstellungsräumen präsentiert. Hierfür müssen Gebäude vorhanden sein. Außerdem geht es im Fahrzeughandel kaum ohne eine attraktive Fensterfront zur Straße und die Möglichkeit, auch einige Gebrauchtwagen von außen sichtbar zu präsentieren. Das Grundstück für einen Handelsbetrieb sollte also möglichst langgestreckt an der Straße verlaufen. In vielen Bereichen jedoch ist gerade das ein Problem.

Der Vertrag mit einem Fahrzeughersteller oder -Importeur hat einige *Vorteile*:

❑ Schulung- und Weiterbildungsmöglichkeiten für die Mitarbeiter,
❑ technische Informationen immer auf dem neusten Stand,
❑ optimale Ersatzteilversorgung,
❑ fest umrissenes Einzugsgebiet mit Konkurrenzschutz,
❑ sicheres Werkstattpotential durch Herstellergarantie beim Neuwagenverkauf,
❑ zusätzliche Umsatzmöglichkeiten durch Neuwagenhandel. Die Werkstatt kann sich als Unterhändler einem größeren Autohaus anschließen. Die Finanzierung des Neuwagenbestandes fällt damit weg. Die angeschlossene Werkstatt bekommt die verkauften Neuwagen dann direkt vom Haupthändler;

- zusätzliche Umsatzmöglichkeiten durch Gebrauchtwagenhandel. Gerade im Handel mit Gebrauchten ergeben sich für die Werkstatt lukrative Zusatzgeschäfte, denn dieser Bereich des Kfz-Gewerbes erlebte in den letzten Jahren einen enormen Zuwachs, und alle Prognosen gehen davon aus, dass diese Entwicklung weiter positiv verlaufen wird;
- zusätzliche Umsatzmöglichkeiten durch Ersatzteile- und Zubehörhandel. Immer mehr Autofahrer versuchen ihre Fahrzeuge durch den Einbau von Zubehör individueller zu gestalten. So nahmen die Umsätze des Kfz-Gewerbes auch in diesem Bereich kontinuierlich zu.

Die mit dem Werkstattvertrag erkauften Rechte und Vorteile sind allerdings auch mit einigen Pflichten und *Nachteilen* verbunden:

- Bei der Werkstatteinrichtung sind Vorgaben des Automobilherstellers zu erfüllen, die es schon bei der Planung zu berücksichtigen gilt.
- Die Marge eines Unterhändlers beim Neuwagenverkauf ist immer niedriger als die des Haupthändlers.
- Die fabrikatsgebundene Werkstatt ist immer auch abhängig vom Markterfolg des Fabrikates insgesamt, da sie fast ausschließlich Fahrzeuge des einen Herstellers repariert.

1.1.6 Fabrikatsgebundenes Autohaus

Die fabrikatsgebundenen Autohäuser bilden das Netz, mit denen Hersteller und Importeure den Markt abdecken. Über einen Händlervertrag sind die Autohäuser an die Organisationen der Hersteller und Importeure gebunden. Das Autohaus erhält damit umfassende Unterstützung in allen Bereichen. Insbesondere im Werkstattbereich bieten die Handelsorganisationen ihren Autohäusern Know-how, Schulungen, Spezialwerkzeuge und Werkstattausrüstung, die für eine effiziente Wartung und Instandsetzung der Fahrzeuge des vertretenen Fabrikates erforderlich sind. Dafür verlangen die Hersteller und Importeure von den Autohäusern aber auch die Einhaltung von hohen Qualitätsstandards. Hinzu kommt, dass die Autohäuser sich dem einheitlichen Unternehmensauftritt, der Corporate Identity und dem Corporate Design, des Herstellers oder Importeurs anpassen müssen. Das reicht von der durchgängigen Verwendung des Markenlogos über die verwendeten Farben und Formen in der Ausstellung bis zu Vorschriften über die Gestaltung und Architektur der Verkaufsräume. Der Autofahrer soll auf den ersten Blick erkennen, welches Fabrikat das Autohaus vertritt. Hinzu kommen für das Autohaus auch eine

Vielzahl von Vorgaben, die das Handelsgeschäft mit Neuwagen betreffen.

In den vergangenen Jahren haben die Hersteller und Importeure ihre Handelsorganisationen erheblich gestrafft. Vor allem kleinere Betriebe haben ihren Markenhändlerstatus verloren, weil die Hersteller und Importeure ihre Vorgaben und Qualitätsstandards erheblich verschärft haben. Manche ehemaligen Fabrikatsbetriebe arbeiten heute als freie Werkstatt mit Gebrauchtwagenhandel weiter oder haben sich einem anderen, kleineren Fabrikat angeschlossen. So ist die Zahl der Fabrikatshändler bei den meisten Fabrikaten gesunken. Die noch bestehenden Autohäuser betreuen im Schnitt mehr Kunden und können damit wirtschaftlicher arbeiten. Tabelle 1.1 zeigt die Entwicklung bei den Vertragshändlern und -werkstätten der einzelnen Automarken innerhalb eines Jahres. Die Gesamtzahl der Vertragsbetriebe reduzierte sich von 2001 auf 2002 um fast 4,7%. Diese Entwicklung wird sich fortsetzen.

Tabelle 1.1 Pkw-Vertragshändler und -werkstätten 2002 [7]

Fabrikat	Ende 2002	Ende 2001
Alfa Romeo	256	302
BMW	771	791
Chrysler	229	250
Citroën	712	725
Daewoo	233	262
Daihatsu	328	367
Fiat	1430*)	1710*)
Ford	2109	2175
Honda	344	331
Hyundai	464	406
Jaguar	87	89
Kia	478	489
Lancia	137	330
Land Rover	175	202
Mazda	794	816
MCC Smart	118	102
Mercedes-Benz	1145	1147
Mitsubishi	772	810
Nissan	704	720
Opel	2194	2265
Peugeot	609	797
Porsche	85	86

Fabrikat	Ende 2002	Ende 2001
Renault	1485	1487
Rover	204	190
Saab	125	156
Seat	520	488
Skoda	591	571
Subaru	327	346
Suzuki	398	407
Toyota/Lexus	767	776
Volvo	313	316
VW/Audi**)	2858	2921***)
Gesamt	**21 762**	**22 830**
Veränderung in %	−4,68	−3,47

*) Inkl. Fiat-Transporter 2002 = 682 / 2001 = 826
**) Audi 2002 = 1770 / 2001 = 2117; VW 2002 = 2582 / 2001 = 2680
***) Korrektur der Angabe Febr. 2003

1.2 Funktionsbereiche und ihr Stellenwert im Kfz-Betrieb

Nicht jeder Kfz-Betrieb bietet die gesamte Dienstleistungspalette an, die Autofahrer nachfragen. Manche Betriebe haben sich nur auf einen kleinen Ausschnitt spezialisiert. Spezialbetriebe bauen beispielsweise ausschließlich HiFi-Komponenten oder Mobiltelefone ein. Eine große Zahl von Karosseriebetrieben hat sich auf die Unfallinstandsetzung spezialisiert. Auf die Dienste von Fahrzeuglackierbetrieben greifen selbst große Autohäuser zurück. Denn für die wenigsten lohnt sich die Einrichtung einer eigenen Lackierabteilung.
Bei der Neugründung eines Kfz-Betriebes wird ein Kfz-Meister zunächst an einen Reparaturbetrieb denken. Dabei macht es Sinn, von Anfang an so zu planen, dass eine Erweiterung möglich ist. Basis ist also zunächst der Werkstattbetrieb. Dabei fällt meist die Entscheidung für einen allgemeinen Servicebetrieb oder die Karosserie- und/oder Lackierwerkstatt. Auch ein Teilelager gehört dazu, das den Basisbedarf deckt. Genauso ist ein kleiner Verwaltungsbereich schon bei der Existenzgründung erforderlich. Später kommt der Handel mit Gebrauchtwagen hinzu. In einem weiteren Schritt kann die Anbindung an ein Werkstattsystem oder auch eine Fabrikatsbindung anstehen. Von der markengebundenen Werkstatt ist es dann nicht mehr weit zum Neuwagenhandel.
Die wichtigsten *Funktionsbereiche* eines Kfz-Betriebes sind demnach:

- Werkstatt
  – als Wartungs- und Reparaturbetrieb,
  – als Karosserie- und Lackbetrieb,
- Ersatzteile- und Zubehörlager und -verkauf,
- Gebrauchtwagenhandel,
- Neuwagenhandel,
- Verwaltung.

Umsätze und Erlöse, die sich mit diesen Funktionsbereichen erwirtschaften lassen, sind höchst unterschiedlich:

Umsatzaufteilung im fabrikatsgebundenen Kfz-Betrieb in Prozent [1]

Neuwagenhandel	50%
Gebrauchtwagenhandel	30%
Werkstatt	7%
Teile/Zubehör	10%
Sonstiges	3%

Der Umsatz sagt aber noch nichts über den Geschäftserfolg in den einzelnen Bereichen aus. So sind die Kosten im Handelsbereich natürlich ungleich höher als bei den Werkstatt-Dienstleistungen. Entsprechend teilen sich die durchschnittlichen Deckungsbeiträge, die die einzelnen Sparten zum Gesamtergebnis beitragen, wie folgt auf:

Aufteilung des Deckungsbeitrages im Kfz-Betrieb in Prozent [1]

Neuwagenhandel	27%
Gebrauchtwagenhandel	10%
Werkstatt	38%
Teile/Zubehör	20%
Sonstiges	5%

> *Der Vergleich der Durchschnittswerte von Umsätzen und Erlösverteilung macht deutlich, dass insbesondere die Werkstatt erheblich zum Ergebnis des Kfz-Betriebes beiträgt.*

1.2.1 Werkstatt

Zentraler Dienstleistungsbereich im Kfz-Betrieb ist die Werkstatt. Wartungsarbeiten, Fehlersuche und Reparatur, Arbeiten an der Fahrzeugelektrik und -elektronik, an mechanischen Bauteilen, Karosserie- und Lackarbeiten werden hier durchgeführt. Neben Allround-Arbeitsplätzen richten die Werkstätten hierzu zunehmend Spezialarbeitsplätze ein. Zudem zählt die Kundendienstannahme – eventuell mit einem speziellen Annahme-Arbeitsplatz mit Hebebühne, an dem der Kunde sein Auto abgibt und den Werkstattauftrag erteilt – zum Werkstattbereich.

Die markengebundenen Vertragswerkstätten hatten 2002 am gesamten Reparatur- und Wartungsvolumen (ohne Unfallreparaturen) nach Angaben der DAT einen Anteil von 53%. Die freien Werkstätten erzielten einen Marktanteil von 29%. Elf Prozent entfielen auf Schwarzarbeit und Do-it-yourself. Insbesondere der Do-it-yourself-Anteil ist in den vergangenen Jahren kontinuierlich gesunken. Wichtigster Grund hierfür ist die mehr und mehr komplizierte Fahrzeugtechnik, die es auch dem versierten Laien zunehmend unmöglich macht, Reparaturarbeiten selbst auszuführen. Neben dem Spezialwissen fehlen den Do-it-Yourselfern auch die für moderne Fahrzeuge erforderlichen Testsysteme und Spezialwerkzeuge.

Unterschiede gibt es aber auch zwischen den Vertragswerkstätten und den freien Werkstätten. Da die Automobilhersteller und Importeure in der Regel vorschreiben, dass Wartungsarbeiten in einer Vertragswerkstatt auszuführen sind, haben freie Werkstätten nur selten Kunden mit jungen Fahrzeugen. Erst nach dem dritten, vierten oder fünften Jahr nach der Erstzulassung bringen die Autofahrer ihre Pkw verstärkt auch in die meist preisgünstigere freie Kfz-Werkstatt. So sinkt der Anteil der Vertragswerkstätten an den Wartungsarbeiten von 79% bei den bis zwei Jahre alten Pkw auf 57% bei den 6- bis 8-jährigen und auf 33% bei den mehr als acht Jahre alten Pkw. Umgekehrt führen die freien Werkstätten bei den sechs bis acht Jahre alten Autos schon 30% und bei den über acht Jahre alten 50% der Wartungsarbeiten aus (Bild 1.6). Ein ähnliches Bild zeigt sich auch bei den Verschleißreparaturen. Auch hier sind es die Fahrer älterer Autos, die eine freie Werkstatt der Vertragswerkstatt vorziehen (Bild 1.7).

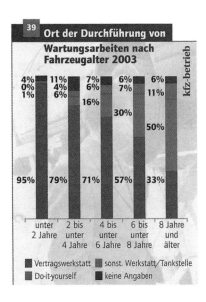

Bild 1.6 (links)
Vertragswerkstätten warten vor allem die ganz jungen Pkw
(Quelle: DAT)

Bild 1.7 (rechts)
Auch bei den Reparaturen gewinnen die freien Werkstätten mit zunehmendem Fahrzeugalter Marktanteile
(Quelle: DAT)

Zudem müssen sich die professionellen Kfz-Betriebe und die Werkstattmechaniker umstellen und den neuen Entwicklungen im Fahrzeugbau anpassen. Dabei sind eine ganze Reihe von zum Teil gegenläufigen Entwicklungen zu berücksichtigen. So haben die Automobilhersteller und Importeure die vorgeschriebenen Wartungsintervalle kontinuierlich verlängert. Bei Verwendung von hochwertigen Leichtlaufölen sind Wartungsintervalle von 50 000 Kilometern oder zwei Jahren heute durchaus üblich. Damit haben sich die Werkstattkontakte für den Autofahrer zum Teil erheblich reduziert. Die Anzahl der vorgeschriebenen Wartungen hat sich von 1,3 pro Jahr 1997 auf 1,2 im Jahr 2003 verringert (Bild 1.8). Zudem lassen nicht alle Autofahrer die vorgeschriebenen Wartungen auch regelmäßig durchführen. Die Zahl der tatsächlich durchgeführten Wartungen pro Jahr und Pkw lag 2003 bei 1,1. Eingerechnet in diese Zahl sind alle Pkw im Bestand. Es ergeben sich somit deutliche Unterschiede je nach Alter des Fahrzeuges. So betrug die Wartungshäufigkeit der unter zwei Jahre alten Pkw im Jahr 2003 nur 0,68. Autofahrer mit zwei bis vier Jahre alten Autos kamen 1,12-mal zur Wartung in die Werkstatt. Hier werden sehr gravierend die Verlängerungen der Wartungsintervalle deutlich.

Rückläufig sind aber auch die Verschleißreparaturen pro Pkw. Der Grund ist die höhere Fertigungsqualität moderner Kraftfahrzeuge. So waren im Schnitt 1983 noch 1,45 Verschleißreparaturen pro Pkw erforderlich, 1993 lag dieser Wert bei 0,89 Verschleißreparaturen je Pkw, und im Jahr 2003 kam jeder Pkw nur noch 0,86-mal zur Reparatur in die Werkstatt.

Trotz längerer Wartungsintervalle und weniger Verschleißreparaturen aufgrund der höheren Fertigungsqualität hat die Zahl der Werkstattaufträge in den letzten zehn Jahren weiter zugenommen. Für 1992

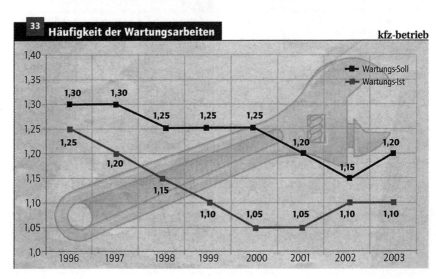

Bild 1.8
Die Zahl der vom Hersteller vorgeschriebenen Wartungen ist in den letzten Jahren gesunken (Wartungs-Soll). Zudem bringen nicht alle Autofahrer ihre Fahrzeuge regelmäßig zur Wartung (Wartungs-Ist).
(Quelle: DAT)

verzeichnet die DAT 75,6 Millionen Werkstattaufträge. 2003 gaben deutsche Autofahrer ihr Fahrzeug 91,9 Millionen Mal in die Werkstatt. Allerdings wickelte das deutsche Kfz-Gewerbe 1996 auch schon 93,3 Millionen Aufträge ab. Grund für die hohe Zahl der Werkstattaufträge ist der nach wie vor ansteigende Kraftfahrzeugbestand. Fuhren Anfang der 90er-Jahre rund 40 Millionen Kraftfahrzeuge auf unseren Straßen, waren im Jahr 2003 bereits 54,1 Millionen Kraftfahrzeuge zugelassen.
Über Mangel an Arbeit müssen sich die Werkstätten demnach noch nicht beklagen. Allerdings haben sich die Ansprüche an die Arbeit in der Kfz-Werkstatt deutlich verändert.

Ohne moderne Diagnosetechnik, ohne elektronische Test- und Einstellgeräte lassen sich moderne Kraftfahrzeuge heute nicht mehr warten und reparieren.

Grund hierfür ist der rasant wachsende Anteil elektrischer und elektronischer Komponenten im modernen Fahrzeugbau. Moderne Motoren werden heute ausschließlich elektronisch gemanagt. Kaum noch ein Sicherheits-, Überwachungs- oder Komfortsystem, das nicht elektronisch gesteuert wird und mit anderen Komponenten vernetzt ist. Die Daimler-Motorkutsche von 1886 kam noch fast ganz ohne elektrische oder elektronische Komponenten aus. Mit 1,5 PS brachte es das erste Auto auch nur auf gerade mal 16 km/h Höchstgeschwindigkeit. Mit der Entwicklung der Kfz-Technik wurden unsere Autos immer leistungsstärker und sicherer. Dennoch betrug der Kostenanteil elektrischer und elektronischer Komponenten auch beim Mercedes 300SL von 1960 gerade mal fünf Prozent. Das hat sich in den letzten 30 Jahren rasant verändert. Elektronische Komponenten unterstützen heute in fast allen Bereichen die Mechanik. Sie sorgen für aktive und passive Sicherheit, für Komfort und für sparsame, umweltschonende Motoren. Und so betrug der Kostenanteil für elektrische und elektronische Komponenten im Mercedes CL, Baujahr 1999, bereits 38%. In der aktuellen S-Klasse oder dem 7er-BMW ist dieser Wert schon weit übertroffen – Tendenz: weiter zunehmend. So wie der Automobilbau mitten in der elektronischen Revolution steckt, so müssen sich auch die Werkstätten auf die veränderten Anforderungen für Service und Instandsetzung einstellen.
Oft lassen sich einfache Einstellarbeiten nicht mehr ohne Diagnosetestgeräte durchführen (Bild 1.9). Beispiel Xenon-Licht: Die Gasentladungslampen müssen nach einem Lampenwechsel neu justiert werden. Für die Nullpunktfestlegung muss ein Diagnosetester mit dem Steuergerät verbunden werden. Gleiches gilt für den Bremsbelagwechsel an modernen Break-by-wire-Systemen. Und Diesel- und

Bild 1.9
Bei einigen modernen Pkw kommt die Werkstatt für den Bremsflüssigkeitswechsel ohne Steuergeräte-Diagnosegerät nicht mehr aus
(Quelle: Bosch)

Benzin-Einspritzsysteme sind selbstverständlich heute auch nur mit aktueller Prüftechnik instand zu setzen.

Die neuen Systeme stellen aber bereits sehr hohe Anforderungen an die Diagnose. Nur mit dem entsprechenden Know-how und den modernen Geräten sind diese Arbeiten möglich. Der mechanische Schraubenschlüssel wird zunehmend durch den elektronischen Schlüssel abgelöst. Und so wandelt sich auch das Berufsbild des Kfz-Mechanikers. Künftig wird der Mechatroniker die Arbeit in der Kfz-Werkstatt bestimmen.

Markenvertragswerkstätten sind hier gegenüber freien Werkstätten zunächst im Vorteil. Denn für Fehlersuche und Reparatur der komplizierten modernen Fahrzeugkomponenten sind neben Geräten und Know-how auch eine Vielzahl von Prüf- und Einstellwerten erforderlich. Hersteller und Importeure versorgen ihre Werkstätten mit den entsprechenden Daten. Die freien Werkstätten müssen sich diese Daten manchmal mühsam beschaffen, auch wenn die Hersteller inzwischen verpflichtet sind, die Daten frei zugänglich zu machen. So sind die Hersteller von Werkstatt-Diagnosesystemen und Testgeräten in die Bresche gesprungen und liefern zu ihren Geräten Softwarepakete mit den erforderlichen Daten, so dass auch die freie Werkstatt in der Lage ist, die meisten Diagnose-, Einstell- und Reparaturaufgaben durchzuführen.

Für eine moderne Kfz-Werkstatt ist es heute demnach nicht mehr damit getan, eine Hebebühne und einen Satz Schraubenschlüssel anzuschaffen.

▶ *Heute bilden die elektronischen Werkstatt-Testsysteme und die ständige Weiterbildung der Service-Mitarbeiter wichtige Investitionsbestandteile.*

Und neben dem reinen Mechanikarbeitsplatz gewinnen hochgerüstete Systemarbeitsplätze für Diagnose, Einstellarbeiten und Komponentenreparatur wachsende Bedeutung.

1.2.2 Ersatzteile- und Zubehörverkauf

Das Ersatzteillager versorgt einerseits die Werkstatt mit allen für Wartung und Reparatur erforderlichen Teilen und verkauft insbesondere im Fabrikatshandel andererseits auch Teile und Zubehör an Autofahrer oder andere Werkstattbetriebe (Bild 1.10). Entsprechend groß sind die Unterschiede in der Bedeutung des Ersatzteillagers für die kleine freie Werkstatt einerseits und den Haupt-Automobilhändler eines Fabrikates in der Region andererseits. Die freie Werkstatt benötigt ein vergleichsweise kleines Ersatzteillager mit den gängigen Verschleißteilen. Die Teilelogistik ist heute so zuverlässig und schnell, dass für eine Reparatur erforderliche Teile innerhalb weniger Stunden geliefert werden können. Je besser zudem die anstehenden Wartungs- und Reparaturarbeiten geplant werden, desto kleiner kann das Lager ausfallen, weil die benötigten Teile rechtzeitig für die individuellen Arbeiten bestellt werden können.

Große Autohäuser dagegen haben häufig die Aufgabe, die Ersatzteileversorgung in ihrer Region sicherzustellen. Aus ihrem Ersatzteillager

Bild 1.10
Neben der eigenen Werkstatt sind die Autofahrer wichtige Kunden der Teile- und Zubehörabteilungen
(Quelle: Bosch)

werden die angeschlossenen Werkstätten mit Originalteilen beliefert, Ersatz- und Zubehörteile im Thekenverkauf an Autofahrer und Werkstattkunden verkauft.

Im Zubehörverkauf bieten sich dagegen auch für die kleine Werkstatt Möglichkeiten der Umsatzsteigerung. Einbauangebote beispielsweise für leistungsstarke HiFi-Komponenten, Navigationssysteme oder Handy-Freisprecheinrichtungen bringen neben dem Teileumsatz zusätzliche Auslastung für die Werkstatt. Aber auch Felgen und Reifen, Tuning-Zubehör oder Dachträgersysteme können zum Ertrag einer freien Werkstatt beitragen. Markengebundene Autohäuser setzen schon länger auf das lukrative Zubehörgeschäft, das nach wie vor hohe Margen bei vergleichsweise geringem Aufwand verspricht. Deshalb findet sich in den meisten Autohäusern eine attraktive Zubehörausstellung im Verkaufsraum, meist in der Nähe der Wartezone für die Werkstattkunden.

1.2.3 Fahrzeugpflege, Gebrauchtwagenaufbereitung

Neben den reinen Arbeitsplätzen zur Kfz-Reparatur und -Wartung gehört zu einer modernen Kfz-Werkstatt heute in jedem Fall auch ein Arbeitsplatz für die Fahrzeugpflege (Bild 1.11). Das muss nicht gleich eine teure Portalwaschanlage sein. Aber Motor- und Unterbodenwäsche erwartet der Kunde im Dienstleistungsangebot einer Fachwerkstatt. So sollte etwa jeder Wartung und Inspektion, aber auch bei Reparaturarbeiten eine Motorwäsche vorausgehen. Die Motorwäsche als kostenlose Serviceleistung auf der Werkstattrechnung aufgeführt

Bild 1.11
Mit der eigenen Waschhalle kann der Kfz-Betrieb auch die Fahrzeugpflege anbieten
(Quelle: ZDK)

sorgt für Kundenbindung. Bietet die Werkstatt auch die Hauptuntersuchung – sei es in der eigenen Werkstatt oder an einem nahe gelegenen Prüfstützpunkt von TÜV oder Dekra – als Dienstleistung an, dann gehören Motorwäsche und Unterbodenwäsche sowieso zum Standard. Und außerdem ist es für den Werkstattmitarbeiter natürlich erheblich angenehmer, an einem sauberen Motor als einem ölverschmierten Aggregat arbeiten zu müssen.

Sollen auch Gebrauchtwagen vermarktet werden, dann gehört der Pflegearbeitsplatz ebenfalls zum Standard. Hier werden dann die Arbeiten zur optischen Aufbereitung der Gebrauchtwagen durchgeführt. Ist der Betrieb einem Hersteller oder Importeur über einen Händlervertrag angeschlossen, kommt als dritte Auslastung des Fahrzeug-Pflegeplatzes die Neuwagen-Entkonservierung hinzu.

Für den größeren Kfz-Betrieb wird sich dann schließlich auch eine Waschanlage lohnen. Sie dient der Gebrauchtwagenaufbereitung genauso wie der regelmäßigen Pflege des Gebrauchtwagenbestandes und der Vorführwagen. Außerdem trägt eine kostenlose Außenwäsche ebenfalls zur Kundenbindung der Werkstattkunden bei, die sich über ein frisch gewaschenes Auto bei der Abholung freuen.

1.2.4 Gebrauchtwagenverkauf

Der Geschäftsbereich Gebrauchtwagenverkauf hat für den Handel in den vergangenen Jahren immer größere Bedeutung gewonnen. Wurde in vielen Autohäusern und auch von freien Werkstätten der Handel mit den Gebrauchten eher so nebenbei betrieben, so hat sich dieser Bereich in den vergangenen zehn bis 15 Jahren zu einer wichtigen Ertragssäule entwickelt. Selbst markengebundene Autohäuser, die ja eigentlich vor allem den Neuwagenverkauf betreiben, verkaufen heute mindestens ebenso viele Gebrauchte wie Neuwagen. Oft ist der Umschlag nach Stückzahlen bei den Gebrauchten sogar höher. Und auch viele freie Werkstätten haben erkannt, dass sich mit dem Gebrauchtwagenhandel zusätzliche Erlöse erwirtschaften lassen.

Um die sieben Millionen Gebrauchtwagen wechseln jedes Jahr in Deutschland den Besitzer (Bild 1.12). Das Kraftfahrt-Bundesamt in Flensburg registriert diese so genannten Besitzumschreibungen aufgrund der Meldungen der einzelnen Kfz-Zulassungsstellen und liefert so die monatlichen Basisdaten für den Gebrauchtwagenmarkt. Die Deutsche Automobil Treuhand (DAT) nutzt diese Daten zusammen mit eigenen Erhebungen für detaillierte Gebrauchtwagenmarkt-Analysen, die jährlich im umfassenden DAT-Report veröffentlicht werden. Der Report wird über die Fachzeitschrift *kfz-betrieb* veröffentlicht und ist anschließend unter der Internetadresse www.dat.de zum Herunterladen erhältlich. Gut die Hälfte (2003: 54%) der

Bild 1.12
Der Marktanteil des Privatmarktes am Gebrauchtwagengeschäft liegt bei über 50 Prozent.
(Quelle: DAT)

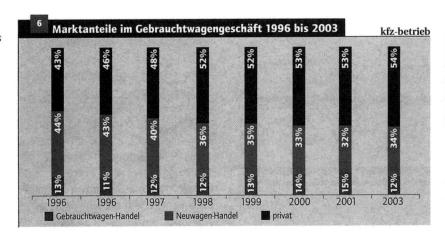

Gebrauchten werden danach am Handel vorbei direkt von Privat an Privat verkauft. Die andere knappe Hälfte des Marktes teilen sich der reine Gebrauchtwagenhandel, zu dem auch die freien Werkstätten mit Handelsgeschäft zählen (12%), und die Gebrauchtwagenabteilungen der markengebundenen Autohäuser (34%).

In den Autohäusern ergibt sich das Gebrauchtwagengeschäft zum Teil aus dem Neuwagenverkauf. Viele Neuwagenkäufer geben ihren Altwagen bei einem Neukauf in Zahlung. Diesen Gebrauchten müssen die Autohäuser weiter vermarkten. Da jedoch immer noch häufig der Neuwagenverkauf durch die Zahlung eigentlich zu hoher Hereinnahmepreise für den Altwagen des Kunden gefördert wird, sind die in Zahlung genommenen Gebrauchten oft kein lohnendes Geschäft. Deshalb kaufen auch Autohäuser aktiv Gebrauchte aus unterschiedlichen Ankaufsquellen zu. Die hier erzielten Gewinne können dann die Verluste aus den Hereinnahmegeschäften ausgleichen.

Der reine Gebrauchtwagenhandel oder die freie Werkstatt haben die Hereinnahmeproblematik nur begrenzt. Zwar kommt es auch hier vor, dass ein Kunde seinen älteren Gebrauchten beim Kauf eines neuen Gebrauchten in Zahlung gibt. Das geschieht aber deutlich seltener als bei Neuwagenkäufern. So kaufen Gebrauchtwagenhändler ihre Gebrauchten beispielsweise bei Großhändlern, in markengebundenen Autohäusern, bei speziellen Gebrauchtwagenauktionen für den Handel oder auch im Ausland. Oft werden auch die Privatmarktanzeigen in der Zeitung oder dem Internet durchforstet und als Ankaufsquellen genutzt.

Deutliche Unterschiede zwischen den drei großen Wettbewerbern im Gebrauchtwagenmarkt gibt es auch bei den dort jeweils angebotenen Gebrauchten. So war der durchschnittliche Gebrauchte im Jahr 2003 nach Angaben der DAT 5,5 Jahre alt und hatte rund 68 100 Kilometer auf dem Tacho. Er kostete im Schnitt 8220 €. Die ältesten Gebrauchten wurden auf dem Privatmarkt gehandelt. Hier war der Durchschnittsgebrauchte 6,7 Jahre alt mit einer Laufleistung von 82 000 Kilometern und einem Preis in Höhe von 6090 €. Der Gebrauchtwagenhandel dagegen verkaufte im Schnitt 6,4 Jahre alte Gebrauchte mit 83 000 Kilometern Laufleistung zum Preis von 7220 €. Die jüngsten Gebrauchten gibt es in den Gebrauchtwagenabteilungen des Neuwagenhandels. Hier waren die Gebrauchten im Schnitt 3,2 Jahre alt, hatten 40 900 Kilometer auf dem Tacho und wurden für 11 940 € verkauft (Bild 1.13). Auch diese Werte ändern sich von Jahr zu Jahr ein wenig. Wenn die wirtschaftliche Gesamtlage in Deutschland eher schlechter ist – wie in den Jahren 2001 bis 2003 –, dann fahren die Autofahrer ihre Autos länger, bis sie ein neues Auto kaufen. Entsprechend steigen Alter und Laufleistung der durchschnittlichen Gebrauchten. Eine weitere Entwicklung, die den Markt beeinflusst, ist die Tendenz der markengebundenen Autohäuser, nur noch junge Gebrauchte in ihre Gebrauchtwagenausstellung zu nehmen. Oft findet der Interessent im Autohaus inzwischen kaum noch «echte» Gebrauchte, sondern nur noch Jahres- oder gar Halbjahreswagen. Alle Gebrauchten, die älter als zwei bis drei Jahre sind und als Hereinnahme aus einem Neuwagenverkauf ins Haus kommen, verkauft das Autohaus nach der Hereinnahme gleich an den reinen Gebrauchtwagenhandel oder an Aufkäufer aus dem Ausland weiter. Der freien Werkstatt und dem reinen Gebrauchtwagenhandel eröffnet der Rückzug der Neuwagenhändler aus diesem Segment Chancen, sich erfolgreich auf dem Gebrauchtwagenmarkt in der Region zu etablieren.

Bild 1.13
Kennzahlen des Gebrauchtwagenmarktes in Deutschland im Überblick (Quelle: DAT)

Kennzahlen über den Pkw-Gebrauchtwagenmarkt 2003 (2002)								
Kauf des Gebrauchtwagens	von privat		beim Gebrauchtwagenhandel		beim Neuwagenhandel		gesamt	
Teilmärkte - in % - in Millionen Stück - in Milliarden Euro	54 3,66 22,28	(53) (3,62) (21,71)	12 0,81 5,87	(15) (1,02) (7,17)	34 2,30 27,50	(32) (2,19) (25,15)	100 6,77 55,65	(100) (6,83) (54,03)
Alter des Wagens (Jahre)	6,7	(6,9)	6,4	(5,7)	3,2	(3,4)	5,5	(5,6)
Kilometerstand (Tausend)	82,0	(84,0)	83,0	(74,7)	40,9	(45,0)	68,1	(70)
Kaufpreis (in Euro)	6 090	(5 990)	7 220	(6 980)	11 940	(11 490)	8 220	(7 910)
Reparaturausgaben im 1. Halbjahr nach Kauf - in Euro - in Prozent des Preises	75 1,23	(80) (1,35)	54 0,75	(55) (0,80)	33 0,28	(30) (0,25)	59 0,72	(60) (0,75)
Netto-Haushalts-Einkommen (in Euro)	2 470	(2 230)	2 180	(2 020)	2 435	(2 415)	2 425	(2 260)
Erstkäuferanteil - reine Erstkäufer (%) - Zusatzkäufer (%)	36 20	(39) (13)	25 12	(24) (7)	18 8	(15) (8)	29 15	(29) (10)
Haltedauer des Vorwagens (Monate)	71	(69)	64	(66)	75	(71)	72	(69)
Alter des Käufers (Jahre)	36	(36)	37	(38)	41	(40)	38	(38)

1.2.5 Neuwagenverkauf

Der Handel mit Neuwagen ist die klassische Domäne des markengebundenen Autohauses. Je nach Konjunktur kaufen die Deutschen pro Jahr 3,2 bis 3,8 Millionen neue Pkw und Pkw-Kombi. Auch hier liefert das Kraftfahrt-Bundesamt in Flensburg mit der Zahl der Neuzulassungen, aufgeschlüsselt zum Beispiel nach Fabrikaten, die Datenbasis für die Marktanalyse. Unter der Internetadresse www.kba.de sind eine Vielzahl von Daten für jedermann aktuell zugänglich. Zudem beobachten die Hersteller und Importeure den Markt sehr genau und stellen den mit ihnen verbundenen Betrieben statistisches Material über den jeweiligen Anteil des Fabrikates am Markt zur Verfügung. Für den Neuwagenhandel machen die Hersteller und Importeure ihren Vertragshändlern sehr genaue Vorschriften. Bislang war zudem auch Markenexklusivität vorgeschrieben. Über eine neue «Gruppenfreistellungsverordnung – GVO» hat die Europäische Union diesen Exklusivitätsanspruch jedoch 2003 eingeschränkt. Mehrmarkenhändler sind eine Konsequenz daraus.

Dennoch müssen die Autohäuser eine Vielzahl von Bedingungen erfüllen, um als Partner eines Herstellers oder Importeurs arbeiten zu können. Ein umfangreicher **Händlervertrag** regelt die Details. Der Neuwagenverkauf steht dann im Zentrum aller Aktivitäten des Autohauses. Werkstattausrüstung und -umsätze orientieren sich genauso am vertretenen Fabrikat wie der Ersatzteil- und Zubehörverkauf, der sich fast ausschließlich auf Originalteile beschränkt. Selbst der Gebrauchtwagenhandel ist stark vom Neuwagengeschäft beeinflusst. Meist steht nur ein geringer Prozentsatz fremder Fabrikate in der Gebrauchtwagenausstellung des Neuwagenhändlers.

1.2.6 Verwaltung

Die Verwaltung ist in erster Linie Dienstleister für den Gesamtbetrieb. Da die Verwaltung jedoch selbst nicht produktiv zu Umsatz und Erlös des Kfz-Betriebes beiträgt, muss sie so «schlank» wie möglich arbeiten. Neben den Aufgaben der Lohn- und Finanzbuchhaltung trägt die Verwaltung aber auch ganz entscheidend zum Geschäftserfolg bei. Denn nur wenn in der Verwaltung Kosten und Leistungen schnell ermittelt und zusammengefasst werden, kann dem Kunden die Reparaturrechnung mit der Fahrzeugabholung übergeben werden.

> *«Fahrzeug fertig = Rechnung fertig» ist ein Grundsatz, der für jeden auch noch so kleinen Kfz-Betrieb gelten muss. Moderne EDV-Technik stellt das in aller Regel heute sicher.*

Daneben aber gehören auch Controlling- und Management-Aufgaben zu den Verwaltungstätigkeiten, die zentral oder dezentral beispielsweise in den verschiedenen Funktionsbereichen eines Autohauses durchgeführt werden. Nur wenn beispielsweise Reparaturaufträge oder Gebrauchtwagengeschäfte nachkalkuliert werden, ist erkennbar, ob Werkstatt und Handelsgeschäft lukrativ und mit Gewinn arbeiten. Auf diese zentrale Verwaltungsaufgaben gehen wir später noch gesondert ein.

1.3 Bedarfsplanung Kfz-Betrieb

Wer sich mit einem Kfz-Betrieb selbstständig machen will, geht ein unternehmerisches Risiko ein. Dieses Risiko aber lässt sich begrenzen, wenn zuvor geprüft wird, ob für die geplante Dienstleistung generell ein Markt vorhanden ist. Gibt es überhaupt noch Potential für eine neue oder erweiterte Werkstatt im regionalen Markt? Hat das Fabrikat, das der Betrieb vertreten soll, noch Zuwachs-Chancen in der Region? Ist der Bedarf für einen neuen Kfz-Betrieb vorhanden oder wird ein bestehender, bereits eingeführter Betrieb übernommen und muss nur modernisiert werden, ist das unternehmerische Risiko schon geringer. Wenn aber die Konkurrenz groß und der Markt eigentlich schon aufgeteilt ist, dann kann das neue Unternehmen nur versuchen, mit besserem Service, mit guter Qualität und mit kundenorientiertem Verhalten ein Stück aus dem Marktkuchen herauszuschneiden. Hierzu mehr in einem späteren Kapitel. Zunächst soll es darum gehen, den Markt zu analysieren, die Risiken abzuwägen und dann daraus die individuell richtigen Entscheidungen abzuleiten. Neben der Entscheidung über die wirtschaftliche Betriebsgröße muss auch das erforderliche Personal geplant werden.

1.3.1 Marktanalyse

Wie groß ist das Umsatzvolumen, das der Kfz-Betrieb erzielen kann? So lautet die zentrale Frage, die eine Marktanalyse beantworten soll. Die hier gewonnenen Daten sind die Basis für die anschließende Planung. Statistische Angaben helfen realistische Werte zu ermitteln, wenn ein komplett neuer Betrieb geplant werden soll. Soll ein bestehender Betrieb modernisiert werden, dann sorgen die betrieblichen Daten aus der Vergangenheit für realitätsnahe Ergebnisse. Dennoch bleiben auch die nachfolgenden Berechnungen immer nur Vorausschau, Prognose. Ob die Annahmen schließlich in der Praxis zutreffen, hängt von vielen äußeren Faktoren ab, aber auch vom Engagement, mit dem das Projekt umgesetzt wird. Die nachfolgenden Daten sind Musterberechnungen der Unternehmensberatung K. Damschen

[2]. Ermittelt wird hier zunächst das mögliche Pkw-Reparaturvolumen eines freien Kfz-Betriebes.
Das Reparaturvolumen hängt ab von den folgenden Faktoren:

- Einzugsgebiet (geografisch) des Kfz-Betriebes – woher kommen die Werkstattkunden?
- Pkw-Bestand in diesem Einzugsgebiet,
- durchschnittliche Reparaturdauer pro Pkw im Jahr,
- statistische Unfallhäufigkeit für das Unfallschaden-Reparaturvolumen,
- durchschnittliche Anzahl Karosseriereparatur- und Lackierstunden pro Unfall-Pkw.

Einzugsgebiet

Für einen bestehenden Betrieb lässt sich das Einzugsgebiet leicht aus der Kundenkartei bestimmen. In einer Karte werden dann die Kundenwohnsitze markiert. So lässt sich schnell ablesen, aus welchem Gebiet die meisten Kunden kommen. Möglicherweise zeigt sich hier bereits, dass es Bereiche gibt, die zwar nah am Betrieb liegen, aus denen aber dennoch kaum Kunden kommen. Das kann daran liegen, dass es hier einen anderen starken Kfz-Betrieb gibt. Genauso kann die Konsequenz dieser Information aber auch lauten, mit verstärkten Marketingaktivitäten in diesem Bereich Neukunden zu werben.
Wer einen neuen Betrieb plant, kann auf diese eigenen Basisdaten nicht zurückgreifen. Dann muss das Einzugsgebiet möglichst realistisch selbst festgelegt werden. In ländlichen Gebieten kann der Radius sicher größer gezogen werden, während er in dichter besiedelten Gebieter kleiner sein sollte. In jedem Fall sollte das Einzugsgebiet nicht zu großzügig bemessen werden. Denn es ist kaum damit zu rechnen, dass viele Kunden 20 Kilometer Anfahrt zur Werkstatt in Kauf nehmen. Über die Postleitzahlen kann das Einzugsgebiet dann sehr exakt bestimmt werden.

Pkw-Bestand im Einzugsgebiet

In manchen Regionen ist es inzwischen möglich, den Pkw-Bestand von der Pkw-Zulassungsstelle zu erfahren. Die Angabe der Postleitzahlen ergibt dann direkt den Pkw-Bestand im Einzugsgebiet. Bietet die regionale Zulassungsstelle diesen Service nicht, hilft eine Näherungsrechnung weiter. So beträgt die Pkw-Dichte in Deutschland nach Angaben einer Studie der Deutschen Shell inzwischen rund 670. Das heißt, auf 1000 Erwachsene kommen 670 Pkw. Bezogen auf die Gesamtbevölkerung beträgt die Pkw-Dichte rund 540. Wenn also im Einzugsgebiet 20 000 Menschen leben, dann beträgt der ungefähre Pkw-Bestand 20 000 : 1000 · 540 = 10 800 Pkw und Pkw-Kombi. Wie viele Pkw-Besitzer aus diesem Gesamtbestand Kunden der eigenen Werkstatt sind oder werden, hängt unter anderem davon ab, wie groß der Wettbewerb in der Region ist. Im Bundesdurchschnitt kann man davon ausgehen, dass eine freie Werkstatt einen Marktanteil von fünf Prozent erreicht.

Durchschnittliche Reparaturdauer pro Pkw/Jahr
Der Reparatur- und Wartungsaufwand eines Pkw ist eine feste Größe, die jährlich beispielsweise durch die DAT neu ermittelt wird (Reparaturstunden/Pkw/Jahr). Mit zunehmendem Fahrzeugalter erhöht sich dieser Wert. Derzeit werden zwischen 4,0 und 7,5 Reparaturstunden je Pkw und Jahr kalkuliert. Da die Markenvertragswerkstätten überwiegend jüngere Fahrzeuge betreut, wird der größere Teil der Kundenfahrzeuge auch nur wenige Reparaturstunden pro Jahr benötigen. Bei einer freien Werkstatt hingegen können 7,5 Reparaturstunden je Kundenfahrzeug und Jahr durchaus realistisch sein, da der größte Teil der Kundschaft ältere Fahrzeuge fährt.

Statistische Unfallhäufigkeit für das Unfallschaden-Reparaturvolumen
Nach Angaben des Gesamtverbandes der deutschen Versicherer (GDV) kann man davon ausgehen, dass jährlich an zehn Prozent aller Pkw im Bestand ein mehr oder weniger großer Unfallschaden zu reparieren ist. Verfügt das Einzugsgebiet des Kfz-Betriebes also über einen Bestand von 20 000 Pkw, dann haben davon 10% oder 2000 Pkw einen Unfallschaden, der in einem Kfz-Betrieb repariert werden soll. Diese 2000 Unfall-Pkw verteilen sich auf die Betriebe vor Ort, die Unfall-Instandsetzungen durchführen. Wie viel davon auf den eigenen Betrieb entfallen, muss individuell abgeschätzt werden.

Durchschnittliche Anzahl Karosseriereparatur- und Lackierstunden pro Unfall-Pkw
Der durchschnittliche Haftpflichtschaden in Deutschland erfordert Reparaturkosten in Höhe von 2000 € inklusive Mehrwertsteuer. Zudem nennt die Statistik für den Durchschnitts-Haftpflichtschaden die folgende Aufteilung:

- 40% Karosseriearbeit,
- 40% Teilekosten,
- 20% Lackierkosten (davon 80% Arbeitszeit und 20% Lackmaterial).

Aus dieser Aufteilung wird die durchschnittlich anzusetzende Reparaturzeit ermittelt. Als Beispiel soll wieder der Durchschnitts-Haftpflichtschaden mit 2000 € dienen.

Karosseriearbeitszeit:
- 40% von 2000 € = 800 €,
- angenommener Stundenverrechnungssatz 70 € (inkl. MwSt.),
- Karosseriearbeitszeit = 800 € : 70 €/Std. = 11,4 Stunden;

Lackierarbeitszeit:
- 20% von 2000 € = 400 € (inkl. Lackmaterial),
- 400 € · 80% = 320 € (nur Lackierer-Arbeitszeit),
- angenommener Stundenverrechnungssatz 70 € (inkl. MwSt.),
- Lackierer-Arbeitszeit = 320 € : 70 €/Std. = 4,6 Stunden;

Ersatzteil-Anteil (nur informativ)
- 40% von 2000 € = 800 €,
- 800 € × ca. 15% Marge ergibt etwa 120 € Ersatzteil-Gewinn.

Berechnung des Reparaturvolumens im eigenen Marktgebiet

Mit diesen Werten lässt sich nun das Reparaturvolumen für die Bereiche Mechanik, Karosserie- und Lackierarbeiten ermitteln. Die Beispielrechnung geht wieder von einem Bestand im Einzugsgebiet von 20 000 Pkw aus. Die Zahl der möglichen Reparaturstunden pro Pkw ist bewusst vorsichtig kalkuliert.

Annahmen
- Pkw-Bestand 20 000 Fahrzeuge,
- Pkw-Anzahl für den eigenen Betrieb 5% = 1000 Fahrzeuge,
- Mechanik-Rep.-Std./Pkw 4 Std./Jahr,
- Pkw-Unfallhäufigkeit 10% (= 100 Fahrzeuge),
- durchschnittliche Karosseriearbeitszeit/Fahrzeug 11,4 Std.,
- durchschnittliche Lackierarbeitszeit/Fahrzeug 4,6 Std.

Unter diesen Annahmen steht für die Werkstatt theoretisch das folgende Auftragsvolumen zur Verfügung:

Instandsetzung Mechanik/Elektrik
1000 Pkw × 4 Std./Pkw/Jahr = 4000 Stunden
Instandsetzung Karosserie
100 Unfall-Pkw × 11,4 Std. Karosseriearbeitszeit = 1140 Stunden
Lackierstunden
100 Unfall-Pkw × 4,6 Std. Lackierarbeitszeit = 460 Stunden

1.3.2 Personalplanung und Personalauswahl

Ist das mögliche Auftragsvolumen für den Betrieb analysiert, ist die Planung des dafür erforderlichen Personals der nächste Schritt. Dazu muss die Stundenzahl bekannt sein, die ein Werkstattmitarbeiter üblicherweise produktiv der Werkstatt zur Verfügung steht. Auch hierfür gibt es Musterrechnungen:

Kalendertage im Jahr	365 Tage
abzüglich Samstage u. Sonntage	104 Tage
abzüglich Feiertage	10 Tage
abzüglich Urlaub	30 Tage
abzüglich Krankheit, Schulung und sonstige Ausfalltage	10 Tage
Anwesenheitstage im Betrieb	211 Tage

Bei 7,2 Stunden pro Tag ergeben sich 1519 Stunden pro Jahr. Daraus und aus dem im vorangegangenen Abschnitt errechneten Auftragsvolumen errechnet sich die erforderliche Anzahl Werkstattmitarbeiter:

Mechaniker:
4000 Std. Auftragsvolumen/Jahr : 1519 Std. = 2,6 Mitarbeiter
Karosseriemitarbeiter:
1140 Std. Auftragsvolumen/Jahr : 1519 Std. = 0,8 Mitarbeiter
Lackierer:
460 Std. Auftragsvolumen/Jahr : 1519 Std. = 0,3 Mitarbeiter.

Die Musterwerkstatt sollte danach mit drei Mechanik- und einem Karosseriearbeitsplatz ausgestattet sein. Eine eigene Lackiererei ist dagegen, wie in den meisten Fällen, nicht lohnenswert. Selbst kleine Lackierkabinen sind erst dann wirtschaftlich, wenn sie durch mindestens drei Mitarbeiter ausgelastet werden. Allerdings kann die Werkstatt in diesem Beispiel durch die Fremdvergabe der Lackierleistung einen Umsatz über die Unfallreparaturen von 460 Std. × 70 €/Std. = 32 200 €/Jahr erzielen.

Die Arbeit in einer Kfz-Werkstatt unterliegt seit einigen Jahren einem starken Wandel, der auch an die Mitarbeiterqualifikation neue und andere Ansprüche stellt. Der zunehmende Einsatz elektrischer und elektronischer Komponenten im Automobilbau erfordert in der Werkstatt in immer größerem Maße den sicheren Umgang mit komplexen Prüf- und Diagnosesystemen (Bild 1.14). Der mechanische Schraubenschlüssel wird immer häufiger durch den elektronischen Software-«Schlüssel» ersetzt, und der Anteil der rein mechanischen Reparaturarbeiten, der in modernen Kfz-Werkstätten bereits bei unter 25 %

Bild 1.14
Die computergestützte Diagnose elektronischer Fahrzeugsysteme gewinnt immer stärker an Bedeutung
(Quelle: Bosch)

liegt, sinkt weiter. Das Berufsbild des Mechatronikers trägt dem Rechnung.

Auch Diagnose-Arbeitsplätze gewinnen immer mehr an Bedeutung. Manche Branchenexperten erwarten daher bereits eine «Zwei-Klassen-Gesellschaft» in der Werkstatt. Einerseits gibt es dann den hoch qualifiziert ausgebildeten Servicetechniker, der als Diagnosespezialist Fehler sucht und die Reparatur plant. Andererseits werden die «Schrauber» benötigt, die mechanische Komponenten nach den Vorgaben des Diagnosespezialisten ein- und ausbauen. Andere Mitarbeiter werden zu Spezialisten ausgebildet, die sich rund um die Fahrzeug-Klimatechnik bestens auskennen oder die besonders geschickt in der Scheibenreparatur sind. Angesicht der immer komplexeren Fahrzeugsysteme wird auch die Mitarbeiter-Spezialisierung weiter fortschreiten. Dieser Trend muss bei der Werkstatt- und der Personalplanung berücksichtigt werden.

Und auch der Kontakt zum Kunden wird immer wichtiger. Spezialisierte Kunden- oder Serviceberater sorgen deshalb in der Reparaturannahme für den professionellen Umgang mit den Kunden. Neben dem fahrzeugtechnischen Know-how, das sie als ausgebildete Servicetechniker oder Kfz-Meister bereits haben, muss der Kundendienstberater heute zusätzlich über verkäuferische Fähigkeiten verfügen (Bild 1.15). Er sollte zudem kommunikativ und möglichst auch im Umgang mit Menschen geschult sein. Denn der Kundendienst- oder Serviceberater bildet die wichtigste Schnittstelle zwischen Werkstatt und Kunden. Sein Verhalten entscheidet nicht selten darüber, ob der Kunde mit seiner Werkstatt zufrieden ist und beim nächsten Mal

Bild 1.15
Von Kundendienstberatern werden auch verkäuferische Fähigkeiten erwartet (Quelle: ZDK)

wiederkommt. Zudem sorgt das verkäuferische Talent des Serviceberaters für zusätzliche Werkstattauslastung. Ideal ist der Serviceberater, der gleichzeitig ein guter Techniker und ein versierter Verkäufer ist. Dabei verschiebt sich die Bedeutung zunehmend in Richtung der verkäuferischen Fähigkeiten. Inzwischen wird sogar in Frage gestellt, ob ein Kundendienstberater überhaupt über eine technische Ausbildung verfügen muss.

Hersteller und Importeure machen für die ihnen angeschlossenen Kfz-Werkstätten ganz genaue Vorgaben für die Qualifikation und den Einsatz der Werkstattmitarbeiter. Toyota beispielsweise schreibt bei bis zu 147 Werkstattdurchgängen im Monat vier Werkstattmitarbeiter mit folgenden Qualifikationen und Aufgaben vor: ein Werkstattleiter, der gleichzeitig als Serviceberater tätig ist, ein Toyota-Systemtechniker, ein Toyota-Techniker und je eine halbe Stelle für Teile- und Zubehör-Management sowie Verwaltung. Bei bis zu 252 monatlichen Werkstattdurchgängen sind 9 Mitarbeiter erforderlich: Werkstattleiter und Serviceberater mit einer vollen Stelle, ein Systemtechniker, zwei Techniker sowie ebenfalls eine volle Arbeitskraft für Teile und Zubehör sowie Verwaltung. Die der Zeitschrift *kfz-betrieb* entnommene Tabelle in Bild 1.16 zeigt die Toyota-Personalstandards im Detail.

Bild 1.16
Diese Personalstandards gibt beispielsweise Toyota seinen Vertragswerkstätten vor (Quelle: Toyota)

3 Personal-Standards — kfz-betrieb

Werkstattdurchgänge pro Monat	Toyota-Fachtechniker/in	geprüfter Automobil Service Berater/in	Werkstattleiter/in	Toyota Systemtechniker/in	Toyota-Fachtechniker/in	Toyota-Techniker/in	Teile- und Zubehör Manager/in	Teile und Zubehör Mitarbeiter/in	Administration	Total
1 – 147	0	0,5	0,5	1	0	1	0	0,5	0,5	4
148 – 252	0	1	1	1	0	2	0	1	1	7
253 – 336	0	1	1	1	1	3	0	1	1	9
337 – 357*	0	2	1	1	1	4	1	1	1	12
358 – 441*	0	2	1	1	1	5	1	1	1	13
442 – 567*	0	2	1	2	2	6	1	1	1	16
568 – 630*	1	2	1	2	2	8	1	2	2	21
631 – 840**	1	3	1	2	3	10	1	2	2	25

* von 2 geprüften Automobil-Service-Beratern kann eine(r) ein(e) Kundendienstberater sein
** von 3 geprüften Automobil-Service-Beratern kann eine(r) ein(e) Kundendienstberater sein
Werkstattdurchgänge/Monat beziehen sich auf Toyota-Fahrzeuge (Kundendienst- und oder Garantieaufträge)

Personalsuche

Es gibt verschiedene gute Möglichkeiten, die richtigen Mitarbeiterinnen oder Mitarbeiter zu finden. Dabei hängt der Weg sicherlich auch davon ab, wie qualifiziert der Mitarbeiter sein soll. Der Aufwand, einen ausgebildeten Kfz-Mechaniker zu finden, ist vermutlich höher als die Suche nach einer Halbtags-Bürokraft.

❑ Fragen Sie im Bekannten- und Verwandtenkreis nach geeigneten Bewerbern. Empfehlungen sind häufig ein gutes Auswahlkriterium. Aber Vorsicht vor Freundschaftsdiensten: Die Qualifikation muss trotzdem stimmen!
❑ Geben Sie selbst eine Anzeige auf oder suchen Sie im bestehenden Angebot geeignete Bewerber aus. Für den Kfz-Betrieb sind in erster Linie die Stellenanzeigen in den regionalen Tageszeitungen interessant. Für leitende Positionen können auch überregionale Zeitungen oder die Branchenfachzeitschriften, wie zum Beispiel *kfz-betrieb*, in Frage kommen. Die Zeitung *Markt + Chance* der Bundesanstalt für Arbeit bietet nationale und internationale Bewerberprofile und Stellenanzeigen.
❑ Im Internet gibt es jede Menge Job-Börsen, meist spezialisiert auf bestimmte Berufsgruppen oder Branchen. Die Eingabe der Stellenangebote ist in der Regel kostenlos.
❑ Eine Personalsuche über das Arbeitsamt vor Ort können Sie telefonisch oder besser noch schriftlich erledigen. Eine möglichst präzise Stellenbeschreibung ist dabei eine wichtige Voraussetzung für genaue Vermittlungsvorschläge.

- Private Stellenvermittlungen sind eine noch junge Alternative. Erkundigen Sie sich, ob die von Ihnen gewählte private Stellenvermittlung auch die richtige für Ihre Branche ist (und ob sie eine Erlaubnis der Bundesagentur für Arbeit besitzt). Das Vermittlungshonorar beträgt in der Regel 1,5 bis 2 Bruttomonatsgehälter, die vom Auftraggeber zu zahlen sind.
- Zeitarbeitskräfte gleichen insbesondere Arbeitsspitzen aus. Kontakt: Zeitarbeitsfirmen (Gelbe Seiten, Internet) und die Personal-Service-Agenturen der Arbeitsämter (PSA). Die PSA sind Zeitarbeitsunternehmen, die im Rahmen von Ausschreibungen von den Arbeitsämtern beauftragt werden. Hauptaufgabe der PSA ist der Verleih ihrer Beschäftigten an Unternehmen. Sie stellen ausschließlich Arbeitslose ein, die vom Arbeitsamt vorgeschlagen werden. Arbeitgeber zahlen lediglich ein Honorar an die PSA, eine Lohnbuchhaltung ist nicht notwendig.

Minijobs

In erster Linie wird der Kfz-Betrieb Vollzeit-Arbeitskräfte beschäftigen. Mit Verwaltungsaufgaben, zum Beispiel die Buchhaltung oder andere Büroarbeiten, können jedoch vor allem kleinere Betriebe keine volle Kraft auslasten. Teilzeit-Jobs sind dann die Lösung. Möglicherweise bieten auch ein oder mehrere Minijobs eine flexible Alternative in diesem Bereich. Nach der aktuell gültigen Einkommensgrenze werden die Minijobs auch als 400-€-Jobs oder geringfügige Beschäftigung bezeichnet. Der Arbeitnehmer darf derzeit monatlich bis zu 400 € verdienen. Die wöchentliche Arbeitszeit ist nicht begrenzt. Die Bundesknappschaft verwaltet die Minijobs. Hier die *Rahmenbedingungen* für Minijobs:

- Der Arbeitnehmer zahlt keine Sozialabgaben. Er kann aber seinen Beitrag freiwillig aufstocken und so einen Rentenanspruch erwerben.
- Der Arbeitnehmer ist über die Berufsgenossenschaft unfallversichert.
- Der Arbeitgeber zahlt pauschal 25% vom Lohn, davon 12% Rentenversicherung, 11% Krankenversicherung, 2% Lohnsteuer an eine zentrale Meldestelle: die Minijob-Zentrale bei der Bundesknappschaft.
- Kleinbetriebe mit bis zu 30 Mitarbeitern zahlen zusätzlich 1,3% in die Lohnfortzahlungsversicherung der Minijob-Zentrale.
- Der Arbeitnehmer hat vom ersten bis einschl. 42. Krankheitstag Anspruch auf hundertprozentige Lohnfortzahlung. Der Arbeitgeber erhält dazu von der Lohnfortzahlungsversicherung 70% des Entgelts. 30% muss er aus Eigenmitteln bezahlen.

- Übt der Arbeitnehmer mehrere Minijobs aus und liegt das Gesamteinkommen zwischen 400,01 und 800 €, gelten die Regelungen der Niedriglohn-Jobs.
- Liegt das Gesamteinkommen über 800 €, gilt die reguläre Versicherungspflicht – auch für den Arbeitnehmer.
- Die Prüfung über die Anzahl der Minijobs und die Versicherungspflicht erfolgt durch die Minijob-Zentrale.
- Arbeitnehmer dürfen neben ihrer hauptberuflichen sozialversicherungspflichtigen Tätigkeit einen Minijob abgabenfrei ausüben.
- Minijobs bis zu zwei Monate oder 50 Arbeitstagen im Kalenderjahr sind weder für den Arbeitnehmer noch für den Arbeitgeber sozialversicherungspflichtig.
- Für Arbeitnehmer, die 400,01 bis 800 € monatlich verdienen: Sozialabgaben: Der Arbeitgeber zahlt den regulären Sozialversicherungsbeitrag von 21% (Stand: 2003). Der Arbeitnehmer zahlt einen progressiv steigenden Beitrag, und zwar je nach Höhe des Lohns: 4% bei einem Verdienst von 400,01 €, 21% bei 800 €. Der Arbeitnehmer zahlt je nach Lohnsteuerklasse den entsprechenden Lohnsteuersatz.

Weitere Informationen: Servicetelefon der Minijob-Zentrale bei der Bundesknappschaft: Tel. 0 80 00 20 05 04, www.minijob-zentrale.de

Personalauswahl
In der Regel erfolgt die erste Beurteilung möglicher neuer Mitarbeiter über die Bewerbungsunterlagen. Die Unterlagen lassen erste Schlüsse darüber zu, ob der Bewerber in das Team des Kfz-Betriebes passt. Dabei spielen durchaus auch äußerliche Merkmale der Bewerbung eine Rolle. Wer eine schlampige Bewerbung abgibt, wird wohl auch am Arbeitsplatz nicht sehr ordentlich sein. Sind die Bewerbungsunterlagen im Übrigen vollständig und geordnet? Drückt sich der Bewerber klar aus? Hat er die geforderte Qualifikation und ist diese mit Zeugniskopien nachgewiesen? Liegen Zeugnisse aller früheren Arbeitgeber bei? Ist der Lebenslauf komplett oder weist er Lücken auf?
Nach der Vorauswahl des Bewerbers folgt in aller Regel ein Bewerbungsgespräch. Hier gelten für beide Seiten Regeln. So darf der Arbeitgeber beispielsweise bestimmte persönliche Fragen nicht stellen. Was beim Bewerbungsgespräch zu beachten ist, hat das Bundesministerium für Wirtschaft und Arbeit in den folgenden Stichpunkten zusammengestellt.

Diese Fragen dürfen Sie stellen:

❑ nach beruflichen und fachlichen Fähigkeiten,
❑ nach dem beruflichen Werdegang und nach
❑ Zeugnisnoten,
❑ nach dem Gesundheitszustand, sofern ein berechtigtes Interesse besteht (z.B. dauerhafte oder akute Krankheiten, soweit sie für den Arbeitsplatz von Bedeutung sind),
❑ nach einer aktuellen Lohn- oder Gehaltspfändung,
❑ nach Vorstrafen, sofern diese für die künftige Tätigkeit bedeutsam sind (z.B. bei einem Kassierer wegen Eigentums- und Vermögensdelikten),
❑ nach einer Schwerbehinderung (Grad der Behinderung mindestens 50%).

Diese Fragen dürfen Sie nicht stellen:

❑ nach einer Eheschließung in absehbarer Zeit,
❑ nach einer Gewerkschafts-, Partei- oder Religionszugehörigkeit,
❑ Fragen im sexual-medizinischen Bereich,
❑ nach den Vermögensverhältnissen.

Übrigens: Die Lohnsteuerkarte, aus der die Religionszugehörigkeit hervorgeht, braucht erst nach Abschluss des Vertrages vorgelegt zu werden. Die Einstellung eines Arbeitnehmers darf nicht von seinem Austritt aus einer Gewerkschaft abhängig gemacht werden.
Darüber müssen Sie den Bewerber u.a. informieren:

❑ über besondere gesundheitliche Belastungen,
❑ über überdurchschnittliche Anforderungen,
❑ über beabsichtigte organisatorische Änderungen, die zur Gefährdung des Arbeitsplatzes führen,
❑ über Löhne und Gehälter, die zukünftig gefährdet sind.

Außerdem dürfen Sie keine falschen Erwartungen wecken, die den Bewerber zur Kündigung seiner bisherigen Stelle verleiten.
Dafür müssen Sie sorgen:

❑ Bewerbungsunterlagen sorgfältig aufbewahren und, wenn kein Arbeitsvertrag abgeschlossen wird, sofort zurückgeben und grundsätzlich den Personalfragebogen vernichten,
❑ über alle Informationen schweigen,

- Vorstellungskosten für Fahrt, Übernachtung, Verpflegung oder Verdienstausfall ersetzen, wenn Sie den Bewerber zur Vorstellung aufgefordert und den Ersatz dieser Aufwendungen nicht ausdrücklich ausgeschlossen haben, und zwar unabhängig davon, ob ein Arbeitsvertrag abgeschlossen wird oder nicht.

Dazu ist der Bewerber verpflichtet:

- berechtigte und begründete Fragen wahrheitsgemäß zu beantworten,
- mitzuteilen, welche Bedingungen des Arbeitsvertrages er nicht erfüllen kann.

Unzulässige Fragen muss er nicht beantworten:

- Der Bewerber braucht nicht auf eine Behinderung (anders bei Schwerbehinderung) hinzuweisen, solange er die Anforderungen an den Arbeitsplatz erfüllen kann.
- Er bzw. sie muss die bisherige Vergütung nicht nennen.
- Er bzw. sie muss nicht auf Vorstrafen hinweisen.
- Die Bewerberin braucht von sich aus nicht auf ihre Schwangerschaft hinzuweisen, jedenfalls solange sie die Anforderungen an den Arbeitsplatz erfüllen kann.

Arbeitsvertrag
Die Form eines Arbeitsvertrages ist nicht festgelegt. Auch ein mündlicher Arbeitsvertrag ist prinzipiell gültig, wenn der jeweilige Tarifvertrag nicht ausdrücklich eine schriftliche Form vorschreibt. In jedem Fall aber ist die Schriftform zu empfehlen. Am einfachsten ist es für den Arbeitsvertrag auf Vordrucke zurückzugreifen, wie es sie im Schreibwarenhandel, in Formularverlagen oder auch bei den Handwerkskammern und Innungen gibt. Die nachfolgenden Punkte sollte ein Arbeitsvertrag enthalten:

- *Tätigkeitsbereich*: Der Tätigkeitsbereich sollte möglichst genau beschrieben werden. Das kann beispielsweise durch eine konkrete Aufgabenbeschreibung bzw. durch eine Stellenbeschreibung geschehen, die Bestandteil des Vertrages wird. Der Vertrag sollte auf jeden Fall eine Versetzungsklausel enthalten. Damit hat der Arbeitgeber die Möglichkeit, den Arbeitnehmer jederzeit an einen anderen Arbeitsplatz zu versetzen.
- *Beginn der Tätigkeit*: Der Arbeitsbeginn muss exakt definiert sein. Falls eine noch zu absolvierende Prüfung Voraussetzung für die

Einstellung ist, sollte das in den Arbeitsvertrag mit aufgenommen werden.
- ❏ *Arbeitszeit*: Wie viele Stunden wöchentlich? Wie viele Stunden täglich? Wann ist Arbeitsbeginn? Wann Arbeitsende? Gibt es eine gültige Betriebsvereinbarung? Wie sieht die tarifliche Regelung aus? Was ist mit Mehrarbeit?
- ❏ *Laufzeit des Vertrages*: Wird ein unbefristeter Vertrag abgeschlossen? Wenn ja, wie lange ist die Probezeit? Oder handelt es sich um einen befristeten Vertrag, der automatisch ausläuft, wenn vorher keine Verlängerung erfolgt?
- ❏ *Vergütung*: Die Höhe der Bezüge einschließlich der Zuschläge muss im Arbeitsvertrag stehen. Dabei müssen die jeweiligen tariflichen Rahmenbedingungen beachtet werden. Wann wird der Lohn ausgezahlt? Gibt es Urlaubsgeld? Nebenleistungen, z.B. Weihnachtsgratifikation? Dann sollten auch Rückzahlungsklauseln vereinbart und festgelegt werden.
Abtretung und Verpfändung des Lohnes sollten ausgeschlossen werden.
- ❏ *Urlaub*: Wie viele Tage im Jahr? Abstimmung mit betrieblichen Gegebenheiten (z.B. Betriebsurlaub während der Sommerferien).
- ❏ *Kündigung*: Für Kündigungsfristen gelten die gesetzlichen oder die tariflichen Bedingungen. Diese Fristen verlängern sich im Laufe der Beschäftigung. Die Kündigung bedarf für beide Vertragspartner der Schriftform.
- ❏ *Verschwiegenheitserklärung*: Der Arbeitnehmer verpflichtet sich, über Unternehmensinterna, Kundendaten usw. nach außen hin Stillschweigen zu bewahren.
- ❏ *Nebentätigkeiten*: Eine Einschränkung von Nebentätigkeiten ist nur dann zulässig, wenn die Nebentätigkeit mit der Arbeitspflicht kollidiert. Nützlich sind Formulierungen, die dem Arbeitnehmer das Anzeigen von Nebenbeschäftigungen anraten, da bei Unterlassen der Anzeige Schadensersatzansprüche entstehen könnten.

Sozialversicherungen

Als Arbeitgeber müssen Sie für Ihre Mitarbeiter die Beiträge zur Kranken-, Pflege-, Renten- und Arbeitslosenversicherung berechnen und mit Hilfe eines Beitragsnachweises bei der Krankenkasse des Beschäftigten melden und überweisen. Die Sozialversicherungsbeiträge werden je zur Hälfte vom Arbeitnehmer und Arbeitgeber getragen (Ausnahmen geringfügig Beschäftigte, siehe «Minijobs»). Die Höhe der Beitragssätze entspricht einem festgelegten Prozentanteil des Bruttoentgelts. Beitragssätze (Stand: 2003):

- Krankenversicherung: nach Satzung der jeweiligen Krankenkasse,
- Pflegeversicherung: 1,7%,
- Rentenversicherung: 19,5%,
- Arbeitslosenversicherung: 6,5%.

Der *Arbeitnehmer* muss die folgenden Unterlagen vorlegen:

- Mitgliedsbescheinigung seiner Krankenkasse,
- Sozialversicherungsausweis (enthält u.a. die Versicherungsnummer).

Als *Arbeitgeber* müssen Sie bei der Krankenkasse folgende Meldungen abgeben:

- Anmeldung, Abmeldung, Jahresmeldung,
- Unterbrechungsmeldung,
- sonstige Entgeltmeldungen.

Die Gründung eines Unternehmens muss der zuständigen Berufsgenossenschaft (BG) mitgeteilt werden. Denn alle Mitarbeiter eines Unternehmens – gleichgültig, ob in einem Arbeits-, Ausbildungs- oder sonstigen Dienstverhältnis – sind in der BG gesetzlich unfallversichert. Für Kfz-Betriebe sind die vier Metall-Berufsgenossenschaften zuständig. Nähere Informationen gibt es bei der Vereinigung der Metall-Berufsgenossenschaften in Düsseldorf (www.vmbg.de). Die Beiträge für die gesetzliche Unfallversicherung, die sich nach der Gefahrenklasse der einzelnen Arbeitsplätze richten, trägt allein das Unternehmen. Darüber hinaus kann sich auch der Unternehmer freiwillig bei einer BG gegen das Risiko von Arbeitsunfällen versichern, wenn er nicht schon ohnehin gesetzlich oder durch die BG-Satzung pflichtversichert ist. Neben dem Risiko eines Arbeitsunfalls decken die Berufsgenossenschaften auch das Risiko eines Wegeunfalls – auf dem Weg zur Arbeit beziehungsweise zurück – und einer Berufskrankheit ab. Außerdem kümmern sie sich um alle Aspekte der Arbeitssicherheit und -gesundheit und beraten und überwachen sämtliche Betriebe. Der technische Aufsichtsdienst der zuständigen BG berät Existenzgründer kostenlos zu allen Aspekten der Sicherheit und Gesundheit am Arbeitsplatz – zum Beispiel über Arbeiten mit gesundheitsgefährdenden Stoffen, über relevante Vorschriften und Regeln und zur ergonomischen Gestaltung von Arbeitsplätzen.

Fort- und Weiterbildung
Das wichtigste Kapital eines Unternehmens sind seine Mitarbeiter, lautet ein bekannter Satz. Für die Kfz-Werkstatt, also einen Dienst-

leistungsbetrieb, gilt das ganz besonders. Denn die Mitarbeiter sind es, die für Qualität und Kundenorientierung und damit dafür sorgen, dass Autofahrer ihr Fahrzeug immer wieder in ihrer «Stammwerkstatt» warten und instand setzen lassen. Wichtig für die Mitarbeiter ist dabei nicht nur die angemessene Entlohnung, genauso wichtig sind:

- die sorgfältige Personalplanung,
- eine gute Personalführung,
- ein gutes Betriebsklima,
- Aus- und Weiterbildungsmaßnahmen,
- Übertragung von Verantwortung auf die Mitarbeiter.

Um die Arbeitsqualität sicherzustellen, müssen die Mitarbeiter optimal ausgebildet sein. Gerade angesichts der rasanten technischen Fortschritte im Automobilbau ist es unerlässlich, dass sich auch die Werkstattmechaniker regelmäßig fortbilden. Kleinere Werkstätten tun sich verständlicherweise besonders schwer, ihre Mitarbeiter zu Fort- und Weiterbildungskursen zu schicken. Denn zu den Kursgebühren kommt ja auch noch der Arbeitsausfall des Mitarbeiters hinzu. Wenn der aber anschließend effizienter arbeiten kann, weil er den besten Weg für die Fehlersuche oder die Arbeitsweise einer modernen Klimaanlage kennt, machen sich die Ausgaben schnell wieder bezahlt.
Markengebundene Werkstätten haben in der Regel feste Vorgaben über die Qualifikation ihrer Werkstattmitarbeiter. Geregelt ist hier beispielsweise die regelmäßige Teilnahme an allgemeinen Schulungen oder die Weiterbildung zu neuen Modellen. Bei Audi beispielsweise müssen Servicetechniker fünf Schulungstage pro Jahr absolvieren. Auch freie Werkstätten können sich daran orientieren. So bieten die Hersteller von Werkstatt-Prüfgeräten oder auch Teile- und Zubehörhersteller regelmäßig Weiterbildungen für Werkstattmitarbeiter an. Häufig können die Seminare dann über den Großhandel gebucht werden.

Personalführung
Qualifizierte Mitarbeiter zu finden und dann auch zu halten, ist nicht immer einfach. Hohe Fluktuation und Mangel an Fachkräften kennzeichnen vielerorts den Markt. Andererseits haben erfolgreiche Betriebe kaum Personalprobleme. Das Geheimnis liegt in einer modernen Personalführung, die den Mitarbeiter einbindet in die Unternehmensziele. Gerade in kleineren Betrieben kommt es darauf an, im Team zu arbeiten. Aber auch größere Unternehmen gehen mehr und mehr dazu über, Teams innerhalb des Hauses zu bilden und so die konstruktive Zusammenarbeit zu fördern.

Allerdings gibt es für die optimale Personalführung kein Patentrezept. Immer wieder aber sollte die Motivation der Mitarbeiter im Zentrum stehen – keine leichte Aufgabe für den Chef oder Vorgesetzten. Gefragt sind hier jedoch in erster Linie menschliche Fähigkeiten, die der Kommunikation untereinander dienen. Der patriarchalische Chef, der nur von oben herab bestimmt und permanent despotisch kontrolliert, wird kaum zufriedene Mitarbeiter haben. Wichtig sind daher die folgenden *Fähigkeiten eines Vorgesetzten*:

❏ den Mitarbeitern positiv gegenüberstehen,
❏ Verständnis für Gefühle zeigen,
❏ einfühlsam vorgehen,
❏ zuhören können,
❏ Gesprächsbereitschaft signalisieren,
❏ auf Wünsche und Bedürfnisse der Mitarbeiter, wann immer möglich, eingehen.

Klare Aufgabenverteilung, Delegation von Verantwortung und Entscheidungsspielräume für den Einzelnen sind weitere wichtige Kriterien. Hierbei helfen detaillierte Stellenbeschreibungen, die es dem Mitarbeiter ermöglichen, seine Rechte und Pflichten zu erkennen, und mit denen auch Verantwortlichkeiten sinnvoll delegiert werden.

1.3.3 Marktchancen und -risiken

Das am Ende des Abschnitts 1.3.1 für unseren Beispielbetrieb errechnete Auftragsvolumen ist schon ganz ordentlich. Allerdings wird es bei einer Betriebsneugründung sicher nicht von Anfang an zur Verfügung stehen. Vielmehr handelt es sich hier um Größen, die realistisch in absehbarer Zeit erreicht werden können und auf die eine Betriebsplanung ausgerichtet werden sollte. Um das Volumen zu erreichen, muss der neue Kfz-Betrieb mit seiner Qualität und Leistungsfähigkeit zunächst bei den Autofahrern bekannt gemacht werden (siehe hierzu Kapitel 6).
Die Durststrecke nach einer Neugründung oder Betriebsübernahme ist also das erste Risiko. Wenn auch Kredite Verluste im Anfang decken, so muss der Betrieb doch so rasch wie möglich in die Gewinnzone geführt werden. Eine gute Betriebsorganisation hilft dabei, Mitarbeiter, Werkstattausstattung und die vorhandenen Räume optimal auszulasten und so ein positives Ergebnis zu erzielen.
Dennoch muss das Kundenpotential auch da sein, beziehungsweise aus anderen Betrieben abgeworben werden. Wie groß sind also die Chancen im regionalen Markt tatsächlich? Hier hilft eine Betrachtung der Konkurrenzsituation. Welche Kfz-Betriebe gibt es im Um-

Bild 1.17
Chancen erkennen und spezielle Angebote machen wie zum Beispiel die Glasreparatur ...
(Quelle: ZDK)

kreis und wie sind diese strukturiert? Gibt es beispielsweise überwiegend markengebundene Servicebetriebe und Autohäuser, dann kann die freie Werkstatt vor allem für Besitzer älterer Autos eine Marktlücke füllen. Fehlt es an Spezialbetrieben, etwa für Kfz-Elektrik, für Zubehöreinbauten wie HiFi, Mobilfunk oder Navigation, dann liegt die Lücke im Markt in diesem Bereich.

Die Lücke im Markt zu finden, ist sicherlich der erfolgversprechendste Weg. Meist jedoch sind vor Ort schon alle wichtigen Marktfelder besetzt. Dann müssen die Chancen aus anderen Bereichen realisiert werden. Ein optimaler Standort beispielsweise, leicht zu erreichen, mit guter öffentlicher Verkehrsanbindung, an einer vielbefahrenen Straße kann Vorteile sichern. Besonders attraktive Service-Angebote locken ebenfalls Kunden weg von der Konkurrenz in den neuen Betrieb.

Die Zahl der Kfz-Werkstattbetriebe ist im Übrigen in den letzten Jahren in Deutschland gesunken. Auch das ist ein Indiz dafür, dass es nicht einfach ist, einen Kfz-Betrieb neu zu gründen oder einen bestehenden zu übernehmen.

➡ *Chancen und Risiken eines Kfz-Betriebes hängen entscheidend vom regionalen Markt ab und von der Fähigkeit, mit gutem Service, innovativen Angeboten und optimaler Betriebsorganisation das beste Ergebnis zu erzielen.*

Bild 1.18
... oder den Einbau von Standheizungen.
(Quelle: ZDK)

1.4 Raumbedarf und Einrichtungsplanung

Die **Wahl des Standortes** für einen Kfz-Betrieb ist die erste und zentrale Frage. Der Betrieb soll

- leicht zu finden sein und
- möglichst verkehrsgünstig liegen.

Eine Anbindung an öffentliche Verkehrsmittel ist sehr hilfreich sowohl für die eigenen Mitarbeiter wie auch für die Kunden, die ihr Fahrzeug zu Wartung und Reparatur bringen.
Der überwiegende Teil der Kunden eines Kfz-Betriebes sind Stammkunden. Deshalb sollte der Betrieb möglichst auch in der Nähe von Wohnung oder Arbeitsplatz der potentiellen Kunden liegen. Neue Kfz-Betriebe jedoch werden heute kaum noch in Wohngebieten genehmigt. In vielen Fällen muss man deshalb in ein Industriegebiet ausweichen. Aber auch ein solcher Standort hat Vorteile, wenn beispielsweise Autohäuser anderer Fabrikate in der Nähe liegen oder der Betrieb in der Nachbarschaft eines Verbrauchermarktes errichtet werden kann.
In manchen Orten gibt es inzwischen regelrechte «Automeilen», also Straßenzüge oder Gebiete, in denen sich mehrere Autohäuser und Werkstätten beieinander finden. Trotz der Konkurrenzsituation ziehen die einzelnen Betriebe daraus Vorteile. Interessenten und Werkstattkunden fahren gezielt hierher und kommen so automatisch auch an einem neuen Betrieb vorbei. Vor allem für ein neues Autohaus, das ein eher kleineres Fabrikat vertritt oder auch nur mit Gebrauchtwagen handelt, ist die Nähe zu den Großen positiv. Denn wichtigste Voraussetzung, um überhaupt ein Stammkundenpotential aufbauen zu können, ist ein hoher Bekanntheitsgrad. Mögliche Kunden müssen den Betrieb sehen oder doch zumindest von ihm hören.
Die **Grundstücksgröße** hängt wesentlich davon ab, mit wie viel Mitarbeitern was gemacht werden soll. Soll lediglich eine Kfz-Werkstatt entstehen, entfällt der Raumbedarf für Ausstellungshallen und -flächen. Ist jedoch eine spätere Ausweitung etwa auf einen Gebrauchtwagenhandel vorgesehen, dann sollte das bei der Grundstücksplanung mit berücksichtigt werden. Vielleicht ist es ja möglich, eine Kaufoption auf das Nachbargrundstück abzugeben, um für mögliche Erweiterungen vorbereitet zu sein. Generell jedoch gilt: Es gibt wohl kaum einen Betrieb, dessen Grundstück zu groß wäre.
In jedem Fall aber benötigt ein Kfz-Betrieb viel Freifläche. Kunden, die ihr Fahrzeug in die Werkstatt bringen, sollten problemlos einen Parkplatz finden. Wer an Park- und Abstellmöglichkeiten spart, verliert viel an produktiver Zeit durch umständliche Rangierarbeiten. Allgemein wird daher ein Verhältnis von zwei Drittel Freifläche zu

einem Drittel bebauter Fläche als optimal angesehen. Der Bedarf an bebauter Fläche wird im Folgenden anhand einiger Beispiele verdeutlicht.

Ein zentrales Entscheidungskriterium bei der Wahl eines Betriebsgrundstückes ist selbstverständlich auch der **Preis**. In der Regel ist es günstiger, in einem Industriegebiet zu bauen als in oder am Rande eines Wohngebietes. Eine weniger gute Lage, die aber vielleicht mit niedrigeren Grundstückspreisen verbunden ist, muss dann aber mit größerem Werbeaufwand ausgeglichen werden, um das Unternehmen am Markt bekannt zu machen. Neben dem Grundstückspreis müssen bei der Entscheidung für oder gegen einen Standort auch die Kosten für die Grundstückserschließung berücksichtigt werden. Sind alle Ver- und Entsorgungsleitungen bereits vorhanden? Besteht ein Anschluss für Erdgas oder Fernwärme?

Immer häufiger verursachen zudem Altlasten auf dem Grundstück unvorhergesehene Kosten. Ein Umweltgutachten kann deshalb in manchen Fällen preiswerter sein als ein unüberlegter Kauf mit hohen Anschluss- und Entsorgungskosten. Vor allem bei ehemaligen Standorten von Industrieanlagen, Tankstellen oder gar stillgelegten Deponien ist größte Vorsicht angebracht.

Behördliche Auflagen

Ob Neubau, Umbau oder Erweiterung: Nichts geht ohne behördliche Genehmigung. Dabei haben es Gewerbebetriebe zunehmend schwerer, eine Genehmigung für einen Neubau zu erhalten. Lediglich kleinere Kfz-Werkstätten mit bis zu vier Mitarbeitern werden heute noch in Wohn- und Mischgebieten genehmigt, häufig allerdings nur unter der Auflage, lärmintensive Arbeiten zu vermeiden. Das heißt, ein Karosseriearbeitsplatz oder ein Prüfplatz für die Abgasuntersuchung an Dieselmotoren fällt damit von vornherein weg. Denn beispielsweise bei einer Pkw-Dieselprüfung können 105 dB (A) als Spitzenwert gemessen werden. Zum Vergleich: Der Spitzen-Schallpegel eines Flugzeug-Düsentriebwerks liegt bei 140 dB (A).

Werkstätten mit Handelsbetrieb und Autohäuser werden heute fast nur noch in Gewerbegebieten genehmigt. Soll auch eine Lackiererei eingerichtet werden, dann muss diese meist in ein Industriegebiet ausweichen.

Auskünfte über die mögliche Nutzung von Gewerbeflächen in einer Gemeinde gibt der Flächennutzungs- oder Bebauungsplan. Hier ist festgelegt, welche Nutzungsarten für welche Grundstücke vorgesehen sind. Diese Baugebiete sind nach der Baunutzungsverordnung (BauNVO) in zehn Baugebietsklassen aufgeteilt. Wichtigstes Unterscheidungskriterium hier ist der zulässige Lärmpegel tagsüber und nachts. In reinen Wohngebieten etwa darf der Lärm zwischen 6.00

und 22.00 Uhr 50 dB (A) nicht überschreiten, während er in Industriegebieten bis zu 70 dB (A) betragen darf.

Festgelegt ist im Bebauungsplan auch das Verhältnis der bebauten Grundfläche zur gesamten Grundstücksfläche. Auch diese Werte sind nach der BauNVO abhängig von der Art des ausgewiesenen Baugebietes. Die im Folgenden genannten Grundflächenzahlen (GRZ) und Geschossflächenzahlen (GFZ) werden nach diesen Formeln errechnet:

$$\text{GRZ} = \frac{\text{bebaubare Grundfläche in m}^2}{\text{gesamte Grundstücksfläche in m}^2}$$

$$\text{GFZ} = \frac{\text{gesamte Geschossfläche in m}^2}{\text{gesamte Grundstücksfläche in m}^2}$$

Darüber hinaus spielt das Verhältnis Anzahl Arbeitsplätze zu Anzahl Fahrzeugstellplätze eine Rolle. Hier können je nach Landesvorschrift bis zu sechs Stellplätze pro Arbeitsplatz verlangt werden.

Bestehen Zweifel über die erlaubte Nutzung eines Grundstücks, empfiehlt es sich, eine Bauvoranfrage an die Bauaufsichtsbehörde zu stellen. Die *Bauvoranfrage* sollte einen Lageplan enthalten mit Darstellung

- der geplanten Gebäude,
- der genauen Lage,
- der Flächengröße und
- der Höhe.

Die Aufsichtsbehörde erteilt daraufhin einen verbindlichen Nutzungsbescheid. Danach kann bei der Gemeinde schriftlich der Antrag auf Baugenehmigung eingereicht werden. Dem *Bauantrag* müssen die folgenden Unterlagen beigefügt werden:

- Lageplan im Maßstab 1 : 500. Er zeigt die Lage der geplanten Gebäude;
- Bauzeichnungen mit den Grundrissen der Gebäude einschließlich Entwässerungssystem und Heizungsanlagen;
- Baubeschreibung mit Angaben, die die Bauzeichnungen ergänzen;
- bautechnische Nachweise über Statik, Schall- und Wärmedämmung sowie Brandschutz;
- Entwässerungsplan des Grundstücks.

Flächenbedarf

Die Zeiten, in denen in schmutzigen Hinterhofwerkstätten von ölverschmierten Automechanikern Pkw und Lkw repariert wurden, sind endgültig vorbei. Der Werkstattkunde erwartet heute einen sauberen

Betrieb, der sich auch vor kritischen Blicken nicht zu verstecken braucht. Deshalb wird bei der Einrichtung der Arbeitsplätze heute Wert darauf gelegt, dass sie mit leicht zu reinigenden Böden ausgestattet sind. Um unnötigen Verschmutzungen durch Betriebsmittel, vor allem durch Öl, vorzubeugen, können Frischöle über Leitungen direkt an den Arbeitsplatz herangeführt werden. Auch für die Entsorgung der Altöle ist ein Leitungssystem denkbar, das das Öl von den einzelnen Arbeitsplätzen direkt zur Entsorgungsstation leitet.

Die folgenden Daten zu Flächenbedarf und Einrichtung eines kundenorientierten und in effektiven Arbeitsabläufen organisierten Kfz-Betriebes orientieren sich an einem Betrieb mit vier Mechanik- und zwei Karosseriearbeitsplätzen. Als Unterhändler eines größeren Autohauses setzt der Betrieb zudem im Jahr etwa 120 Neuwagen und ebenso viele Gebrauchtwagen um.

Verkauf/Verwaltung
- Verkaufsfläche
  - Neuwagen 250 m^2
  - Gebrauchtwagen 250 m^2
- Zubehörshop 20 m^2
- Chefbüro 15 m^2
- 3 andere Büros 30 m^2
- Kundenzone 100 m^2

Werkstatt/Ersatzteillager
- 4 Mechanikarbeitsplätze inkl. anteiliger Verkehrsfläche 160 m^2
- 2 Karosseriearbeitsplätze inkl. anteiliger Verkehrsfläche 80 m^2
- Werkstatt-Nebenraum für 6 Arbeitsplätze 30 m^2
- Ersatzteillager für 6 Arbeitsplätze 90 m^2
- Warenannahmebereich 10 m^2
- Lagerbüro 8 m^2
- Sozialräume gewerbliche Mitarbeiter 24 m^2

Gesamtflächenbedarf 1067 m^2

Da das Verhältnis zwischen bebautem und unbebautem Raum im Idealfall ein Drittel zu zwei Drittel betragen sollte, ergibt sich somit ein Gesamt-Grundstücksbedarf von gut 3000 m^2. Es ist zu überprüfen, ob mit dieser Grundstücksfläche auch die erforderliche Anzahl von Fahrzeugstellplätzen abgedeckt ist. Die einzelnen Werkstatt-Arbeitsplätze müssen so angelegt sein, dass möglichst wenig Rangierarbeiten erforderlich sind.

1.4.1 Ablaufoptimiertes Werkstattdesign [2]

In Pkw-Werkstätten werden die Arbeitsplätze in der Regel über ein breites Hallentor und eine zentrale Fahrspur angefahren. Die Arbeitsplätze liegen dann im rechten Winkel rechts und links der Fahrspur. Lkw-Arbeitsplätze benötigen ungleich mehr Raum. Deshalb werden sie in der Regel nebeneinander angelegt, möglichst mit je einer eigenen Zufahrt an der einen und je einer Ausfahrt an der gegenüberliegenden Hallenseite. Mit variablen Lärmschutzwänden sollten die häufig lärmintensiven Karosseriearbeitsplätze von den Standard-Mechanikarbeitsplätzen abgetrennt werden. Außerdem mindern lärmdämmende, spezielle Deckenkonstruktionen den Lärmpegel, der von den Karosseriearbeitsplätzen ausgeht.

Das so genannte **Flussprinzip** sorgt für einen optimierten Betriebsablauf in der Werkstatt. Mit dem Flussprinzip verlaufen alle Fahrzeugbewegungen innerhalb der Werkstatt immer in eine Richtung, von der Werkstatt-Einfahrt oder der Direktannahme bis zur Werkstatt-Ausfahrt. Behinderungen im Werkstattablauf werden so weitgehend vermieden. Darüber hinaus berücksichtigt das Flussprinzip die Anordnung mehrerer Betriebsbereiche zueinander, wie z.B. Mechanik, Karosserie und Lackierung. Auch hier sollten die Fahrzeuge entsprechend ihrem Arbeitsablauf immer nur in eine Richtung zum nächsten Betriebsbereich bewegt werden müssen, also von der Demontage in der Mechanik zur Karosserieabteilung und von dort in die Lackiererei (Bild 1.19).

Flächenoptimierte Werkstatthalle
Bei der Planung für die Werkstattflächen gibt es zwei Möglichkeiten der Ausführung:

- das Vollflächen-Prinzip,
- das Boxen-Prinzip.

Bei der **Vollflächen-Anordnung**, die auch etwas abfällig als «Schuhschachtel-Prinzip» bezeichnet wird, entstehen gegenüberliegende Arbeitsplätze und eine dazwischenliegende Fahrspur auf geringstem Platz. Diese Anordnung lässt ein ungehindertes Rangieren in der Werkstatt zu und gestattet bei Bedarf das schnelle Abstellen von halbfertigen Fahrzeugen innerhalb der Werkstatt. Dadurch werden lange Rangierwege und aufwendige Abdeckarbeiten eingespart, weil die Autos nicht ins «Freie» müssen. Dieser Werkstatt-Grundriss verlangt aber eine Mindestabmessung von 20 m Breite (2 × 7 m Arbeitsplatztiefe und 6 m Fahrspurbreite). Die Hallenlänge richtet sich nach der Anzahl der unterzubringenden Arbeitsplätze und der sonstigen Werkstattflächen wie Sozialräume, Lager oder Haustechnikräume.

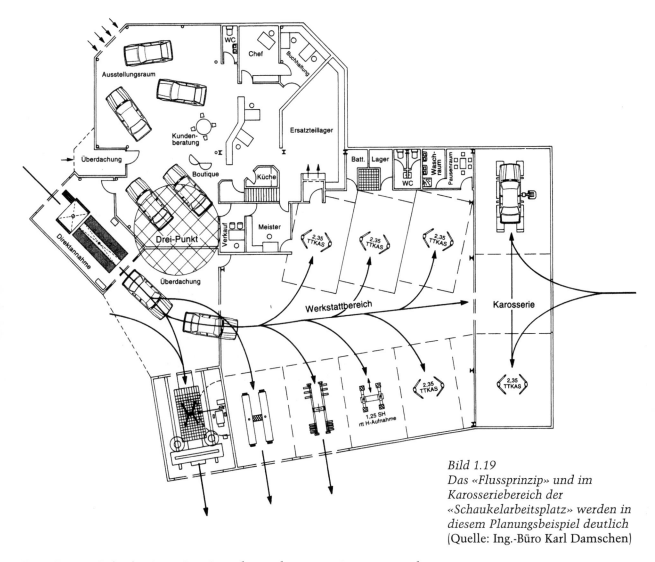

Bild 1.19
Das «Flussprinzip» und im Karosseriebereich der «Schaukelarbeitsplatz» werden in diesem Planungsbeispiel deutlich (Quelle: Ing.-Büro Karl Damschen)

Das **Boxen-Prinzip** ist ein Gestaltungskompromiss, wenn der benötigte Grundriss für eine Vollflächen-Ausführung nicht vorhanden ist oder Baukosten reduziert werden sollen. Über die Nachteile – wie die Notwendigkeit, halbfertige Fahrzeuge im Freien abstellen zu müssen – sollte man sich im Klaren sein.

Eine Flächeneinsparung innerhalb dieses Werkstatt-Grundrisses kann durch die Verwendung von Unterflur-Hebebühnen erreicht werden. Sie ermöglichen beim Auf- und Abfahren des Arbeitsplatzes das Überfahren der Fahrzeug-Aufnahmepunkte. Das zusätzliche Rangieren wegen vorhandener Hebebühnen-Säulen entfällt. Außerdem kann die Arbeitsplatzbreite variabel gestaltet werden, die aber aus Gründen eines guten Zugangs zum Fahrzeug nicht unter vier Meter liegen sollte.

Der Karosseriearbeitsplatz besteht in der kleinsten Einheit aus einem Richtbank- und einem Vorbereitungsplatz. Beide Arbeitsplätze liegen sich gegenüber und sind durch die Mittelfahrspur der Werkstatt getrennt. Dadurch können die Fahrzeuge ohne viel Rangierarbeit vom Richtbankplatz zum gegenüberliegenden Vorbereitungs-/ Finishplatz geschoben werden. Der hochwertig ausgestattete Richtbankplatz ist für neue Schadensfälle schnell frei zu machen. Der Richtbankplatz hat eine Breite von sechs Metern und eine Tiefe von acht Metern, während der Vorbereitungsplatz die gleiche Fläche wie ein Mechanikarbeitsplatz aufweist (4 m × 7 m). Da die Breite der beiden gegenüberliegenden Arbeitsplätze bis zu 50% unterschiedlich ist, kommen auf einen Richtbankplatz 1,5 Vorbereitungs-/Finishplätze. Bei der Auswahl der Rasterlänge für eine Fertighalle empfiehlt sich daher ein Rastermaß von sechs Meter (Breite des Richtbankplatzes).

Aufgrund der Tatsache, dass ein durchschnittlicher Unfallschaden nur wenige Rückformarbeiten erfordert, werden die traditionellen Richtbänke vielfach durch Schnell-Aufspannsysteme ersetzt. Es handelt sich dabei um einfache Richtbank-Grundrahmen. Hierbei werden die Fahrzeuge mit Hilfe von Rampen über den Grundrahmen gefahren. Dieser enthält eine Kurzhub-Hebebühne, mit der der Grundrahmen einschließlich seiner Chassisklemmen gegen die Fahrzeugschweller angehoben wird. Sobald die Schnellspann-Chassisklemmen den Schwellerfalz zwischen den Spannbacken haben, wird dieser eingespannt. Anschließend kann mit den Richtarbeiten begonnen werden. Für den Fall, dass die Karosserie vermessen werden muss, ist ein Universal-Messsystem zu verwenden.

Die Direktannahme bildet im Gebäude den Mittelpunkt zwischen Kundenannahme und der Werkstatt mit dem Teilelager (Bild 1.20). Dadurch sind kurze Wege zu allen verkaufsrelevanten Betriebsflächen gegeben. Bei normaler Ausstattung mit einer Prüfstraße (Spurplatte, Stoßdämpfer- und Rollen-Bremsenprüfstand sowie Fahrbahn-Hebebühne) hat sie eine Länge von zehn Metern und eine Breite von fünf Metern.

Strukturvorschlag: Mustermann

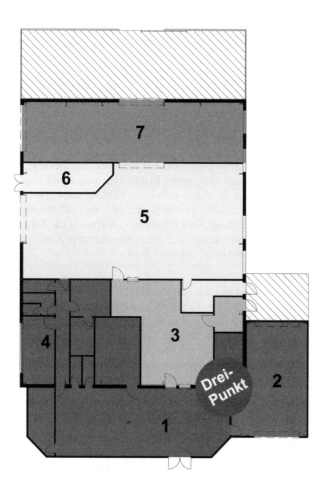

Bild 1.20
Die Direktannahme bildet den zentralen Dreh- und Angelpunkt zwischen Kundendienstannahme, Werkstatt und Lager
(Quelle: Ing.-Büro Karl Damschen)

1: Kundenannahme/Teileshop/Büros 2: Direktannahme 3: Lager 4: Sozialbereich
5: Mechanik-Werkstatt 6: Haustechnik 7: Karosserie-Werkstatt

Außenflächen

Der wichtigste Bereich sind die Pkw-Abstellflächen für Reparaturfahrzeuge. In Kfz-Instandsetzungsbetrieben wird die Anzahl üblicherweise durch die Garagen- und Stellplatzordnung vorgegeben. Bis zu sechs Außenstellplätze pro Reparaturplatz können gefordert werden. Die genauen Bestimmungen sind beim jeweiligen Bauamt einzuholen. Weitere Pkw-Stellflächen sind für die Mitarbeiter-Fahrzeuge vorgeschrieben. Ebenfalls ein «Muss» sind die Flächen für die Entsorgung und das Altautolager.

Weitere Freiflächen, die es zu planen gilt, richten sich danach, wie viele Leihwagen untergebracht werden müssen und wie breit die

Kundenparkplätze berücksichtigt werden sollen (üblicherweise 3 m). Außerdem kann ein zusätzlicher Flächenbedarf für einen Abschleppwagen bestehen (Tabelle 1.2).

Tabelle 1.2 Optimale Werkstatt-Bauplanung

Werkstattgebäude: Konstruktion und Gestaltung Ein Werkstattgebäude soll kostengünstig sein, eine möglichst flexible Baukonstruktion haben, mitarbeiterfreundlich sein, gute Arbeitsbedingungen bieten und alle gesetzlichen Bestimmungen in Bezug auf Umwelt-, Sicherheit und Arbeitsstätten-Richtlinien erfüllen.
Gebäudestruktur Die funktionalste und kostengünstigste Struktur für ein Werkstattgebäude ist die klassische Rechteckform (wenig Flächenverlust, s. «Flussprinzip»). Die Breite der Werkstatthalle sollte dabei aus Funktionsgründen 20,0 m nicht unterschreiten. Bei 20,0 m Breite lassen sich an beiden äußeren Längsseiten der Werkstatthalle Arbeitsplätze von jeweils ca. 7,0 m Länge einrichten. Damit verbleibt dann noch eine ausreichende Rangierfläche in der Mitte (Mittelspur) der Halle von ca. 6,0 m.
Hallenrastermaße Um eine gute Platzierung der unterschiedlichen Arbeitsplätze bei guter Raumausnutzung zu erreichen, haben sich aus Erfahrung Rastermaße (Trägerabstandsbreiten) von z.B. 6,0 m als praktikabel erwiesen. Ein komplettes Trägerraster (Breite 20,0 m; Länge 6,0 m) bietet somit eine Nutzfläche von insgesamt 120,0 m². Die kleinste selbstständig auszuführende Einheit besteht üblicherweise aus drei Hallenrastern.
Gebäudegestaltung Im Werkstattbereich kommt es u.a. auf folgende Ausführungspunkte an: ❑ Die überbaute Fläche sollte frei von Stützpfeilern oder anderen Hindernissen sein, damit das Rangieren der Fahrzeuge problemlos und schnell erfolgen kann; ❑ ein guter, aber blendfreier Tageslichteinfall muss vorhanden sein (freundlich, bessere Sichtbedingungen); ❑ robuster, nicht zu dunkel, möglichst fußwarmer und gut zu reinigender Fußboden; ❑ es darf keine permanente Zugluft vorhanden sein; ❑ kurze Wege zwischen den einzelnen Betriebsbereichen, dem Ersatzteillager und den Sanitärräumen (Funktionalität, mitarbeiterfreundlich); ❑ die Umsetzung des Flussprinzips ist zu ermöglichen (getrennte Ein- und Ausfahrten, direkte Verbindung zu anderen Arbeitsbereichen). Nachfolgend weitere besondere Hinweise für die Planung des Werkstattgebäudes:

Werkstatt-Tore
Diese sollten sein:
- robust,
- gut bedienbar,
- mit manueller oder elektrischer Betätigung,
- transparent.

Falttore
- drei- oder mehrflügelige Ausführung,
- die Torflächen und -höhen sind variabel zu gestalten inkl. Verglasung.

Schiebetore
- einfache Konstruktion und bei großen Torflächen im Vergleich zu anderen Toren relativ kostengünstig,
- bei manuellem Betrieb schwer zu handhaben,
- durch große Fläche entstehen hohe Wärmeverluste beim Öffnen,
- als Werkstatt-Tor nur bedingt zu empfehlen.

Sektionaltor
- großflächige Verglasung auch als Isolierverglasung,
- variable Gestaltung der Glasflächen möglich,
- Einbau einer Schlupftür möglich (Überstiegsleiste),
- ideales Tor für Werkstatt und Direktannahme,
- häufige Verwendung als Werkstatt-Tor,
- schnell laufende Ausführungen mit Höhenstopp möglich.

Energie-Versorgung am Arbeitsplatz
Das schnelle, rationelle und sichere Arbeiten erfordert u.a. eine Energieversorgung, die möglichst nahe am Arbeitsplatz des Mechanikers (Bedarfs) installiert ist.
Es kann unter folgenden Systemen gewählt werden:
- Energieschienen,
- Energieampeln,
- Energie-Aufrollsysteme,
- Energiestationen an der Hebebühne,
- Energieanschluss an der Wand.

Die Vor- und Nachteile der verschiedenen Alternativen sowie mögliche Kombinationen sollten bei jeder Planung sorgfältig durchdacht werden.

1.4.2 Ersatzteillager und Zubehörverkauf

In einem reinen Kfz-Betrieb dient das Ersatzteillager häufig ausschließlich der Versorgung der Werkstatt. Sobald aber eine Anbindung an einen Hersteller- oder Importeur besteht, werden über das Ersatzteillager zusätzlich Originalersatzteile und Zubehör an andere Werkstätten, Tankstellen und Endverbraucher verkauft. In diesem Fall ist zusätzlich eine Kundenzone vorzusehen.
Damit ergeben sich verschiedene Forderungen für das Teilelager als Bestandteil des Dreipunktes (Kundenzone – Direktannahme – Ersatzteilausgabe):

- Es muss eine direkte Anbindung zur Werkstatt bestehen.
- Es muss eine direkte Anbindung zur Kundenzone eines Autohauses bestehen.
- Es muss ein guter Zugang von außen für die Teileanlieferung bestehen.

Raumbedarf

Ersatzteillager je Pkw-Standardarbeitsplatz	15 m²
Warenannahmebereich	10% der Lagerfläche
Lagerbüro	8 m²
Zubehörshop	20 m²
Kundenzone	20 bis 200 m²

Aber auch die freie Werkstatt kann durch den Zubehörverkauf, durch den Einbauservice von Spezialzubehör zusätzlichen Umsatz erwirtschaften. In diesen Fällen ist auch in der freien Werkstatt für das Ersatzteil- und Zubehörlager eine attraktive Kundenzone, eventuell verbunden mit einer kleinen Ausstellung, vorzusehen.

Beispiele für lukrative Zubehörangebote mit Einbauservice aus der freien Kfz-Werkstatt:

- Reifenservice,
- Leichtmetallfelgen,
- Show-Tuning-Angebote,
- Fahrwerksverbesserungen,
- Sonnendacheinbau,
- Klimaanlagen-/Standheizungsnachrüstung,
- HiFi-Komponenten,
- Mobilkommunikation,
- Navigationssysteme.

1.4.3 Fahrzeugverkauf

Für den Neu- und Gebrauchtwagenverkauf sind in erster Linie Ausstellungsflächen vorzusehen, die den Grundstücksbedarf erheblich ansteigen lassen. Zumindest für Neuwagen sind Ausstellungshallen erforderlich. Das schreiben schon die Hersteller und Importeure vor, die detaillierte Bauvorschriften vorgeben, aber auch mit ihren Bauplanungsabteilungen wertvolle Hilfestellung leisten.

Für den Gebrauchtwagenverkauf reicht zunächst eine Ausstellungsfläche im Freien (Bild 1.21). Dabei sollte darauf geachtet werden, dass die ausgestellten Fahrzeuge bereits von der Straße aus zu sehen sind. Wenn möglich, sollte ein Teil der Gebrauchten mit der Front zur Straße präsentiert werden, so dass schon die vorbeifahrenden Auto-

Bild 1.21
Für die Gebrauchtwagenausstellung werden meist Freiflächen vorgesehen
(Quelle: RealGarant)

fahrer auf das Angebot aufmerksam werden. Auch der Gebrauchtwagenplatz muss sauber und aufgeräumt sein. Unkraut zwischen den Gebrauchten, die auf einem unbefestigten Platz stehen, akzeptiert der Kunde heute nicht mehr. Werden die Gebrauchten zusätzlich unter Schleppdächer gestellt, sorgt der Wetterschutz dafür, dass die Fahrzeuge weniger häufig während der Ausstellungszeit gewaschen werden müssen (Bild 1.22). Zwischen den Gebrauchtwagen muss zudem ausreichend Platz vorhanden sein, um die Fahrzeuge von allen Seiten betrachten zu können.

Bild 1.22
Wetterschutz für die Gebrauchtwagenausstellung sorgt für geringere Pflegekosten

Natürlich kommen auch die meisten Kaufinteressenten für einen Neu- oder Gebrauchtwagen mit dem eigenen Auto. Kundenparkplätze müssen demnach ebenso eingeplant werden.

1.4.4 Verwaltung und Sozialräume

📖 «*Vorschriften*»

Die Sozialräume für die Mitarbeiter bestehen aus Pausen-, Umkleide-, Wasch- und WC-Raum. Für die Flächenplanung sind die Vorgaben der Arbeitsstätten-Richtlinie einzuhalten (siehe Band «Vorschriften»). Somit ist der Flächenbedarf abhängig von der Mitarbeiter-Anzahl. Zudem sollte der Sozialbereich bei einem Neubau so groß gewählt werden, dass nachträgliche Erweiterungen durch die Erhöhung der Mitarbeiterzahl problemlos möglich sind. Die Neuanlage zusätzlicher Sozialräume ist sehr kostspielig, da alle Versorgungsleitungen davon betroffen sind (Heizung, Wasser, Abwasser, Strom). Darüber hinaus muss der Pausenraum ein Außenfenster haben, das als nachträglicher Einbau immer hohe Kosten mit sich bringt. Bei der überschlägigen Planung kann mit insgesamt 4 m² Fläche pro Mitarbeiter für alle erforderlichen Sozialräume kalkuliert werden.

1.5 Existenzgründung und Fördermöglichkeiten

Vor einer Unternehmensgründung steht die Frage nach der Rechtsform für das neue Unternehmen. Die Experten des Bundeswirtschaftsministeriums haben die wichtigsten Vor- und Nachteile der unterschiedlichen Unternehmensformen zusammengestellt [3].

Die **Rechtsform** ist das Gerüst für ein Unternehmen. Zur Auswahl stehen Personengesellschaften oder Kapitalgesellschaften. Es gibt allerdings weder die optimale Rechtsform, die alle Wünsche erfüllt, noch die Rechtsform auf Dauer. Denn mit der Entwicklung des Unternehmens ändern sich auch die Ansprüche an dessen Rechtsform.

Personengesellschaften

Typisch für Personengesellschaften ist, dass die Gesellschafter für die Schulden des Unternehmens mit ihrem persönlichen Vermögen haften. Die Gesellschafter müssen kein Mindestkapital aufbringen und sind darüber hinaus nicht nur Inhaber, sondern auch Leiter ihres Unternehmens. Zu den Personengesellschaften zählen die Gesellschaft des bürgerlichen Rechts (GbR), die Kommanditgesellschaft (KG), die Offene Handelsgesellschaft (OHG), die Partnerschaftsgesellschaft (PartG) und die GmbH & Co. KG.

Kapitalgesellschaften

Die Haftungsbeschränkung ist je nach Branche ein wichtiger Grund für die Wahl einer Kapitalgesellschaft als Rechtsform. Ihre Gesellschafter bzw. Aktionäre haften für geschäftliche Aktivitäten – mit Ausnahmen – nur in Höhe ihrer Einlage. Für größere Vorhaben spielt allerdings auch die notwendige Kapitalbeschaffung eine Rolle. Gesellschafter bzw. Aktionäre geben Kapital, ohne dass diese aktiv an der Geschäftsführung beteiligt werden müssen. Zu den Kapitalgesellschaften gehören die Gesellschaft mit beschränkter Haftung (GmbH) und die Aktiengesellschaft.

Bestimmte Rechtsformen haben zur Folge, dass der Unternehmer automatisch als Kaufmann gilt. Ob ein Einzelunternehmer Kaufmann ist, hängt vom Umfang des Geschäftsbetriebes ab. Kaufleute müssen sich beim Amtsgericht in ein öffentliches Verzeichnis, das Handelsregister, eintragen lassen. Wer die folgende Rechtsform wählt, ist in jedem Fall Kauffrau bzw. Kaufmann:

- Offene Handelsgesellschaft (OHG),
- Kommanditgesellschaft (KG),
- GmbH & Co. KG,
- Gesellschaft mit beschränkter Haftung (GmbH),
- Aktiengesellschaft (AG).

Alle wichtigen Vorgaben für Kaufleute stehen im Handelsgesetzbuch (HGB). Danach sind Kaufleute z.B. verpflichtet,

- Handelsbücher zu führen,
- Inventuren und Bilanzen aufzustellen,
- Namen (die Firma), Sitz und Registernummer des Unternehmens auf Geschäftsbriefe aufzunehmen.

 Die optimale Rechtsform für ein Unternehmen gibt es nicht. Jede Form hat Vor- und Nachteile.

Einzelunternehmen

Ein Einzelunternehmen entsteht automatisch, wenn Sie ein Geschäft eröffnen. Es gibt nur einen Betriebsinhaber. Diese Rechtsform ist sehr gut zum Einstieg geeignet. Als Einzelunternehmer können Sie klein anfangen, als so genannter Kleingewerbetreibender. Wenn Umsatz, Gewerbeertrag, Betriebsvermögen und Mitarbeiterzahl wachsen, werden Sie zum «Vollkaufmann». Erst als Vollkaufmann müssen Sie sich ins Handelsregister eintragen lassen.

Vorteile:

❑ die einfachste und billigste Form der Unternehmensgründung
❑ kein Mindeststartkapital nötig
❑ breiter Entscheidungsspielraum, Sie haben die volle Kontrolle (dadurch z. B. keine Konflikte mit Partnern)

Nachteile:

❑ Sie haften ohne Haftungsbeschränkung mit Ihrem Privatvermögen.

Gesellschaft bürgerlichen Rechts (GbR)
Jede Geschäftspartnerschaft kann die Form einer GbR annehmen (Kleingewerbetreibende, Praxisgemeinschaften Freier Berufe, Arbeitsgemeinschaften). Sie bietet sich an, um durch die Partnerschaft zusammen mehr Eigenkapital oder Fähigkeiten in das Unternehmen einzubringen.

Vorteile:

❑ keine besonderen Formalitäten erforderlich (schriftlicher Vertrag aber sinnvoll),
❑ kein Mindeststartkapital vorgeschrieben,
❑ breiter Entscheidungsspielraum der Gesellschafter,
❑ hohes Ansehen und Kreditwürdigkeit.

Nachteil:

❑ Die Teilhaber haften mit Gesellschaftsvermögen und Privatvermögen.

Offene Handelsgesellschaft (OHG)
Ist die geeignete Form, wenn Sie mit einem Partner ein Handelsgeschäft eröffnen wollen. Die Offene Handelsgesellschaft bietet ein hohes Ansehen, aber auch ein hohes Haftungsrisiko mit dem Gesellschafts- und Privatvermögen der einzelnen Gesellschafter.

Vorteile:

❑ kein Mindeststartkapital vorgeschrieben,
❑ breiter Entscheidungsspielraum der Gesellschafter,
❑ hohes Ansehen und Kreditwürdigkeit.

Nachteile:

❑ Die Teilhaber haften ohne Haftungsbeschränkung neben ihrem Gesellschaftsvermögen auch mit ihrem Privatvermögen;
❑ viele Formalitäten, nur für Vollkaufleute.

Kommanditgesellschaft (KG)

Diese Rechtsform ermöglicht es, leichter an Startkapital zu kommen. Die Kommanditgesellschaft als ein Modell des Einzelunternehmens besteht aus dem/der Chef/in (Komplementär = Vollhafter) und den Kommanditisten (Teilhafter). Die Partner beteiligen sich finanziell an ihrem Unternehmen und haften nur in der Höhe ihrer Einlagen. Als Komplementär behält der Unternehmer in der Regel alleiniges Entscheidungsrecht und haftet dafür mit seinem gesamten Privatvermögen. Der Eintrag ins Handelsregister ist notwendig.

Vorteile:

❑ kein Mindeststartkapital vorgeschrieben,
❑ breiter Entscheidungsspielraum für Komplementär,
❑ hohes Ansehen und Kreditwürdigkeit.

Nachteile:

❑ Die Teilhaber haften z.T. ohne Haftungsbeschränkung mit ihrem Privatvermögen (Komplementär);
❑ viele Formalitäten.

Gesellschaft mit beschränkter Haftung (GmbH)

Gründung und Betriebsführung erfordern einen größeren Aufwand. Es kann einen oder mehrere Gesellschafter geben, von denen einer oder mehrere als Geschäftsführer ausgewiesen sind (auch angestellte Geschäftsführer sind möglich). Die Gesellschafter müssen insgesamt Kapitaleinlagen von mindestens 25 000 € (auch Sachwerte) einbringen. Jeder Gesellschafter haftet nur in der Höhe seiner Einlage. Aber: Kreditgeber achten bei Kreditaufnahmen in der Regel darauf, dass ihnen private Sicherheiten geboten werden. D.h., sie haften dann trotzdem mit Ihrem Privatvermögen. Wollen Sie in Ihrer GmbH das Sagen haben, müssen Sie per Vertrag zum Geschäftsführer bestellt und Ihre Befugnisse sowie die Gewinnbeteiligung festgelegt werden. Wichtig: Wollen Sie Ihre Führung in einer GmbH sicherstellen, sollten mehr als 50% der oben erwähnten Einlagen von Ihnen sein! Der Eintrag ins Handelregister ist nötig.

Vorteil:

❏ Haftung nur in Höhe der Kapitaleinlage.

Nachteile:

❏ Mindestkapital von 25 000 € notwendig,
❏ geringerer Entscheidungsspielraum,
❏ geringere Kreditwürdigkeit,
❏ mehr Formalitäten,
❏ bei Krediten haften Gesellschafter in der Regel mit zusätzlichen privaten Sicherheiten.

GmbH & Co. KG
Zur Gründung einer GmbH & Co. KG ist die Gründung sowohl der GmbH als auch der KG erforderlich. Statt einer natürlichen Person ist eine GmbH persönlich haftende Gesellschafterin (Komplementärin). Durch die GmbH ist das Haftungsrisiko beschränkt. Die Gesellschafter der GmbH sind meist gleichzeitig die Kommanditisten der KG. Die Anteile an der Kapitalanlage der GmbH und der Einlagen der KG-Kommanditisten können beliebig gestaltet werden. Davon abhängig sind die jeweiligen Entscheidungsbefugnisse und die Gewinn- und Verlustverteilung. Eintrag in das Handelsregister ist nötig.

Vorteile:

❏ kein Mindestkapital erforderlich,
❏ Haftung nur in Höhe der Kapitaleinlage,
❏ breiter Entscheidungsspielraum.

Nachteile:

❏ Ansehen und Kreditwürdigkeit geringer,
❏ viele Formalitäten.

Kleine AG
Die kleine AG ist eine Gesellschaft mit einer «kleinen» Zahl von Anteilseignern; Umsatz und Arbeitnehmerzahl dürfen dagegen sehr groß sein. Sie als Existenzgründer haben auch die Möglichkeit, eine kleine AG allein zu gründen (als alleiniger Aktionär und Vorstand, jedoch zusätzlich 3 Aufsichtsräte). Die kleine AG muss im Handelsregister eingetragen werden. Die Anmeldung zur Eintragung bedarf der notariellen Beurkundung. Sie können weitere Anleger an Ihrem Vorhaben durch die Ausgabe von Belegschaftsaktien oder durch die

Hereinnahme von Kunden als Gesellschafter beteiligen. Bei der kleinen AG führt ein Vorstand die Geschäfte. Er hat mehr Kompetenz als ein GmbH-Geschäftsführer.

Vorteile:

- Haftung nur in Höhe des Grundkapitals,
- breiter Entscheidungsspielraum,
- höhere Kreditwürdigkeit.

Nachteile:

- 50 000 € Mindestkapital,
- Entscheidungsbefugnis durch Aufsichtsrat beschränkt,
- hoher organisatorischer Aufwand.

Förderprogramme
Der Auf- oder Ausbau einer Kfz-Werkstatt oder eines Autohauses ist mit umfangreichen Investitionen verbunden. Neben Eigenmitteln und Fremdkapital aus gängigen Bankdarlehen und Hypotheken gibt es insbesondere für Existenzgründer eine Vielzahl von Förderungsmöglichkeiten aus Bundes- und Landesmitteln.
Diese Förderprogramme des Bundes werden durch die KfW Mittelstandsbank angeboten:

- ERP-Eigenkapitalhilfeprogramme (EKH),
- ERP-Existenzgründungsprogramm,
- Unternehmerkredit,
- DtA-StartGeld,
- DtA-Mikrodarlehen,
- Beratungsförderung.

Weitere Förderprogramme
- Investitionszulage,
- KfW-Programm «Kapital für Arbeit»,
- Sonderabschreibungen und Ansparabschreibungen,
- Investitionszuschuss (Gemeinschaftsaufgabe «Verbesserung der regionalen Wirtschaftsstruktur»),
- ERP-Beteiligungsprogramm, ERP-Innovationsprogramm u.a.,
- FUTOUR 2000,
- Beteiligungskapital für kleine Technologieunternehmen (BTU), BTU-Frühphasenprogramm für High-tech-Gründer.

Die Konditionen der Fördermittel ändern sich laufend. Über Voraussetzungen und aktuelle Konditionen informieren die Landesverbände des ZDK, die Innungen, Handwerkskammern und Geldinstitute. Im Normalfall wird nur die erste Existenzgründung gefördert. In jedem Fall aber müssen die Anträge auf finanzielle Förderung vor Investitionsbeginn gestellt werden. Gehen Sie keine finanziellen Bindungen ein, ohne sich über solche Förderprogramme zu informieren. Fördermittel müssen Sie vor dem Vorhabensbeginn beantragen. Im Nachhinein werden keine Fördermittel bewilligt. Eine Förderung über öffentliche Finanzierungshilfen – insbesondere bei Existenzgründern – setzt voraus, dass der Antragsteller eine ausreichende fachliche und kaufmännische Qualifikation nachweisen kann. Darüber hinaus wird in der Regel erwartet, dass die Existenzgründung in eine tragfähige «Vollexistenz» als Haupterwerbsgrundlage mündet. Deshalb sind sehr detaillierte Angaben zum geplanten Vorhaben zu machen.

Hier gibt es Informationen zu Förderprogrammen:

Bundesministerium für Wirtschaft und Arbeit (BMWA)
Förderdatenbank des BMWA im Internet
Internet: www.bmwa.bund.de
Förderberatung
Scharnhorststr. 34–37
10115 Berlin
Tel.: 0 18 88/6 15-80 00
Fax: 0 18 88/6 15-70 33

Beratungszentren der KfW Mittelstandsbank
Unterlagen bei:
KfW Mittelstandsbank-Infocenter
Servicetelefon: 0 18 01/24 11 24
e-Mail: infocenter@kfw-mittelstandsbank.de
Internet: www.kfw-mittelstandsbank.de

Auskunftsstelle BMBF-Förderung
PTJ
Wallstraße 17–22
10179 Berlin
Tel.: 0 30/2 01 99-4 17, -4 19
Fax: 0 30/2 01 99-4 70
Internet: www.foerderinfo.bmbf.de

KfW Bankengruppe
Kreditanstalt für Wiederaufbau

Palmengartenstr. 5–9
60325 Frankfurt/Main
Tel.: 0 69/74 31-37 47
Fax: 069/74 31-29 44
Internet: www.kfw.de
KfW-Niederlassung Berlin
Beratungszentrum
Behrenstr. 31
10117 Berlin
Tel.: 0 30/2 02 64 50 50
Fax: 0 30/2 02 64 54 45

Deutscher Industrie- und Handelskammertag (DIHK)
Breite Straße 29
10178 Berlin
Tel.: 0 30/20 30 8-0
Fax: 030/20 30 8-10 00
Internet: www.dihk.de

Zentralverband des Deutschen Handwerks (ZDH)
Mohrenstraße 20–21
10117 Berlin
Tel.: 0 30/2 06 19-0
Fax: 0 30/2 06 19-4 60
Internet: www.zdh.de

Nähere Informationen zu Bürgschaften, Kreditgarantien und Wagnis- und Risikokapital erhalten Sie beim:

Verband der Bürgschaftsbanken e.V.
Dottendorfer Str. 86
53129 Bonn
Tel.: 02 28/9 76 88 86
Fax: 02 28/9 76 88 82
Internet: www.vdb-info.de

Bundesverband Deutscher Kapitalbeteiligungsgesellschaften e.V.
(BVK)
Reinhardtstr. 27c
10117 Berlin
Tel.: 0 30/30 69 82-0
Fax: 0 30/30 69 82-20
Internet: www.bvk-ev.de

2 EDV-Organisation

Die Computertechnik und vor allem der **Personalcomputer**, der PC, hat wie kein anderes Werkzeug in den vergangenen Jahren unser Leben und unsere Arbeitswelt verändert. Büro-Arbeitsplätze ohne PC sind heute praktisch undenkbar. Auf dem Schreibtisch des Automobilverkäufers steht selbstverständlich auch ein PC-Bildschirm, den er für das Verkaufsgespräch nutzt. Werkstatttermine? Kaum ein Betrieb, der dafür noch einen handschriftlich geführten Kalender verwendet. Reparaturannahme, Kostenvoranschlag – natürlich mit PC-Unterstützung. Und im Motor-, Systemdiagnose- oder Abgastester arbeitet selbstverständlich ebenfalls ein leistungsfähiger Rechner mit umfassender Fahrzeugdatenbank. Die meisten Menschen gehen inzwischen ganz selbstverständlich bei der Arbeit, aber auch im Privaten mit Computern um. Deshalb geht es für die Kfz-Werkstatt nicht darum, ob ein Computer angeschafft werden soll, sondern nur noch darum, welches Gesamtsystem für die aktuellen und möglichst auch künftige Ansprüche ausreichend ist.

Auch die Weiterentwicklung des Einzelcomputers, das weltweit vernetzte **Internet** mit seinen fast unendlichen Möglichkeiten, Daten und Informationen zu transportieren, gehört für viele bereits zum Alltag (Bild 2.1). Für Kfz-Betriebe gilt das genauso. Teilekataloge und

Bild 2.1
Der PC ist in der Werkstatt wichtiges Arbeitsmittel
(Quelle: Werbas)

-bestellungen werden über das Internet abgewickelt, aktuelle Fahrzeugdaten von der Datenbank des Herstellers online heruntergeladen. Und die Gebrauchtwagen? Die stehen selbstverständlich in unterschiedlichen Gebrauchtwagenbörsen im Internet. So mancher Käufer kommt schon kaum noch ins Autohaus für den Autokauf. Das komplette Geschäft wird über das Internet abgewickelt, die erforderlichen Informationen über e-Mail ausgetauscht: e-Commerce beim Autokauf ist schon lange keine Vision, sondern Realität. Wie gut, dass der Kunde wenigstens noch dann in den Kfz-Betrieb kommt, wenn ein Service ansteht oder eine Reparatur fällig ist. Aber auch da hat sich in den letzten Jahren Unglaubliches rasant entwickelt.

Denn die Computertechnik dient im Kfz-Betrieb nicht allein der Unterstützung betrieblicher Abläufe. Vielmehr unterliegt auch die Arbeit der Kfz-Mechaniker selbst derzeit einem enormen Wandel. Moderne Kraftfahrzeuge sind vollgestopft mit Elektronik. Leistungsfähige Computer, deren Möglichkeiten den PCs auf dem Schreibtisch in nichts nachstehen, steuern in Bruchteilen von Sekunden hochkomplizierte Vorgänge im Auto. ABS, ASR, ESP und wie die Abkürzungen für die vielen elektronischen Sicherheits- und Komfortsysteme im Auto sonst noch heißen, Systeme zur Motorsteuerung mit nie dagewesener Präzision erlauben hohe Leistung bei geringem Verbrauch und niedrigen Schadstoffwerten. All das aber muss die Kfz-Werkstatt prüfen, warten und instand setzen können. Ohne die entsprechende – ebenfalls natürlich computergestützte – Prüftechnik geht das nicht. Denn immer mehr der früher rein mechanischen Arbeiten am Fahrzeug, wie etwa der Ölwechsel oder das Entlüften der Bremsen, erfordern den Zugriff auf elektronische Steuergeräte. Schon heute entfällt rund ein Viertel des Fahrzeugwertes eines modernen Pkw auf elektrische und elektronische Bauteile. Bis zum Jahr 2010 soll deren Anteil auf 35% steigen. Hinzu kommt, dass Einzelsysteme zunehmend miteinander vernetzt werden und sich gegenseitig beeinflussen, steuern oder überwachen. Für Diagnose und Reparatur erhöht sich damit die Komplexität der Werkstattarbeiten zusätzlich. Zudem benötigen die Werkstatt-Mitarbeiter ein immer komplexeres Fachwissen, das weit über die früher üblichen mechanischen Arbeiten am Fahrzeug hinausgeht. Das junge Berufsbild des Mechatronikers trägt dem Rechnung.

Allerdings stehen viele Kfz-Betriebe nun vor dem Problem, den jahrelang unkoordinierten Computer-Wildwuchs bändigen zu müssen. Für alles und jedes gibt es ein Spezialsystem, ein spezielles Softwareprogramm. Vernetzung heißt deshalb das Zauberwort. Aber das ist gar nicht so einfach, wenn völlig unterschiedliche Programme miteinander kommunizieren und Daten austauschen sollen. Neben der PC-Vernetzung, die bereits viele Vorteile in Verwaltung und Administration des Kfz-Betriebes bringt, müssen darüber hinaus auch die Computer an den Werkstatt-Arbeitsplätzen, in Diagnose- und Testgeräten eingebunden werden. Hier hat die Kfz-Branche mit einer einheitlichen Plattform, dem ASA-Werkstatt-Netz, die Voraussetzung für die vernetzte Werkstatt (siehe Abschnitt 2.4) geschaffen.

2.1 Einzel-PC-Arbeitsplatz für Verwaltung und Organisation

Der kleine Werkstattbetrieb mit zwei bis vier Arbeitsplätzen benötigt natürlich kaum ein großes EDV-System mit mehreren vernetzten PCs. Oft reicht hier schon der Einzelplatz-PC, der zusätzlich die Möglichkeit bietet, das Internet und e-Mail zu nutzen. Über diesen Rechner werden die Kundendaten verwaltet, Werkstatttermine organisiert, Teile bestellt, die Rechnungen geschrieben und die Buchhaltung gemacht. Zusätzliche Daten, wie etwa Teilekataloge, werden von CD gelesen oder im Internet abgerufen.

Die aktuelle Hardware, also die Arbeitsplatz-PCs, haben mit diesem Datenvolumen keine Probleme. Dabei wird es im Folgenden ausschließlich um so genannte «DOS-Rechner» gehen, also um die gängige und am weitesten verbreitete PC-Technik. Die Apple-Macintosh-Rechner haben in der Kfz-Branche praktisch keine Bedeutung. Die Frage ist jedoch, welche Software, welche Standard- und welche Spezialprogramme sollten auf dem Werkstatt-PC installiert werden? Die Entscheidung beginnt schon beim Betriebssystem. Das Monopol auf dem PC-Markt hat zweifellos Microsoft. Das Betriebssystem «Disk Operation System» oder kurz DOS begründete den weltweiten Erfolg von Microsoft für PC-Systeme. Es gibt auch nach wie vor Anwendungssoftware, die ausschließlich mit dem DOS-Betriebssystem arbeitet und die daraus entwickelte Windows-Oberfläche nicht benötigt. Daneben gab es das IBM-Konkurrenzsystem OS2. Vereinzelt ist es noch zu finden. In der Praxis hat es jedoch keine Bedeutung. Für alle die, die sich nicht mit Microsoft-Produkten ärgern möchten, entstand die Alternative «Linux». Dieses Betriebssystem ist eine echte Alternative zu DOS und Windows. Es wird ständig weiterentwickelt, und die Fangemeinde des Programms wächst. Der Nachteil jedoch: Es gibt noch viel zu wenig Anwendungsprogramme, die auf Linux aufsetzen.

Standard in der PC-Welt ist heute Windows, eine Oberfläche für den PC-Arbeitsplatz, die die Bedienung des PC möglichst einfach machen soll. Tatsächlich ist es so, dass ein Anwender, der sich einmal mit der grundsätzlichen Bedienung von Windows vertraut gemacht hat, auch die für Windows programmierten Anwendungsprogramme zumindest in den Hauptfunktionen bedienen kann. Windows wurde in den letzten Jahren kontinuierlich weiterentwickelt, wobei die Versionsbezeichnungen oft das Erscheinungsjahr der US-Version wiedergeben: von Windows 95 über Windows 98 bis zu Windows 2000. Daneben gab es eine Profi-Version für Netzwerke mit Windows NT. Die aktuelle Version heißt nun Windows XP, die es als so genannte «Home Edition» oder als «Professional Edition» gibt. Weitere Windows-Versionen werden sicher folgen. Wichtig ist, dass die Anwendungssoftware mit der auf dem Rechner installierten Windows-Version sauber zusammenarbeiten muss. Unter dem Stichwort «Systemvoraussetzungen» nennen die Hersteller von Anwenderprogramme neben den Hardware-Voraussetzungen in der Regel auch das Betriebssystem bzw. die Windows-Version, für die das Programm programmiert wurde.

Basis für die Werkstatt wird dann auf dem Büro-PC meist das ebenfalls von Microsoft stammende Softwarepaket «Office» sein. Es enthält das Textverarbeitungsprogramm «Word», das Kalkulationsprogramm «Excel», den Terminkalender mit e-Mail-Funktion «Outlook», den «Internet Explorer» zum Surfen im Internet sowie in der «Professional-Version» eventuell auch die Datenbank «Access» und die Präsentationssoftware «PowerPoint». Für die gängigen Büroarbeiten ist die Werkstatt damit schon ganz ordentlich ausgestattet. Selbstverständlich gibt es auch zum Microsoft-Office-Paket Alternativen mit Büro-Softwarepaketen anderer Hersteller. Beim Kauf eines neuen PCs ist aber das Microsoft-Paket nicht selten enthalten und vorinstalliert. Auch das ist ein Grund für die marktbeherrschende Stellung der Microsoft-Produkte in diesem Bereich.

Theoretisch ist es möglich, mit dem Office-Paket oder anderen Büro-Komplettlösungen auch den kompletten Werkstattablauf zu managen (Bild 2.2). Mit der Textverarbeitung werden Briefe, Angebote und Rechnungen geschrieben. Die Tabellenkalkulation erlaubt die notwendigen Berechnungen und Kalkulationen, die Gehaltsabrechnung und das Controlling. Und über die Datenbank wird der Kundenstamm gepflegt. Allerdings müssten die Programme dann mühsam entsprechend eingerichtet und eine Vielzahl von Eingabemasken und Kalkulationsroutinen angelegt werden. In der Praxis ist dieser Aufwand viel zu groß.

So sind für die unterschiedlichsten Berufsgruppen und Unternehmen so genannte Branchen-Softwarelösungen entstanden. Selbstverständlich gibt es derartige Programme auch für den Kfz-Betrieb. Die Angebote reichen von preiswerten, aber auch sehr einfachen Lösungen bis zu leistungsfähiger Branchensoftware mit umfassenden Ausbau- und Erweiterungsmöglichkeiten. Neben dem Preis ist immer auch die Anzahl der verkauften Anwendungen ein wichtiges Entscheidungskriterium für den Kauf eines Branchen-Softwarepaketes. Gut ist es,

Bild 2.2
Werkstattaufträge werden am PC vorbereitet
(Quelle: Werbas)

wenn das Programm modular aufgebaut ist, also mit den Werkstattansprüchen und der Werkstattgröße mitwachsen kann.

Mit den EDV-Einsteigerlösungen wird auch kleinsten Betrieben die Möglichkeit geboten, die zahlreichen Vorteile moderner Softwarelösungen zu nutzen. Aufgabe der PC-Branchenlösungen für den kleinen Kfz-Betrieb ist es, den Durchlauf des Kundenfahrzeuges durch den Betrieb zu begleiten und zu optimieren. Außerdem werden hier alle Kundendaten verwaltet, Termine geplant, die Teilebestellung organisiert sowie Angebote und Rechnung erstellt (Bild 2.3).

 Das Softwareprogramm ist in der Regel nur so gut, wie es gepflegt wird.

Zentrale Bausteine sind verschiedene Datenbanken. Die Datenbank mit Angaben zur eigenen Firma, die Kundendatenbank sowie die Lieferantendatenbank muss der Anwender natürlich selbst pflegen. Je sorgfältiger das geschieht, desto besser kann mit dem Programm gearbeitet werden. Hier werden alle Informationen rund um den Kunden und sein Fahrzeug eingetragen. Eine Fahrzeugtypen-Datenbank ist zusätzlich in manchen Softwarepaketen integriert. Regelmäßige Updates stellen sicher, dass die Daten immer auf dem neuesten Stand sind. Weiter können Arbeitswert-Datenbanken und – meist über CD-ROM – Teilekataloge integriert werden. Der Clou der Programme ist die Verknüpfung all dieser Daten immer genau so, wie der Anwender sie benötigt. So lässt sich auch bei einem Neukunden rasch aus dem Datenmaterial ein Reparaturauftrag und im Zusammenspiel mit den

Bild 2.3
Teilebestellungen direkt aus dem PC
(Quelle: Hella)

im System hinterlegten Stundenverrechnungssätzen ein Kostenvoranschlag erstellen (Bild 2.4).

Marktführer im Bereich Branchenlösungen für Kfz-Betriebe ist mit über 8000 Anwendern die Werbas AG. Das Einstiegsprogramm «Werbas-Compact» wurde speziell für Pkw-Reparaturbetriebe und kleine Autohäuser entwickelt und deckt mit seinen Funktionen und Daten die wichtigsten Werkstattaufgaben ab. Ein dynamisches und vollständig integriertes Bestellsystem gehört ebenso zu dem Leistungsumfang des Programms wie Schnittstellen zu wichtigen Informationssystemen. Das Programm ermöglicht einen ständigen Zugriff auf Stammdaten und die aktive Auftragsbearbeitung. So reicht bespielsweise die Eingabe des Kfz-Kennzeichens oder des Kundennamens, um alle kundenrelevanten Informationen angezeigt zu bekommen. Durch den direkten Zugriff auf Reparatur-, Teile- und technische Informationssysteme wird für den Reparaturauftrag das richtige Teil zum richtigen Fahrzeug schnell gefunden. Teile, die bestellt werden müssen, werden gleichzeitig zusammengefasst und als Bestellvorschlag angezeigt. Der kann bearbeitet und gleich an den Lieferanten verschickt werden. Schnittstellen zu anderen Systemen stellen sicher, dass Daten anderer Programme eingelesen und Daten an andere Systeme übergeben werden können. Die Einsteiger-Softwarelösung ist mit den Funktionen für Serienbrief, Offene Posten/Mahnwesen und Lagerbereich erweiterbar. Ebenfalls möglich ist die Einbindung in das ASA-Werkstatt-Netz AWN (siehe Abschnitt 2.4). Damit kann Werbas auch die Daten aus den Mess- und Prüfgeräten

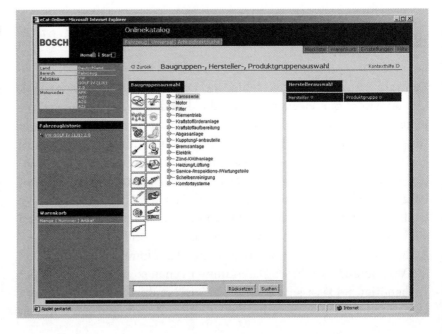

Bild 2.4
Anhand von Suchbäumen sind die gesuchten Teile im Onlinekatalog schnell identifiziert
(Quelle: Bosch)

unterschiedlicher Hersteller in der Werkstatt übernehmen. (Weitere Infos unter: www.werbas.de)

Ein weiterer Spezialanbieter, der Branchenlösungen für den Kfz-Betrieb vertreibt, ist die Bodi-Data GmbH. Das 1997 gegründete Unternehmen kaufte die Lizenzrechte des Programmpaketes «BODI» von der Robert Bosch GmbH Stuttgart und verpflichtete sich zur Weiterentwicklung dieser bisher hauptsächlich in der Bosch-Dienst-Organisation eingesetzten Software. Das Einzelplatz-Einsteiger-Softwarepaket heißt hier «Bowes». Funktionen und Möglichkeiten des Programms sind ähnlich wie Werbas. Auch Bowes hat eine Vielzahl von Schnittstellen integriert, über die Informationen aus anderen Programmen eingelesen und genutzt werden können. So kann Bowes beispielsweise aus den folgenden Informationssystemen Daten übernehmen: Bosch-ESI, TECDOC, CENTROdigital, MULTICAT, COPARTS, ELEKAT, TI-REP, SILVERDAT, ETOS, ATRis, AUTODATA. (Weitere Infos unter: www.bodi-data.de)

Neben den Spezialanbietern für Branchenlösungen gibt es inzwischen auch von Werkstatt-Prüfgeräteherstellern Softwarepakete für die Betriebsorganisation in der Werkstatt. Für die Organisation und Abwicklung von Service- und Verschleißreparaturen bietet beispielsweise auch Bosch ein so genanntes Werkstattsystem im Rahmen seiner Testgeräte-Software «Esitronic». Die Software stellt Informationen rund um den Kfz-Service mit Inspektionsdaten, Wartungsplänen, Preisen und Stundenbedarf auf Mausklick zur Verfügung. Auch der Kostenvoranschlag ist mit wenigen Klicks zusammengestellt, so dass die Werkstatt dem Kunden bei der Fahrzeugannahme genau sagen kann, was zu tun ist und was es kostet. Auch mit diesem Softwarepaket kann die Werkstatt den Durchlauf eines Kundenfahrzeuges von der Fahrzeugannahme über die Teileauswahl bis zur Rechnungserstellung steuern. Es enthält beispielsweise Basisdaten mit Zugriff auf nahezu alle Fahrzeuge am Markt, die mit Bosch-Komponenten ausgerüstet sind.

Auf einer der System-CDs sind unter anderem über 2,5 Millionen Arbeitswerte für 7000 der gängigsten Pkw gespeichert. Eine weitere CD enthält die so genannten Tecdoc-Daten. «Tecdoc» ist eine gemeinsame EU-weite Datenplattform, in der die Teiledaten fast aller Kfz-Teilehersteller mit einem umfassenden Teilekatalog einschließlich der Preise zusammengefasst sind. Schließlich beschreibt eine CD die Umfänge von Service-Arbeiten und Inspektionen aller gängigen Pkw-Typen, Teile- und Arbeitszeiten und enthält Hilfsmittel zur Erstellung von Kostenvoranschlägen. Schnittstellen zu Großhandels-Teilekatalogen erlauben das Einlesen werkstattspezifischer Preise. Und auch zu den umfassenden kaufmännischen Softwarepaketen bestehen Schnittstellen, so dass die Daten aus dem Bosch-Werkstattsystem in den kaufmännischen Programmen weiterverarbeitet werden können.

Auf Basis der Herstellervorgaben kann die Werkstatt mit dem Bosch-Werkstattsystem beispielsweise Inspektionen und Service-Arbeiten kalkulieren und anbieten. Dazu können drei unterschiedliche Stundenverrechnungssätze im System hinterlegt und individuell verwendet werden. Eine Zusatzfunktion erlaubt zudem eine schnelle Festpreiskalkulation für alle Arten von Inspektionen und Verschleißreparaturen. Der Nutzer behält dabei immer alle Kosten im Blick, wodurch Fehlkalkulationen vermieden werden. Die Daten des Kostenvoranschlags werden durch das Werkstattsystem anschließend in der elektronischen Arbeitskarte für Auftrag, Bestellung und Rechnung weiter genutzt. Außerdem wird für jedes Kundenfahrzeug eine Werkstatt-Historie aufgebaut, auf die die Werkstatt bei späteren Besuchen des Kunden zurückgreifen kann. Kunden- und Lieferantendaten können zudem individuell in einem integrierten Adressbuch gespeichert und jederzeit Aufträgen und Bestellungen zugeordnet werden. Außerdem kann die Werkstatt über die Funktion «Öllager» ihren Schmierstoffbestand verwalten und steuern.

Sinnvoll ist das Softwarepaket vor allem für kleinere Werkstätten, die auch sonst mit Bosch-Prüf- und Diagnosetechnik arbeiten. Über regelmäßige Updates, die im Abonnement geliefert werden, bleibt der Datenbestand immer auf dem neuesten Stand.

Fahrzeugstammdaten und Daten zur Reparaturkalkulation, verbunden mit Organisationsroutinen für die Werkstatt, gibt es inzwischen auch von den beiden großen deutschen Marktbeobachtungsunternehmen DAT und EurotaxSchwacke. Zwar ist bei deren Software der Gebrauchtwagenverkauf das zentrale Thema (siehe Abschnitt 2.5), beide liefern aber auch Daten für die Reparaturkalkulation. Bei der DAT ist eine fabrikatsübergreifende Instandsetzungskalkulation standardmäßig im Softwarepaket «SilverDAT II» enthalten. Vor allem für die rasche Erstellung von Kostenvoranschlägen ist das Modul gedacht. Das Schwacke-Werkstatt-Management-Programm heißt «AutoCalc». Auch hier geht es um Reparaturkalkulation, Kostenvoranschläge und Rechnungsabwicklung. Die Wartungsdaten enthalten unter anderem Hersteller-Servicedaten, technische Daten und Arbeitszeitwerte.

 Wenn möglich, sollte man sich das Werkstatt-Softwarepaket vor dem Kauf in der Praxis anschauen und auch selbst testen.

Die meisten Anbieter stellen Demoversionen zur Verfügung. Letzten Endes aber kommt es vor allem darauf an, dass die Datenbestände gut gepflegt und die Programme auch wirklich konsequent angewandt werden. Dann kann auch in der kleinen Kfz-Werkstatt schon der einfache Einzel-PC-Arbeitsplatz die Betriebsorganisation optimieren helfen.

2.2 Kaufmännische EDV-Lösungen für kleinere und mittlere Kfz-Betriebe

Computer, Bildschirme und Softwareprogramme gehören schon lange zur Standardausrüstung jeder modernen Werkstatt. Doch wie in anderen Bereichen auch, hat sich die Leistungsfähigkeit der EDV-Systeme in den letzten Jahren erheblich weiterentwickelt. Zukunftsorientierte EDV-Lösungen sollten heute nicht nur zur Datenerfassung, sondern betriebswirtschaftlich sinnvoll zur Optimierung der Werkstattauslastung, zur Steigerung der Kundenzufriedenheit und zur Abbildung von komplexen Geschäftsprozessen dienen. Somit wird der Einsatz einer modernen Softwarelösung zu einem strategischen Wettbewerbsvorteil gerade kleiner und mittlerer Kfz-Betriebe.

Nicht nur die fachmännische und fehlerfreie Reparatur ist heute ein Garant für eine florierende Werkstatt. Eine schnelle, wertgerechte und gleichzeitig preiswerte Abwicklung von Kunden- und Werkstattaufträgen gewinnt in der Kfz-Branche als Qualitätsmerkmal immer mehr an Bedeutung. Um sich als Unternehmen Marktanteile zu sichern, muss ein individuell anpassbares und zugleich zukunftsfähiges EDV-System zum Einsatz kommen, das nicht nur die schnelle Auftragsbearbeitung ermöglicht, sondern die Vielzahl an Informationen zur Verfügung stellt, die im Arbeitsalltag einer Werkstatt heute zwingend benötigt werden.

Am Beispiel der Softwarelösung «Werbas» der Werbas AG sollen im Folgenden die Möglichkeiten eines solchen Systems und die Vorteile für die Werkstatt skizziert werden (Bild 2.5). Wichtig ist dabei, dass in der Werkstatt keine EDV-Inseln bestehen, die nicht miteinander kommunizieren können, weil die unterschiedlichsten Programme für die verschiedenen Aufgaben sich gegenseitig behindern. Eine einheitliche Software auf allen PC-Arbeitsplätzen für alle administrativen Aufgaben in der Werkstatt, verbunden über ein PC-Netzwerk, schafft hierfür die Voraussetzungen. Nur so ist gewährleistet, dass Daten nur einmal erfasst werden müssen und anschließend allen Anwendern zu Verfügung stehen – von der Terminindisposition bis zur Rechnungserstellung. Zum anderen aber soll die Werkstatt-Software auch Daten und Informationen «von außen» aufnehmen und verarbeiten können. Ziel eines Softwarepaketes wie «Werbas» ist es, mit einer einzigen Softwarelösung Brücken zu allen wichtigen Informationsgebern und Teilelieferanten oder zum Fahrzeughersteller zu schlagen. Dies ist der entscheidende Grundstein, um im härter werdenden Wettbewerb

Bild 2.5
Für die Bearbeitung des Auftrages stehen die Stammdaten bereits im System bereit
(Quelle: Werbas)

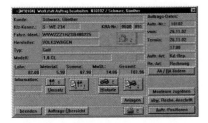

Bild 2.6
Über eine spezielle Bearbeitungs-Bildschirmmaske wird der Werkstattauftrag zusammengestellt
(Quelle: Werbas)

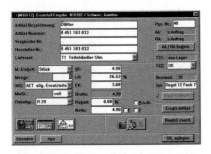

Bild 2.7
Die grafische Darstellung der Ersatzteile erleichtert die Identifikation
(Quelle: Werbas)

Bild 2.8
Anschließend werden die benötigten Teile dem Auftrag zugeordnet
(Quelle: Werbas)

Kunden mit schnellen und zuverlässigen Angeboten, Terminen und Preisen zu gewinnen und zu binden.

Auch für kleine und mittlere Kfz-Betriebe steht der professionelle Umgang mit den Kunden im Mittelpunkt. Eine gute Management-Software unterstützt die Mitarbeiter, entlastet von Routinearbeiten und bringt Ordnung in Kunden- und Fahrzeugdaten (Bild 2.6). Durch Voreinstellungen in den Stammdaten verfügt Werbas über große Flexibilität. Einmal erfasste Informationen über Kunden, Fahrzeuge, Teile, Konditionen und die gesamte Historie sind zu jedem Zeitpunkt der Auftragsbearbeitung zugänglich. Auch der Kundenauftrag sowie die Kunden- beziehungsweise die Fahrzeugdaten können von jedem Arbeitsplatz aus angelegt werden (Bild 2.7). Mit Werbas sind Informationen jederzeit von jedem Mitarbeiter an jedem Ort abrufbar, sei es in der Werkstatt oder im Büro. So können auf jedem PC im Betrieb Neukunden bzw. -fahrzeuge angelegt und komplex verwaltet werden (Bild 2.8).

Über 80 im Programm integrierte Schnittstellen ermöglichen den Werkstätten den Zugriff auf die unterschiedlichsten Informationssysteme. Ohne das System zu verlassen, sind Querverbindungen zu Reparatur-, Teile- und technischen Infosystemen möglich.

Und das Programm wächst mit den Werkstattansprüchen mit, denn es ist modular erweiterbar: Ob eine Werkstatt zusätzlich einen Shop betreiben, Karosserie- und Lackierarbeiten anbieten oder aber Fahrzeughandel integrieren will – Werbas bietet für jeden Schwerpunkt Programmfunktionen, die miteinander verbunden werden können und den jeweiligen Schwerpunkt abdecken. Flexibel macht das Programm über Erweiterungsmodule jede Veränderung der Werkstatt mit.

So bietet zum Beispiel das Modul Fahrzeughandel alle Funktionen, die für die Hereinnahme bis zum Verkauf eines Gebrauchtwagens notwendig sind. Die Kooperation zwischen Werbas und der Bank Deutsches Kraftfahrzeuggewerbe ermöglicht es, dem potentiellen Käufer eines Gebrauchtwagens vor Ort einen Finanzierungsvertrag der Bank anbieten zu können. Während der Kunde im Verkaufsraum über die Vorzüge des Fahrzeuges informiert wird, überprüfen die Mitarbeiter der Bank die Liquidität des Kunden anhand der eingegebenen Daten. Gibt es keine Beanstandungen, kann der Mitarbeiter des Kfz-Betriebes den von der Bank übermittelten Vertrag gleich vor Ort ausdrucken.

Das Programm bietet zudem Schnittstellen zu allen führenden Finanzbuchhaltungssystemen. Finanzbuchhaltung sowie Kassenüberwachung können über die Software eingebunden werden. Denn die besten Kunden nutzen der Werkstatt wenig, wenn sie die Zahlungseingänge nicht überblickt. Damit der Werkstattbetreiber nicht nur die

Zahlungseingänge, sondern auch seine betriebswirtschaftlichen Kennzahlen jederzeit im Auge hat, bietet ein Statistik-Modul eine individuelle Zusammenstellung der Auswertungen. Der Betrachtungsraum der Auswertungen ist wählbar.

Durch den modularen Aufbau kann jeder Anwender die Software auf seine Bedürfnisse zuschneiden, beispielsweise im Bereich Schadenskalkulation. Der Schadensumfang am Fahrzeug kann über die Software definiert werden – entweder über die DAT- oder die Audatex-Schnittstelle, direkt aus der Anwendung heraus: Vom Kostenvoranschlag bis zur Nachkalkulation bei Karosserieschäden sind alle Schritte abgedeckt. Über die Programmteile «Technische Fahrzeugdaten» werden für die gängigen Fabrikate alle wichtigen technischen Informationen bereitgestellt – von Inspektionsdaten über Reparaturzeiten für Mechanik und Elektrik bis zu Aus- und Einbauanleitungen. Wo früher Teilekataloge gewälzt werden mussten, führt das System den Nutzer über einen Mausklick zu der entsprechenden Information. Die Fahrzeugdaten, die zur Ersatzteilsuche nötig sind, setzt das System eigenständig ein. Die doppelte Dateneingabe für Kunden, Fahrzeug, Teilebestellung usw. ist überflüssig. Die Software nimmt sich die relevanten Informationen und überträgt sie in die entsprechenden Formulare, sei es der Teile-Bestellschein oder die Kundenrechnung. Doch nicht nur die Auskunft über den Teilepreis hat die Werkstatt sofort parat. Auch über die Arbeitsdauer und die Kosten für die Arbeitszeit erhält der Anwender schnell Auskunft. So erfährt der Kunde zügig und zuverlässig, was die Reparatur an seinem Fahrzeug insgesamt kostet und wann er den Wagen wieder abholen kann.

Ist das Ersatzteil im Lager oder nicht? Auch hier schafft das Programm sofort Klarheit. Muss das Teil bestellt werden, löst das System einen Bestellschein zu einem vom Anwender bevorzugten Lieferanten aus, in dem alle Informationen bereits eingetragen sind. Nur noch absenden muss der Werkstattmeister den Auftrag selbst. Aktuelle Teilepreise von Lieferanten werden über CDs eingelesen und sind so über das Teile-Informationssystem (TIS) der Software jederzeit abrufbar.

Bald jedoch wird auch das Einlesen der Daten von CD oder DVD der Vergangenheit angehören. Künftige Softwarelösungen werden Autohäusern und Werkstätten die Möglichkeit bieten, über das Internet ihre Kommunikation mit den Herstellern, den Werkstattkonzepten, den Teilehändlern, ihren Filialen sowie untereinander zu organisieren. Die Kfz-Betriebe können Werkstattausrüstung und Ersatzteile bestellen, Diagnosedaten abfragen, Finanzierungen anbieten, Schadensfälle mit Versicherungen abwickeln, Gebrauchtfahrzeuge verkaufen, Kundendaten verwalten, und noch vieles mehr. Damit werden die Anwender alle Kommunikationsmöglichkeiten des Internets in seiner gesamten Bandbreite nutzen können.

Dokumenten-Management
Finanzbuchhaltungs- und Fakturdaten digital zu archivieren macht ebenfalls Sinn. Denn all diese Daten müssen zehn Jahre lang archiviert werden. Auch diese Funktion ist im Werbas-Paket integriert. In Verbindung mit dem Dokumenten-Management-System Find-it! werden alle Dokumente aus Werbas heraus automatisch archiviert. Das Programmmodul Find-it! übernimmt die Verwaltung von elektronischen Dokumenten wie Textverarbeitungs-, Tabellenkalkulations- und anderen Dateien. Technische Prüfprotokolle aus der Werkstatt können ebenso verwahrt und geordnet werden, wie Fotos, Videos oder Sounddateien. Der gute alte Aktenschrank hat damit ausgedient, und auch die Suche nach Dokumenten ist deutlich einfacher. Denn die elektronischen Fahrzeugakten stehen jedem Mitarbeiter zeitnah zur Verfügung, an jedem Arbeitsplatz – auch in der Werkstatt.
Selbstverständlich gibt es neben der Lösung des Branchenriesen Werbas AG weitere Software-Angebote für die Werkstatt. Sie unterscheiden sich in einzelnen Funktionen und vor allem in der Bedienung. Die im vorigen Abschnitt bereits genannte Bodi-Data etwa hat die Netzwerklösung «BODI» der Bosch-Servicepartner weiterentwickelt. Rund 400 Betriebe setzen nach Angaben des Unternehmens das System ein, das mit einem SCO-Unix Open-Server V arbeitet, an den die Arbeitsplatz-PCs angeschlossen sind. Der Bodi-Server (Zentraleinheit) ist in dieses Netzwerk eingebunden, stellt die Bodi-Programme zur Verfügung und speichert zentral alle Daten in einer modernen relationalen Datenbank. Die kaufmännischen und technischen Funktionen sind auch hier aus der Werkstattpraxis entwickelt und bilden die Betriebsabläufe entsprechend ab.

> *Wie bei der Einzelplatzlösung gilt auch hier erst recht: Vor der Investition sollte man sich informieren, Demoversionen ausprobieren und bei der Entscheidung für oder gegen eine Softwarelösung neben dem Leistungsumfang auch die Bedienfreundlichkeit berücksichtigen. Wichtig ist zudem, dass die Programme offen sein müssen für den Datenaustausch mit allen möglichen technischen Branchen-Informationssystemen. Dazu gehört für die Zukunft auch die Fähigkeit, Prüf- und Testgeräte mit der kaufmännischen Software verbinden zu können.*

2.3 Prüf- und Testgeräte

Ein moderner Pkw ist eigentlich bereits ein fahrender Computer. Mehrere Dutzend Steuergeräte steuern und überwachen Komfort- und Sicherheitsfunktionen, den Motor und die Abgasqualität im Auto. Zudem werden immer mehr Systeme miteinander vernetzt, arbeiten zusammen und ergänzen einander. Ein ganzes Arsenal der unterschiedlichsten Sensoren liefert die nötigen Informationen, die das komplexe System Auto steuern, die kleinste Abweichungen registrieren und für zum Teil vom Fahrer unbemerkte Korrekturen sorgen. Schon lange reichen damit mechanische Kenntnisse und mechanisches Werkzeug nicht mehr aus. Für Wartung, Diagnose und Reparatur moderner Autos sind auch die entsprechenden hoch komplexen Prüf- und Testgeräte, eine kaum überschaubare Zahl an Solldaten und dazu Know-how erforderlich, um die Prüfsysteme und Daten effektiv einzusetzen. Früher genügte dem Mechaniker selbst bei schwierigeren oder selten vorkommenden Arbeiten ein kurzer Blick ins Reparaturhandbuch. Erfahrung und Fachwissen erlaubten ihm dann eine fachgerechte Instandsetzung von hoher Qualität. Heute dagegen kommt es eher darauf an, die in den Prüfgeräten zur Verfügung stehenden EDV-gestützten Informations- und Expertensysteme so kreativ und flexibel einzusetzen, dass eine defekte Komponente zweifelsfrei identifiziert und dann auch nur die ausgetauscht wird.

Der wachsende Anteil elektrischer und elektronischer Fahrzeugkomponenten stellt die Werkstatt vor neue Herausforderungen. Die schnelle, zweifelsfreie Lokalisierung eines Fehlers wird zum entscheidenden wirtschaftlichen Qualitätsfaktor. Denn kein Kunde ist bereit, für eine lange Fehlersuche oder für unnötig ausgetauschte Teile zu zahlen. Aber nicht nur für die Fehlersuche sind elektronische Prüfgeräte und Diagnosetester in der Werkstatt unerlässlich. Selbst eine simple Inspektion kommt ohne die Geräte nicht mehr aus. Das beginnt mit dem Auslesen des Fehlerspeichers, geht über den Test der verschiedenen Aggregate und endet mit dem Rückstellen der Serviceintervall-Anzeige.

Die eigentlich simple Scheinwerfereinstellung ist ein weiteres Beispiel. Nach Bosch-Angaben sind 2005 bereits rund 70% der neu zugelassenen Pkw mit Xenon-Licht ausgestattet. Lampenwechsel oder Scheinwerfereinstellung ohne Diagnosetester ist damit nicht mehr möglich. Die Xenon-Systeme sind mit Steuergeräten und Fehlerspeicher ausgestattet. Nach Austausch einer defekten Gasentladungslampe muss das System neu programmiert werden, und auch für die Nullpunktprogrammierung der Reflektormittellage bei der Scheinwerfereinstellung ist ein Diagnosetester nötig.

Und natürlich arbeitet jeder Fahrzeughersteller anders, verwendet unterschiedliche Systemkonfigurationen und Sollwerte für die in seinen Fahrzeugen eingesetzten elektronischen Systeme. Auch die Steckerzugänge zu den unterschiedlichen Bordsystemen sind von Hersteller zu Hersteller unterschiedlich. Immerhin zeichnet sich hier in einigen Bereichen eine Vereinheitlichung ab. Seit 2001 sind

Fahrzeuge mit Ottomotor mit der Europäischen On-board-Diagnose (EOBD) ausgerüstet. Vor allem abgasrelevante Daten können damit über eine einheitliche Schnittstelle ausgelesen werden. Mit der geplanten Diesel-EOBD sollen auch die Diesel-Pkw diese Schnittstelle enthalten. In manchen Fahrzeugen wird diese Schnittstelle bereits auch für andere Diagnosefunktionen genutzt, so dass die herstellerspezifischen Steckverbindungen nach und nach entfallen.

Die markengebundenen Werkstätten und Autohäuser werden entsprechend mit den notwendigen Testsystemen ausgerüstet, um die Fahrzeuge des eigenen Fabrikates optimal warten und reparieren zu können. Die freien Werkstätten dagegen erhalten diese Informationen nicht automatisch. Immerhin zwingt die neue GVO die Hersteller, die erforderlichen Wartungsdaten allgemein zugänglich zu machen.

Hier springen universelle Diagnosesysteme in die Bresche, die auch freien Kfz-Betrieben Service- und Reparaturarbeiten an modernen Pkw ermöglichen (Bild 2.9). Die Universalsysteme, die auf dem deutschen Markt vor allem von AVL, Tecno, Bosch, Techmess, Gutmann, Sun, Texa oder Würth angeboten werden, liefern jeweils auch die nötigen Sollwerte für eine mehr oder weniger große Markenvielfalt mit. Möglich ist die enorme Leistungsfähigkeit der Testgeräte allerdings auch erst durch die Entwicklung im Computerbereich. Die Testgeräte sind mit Computern ausgerüstet, die in Leistung und Kapazität einem High-end-Arbeitsplatz-PC in nichts nachstehen. Die enormen Datenbestände sind auf CD-ROM und zunehmend auf DVD abgelegt und werden in regelmäßigen Intervallen um die Daten neuer Fahrzeuge erweitert. Bei der Auswahl eines Systems für die freie

Bild 2.9
Leistungsstarke Prüf- und Testsysteme unterstützen die Werkstatt bei der effizienten Fehlersuche und Reparatur
(Quelle: Bosch)

Werkstatt haben daher neben der Markenabdeckung die Diagnosetiefe und die Aktualität der Daten größtes Gewicht. Gerade beim Kriterium Diagnosetiefe ist es möglich, dass bei bestimmten Fabrikaten das eine Gerät besser als ein anderes abschneidet. Hier hängt es also davon ab, welche Fabrikate in erster Linie in der Werkstatt gewartet und repariert werden. So ergab beispielsweise ein von der Zeitschrift *kfz-betrieb* 2003 initiierter Test von Diagnosegeräten durch Dekra: «Eine klare Tendenz zum besten Universalgerät zeichnet sich ... für das Bosch KTS 650 ab, gefolgt vom Gutmann Mega Macs. Am einzelnen Fahrzeug (Citroën) konnte allerdings mit AVL/Techno und SUN eine deutlich höherer Diagnosetiefe und Systemabdeckung als bei den Mitbewerbern erzielt werden.» (*kfz-betrieb spezial* 20.11.2003) Insgesamt bescheinigten die Dekra-Experten allen Testkandidaten ordentliche Ergebnisse. Egal jedoch, welcher Diagnosetester angeschafft wird: «Schulungen der Mitarbeiter sowie stete Updates der Systemsoftware sind zwingend erforderliche Randbedingungen, um die Diagnosetechnik im Werkstattalltag effizient einsetzen zu können.»

Freie Werkstätten, die ausschließlich Autofahrer einer Marke zu ihren Kunden zählen, könnten sich im Prinzip auch eines der speziellen Hersteller-Diagnosesysteme anschaffen. Regelmäßige Datenpflege vorausgesetzt, ist so sichergestellt, dass alle Fahrzeuge dieses Fabrikates optimal betreut werden können. Diese markenspezifischen Systeme sind jedoch in aller Regel zu teuer und für die freie Werkstatt kaum eine Alternative.

2.3.1 Effektive Fehlersuche mit intelligenten Diagnosesystemen

Die komplexe Fahrzeugtechnik potenziert die Anzahl möglicher Fehler im System, die zu einem vom Kunden benannten Symptom führen können. Deshalb muss der Fehlersuche, der Diagnose, innerhalb der Werkstattorganisation ein deutlich höherer Stellenwert eingeräumt werden. Eine erste, vorläufige Diagnose kann eventuell schon bei der Dialogannahme (siehe Abschnitt 3.1.2) durchgeführt werden. Der Kundendienstberater liest bei der Übernahme des Fahrzeuges den Fehlerspeicher aus und erhält so zusammen mit den Angaben des Kunden erste Hinweise auf den möglichen Fehler.

Die umfassende Systemdiagnose aber muss dann in der Werkstatt erfolgen. Je nach Größe des Betriebes kann es Sinn machen, hierfür einen gesonderten Arbeitsplatz einzurichten. Für die eigentlichen Montagearbeiten wird das Fahrzeug dann nach der Diagnose an einen Mechanikarbeitsplatz übergeben. Möglicherweise wird sich diese Arbeitsteilung künftig auch aus dem Ausbildungsstand der Mitarbeiter ergeben. Während ein Servicetechniker oder ein Mechatroniker für die Diagnose zuständig sind, kümmern sich die Kfz-Mechaniker um die rein mechanischen Tätigkeiten.

Mit einem modernen universellen Diagnosetester ist auch die freie Werkstatt in der Lage, eine effiziente Diagnose durchzuführen. Hierzu gibt es einerseits große stationäre Geräte, montiert auf einem Fahrwagen mit PC und Monitor. Für größere Flexibilität sind aber auch Systeme lieferbar, die mit Akkubetrieb, Laptop-PC und integriertem Bildschirm die gesamte Technik in einem kompakten Gerät vereinen, so dass Arbeiten an wechselnden Plätzen oder sogar während einer Probefahrt möglich sind.

Nach Eingabe des Fahrzeugtyps und Verbindung mit der Diagnoseschnittstelle des Fahrzeuges führt die Software des Diagnosetesters den Anwender durch den Prüfablauf. Je nach Gerätehersteller geschieht dies mit unterschiedlichem Bedienkomfort und auch mit unterschiedlicher Informationstiefe. Meist stehen Fehlersuchanleitungen, Sollwerte und Schaltpläne auf Mausklick zur Verfügung. Einige Hersteller stellen Expertensysteme zur Verfügung, die jeweils nur die Informationen anbieten, die im Zusammenhang mit dem gerade geprüften Programm stehen. Nicht zum Thema passende Informationen werden ausgeblendet. Die Ursachen eines Defektes lassen sich so rasch eingrenzen (Bild 2.10).

Mit den Möglichkeiten eines reinen Diagnosetesters kennt der Mechaniker allerdings meist nur den Fehlerpfad. Zur exakten Lokalisierung des defekten Bauteils ist eine Komponentenprüfung erforderlich. Hier helfen die Systemtester weiter. Neben motorbezogenen Signalen wie Zündsignal, Zündwinkel, Drehzahl oder Motortempe-

Bild 2.10
Ohne Systemdiagnosetester sind viele Arbeiten an modernen Pkw gar nicht mehr durchführbar
(Quelle: Bosch)

ratur lassen sich mit den modernen Geräten auch elektrische und elektronische Komponenten einschließlich der schnellen CAN-Bussysteme prüfen (Bild 2.11).

So ist der Servicetechniker in der Lage, das defekte Bauteil in relativ kurzer Zeit sicher zu lokalisieren. Es wird nur das Teil ersetzt, das tatsächlich defekt ist. Das spart Kosten in erheblichem Umfang und erlaubt so marktgerechte Preise. Dauert die Fehlersuche zu lange oder werden unnötige Teile ersetzt, dann überschreitet die Werkstatt entweder den mit dem Kunden vereinbarten Preis und verdient nichts mehr. Oder aber die tatsächlich aufgewendeten Kosten werden auf den Kunden abgewälzt, der wegen der hohen Reparaturkosten verärgert ist und beim nächsten Mal eine andere Werkstatt aufsucht. Noch schlimmer ist es, wenn das falsche Teil ersetzt wird und der Fehler nach kurzer Zeit wieder auftritt. Schnell verliert der Kunde dann das Vertrauen in die Werkstatt-Kompetenz. Auch damit hat die Werkstatt einen Kunden verloren.

Die Investitionen der Werkstatt in moderne Prüftechnik und gleichzeitig die Fortbildung der Mitarbeiter in der effektiven Handhabung der Geräte sind die entscheidenden Faktoren für den wirtschaftlichen Erfolg des Kfz-Betriebes.

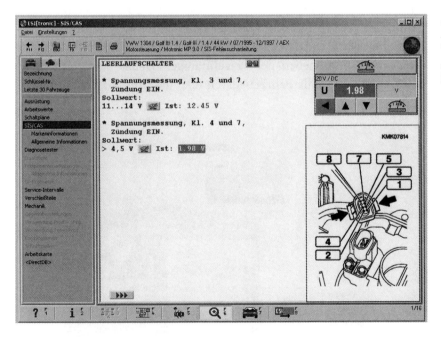

Bild 2.11
Auf dem PC-Bildschirm der Testgeräte werden Soll- und Messwerte angezeigt)
(Quelle: Bosch)

2.3.2 Sollwerte und Prüfdaten auf dem neuesten Stand

Starke Softwarepakete sorgen in den Diagnose- und Prüfgeräten für die große Leistungsfähigkeit und die einfache Bedienbarkeit. Herzstück sind dabei die umfangreichen Datenbanken mit Fahrzeugsystemdaten, Ausstattungslisten, Sollwerten, Schaltplänen, Anleitungen und vielem mehr. Allein für die Fahrzeugidentifikation – Basis einer jeden Diagnose – hat der Anwender beispielsweise der Bosch-Geräte-Software «Esitronic» Zugriff auf rund 18 000 Pkw, 11 500 Nkw, 5000 Motorräder, 8000 Schlepper, Traktoren und Spezialfahrzeuge. Bosch verspricht damit eine Marktabdeckung von 95%. Ein anderes Kapitel der Software bietet über 3,5 Millionen Arbeitswerte und über sechs Millionen Zusatztexte für rund 9000 der gängigsten Pkw und Transporter. 200 000 Schaltpläne von rund 6500 Fahrzeugen bietet eine andere Datenbank. Ähnlich beeindruckende Erfolgszahlen können auch manch andere Hersteller bieten.

Diese Datenfülle ist jedoch zwingend erforderlich, um als freie Werkstatt, die verschiedene oder auch alle Fabrikate betreut, mithalten zu können. Und: Die Daten müssen immer auf dem neuesten Stand sein. In diesem Fall heißt das, die Daten müssen permanent um die Fahrzeugtypen und deren Komponenten ergänzt werden, die neu auf den Markt kommen. Die meisten Hersteller bieten deshalb für ihre Software Update-Abonnements an. Regelmäßig kommen dann CDs oder DVDs mit den neuesten Daten ins Haus, die dann auf den Computer der Prüfgeräte gespeichert werden müssen (Bild 2.12).

Eigentlich aber wächst das Datenvolumen täglich. Und so bieten einige Hersteller neben dem regelmäßigen Update inzwischen die Möglichkeit, aktuelle Fahrzeugdaten über das Internet abzurufen.

Bild 2.12
Einstelldaten, Sollwerte, Fehlersuch- und Reparaturanleitungen gibt es auch für freie Betriebe auf CD oder DVD
(Quelle: Bosch)

2.3.3 Teilebestellung per Mausklick

Manchmal muss es schnell gehen in der Werkstatt: Ein Ersatzteil ist nicht am Lager, aber der Kunde will sein Auto abends wieder abholen. Also rasch ein Fax an den Großhändler geschickt, der liefert das fehlende Teil innerhalb weniger Stunden – vorausgesetzt, das Ersatzteil war auf dem Fax unmissverständlich benannt und ist auch lieferbar; wenn nicht, hat die Werkstatt ein Problem.

Die wenigsten Ersatzteile werden wohl heute noch aus gedruckten Ersatzteilkatalogen herausgesucht. Hier ist die Gefahr natürlich am größten, eine falsche Bestellnummer zu übernehmen oder gleich das falsche Teil zu bestellen. Die gängige Werkstatt-Software erleichtert die Arbeit da ganz erheblich. Schon für den Kostenvoranschlag greift sie auf Teilelisten zu, die sich auf einer CD-ROM befinden. Anschließend kann eine Bestellliste ausgedruckt oder gleich per e-Mail verschickt werden. Voraussetzung hier ist natürlich, dass immer die aktuellste Daten-CD verwendet wird.

Um Bestellvorgänge noch schneller, effektiver und kostengünstiger abzuwickeln, sind in den letzten Jahren unterschiedliche Internet-basierte Lösungen entstanden. Teilehersteller haben eigene Systeme ins Netz gestellt, unabhängige Dienstleister haben Marktplätze entwickelt, und auch Großhändler haben für die ihnen angeschlossenen Werkstätten eigene Lösungen zur Verfügung gestellt. Was zunächst fehlte, waren technische und organisatorische Standards für diese e-Business-Lösungen. Einzelheiten hierzu finden sich in Abschnitt 2.7.3.

2.4 Der vernetzte Kfz-Betrieb

Trotz modernster EDV- und Prüftechnik müssen in den meisten Kfz-Betrieben Fahrzeug- und Kundendaten an den unterschiedlichsten Stellen im Betrieb immer wieder neu erfasst werden – bis zu fünfmal je Auftrag. Zwar sind computergestützte Diagnose- und Messgeräte in der Werkstatt heute Standard. Der Schriftwechsel, die Rechnungsstellung und die Buchführung werden mit kaufmännischen EDV-Systemen schnell und effektiv abgewickelt. Häufig handelt es sich jedoch um «Insellösungen». Im ersten Schritt werden immerhin oft zunächst die «Büro»-Computer miteinander vernetzt. So kann der Kundendienstberater die Werkstatt-Voranmeldungen auf dem Bildschirm bearbeiten und einen Auftrag erstellen. Den aber druckt er aus und gibt ihn an den Mechaniker weiter. Da der Mechaniker den Auftrag nur gedruckt vor sich hat, muss er am Diagnosetester oder für die AU alle Daten wieder von Hand ins Testgerät eingeben bzw. anhand der Fahrzeugdatenbank im Testgerät das Fahrzeug neu identifizieren. Anschließend gibt er die ausgedruckten Testergebnisse der AU oder der Fahrzeugdiagnose zusammen mit der handschriftlich ausgefüllten Arbeitskarte und einer Liste der verwendeten Ersatzteile wieder in der Kundendienstannahme ab. Dort wartet der Kunde. Sein Fahrzeug ist zwar schon instand gesetzt, die Rechnung muss aber aus den handschriftlichen Angaben des Mechanikers erstellt werden. Der Grund: Die einzelnen Diagnosegeräte und EDV-Systeme sind nicht miteinander verbunden.

Eine «Vernetzung» der Werkstattsysteme ist daher eine Forderung, die schon länger bestand – von der Kundenkartei über die Diagnose- und Einstellgeräte bis zur Lagerverwaltung und Buchführung. Um wirtschaftlicher arbeiten zu können – so die Idee –, müssen alle Geräte und Vorgänge so zusammengefasst werden, dass die erforderlichen Daten dem Arbeitsablauf, also dem Durchgang des Kundenfahrzeuges durch die Werkstatt, folgen. Einmal erfasst, müssen die Daten an jedem Arbeitsplatz abrufbereit zur Verfügung stehen. Genau hier aber beginnen die Probleme. Denn die EDV-Systeme sind nicht so ohne weiteres in der Lage, Daten untereinander auszutauschen, weil sie nicht die gleiche «Sprache» sprechen. Denn einen einheitlichen Standard für die Software der unterschiedlichen Prüfgeräte oder der Bürosysteme gibt es nicht. Jeder Hersteller hat im Laufe der Zeit individuelle Besonderheiten entwickelt und die lassen sich nicht ohne weiteres miteinander verknüpfen.

Schon 1995 boten verschiedene Hersteller von computergestützten Werkstattgeräten geschlossene Netzwerke. Die Einbindung von Geräten anderer Hersteller war jedoch nicht möglich. Der Bosch-Produktbereich Prüftechnik entwickelte daraufhin das «Bosch-Werkstatt-Netz» – ein nach allen Seiten offenes Netz, das die Anbindung aller auf dem Markt angebotenen und in den Werkstätten ja bereits verwendeten Systeme erlaubt. Nicht nur Bosch-Prüfgeräte, sondern auch die anderer Hersteller ließen sich einbinden, genauso wie die kaufmännischen Softwarepakete – vorausgesetzt, sie verfügen ebenfalls über die Schnittstelle zum Werkstattnetz.

1998 gründeten Mitglieder des ASA-Verbandes, in dem fast 100 Hersteller und Importeure von Autoservice-Ausrüstungen zusammengeschlossen sind, die asanetwork GmbH mit dem Ziel, ein für alle offenes Werkstattnetz ohne Bindung an einen Hersteller zu vertreiben. Das Bosch-Werkstatt-Netz wurde dazu gekauft, neutralisiert und inzwischen weiterentwickelt. Nahezu alle wichtigen Hersteller von Werkstattgeräten, Softwarehersteller, Dienstleister und bislang (Stand: 2004) der VW-Konzern, die DaimlerChrysler-Vertragshändler sowie Toyota-Informationssysteme auf Seiten der Automobilhersteller haben sich dem einheitlichen Schnittstellenstandard des ASA-Werkstatt-Netzes angeschlossen. Damit spielen weder das jeweilige Betriebssystem noch die Bedienung oder das Prüfgerätekonzept eine Rolle, um ein Gerät in das Netz einzubinden. Möglich macht das der zentrale «asanetworkmanager», mit dem alle Prüfgeräte und Werkstattsysteme als gleichberechtigte Partner verbunden sind. Jedes Prüfgerät übermittelt seine Daten an den networkmanager, der die Funktion eines Postboten übernimmt. Vom networkmanager werden die Daten dann an das Werkstattsystem übermittelt, das sie benötigt. Ist das Prüfgerät gerade nicht erreichbar, weil es beispielsweise ausgeschaltet ist, werden die Daten «postgelagert» – oder auf Computerdeutsch «zwischengespeichert».

Für den Datenaustausch über den networkmanager wurde ein einheitliches Verfahren entwickelt. Alle Geräte, die mit dem networkmanager verbunden sind, müssen dazu über die festgelegte Protokollschnittstelle verfügen. Ohne diese Schnittstelle geht nichts. Die Schnittstelle übersetzt praktisch die Sprache des Gerätes oder der kaufmännischen Software in die zentrale Sprache des networkmanagers.

Der networkmanager wird in einem vernetzten Computer installiert. Dies wird in der Regel der Büroserver sein, da hier bereits heute schon Daten vorbereitet und weiterverarbeitet werden. Lediglich die mit einer einheitlichen Protokollschnittstelle ausgestatteten Werkstattgeräte müssen noch angeschlossen werden. Kommen neue Geräte hinzu, werden sie zusätzlich aufgeschaltet und stehen so ebenfalls im Netz zur Verfügung. Da jedes Gerät unabhängig mit dem networkmanager kommuniziert, ist das Gesamtsystem zudem weitgehend ausfallsicher. Fällt ein Gerät aus, bricht nicht gleich das gesamte System zusammen. Die für das ausgefallene Gerät vorgesehenen Daten werden zwischengespeichert und gehen nicht verloren. Theoretisch ließen sich auch ältere Prüfgeräte, die noch nicht über die ASA-Netzwerkschnittstelle verfügen, in das System einbinden. Der Aufwand ist jedoch unwirtschaftlich. Da aber durch die neuen Technologien im Fahrzeugbau in vielen Werkstätten sowieso Investitionen in Neugeräte anstehen, kann die Vernetzung so schrittweise vorangetrieben werden. Allerdings sollte sich die Werkstatt vor der Investition in teure Geräte schriftlich bestätigen lassen, dass das Gerät über die asanetwork-Schnittstelle verfügt und problemlos in das Werkstattnetz eingebunden werden kann.

Und wie sieht das Ganze in der Werkstattpraxis aus? Schon bei der Werkstattanmeldung werden die Fahrzeug- und Kundendaten aus der Datei aufgerufen. In der Kundendienstannahme stehen sie abrufbereit zur Verfügung, wenn der Kunde sein Fahrzeug bringt. Der Kundendienstberater hat hier Zugriff auf die bisher durchgeführten Reparaturen und Wartungen. Ihm steht quasi ein «Fahrzeuglebenslauf» zur Verfügung. Außerdem kann er direkt feststellen, ob erforderliche Ersatzteile am Lager verfügbar sind. An den Diagnosesystemen müssen die Fahrzeugdaten auch nicht mehr erfasst werden und können so ohne zusätzliche Eingaben mit den Messwerten verglichen werden, die als Bestandteil für die spätere Rechnung gleich über den networkmanager weitergeleitet werden. Das Gleiche kann in der Zukunft mit den Arbeitswerten und den Ersatzteilpositionen, die während der Instandsetzung erfasst werden, geschehen. Noch während der Meister zur abschließenden Probefahrt unterwegs ist, kann so die Rechnung aus den Werkstattdaten vorbereitet werden. Ist alles in Ordnung und gibt der Meister sein O.K., genügt ein Klick mit der Computermaus und die Rechnung ist fertig – zum gleichen Zeitpunkt wie das Fahrzeug. Dabei werden die Messwerte der Diagnosesysteme – kundenfreundlich und transparent aufbereitet – auch gleich mit ausgedruckt. Mit der konsequenten Vernetzung werden betriebliche Abläufe vereinfacht. Zudem kann von jedem Arbeitsplatz der Auftragsstand eingesehen werden. Das schafft Transparenz und spart beispielsweise bei Kundennachfragen viel Zeit. Vorteile bietet die Vernetzung auch für die Ersatzteilbestellung. Am Werkstatt-Arbeitsplatz wird das Teil exakt definiert, anschließend kann ohne Umwege ein Bestellvorgang ausgelöst werden, wenn das Teil nicht am Lager verfügbar ist. Neben der Verminderung von Eingabefehlern durch die zentrale, einmalige Erfassung von Kunden-, Fahrzeug- und Auftragsdaten bietet die Vernetzung für die Werkstatt vor allem auch eine Zeitersparnis innerhalb des Fahrzeugdurchlaufs. Tests bei Bosch ergaben etwa für eine Abgasuntersuchung eine Ersparnis von zehn Minuten allein durch die Werkstatt-Vernetzung. Weder muss eine gesonderte Arbeitskarte gedruckt noch das Fahrzeug erneut im System identifiziert werden. Und auch der Gang ins Werkstattbüro, um Fahrzeugunterlagen und Prüfprotokoll abzuliefern, entfällt. EDV-Hardware-Ressourcen, wie Drucker, Rechner und Speicherplatz, können innerhalb des Netzwerkes gemeinsam genutzt werden. Zudem sind viele Vorgänge nahezu papierlos möglich, da etwa Prüfprotokolle nur einmal zentral zur Kundenrechnung ausgedruckt werden müssen. Und: Es wird auch keine Diagnoseleistung oder AU mehr abzurechnen vergessen. Da die Prüfdaten im System stehen und automatisch dem Auftrag zugeordnet sind, tauchen sie auch für die Erstellung der Rechnung wieder auf.

Die *Vorteile* des Werkstatt-Netzwerkes im Überblick:

- ❏ Zeitersparnis durch einmalige Fahrzeugidentifikation,
- ❏ Fehlerreduktion durch zentrale Datenverwaltung,
- ❏ Dateneingaben oder Handnotizen entfallen, Testergebnisse werden automatisch übernommen und zum Fahrzeugdatenstamm abgespeichert,
- ❏ Reparaturinformationen können direkt an jedem Arbeitsplatz abgerufen werden,

- Optimierung der Arbeitsabläufe für den Annehmer, den Monteur und den Meister,
- Sicherheit bei der Werkstatt- und Personalplanung z.B. durch die permanente Fortschrittskontrolle aller Werkstattaufträge,
- Kompetenz- und Imagegewinn im Kundengespräch durch mehr Transparenz,
- Übergabe des reparierten Fahrzeuges mit allen technischen Protokollen, soweit dies gewünscht wird,
- lückenlose Historie aller relevanten Mess- und Prüfdaten und sonstiger Dokumente,
- «Soll-/Istwert»-Protokolle für eine schnelle, reibungslose Regulierung von Versicherungsschäden, bei Leasingrückläufern, in Streitfällen usw.,
- hohe Einsparungen im produktiven Bereich und damit höhere Werkstattauslastung, somit erheblich verbesserte Ertragslage,
- vorbereitet für e-Commerce und damit verbundene Fahrzeug- und Teileidentifikation, Lagerlogistik und Bestellwesen,
- durch die Möglichkeit von Online-Updates immer auf dem neuesten Informations- und Technologiestand.

Investitionskosten für die Werkstatt (Preisstand: Ende 2003) [4]:

Computergestützte Werkstattgeräte
- Neue Geräte sind in der Regel ohne Aufpreis netzwerkfähig.
- Vorhandene Geräte neuerer Generation lassen sich in der Regel softwaremäßig aufrüsten.
- Die Kosten für ein Update liegen bei ca. 500 bis 1000 €.

Kaufmännische Software
- Bodi-Data, COPARTS, Bosch, DEKRA, GTÜ, Komec, MSDas, Mesensky, T-Systems, vidicom, Werbas, TAK/ZDK, VW/Audi sind bereits netzwerkfähig.
- Die Investition liegt – je nach Umfang der Software und Softwaremodule – bei ca. 300 bis 3000 € bzw. Update vorhandener Software ca. 300 bis 800 €.

ASA-Netzwerkmanager
- Das Herzstück von asanetwork ist der asanetworkmanager, der den Datenfluss organisiert, überwacht und bei Geräteausfall zwischenpuffert.
- Pro Netzwerk (Werkstatt) ist nur ein Netzwerkmanager erforderlich.
- Investition: 572 €.

Vernetzung der Arbeitsplätze
- Verlegung der Netzwerkkabel einschließlich Stecker und Verbindungsteile, fertig verlegt, pro lfd. m Kabel ca. 12 €,
- Netzwerkkarte pro Arbeitsplatz ca. 50 €
- zuzüglich bauliche Maßnahmen nach Aufwand,
- Funkvernetzung für mobile Arbeitsplätze wie z.B. mobiler Abgastester, Investition pro Arbeitsplatz ca. 500 €.
- Hinzu kommen die Kosten für die Installation der Software und Schulung der Mitarbeiter.
- Als Faustregel kann man hierfür ca. 25% der Vernetzungskosten ansetzen.

Weitere Informationen: www.asanetwork.de

2.5 EDV-gestütztes Gebrauchtwagen-Management

Markengebundene Autohäuser arbeiten schon seit langem mit so genannten **Dealer-Management-Systemen** (kurz: **DMS**), die das komplette Verkaufsgeschäft mit EDV-Unterstützung organisieren helfen (siehe Abschnitt 2.6). Dafür sorgen schon die Hersteller und Importeure selbst, die mit einheitlichen Systemen sicherstellen, dass innerhalb der Fabrikatsorganisation alle mit dem gleichen Datenstamm arbeiten und jeder Händler problemlos mit dem Hersteller kommunizieren und Daten austauschen kann.

Aber selbst in den leistungsfähigen Dealer-Management-Systemen der Marken-Handelsorganisationen ist häufig das Gebrauchtwagen-Management nicht oder nur unzureichend berücksichtigt. So existieren auch in diesem Bereich wieder eine Vielzahl von Einzellösungen, die für sich genommen möglicherweise praktikabel sind, aber eben auch wieder eine Insellösung darstellen. Deshalb macht es beim Thema EDV-gestütztes Gebrauchtwagen-Management ebenfalls Sinn, ein Produkt anzuschaffen, das mit der übrigen im Betrieb eingesetzten Software kompatibel ist oder beispielsweise über einen asanetworkmanager mit den anderen Programmen Daten austauschen kann.

Anbieter von Gebrauchtwagengarantien beispielsweise stellen ihren Partnern im Kfz-Handel Programme und Tools zur Verfügung, die das Gebrauchtwagengeschäft erleichtern. Garantieversicherer RealGarant beispielsweise bietet ein eigenes Gebrauchtwagen-Management-Programm, das nebenbei dafür sorgt, dass der gesamte Gebrauchtwagenbestand regelmäßig aktuell in die Internet-GW-Börse «Autodrom» eingestellt wird, die ebenfalls von RealGarant betrieben wird (Bild 2.13). So ist sichergestellt, dass die Gebrauchten in dieser Börse tatsächlich immer aktuell auch noch verfügbar sind (mehr zu den Onlinebörsen für Gebrauchte in Abschnitt 2.7.2).

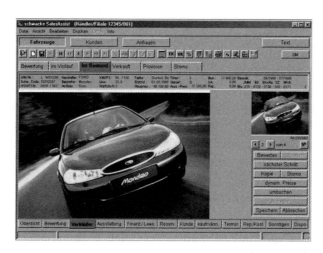

*Bild 2.13
Gebrauchtwagen-Bestandsverwaltung mit dem Computer – effektiv und verkaufsfördernd
(Quelle: EurotaxSchwacke)*

Das kaufmännische Softwarepaket Werbas dagegen kommt zwar aus dem Werkstattbereich, bietet aber als Zusatzmodul ein Fahrzeughandelsprogramm und ein spezielles Gebrauchtwagen-Tool, das aber vor allem der Gebrauchtwagenbewertung dient. Die Verbindung zur kaufmännischen Software ist damit gewährleistet und über die asanetwork-Schnittstelle auch ins gesamte Netz.

Und selbstverständlich kümmern sich auch die beiden großen Gebrauchtwagenspezialisten auf dem deutschen Markt, die Deutsche Automobil Treuhand (DAT) und EurotaxSchwacke um das Gebrauchtwagengeschäft. Neben den Marktpreislisten, die es auch schon lange auf CD zur Verarbeitung mit dem PC gibt, liefern beide zusätzliche Programme für das Gebrauchtwagen-Management. Bei der DAT findet sich das Programm auf dem Produkt «SilverDAT». Bei Schwacke heißt das Programm «SalesAssist». Beide laufen als Einzellösung, können aber über Schnittstellen beispielsweise auch mit den Dealer-Management-Systemen der Marken-Autohäuser verbunden werden.

Auch bei den Gebrauchtwagen-Management-Programmen kommt es darauf an, dass die Software den Durchlauf des Gebrauchten von der ersten Hereinnahmebewertung bis zur Nachkalkulation des Verkaufs begleitet. Im ersten Schritt muss der Gebrauchte, der etwa von einem Kunden zur Hereinnahme bei einem Neukauf angeboten wird, professionell bewertet werden. Neben der technischen Überprüfung auf der Hebebühne durch den Werkstattmeister werden hierzu die Marktpreisspiegel benötigt, die regelmäßig von DAT oder Schwacke in das System eingepflegt werden. So kann mit wenigen Mausklicks das Fahrzeug exakt identifiziert und mit Serienausstattung und Sonderzubehör angezeigt werden. Die bei der technischen Bewertung festgestellten Mängel werden im Rahmen der integrierten Reparaturkosten-Kalkulation gleich mit berücksichtigt.

Zusammen mit weiteren im System hinterlegten Kosten ergänzt – wie Aufbereitung, durchschnittliche Standkosten, Verkäuferprovision und Gewinn –, berechnet das Programm daraus den Hereinnahmepreis, der dem Kunden angeboten werden kann. Gleichzeitig wird ein Hereinnahmenprotokoll gespeichert. Einige Programme erlauben über Datenleitung oder Internet auch die Vernetzung mehrerer Filialen eines Kfz-Betriebes. Dann erkennt die GW-Abteilung der einen Filiale sofort, wenn der Kunde bereits in einer anderen Filiale sein Auto hat bewerten lassen.

Selbstverständlich druckt das Programm auch gleich die entsprechenden Angebote und Verträge mit aus. Und auch Preisschilder lassen sich mit allen wichtigen Angaben zum Gebrauchten sofort ausdrucken. Der Gebrauchte ist damit zwar noch nicht im Betrieb, aber schon angekündigt, weil der Kunde noch auf sein neues Auto warten muss. Der Gebrauchte kann somit schon jetzt – während der Vorlaufzeit – angeboten werden. Kommt das Fahrzeug schließlich tatsächlich herein, sorgt ein Vergleich des aktuellen Fahrzeugzustandes mit dem gespeicherten Prüfprotokoll der Hereinnahmebewertung dafür, dass der Kfz-Betrieb keine Überraschungen erlebt.

Zentrale Funktionen eines jeden Gebrauchtwagen-Management-Programms ist das Bestandsmanagement (Bild 2.14). Da die Standzeit die wichtigste Controlling-Kennziffer im Gebrauchtwagengeschäft ist, erlauben die Programme eine Vielzahl von Auswertmöglichkeiten zu den Standzeiten. Langsteher beispielsweise müssen immer klar identifiziert werden können. Genauso sollte aber auch die Sortimentsstruktur ablesbar sein. Gut ist auch, wenn man die absoluten Verkaufsrenner objektiv aus den Daten herauslesen kann. Denn dann können diese Gebrauchten gezielt zugekauft werden.

Auch eine Datenbank mit den Kundendaten ist meist in den Gebrauchtwagen-Management-Programmen integriert. Gut, wenn sich hier beispielsweise auch alle persönlichen, telefonischen und schriftlichen Kontakte mit dem Kunden dokumentieren lassen. Damit ist es sehr effektiv möglich, über professionelle Kundenkontakt-Programme die Verbindung zum Kunden dauerhaft zu halten. Schlecht ist es jedoch, wenn im Betrieb zwei oder gar drei Kundendatenstämme existieren, die nicht miteinander verknüpft werden können. Im Extremfall existiert ein Kundenstamm in der Werkstatt-Software, einer im Gebrauchtwagen-Management-System und einer im Dealer-Management-System, das die Herstellerorganisation dem Autohaus zur Verfügung gestellt hat. Arbeiten können die Verkäufer so nicht, denn für sie ist eine optimal gepflegte Kundendatenbank das zentrale Arbeitsmittel. Aber auch die Werkstatt benötigt diese Daten so aktuell wie möglich, um effektive Werbeaktionen organisieren zu können.

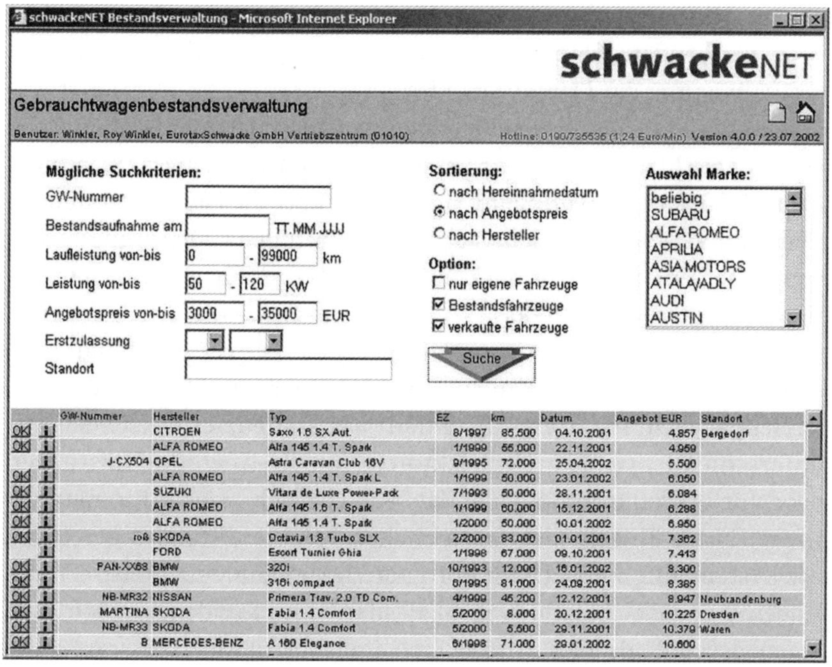

Bild 2.14
Die Zukunft: Gebrauchtwagen-Bestandsverwaltung über das Internet
(Quelle: EurotaxSchwacke)

Damit sind die Möglichkeiten eines umfassenden Gebrauchtwagen-Management-Programms aber noch nicht erschöpft. Die Provisionsabrechnung für die Verkäufer oder auch die Verkaufserfolge der Verkäufer, nach unterschiedlichen Kriterien geordnet, können mit manchen Programmen erstellt werden. Hinzu kommen eine Vielzahl weiterer statistischer Auswertungen rund um das Gebrauchtwagengeschäft. Zudem bieten einige der Programme auch Schnittstellen zu den gängigen unabhängigen und markenabhängigen Gebrauchtwagen-Internetbörsen. Mit wenigen Mausklicks lassen sich so einzelne Gebrauchte oder auch der gesamte Bestand in die Börsen einpflegen.

2.5.1 Professionelle Gebrauchtwagenbewertung

Kein Mensch kann für jeden Gebrauchten den marktgerechten Preis einschätzen, sei die Erfahrung noch so groß. So gelten schon seit Jahrzehnten die monatlich aktualisierten Marktpreislisten der DAT und von Schwacke als die Bibel für den Gebrauchtwageneinkäufer und -verkäufer. Gerade bei diesen endlos langen, nach immer dem gleichen Schema aufgebauten Marktpreislisten jedoch bietet es sich geradezu an, die enorme Datenfülle in einem Computersystem zu verarbeiten. Sowohl DAT als auch Schwacke bieten deshalb ihre Listen seit Jahren schon auch auf CD-ROM an. Zum Teil werden ihre Daten auch von anderen Softwareherstellern mit übernommen und als im Hintergrund arbeitende Datenbank zur Fahrzeugidentifizierung verwendet. Monatliche Updates sorgen für die regelmäßige Aktualisierung des Datenbestandes.

Vorteil der EDV-gestützten Gebrauchtwagenbewertung ist die rasche und sichere Identifikation des zu bewertenden Fahrzeuges. Sofern der Fahrzeugschein zur Verfügung steht, kann über die Hersteller- und die Typschlüssel-Nummer sehr schnell das Fahrzeug identifiziert werden. Aber auch ohne Schein genügen wenige Mausklicks, bis das richtige Fahrzeug gefunden ist. Im Gegensatz zur gedruckten Liste erhält der Nutzer hier zudem Angaben über Serien- und Sonderausstattungen und ist damit nicht auf die ungenauen Angaben des Verkäufers angewiesen. Genauso entfällt das komplizierte Rechnen mit unterschiedlichen Korrekturfaktoren für Kilometerlaufleistungen oder für Ausstattungsdetails wie Schiebedach oder Automatikgetriebe. Nach Eingabe des tatsächlichen Kilometerstandes berechnet das System automatisch den korrigierten Hereinnahmepreis.

Zudem hat die Gebrauchtwagenkalkulation im Kundengespräch auch einen psychologischen Effekt: Eine Preiskalkulation, die mit Hilfe eines professionellen Bewertungssystems am Computer durchgeführt wird, wird vom Kunden in der Regel eher akzeptiert als ein Preis, der nach dem flüchtigen Blättern in einer Liste genannt wird.

Im Übrigen kennen viele Autofahrer die elektronischen Gebrauchtwagen-Preiskalkulationen bereits aus dem Internet. Sowohl DAT als auch Schwacke bieten auf der eigenen Homepage, zum Teil auch bei Partnern einfache Preiskalkulationen ohne Kilometerkorrektur

Bild 2.15
Über das Internet ist die Gebrauchtwagenbewertung immer aktuell
(Quelle: EurotaxSchwacke)

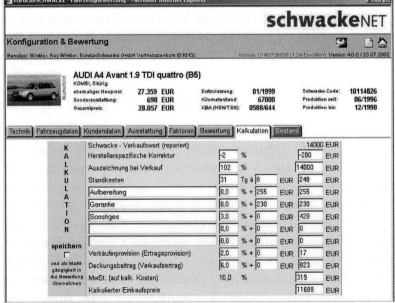

kostenlos an. Umfangreichere und genaue Kalkulationen sind meist kostenpflichtig.

Von hier aus war es nur ein kleiner Schritt, auch Autohäusern eine umfassende Gebrauchtwagen-Preiskalkulation über das Internet anzubieten. Schwacke hat das in seinem Programm SchwackeNet (Bild 2.15) gleich mit dem Gebrauchtwagen-Management-System gekoppelt. Die *Vorteile* einer solchen Internet-basierten Preiskalkulation liegen auf der Hand:

- keine Installation, keine Updates der Software und keine Aktualisierung von Datenbeständen erforderlich;
- Internetanschluss genügt;
- minimale Hardware-Anforderungen und kompatibel zu bestehenden EDV-Systemen;
- topaktuelle Fahrzeugdaten;
- überall und jederzeit nutzbar: an jedem Arbeitsplatz, von zu Hause, auf Reisen sowie über Mobiltelefon und Notebook;
- kaum Schulung nötig, denn Internet kann jeder.

Allerdings wird eine hoffentlich schnelle Internetverbindung benötigt sowie hoffentlich ein problemloser Zugang mit einer Flatrate, die die Kosten kalkulierbar hält.

Inzwischen hat Schwacke eine neue Nutzungsart seiner Marktdaten etabliert. Auch auf den kleinen elektronischen Terminkalendern oder Organizern für die Westentasche, den so genannten PDAs (Personal Digital Assistant), lässt sich die komplette Schwacke-Liste abspeichern. Mit einer pfiffigen Suchroutine ist der gesuchte Gebrauchte mit sehr wenigen Eingaben und der Auswahl aus Vorschlagsmenüs ausgewählt. Damit verknüpft der PDA die Vorteile der gedruckten Liste, die man in der Jackentasche überallhin mitnehmen kann, mit der EDV-gestützten Lösung, die eine schnelle und sichere Fahrzeugidentifikation und Preisberechnung erlaubt. Hat damit die gute alte Schwacke-Liste endgültig ausgedient?

2.6 EDV-Komplettlösungen für markengebundene Autohäuser

In markengebundenen Autohäusern ist der Umgang mit EDV-Systemen für die Organisation der verschiedenen Unternehmensbereiche seit vielen Jahren Standard. Seit den 80er-Jahren arbeiten die Autohäuser mit so genannten «Dealer-Management-Systemen (DMS). Mit ihnen werden Neu- und Gebrauchtwagen sowie Teile verwaltet, Werkstattaufträge organisiert und Kundendaten verwaltet. Die Hersteller und Importeure sorgten dabei in der Vergangenheit dafür, dass die Autohäuser möglichst alle mit einem, maximal zwei verschiedenen DMS arbeiteten. So war sichergestellt, dass auch die Kommunikation und der Datenaustausch zwischen Hersteller oder Importeur auf der einen Seite und Händler auf der anderen Seite reibungslos funktionierte.

In manchen Fabrikatsorganisationen arbeiten die Autohäuser immer noch mit dem System, das in den 80er-Jahren erstmals aufgelegt wurde. Natürlich sind die Systeme ständig weiterentwickelt, erweitert und neuen Möglichkeiten der EDV angepasst worden. So hat sich beispielsweise mit den Leistungssteigerungen der PCs ein Wandel von den großen Rechnern der mittleren Datentechnik zu PC-Netzwerken vollzogen. Dennoch hat auch das nicht dazu geführt, dass neue DMS entwickelt wurden. Die bestehende Datenplattform wurde lediglich immer weiter angepasst.

Hinzu kamen eine Vielzahl von Speziallösungen, die für sich genommen sinnvoll sind, aber eben im Zusammenspiel mit dem eigentlichen DMS nur unzureichend funktionieren. Programme für Reifenlagerung, ein elektronischer Terminkalender oder auch eine spezielle Software für das Gebrauchtwagengeschäft sind Beispiele hierfür. Meist verfügen diese Zusatzprogramme zwar über Schnittstellen zu den Dealer-Management-Systemen, so dass sich Daten aus dem DMS übernehmen lassen. Oft jedoch ist das eine Einbahnstraße: Die im Spezialprogramm bearbeiteten Daten können nicht mehr ins DMS zurückgespielt werden, um den dortigen Datensatz zu aktualisieren.

So gleichen die EDV-Anwendungen auch in vielen markengebundenen Autohäusern heute einem Flickenteppich. Hinzu kommt, dass manche Hersteller und Importeure lange Zeit versuchten, ihre Handelspartner abzuschotten. Die EDV-Systeme waren in sich geschlossen und dafür optimiert, beispielsweise Originalersatzteile rasch und problemlos bestellen zu können. Der Fremdteilebezug war nicht vorgesehen.

So findet auch beim EDV-Einsatz im markengebundenen Autohaus ein Umbruch statt. Ein Grund hierfür ist die neue Gruppenfreistellungsverordnung (GVO) für den Kfz-Handel in Europa. Damit ist es nun leichter möglich, mehrere Fabrikate unter dem Dach eines Autohauses zu vereinen. Dies und die Tatsache, dass der Konzentrationsprozess im Markenvertragshandel dazu führt, dass sich Autohäuser zu Gruppen zusammenschließen beziehungsweise kleinere Betriebe von großen gekauft werden, führt zu neuen Anforderungen an die Dealer-Management-Systeme. Sie müssen nach allen Seiten flexibel und offen sein, sie müssen filialfähig sein und die neuen Kommunikationsmöglichkeiten, die die Internet-Technologie bietet, intelligent nutzen können.

Das wichtigste Thema dabei ist aber wohl zweifellos die zentrale Verwaltung der Stammdaten. Und das gilt auch für größere Betriebe mit mehreren Filialen. Kundendaten, Fahrzeug- und Teilebestand, aber auch Personaldaten müssen in einer Datenbank abgelegt werden, auf die alle Anwendungsprogramme von überall her in Echtzeit zugreifen können. Es reicht heute nicht mehr, wenn Änderungen beispielsweise im Gebrauchtwagenbestand einer Filiale einmal am Tag mit dem zentralen Datenbestand abgeglichen werden. Vielmehr soll der Verkäufer in Filiale A jederzeit auch Zugriff haben auf die aktuellen Bestandsdaten der Filiale B. Zusätzlich sollte der Verkäufer erkennen können, wann ein Gebrauchter, der hereingenommen werden soll, zur Verfügung steht. So ist er in der Lage, den Wunsch des Gebrauchtwagen-Interessenten aus dem größtmöglichen Pool heraus zu bedienen. Damit steigen die Chancen, dass genau der Gebrauchte auch zur Verfügung steht, den der Kunde sucht.

Sowohl im Organisationsbereich Fahrzeugverkauf als auch für den Bereich Teile und Zubehör muss das System nach allen Seiten offen sein. Ebenfalls nach der neuen GVO ist das Autohaus nicht mehr gezwungen, Fahrzeuge oder Teile bei «seinem» Hersteller oder Importeur abzunehmen. Die unterschiedlichen Ankaufquellen für Gebrauchte, aber durchaus auch für neue Re-Import-Fahrzeuge muss das System genauso verwalten können wie die verschiedenen Lieferanten für Ersatz- und Zubehörteile. Gerade bei der Teilebestellung sollten zudem die Abläufe möglichst automatisiert werden können. Der Kundendienstberater muss für das Ersatzteil, das er bei der Auftragsannahme für eine Reparatur identifiziert hat, sofort eine Bestellung auslösen können, wenn das Teil nicht am Lager vorrätig ist. Dabei sollte das System in der Lage sein, aus dem Angebot verschiedener Lieferanten den aktuell günstigsten (oder den mit der schnellsten Liefermöglichkeit) herauszufinden.

Zum Dealer-Management-System gehört natürlich auch das Management des Unternehmens selbst. Das heißt, auch die gesamte Finanz- und Lohnbuchhaltung wird mit dem komplexen System ebenso abgebildet. Automatisierte Routinen in den anderen Bereichen sorgen dafür, dass die nötigen Daten in der Buchhaltung automatisch zusammenlaufen und so beispielsweise Kundenrechnungen ohne Verzögerung bereitgestellt werden können. Genauso aber unterstützt das System auch den Durchlauf der Lieferantenrechnungen durch den Betrieb und ermöglicht es so, von Skonti zu profitieren, die auf kurzfristige Zahlungsziele gewährt werden.

Und selbstverständlich sollte ein umfassendes DMS auch all die hilfreichen Zusatzprogramme enthalten, die bislang als Einzellösungen an das bestehende DMS angedockt worden sind. Ein Terminplaner ist sicher inzwischen selbstverständlich. Aber auch ein Marketingmodul mit Kundenkontakt-Programm und automatisch generierten Listen für das Telefonmarketing der Verkäufer sollte enthalten sein. Auch dafür gibt es natürlich einen modernen englischen Begriff: «Customer Relation Management», zu deutsch: Kundenbeziehungs-Management oder abgekürzt «CRM». Hierzu gehören dann beispielsweise auch die Unterstützung bei Marktbeobachtungen und -analysen, bei Mailings und Kundenbefragungen usw.

Eigentlich sind all das Forderungen, die für die freie Werkstatt schon länger gelten. Denn die Ausgangssituation ist mit der GVO nun die gleiche: mehrere Fabrikate, viele Lieferanten und ein großer Kundenstamm. All das gilt es mit Hilfe der EDV so optimal wie möglich zu organisieren. Denn bei den nicht unerheblichen Investitionskosten für ein EDV-System hat das natürlich den einzigen Zweck, durch effektivere Abläufe, durch günstigen Einkauf und geringe Lagerkosten sowie mit optimalem Kundenkontakt die Gesamtkosten zu reduzieren.

Dennoch unterscheiden sich die EDV-Anwendungen für die freie Werkstatt selbst mit angeschlossenem Gebrauchtwagenhandel von den komplexen Dealer-Management-Systemen, wie sie für ein großes Mehrmarken-Autohaus in der Zukunft erforderlich sind. In diesem Bereich denken die Betriebe deshalb schon über die Investition in komplexe Warenwirtschaftssysteme nach. Große Industrie- und Dienstleistungsunternehmen, aber auch Behörden haben bei uns seit Ende der 90er-Jahre «auf SAP umgestellt». Das Untenehmen SAP hat Standards gesetzt bei Softwarelösungen, die ein Unternehmen in seiner ganzen Komplexität abbilden. Die große Stärke von SAP ist seine schier grenzenlose Anpassungsfähigkeit an unterschiedliche Branchen und individuelle Ansprüche. Allerdings sind dazu individuelle Anpassungen erforderlich, die sich eben auch nur große Unternehmen mit sehr viel Personaleinsatz leisten können. SAP ist dabei sicher das bekannteste dieser so genannten «**Enterprise Resource Planning**-» oder kurz **ERP-Systeme**. Auch andere Hersteller bieten inzwischen derartige Systeme für Großunternehmen.

Interessant für größere Autohäuser werden die ERP-Systeme, wenn Software-Unternehmen die großen nach allen Seiten hin offenen Systeme bereits für eine Branche bearbeiten. Und solche Lösungen gibt es inzwischen auch für die Kfz-Branche. Viele davon bauen dabei auf der SAP-Lösung auf. Damit ist die Branchenanpassung des ERP-Systems bereits vorbereitet. Dennoch ist noch eine Vielzahl von Anpassungen im Autohaus erforderlich, bis alles so reibungslos läuft wie es soll. Zudem wird das Autohaus wohl kaum ohne einen oder gar mehrere Mitarbeiter auskommen, die sich ausschließlich um die EDV kümmern – keine Lösung also für Klein- und Mittelbetriebe.

Der Vollständigkeit halber sei auch noch eine weitere EDV-Lösung erwähnt, die unter Umständen in der Zukunft auch für zumindest größere Autohäuser an Bedeutung gewinnen könnte: das so genannte «**Application Service Providing – ASP**». Das System, das hinter ASP steckt, ist ganz simpel und sehr einleuchtend. Ein Autohaus hat eigentlich andere Aufgaben, als sich um EDV-Probleme zu kümmern. Warum also nicht die gesamte EDV auslagern? Nichts anderes geschieht bei einer ASP-Lösung. Die gesamte Software, beispielsweise ein ERP-System, wird von einem externen Rechenzentrum betrieben, mit dem das Autohaus und seine Arbeitsplatzrechner direkt verbunden sind. Die gesamte Software-Betreuung, die Pflege von Updates und die Datensicherung geschehen im Rechenzentrum. Das Autohaus zahlt dafür eine Nutzungsgebühr. Damit sind auch keine Investitionen in Soft- und Hardware erforderlich, und spezielles EDV-Personal ist ebenfalls unnötig. Der Betreiber einer solchen ASP-Lösung – nicht selten ist das das Software-Unternehmen selbst – kann mehrere Autohäuser kostengünstig über sein Rechenzentrum betreuen und diesen Preisvorteil an seine Kunden weitergeben. Langfristig dürften ASP-Lösungen damit auch günstiger sein als eigenständige Lösungen im Autohaus. Zudem ist sichergestellt, dass die sensiblen Datenbestände des Autohauses auch jederzeit mit den modernsten technischen Möglichkeiten gegen unbefugten Zugriff geschützt sind. Denn auch das gehört natürlich zum Dienstleistungspaket eines ASP-Anbieters.

2.7 Internetlösungen für den Kfz-Betrieb

Wohl kaum eine Technik hat sich in den letzten Jahren so rasant entwickelt wie die Kommunikation und der Informationsaustausch über das weltweit verfügbare Internet. Innerhalb weniger Jahre hat das neue Medium ganz selbstverständlich Einzug gehalten – im Geschäftsverkehr genauso wie im privaten Bereich. Für den Kfz-Betrieb hat das Internet gleich in mehrfacher Hinsicht wachsende Bedeutung:

❑ Mit der eigenen Homepage im Internet stellt sich der Kfz-Betrieb mit seinem Leistungsangebot umfassend den Kunden dar.
❑ e-Mails haben sich neben Fax und Telefon als neue Kommunikationsform im Kundenkontakt, aber auch mit Lieferanten etabliert.
❑ Den Gebrauchtwagenbestand bieten Kfz-Händler in einer oder mehreren der Internet-Gebrauchtwagenbörsen an.
❑ Bestellvorgänge für Ersatz- und Zubehörteile, der Gebrauchtwagenankauf und die Fahrzeugdisposition beim Hersteller oder Importeur werden zunehmend online abgewickelt.

2.7.1 Der eigene Internetauftritt des Kfz-Betriebes

Ohne «www-Adresse» kommt kein Kfz-Betrieb mehr aus. Die Kunden erwarten heute, dass die Werkstatt oder das Autohaus zumindest die Basisinformationen über den Betrieb auch ins Internet stellt. Das Internet hat sich mittlerweile zum ausführlichen Branchenbuch entwickelt. Die folgenden Basisinformationen gehören zur Pflicht in jedem Unternehmensauftritt im Netz:

- Adresse mit allen Kommunikationsdaten (Telefon/Fax),
- Anfahrtskizze,
- die Abteilungen des Kfz-Betriebes,
- Leistungskatalog für den Kunden,
- Ansprechpartner mit Kontakt-e-Mail-Adresse,
- aktuelle Werbeaktionen.

Wichtig ist zudem eine einfache Internetadresse. Dabei kommt es gar nicht so sehr darauf an, dass die Adresse sehr kurz ist. Sie muss vielmehr logisch sein, so dass ein Internetnutzer, der den Namen des Autohauses kennt, den Auftritt findet, ohne die Internetadresse zu kennen. Das Autohaus Mustermann sollte also nicht die Adresse www.ahs-mm.de verwenden, sondern ganz klar: www.autohaus-mustermann.de. Ob eine Internetadresse noch verfügbar ist, lässt sich leicht im Internet ermitteln, indem man die Adresse eingibt und schaut, was passiert. Erscheint unter der Eingabe eine Adresse, ist sie natürlich vergeben. Wenn die Eingabe kein Ergebnis bringt, kann die Adresse dennoch schon angemeldet und damit blockiert sein. Hier gibt die Vergabestelle für die deutschen Internetadressen, die so genannten de-Domains, Auskunft. Auch die findet sich natürlich im Internet unter www.denic.de. Hier kann man auch neue Adressen registrieren lassen. Zusätzlich ist ein Provider nötig, über den der eigene Internetauftritt läuft. Der übernimmt oft auch die Registrierung der Internetadresse.

Schließlich muss der Internetauftritt noch programmiert werden. Mit etwas Computerkenntnissen und Hilfsprogrammen, die Texte und Bilder in den Internetcode übersetzen, lässt sich das leicht selbst bewerkstelligen. Für einen professionellen Internetauftritt, der einerseits auch eine guten Marketingeffekt hat und andererseits auch technisch anspruchsvoller ist, sollte der Kfz-Betrieb aber besser eine proessionelle Internetagentur beauftragen. Mehr zu Marketingmöglichkeiten und -wirkungen der eigenen Homepage im Internet finden sich in Abschnitt 6.3.2.

2.7.2 Gebrauchtwagenbörsen

Die Präsentation des aktuellen GW-Angebotes in Internet-Gebrauchtwagenmärkten gehört für den Autohandel heute zur Selbstverständlichkeit. Nahezu jeder Kfz-Betrieb überträgt inzwischen die Informationen über seinen Gebrauchtwagenbestand auf die Server von mobile, autoscout & Co. – viele bereits tagesaktuell. Ebenso normal wie der Handel seine Gebrauchtfahrzeuge online anbietet, so

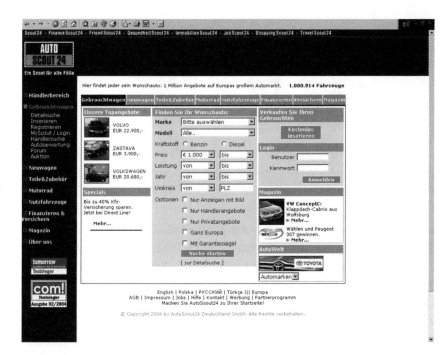

Bilder 2.16 bis Bild 2.18
Die meisten Gebrauchtwagen finden sich in den markenunabhängigen Internetbörsen

Bild 2.17

Bild 2.18

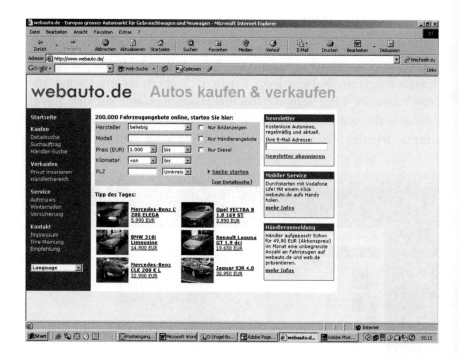

selbstverständlich nutzen die Autokäufer das Medium Internet für Informationen über und die Suche nach einem Gebrauchten. Laut DAT-Report nutzten 2002 rund 23% der Gebrauchtwagenkäufer das Internet zumindest als Informationsquelle, ein Jahr später, 2003, lag dieser Wert bereits bei 55% – Tendenz weiter steigend. Auch die Onlinebörsen verzeichnen nach wie vor einen rasanten Aufschwung, der sich nach Ansicht der Experten auch in den kommenden Jahren weiter fortsetzen wird.

Allerdings ist der Markt der Online-Gebrauchtwagenbörsen nach wie vor in Bewegung. Zwar kann von einer Konzentration auf wenige Große nicht die Rede sein, denn neben den beiden ganz Großen mobile.de, die inzwischen von ebay gekauft wurde, und autoscout24.de kämpfen verschiedene kleinere und vor allem auch verlagsgebundene Börsen um Marktanteile, wie etwa autobild.de, classicdriver.com und sueddeutsche.de. Daneben haben Anbieter wie webmobil24.com, die autoboerse.de, webauto.de und autodrom noch ganz ordentliche Marktanteile. Und viele Kfz-Betriebe nutzen nicht nur eine Börse, sondern stellen ihre Gebrauchten gleich in mehrere Internet-Marktplätze ein, was durch immer komfortablere und flexiblere Schnittstellen sowie die – verglichen mit Zeitungsannoncen – relativ geringen Nutzungsgebühren gefördert wird. mobile.de nahm 2003 für bis zu 250 Fahrzeuge 110 € pro Monat, autoscout24 stellte für unbegrenzt viele Autos 149 € in Rechnung, der Einsteigertarif für bis zu 30 Fahrzeuge kostete 99 €. webmobil24.com buchte für unbegrenzt einstellbare Fahrzeuge 49 € ab.

Die geschlossenen Händlerbereiche der Gebrauchtwagenbörsen bieten zudem viele Funktionen, die den Autohandel unterstützen. So gibt es die Anzeige von Durchschnittspreisen für gängige Modelle als Hilfe bei der Preisgestaltung, nützliche Hilfen fürs Tagesgeschäft wie ausgefüllte Kaufverträge, Bestandslisten, Exportpapiere und Preisschilder oder regionale Bannerwerbung. Viel Nützliches ist bei einzelnen Börsen im normalen Leistungsumfang enthalten. Auch wer bloß schnuppern will, hat gute Karten: Testphasen von sechs bis acht Wochen sind ebenso verbreitet wie kurze Kündigungsfristen.

Neben den markenunabhängigen Gebrauchtwagenbörsen verfügt heute auch jeder Hersteller oder Importeur über eine eigene Gebrauchtwagenbörse, in die die Vertragshändler ihre Gebrauchten ebenfalls regelmäßig einstellen. Hier finden sich üblicherweise dann vor allem Gebrauchte des jeweiligen Fabrikates und nur einige wenige Fremdfabrikate. Oft gibt es hier besondere Bereiche für Jahres-, Dienst-, Direktions- und Vorführwagen. Außerdem verfügen manche dieser Börsen über spezielle, nur den Vertragshändlern zugängliche Bereiche, in denen die Händler untereinander Gebrauchte handeln können, junge Gebrauchte aus dem Pool des Herstellers oder Leasing- und Mietwagenflotten-Rückläufer erwerben können.

Hier die wichtigsten *markenunabhängigen Gebrauchtwagenbörsen* im Überblick (Stand: Frühjahr 2004):

❑ www.autoscout24.de
❑ www.autobild.de
❑ www.classicdriver.de
❑ www.webmobil24.com
❑ www.mobile.de
❑ www.sueddeutsche.de
❑ www.webauto.de

Eine besondere Rolle im Internetgeschäft spielen Auktionen. Vorreiter in diesem Metier ist zweifellos ebay (www.ebaymotors.de). Die Internet-Auktionsplattform verfügt über einen speziellen Bereich, in dem auch Autos versteigert werden. Für den gewerblichen Autohandel ist das ebenfalls eine Möglichkeit, Gebrauchte mit Gewinn zu verkaufen. Alle drei Minuten wird über ebay ein Pkw verkauft. Aufs Jahr bezogen bedeutet das ein Volumen von rund 175 000 Fahrzeugen. Daneben werden auch Wohnmobile, Nutzfahrzeuge, Motorräder, Zubehör und Ersatzteile angeboten. Laut Nielsen-NetRatings vom September 2003 klicken monatlich mehr als 1,7 Millionen unterschiedliche Besucher die Webseite von ebay Motors an, um sich das mehr als 200 000 Artikel umfassende Angebot anzusehen. Dem gewerblichen Gebrauchtwagenhandel bietet der Online-Marktplatz

*Bilder 2.19 und Bild 2.20
Auch alle Hersteller und
Importeure verfügen über eigene
Marken-Gebrauchtwagenbörsen*

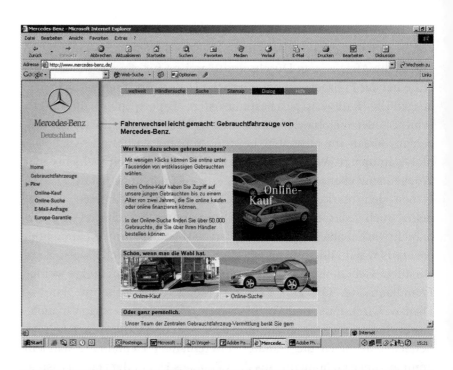

Bild 2.20

eine zusätzliche Vermarktungsschiene – vor allem für ausgefallene und schwerer verkäufliche Gebrauchte. Häufig werden die sonst gleich an Wiederverkäufer weitergegeben – mit nur sehr geringem Gewinn. Da die Gebrauchten bei ebay fast ausschließlich an Privat verkauft werden, lassen sich bessere Preise erzielen als im B2B-Geschäft.

Ihre größte Dynamik entwickelt eine ebay-Auktion, wenn das Produkt zum Startpreis von einem Euro angeboten wird – selbst wenn es sich um einen Ferrari 512 TR handelt. Je weiter der aktuelle Preis unter dem Marktwert eines Fahrzeuges liegt, für desto mehr Interessenten macht es Sinn, mitzubieten. Und die Hoffnung auf ein gutes Geschäft bleibt bei manchem bis zum Schluss erhalten. Etwa 30% des Höchstgebotes werden erst in den letzten zwei bis zwölf Stunden erzielt. Dem GW-Handel bietet das die Chance, auch weniger attraktive Fahrzeuge zu einem ordentlichen Preis zu verkaufen. Weiterer Vorteil: Die maximal zehn Tage laufende Angebotsdauer sowie die hohe Nachfrage potentieller Käufer erhöhen die Verkaufschancen der angebotenen Fahrzeuge erheblich. Die Bieter schließen im Internet bei ebay mit ihrem Gebot einen gültigen Kaufvertrag ab. Umgekehrt heißt das aber auch, der Händler ist verpflichtet, zum letzten Gebot sein Fahrzeug an den Bieter abzugeben.

2.7.3 Ersatzteile verschiedener Hersteller über das Internet bestellen

Um Bestellvorgänge für Ersatzteile und Zubehör schneller, effektiver und kostengünstiger abzuwickeln, sind in den letzten Jahren unterschiedliche Internet-basierte Lösungen entstanden. Teilehersteller haben eigene Systeme ins Netz gestellt, unabhängige Dienstleister haben Marktplätze entwickelt, und auch Großhändler haben für die ihnen angeschlossenen Werkstätten eigene Lösungen zur Verfügung gestellt. Was bislang fehlte, waren technische und organisatorische Standards für diese e-Business-Lösungen.
Damit Handel und Werkstätten je nach benötigtem Ersatzteil nicht ständig zwischen unterschiedlichen Systemen hin und her wechseln müssen, haben sich die 30 größten Hersteller von Kfz-Teilen zusammengeschlossen und den gemeinsamen e-Business-Branchenmarktplatz TecCom gegründet. Zu den TecCom-Partnern gehören beispielsweise Beru, Bosch, Continental, Delphi, Hella, LuK, Magneti Marelli, Mann + Hummel, Sachs, TRW Lucas, Valeo, Varta und ZF. Die herstellerübergreifende Branchenplattform bietet für alle Beteiligten eine Vielzahl von Vorteilen. Zunächst einmal reduzieren sich Entwicklungs- und Pflegeaufwand, da nicht mehr viele individuelle e-Commerce-Lösungen, sondern nur noch ein System weiterentwickelt und auf dem neuesten Stand gehalten werden muss. Zudem sind durch das enorme Potential, das die großen Teilehersteller als TecCom-Gesellschafter hinter sich vereinen, größtmögliche Verfügbarkeit und ständige Aktualität gewährleistet. Grundlegende Prozesse, wie Teileverfügbarkeit einsehen, bestellen, alternative Teile vergleichen, verbindliche Liefertermine abklären und Rechnungen

erstellen, lassen sich ab sofort online im Dialog zwischen Werkstatt, Großhandel und Teilehersteller durchführen. Die technischen Voraussetzungen zum Mitmachen auf Seiten der Werkstätten sind denkbar einfach: Ein PC mit Telefonanschluss (digital oder analog) genügt, um in den TecCom-Verbund einzusteigen. Die Zugangssoftware wird kostenlos zur Verfügung gestellt.

An den engen, oft seit Jahren bewährten Beziehungen zwischen Werkstätten und Großhändlern wird TecCom übrigens nichts ändern. Die Werkstätten sollen auch weiterhin ihre Ersatzteile beim Großhändler bestellen. Denn vor allem für den Sofortbedarf kann nur der Großhändler, der seine Werkstätten bis zu dreimal täglich anfährt, die schnelle Lieferfähigkeit sicherstellen. Abwickeln sollen die Werkstätten aber künftig ihre Bestellung über TecCom. Dazu erhält die Werkstatt, die sich für TecCom anmelden will, Zugangsdaten und Software vom Großhändler. Denn der seinerseits als TecCom-Nutzer registrierte Großhändler meldet die Werkstatt in der Branchenplattform an. Der Großhändler kann damit entscheiden, welche Werkstatt über ihn Zugriff auf TecCom erhält. Denn alle bestellten Teile werden auch weiterhin über den Großhändler abgerechnet. Für die Werkstätten ist die TecCom-Nutzung kostenlos. Der Großhändler zahlt je über ihn angeschlossene Werkstatt eine monatliche Gebühr. Dennoch ergeben sich auch für den Großhändler erhebliche Kostenvorteile. Pflege, Unterhaltung und Support für eigene Bestellsysteme sind nicht mehr erforderlich. Durch die weitgehend automatisierte TecCom-Nutzung entfallen zeitaufwendige Bestellungen per Telefax oder auf dem Postweg. Zudem stellt die einheitliche Plattform sicher, dass nur noch eindeutige Bestellungen eingehen. Denn TecCom stellt Schnittstellen zu allgemeinen Teilekatalogen wie beispielsweise TecDoc, zu Warenwirtschaftssystemen oder auch zu Werkstatt-Software wie Esitronic zur Verfügung. Genauso lassen sich individuelle Kataloge, Preislisten und Rabattstaffeln der Großhändler einbinden. Werkstatt und Großhandel arbeiten so mit einer einheitlichen Datenbasis, wodurch eine exakte Teilebestimmung gewährleistet ist. Die eingebundenen Kataloge und Listen reduzieren zudem den manuellen Erfassungsaufwand und beschleunigen den Bestellvorgang insgesamt.

TecCom bildet den Arbeitsfluss, den «Work-flow» einer Bestellung, komplett ab. Nach der Bestellung des Ersatzteiles erhält der Nutzer sofort Angaben über Verfügbarkeit und Liefertermine. Zudem wird die Bestellung bestätigt. In der nächsten TecCom-Ausbaustufe wird auch das Order-Tracking möglich sein. Der Nutzer kann dann jederzeit einsehen, in welchem Bearbeitungsstand sich seine Bestellung und das Ersatzteil gerade befinden. Die Werkstatt hat dabei die Wahl, die gesamte Bestellung über den TecCom-WebClient online im Internet abzuwickeln oder zunächst offline mit dem local Client von

TecCom zu arbeiten und die Bestellung dann per Mausklick abzuschicken. Während für den WebClient nur eine Internetadresse mit Zugangsdaten erforderlich ist, muss die Software für den local Client auf einem PC in der Werkstatt installiert werden.
Weitere Informationen unter www.teccom.de.

2.7.4 Reparaturunterstützung über das Internet

Aber nicht nur Ersatzteile kann die Werkstatt inzwischen über das Internet bestellen, auch technische Informationen gibt es hier zuhauf. Meist finden sich die technischen Hinweise, die Reparaturanleitungen oder Wissensdatenbanken in geschlossenen Bereichen im Internet, die nur mit einer Nutzerkennung und einem Passwort zugänglich sind. Werkstätten beispielsweise, die Servicepartner von Hella sind, können via Internet auf Datenbanken mit technischen Informationen zu den Produkten des Herstellers zugreifen. Ähnliche Angebote gibt es auch bei anderen Teileherstellern.
Wer die Bosch-Werkstatt-Software Esitronic auf Bosch-Testsystemen nutzt, hat ebenfalls Zugang zu Internet-basierten Expertensystemen. In einer Internet-Datenbank werden alle Anfragen abgelegt, die bei der technischen Hotline von Bosch beantwortet wurden. So kann der Nutzer oft schnell selbst eine Lösung für sein aktuelles Problem finden. Im nächsten Schritt werden die Experten aus der Zentrale direkt in den Prüfablauf an einem Fahrzeug in der Werkstatt eingreifen können. Einer der Vorreiter hierfür war Volkswagen. Als so genannte «herstellergestützte Reparatur» zunächst eingeführt für die Oberklasse-Limousine Phaeton, wurde das Prinzip Ende 2003 auch auf den Golf V übertragen. Zentrum ist zunächst wie auch im Bosch-Beispiel ein technisches Service-Center in Wolfsburg. Hier sitzen rund 40 Mitarbeiter, um schwierige Werkstattprobleme zu lösen. Kommt eine Werkstatt mit einem Problem beim Golf nicht weiter, setzt sie sich über einen Internet-basierten Hotline-Kanal mit dem Service-Center in Verbindung. Der Mitarbeiter dort hat direkten Zugriff auf umfangreiche Wissensdatenbanken – unter anderem auch aus den Bereichen Qualitätssicherung, Forschung und Entwicklung. Über die Hotline erhält der Kfz-Betrieb dann die Lösung mitgeteilt. Führt auch das nicht zum Ziel, hat der Experte aus dem Service-Center die Möglichkeit, über Telediagnose direkt auf das am Fahrzeug angeschlossene Diagnosegerät zuzugreifen. Es können Daten abgefragt und Einstellungen verändert werden. Der Service-Mitarbeiter vor Ort kann dabei jeden Schritt mitverfolgen, lernt also gleich dazu. Und schließlich wird auch hier das Ergebnis in ständig wachsenden Wissensdatenbanken abgelegt. Daraus werden Veränderungen für die Produktion und Lösungen für den Kundendienst entwickelt.

3 Ablauforganisation im Kfz-Betrieb

Von effektiven Arbeitsabläufen im Werkstattbereich eines Kfz-Betriebes, aber auch von der optimalen Betriebsorganisation in den Autohausbereichen Lager und Verkauf hängen in hohem Maße Gewinn und Verlust des Unternehmens ab. In manchen auch alteingesessenen Betrieben wird viel Zeit durch ungünstige Betriebsabläufe vergeudet und damit Geld verschenkt. Gerade bei der Neuplanung eines Betriebes, aber auch beim Umbau besteht die Chance, die einzelnen Betriebsbereiche und Arbeitsplätze so anzulegen, dass eine effektive Arbeitsablauforganisation möglich ist.

Die räumlich optimale Anordnung der einzelnen Betriebsbereiche und der Arbeitsplätze sorgt für einen reibungslosen Durchlauf der Kundenfahrzeuge durch den Betrieb. Diese baulich-räumlichen Bedingungen sind die Grundvoraussetzung für eine gute Ablauforganisation. Mindestens genauso wichtig aber ist die Arbeitsplatzausstattung. Die Mitarbeiter des Kfz-Betriebes müssen die wichtigsten Werkzeuge und Geräte griffbereit zur Verfügung haben. Lange Wege, um spezielle Werkzeuge heranzuholen, sind genauso unproduktiv wie unnötige Rangierarbeiten, weil die bauliche Situation nicht optimal ist. Dabei ist zu berücksichtigen, dass neben den Allround-Mechanikarbeitsplätzen spezialisierte Arbeitsbereiche im Kfz-Betrieb immer größere Bedeutung gewinnen. Der Service-Annahmeplatz erfordert natürlich eine völlig andere Ausstattung als ein spezialisierter Karosseriearbeitsplatz. Der wiederum ist anders bestückt als ein Diagnose-Arbeitsplatz. Und schließlich sind auch Schnellservice-Plätze denkbar, an denen Arbeiten durchgeführt werden, zu denen der Kunde ohne Anmeldung kommt und auf deren Fertigstellung er bei einer Tasse Kaffee warten kann.

Drittes Maßnahmenpaket für die Optimierung von Abläufen im Kfz-Betrieb ist die EDV-Ausstattung. Vernetzte Computer und Werkstattsysteme, die in jeder Richtung miteinander kommunizieren können, tragen heute entscheidend dazu bei, Abläufe im Werkstattalltag zu beschleunigen und damit Geld zu sparen (siehe Kapitel 2). Denn darum geht es natürlich in erster Linie: durch effektive Arbeitsabläufe Zeit und damit Kosten zu sparen und so das Betriebsergebnis zu verbessern. Dabei geht es nicht darum, die Mitarbeiter zu Mehrarbeit zu zwingen, sondern vielmehr ihre Fähigkeiten effektiver einzusetzen.

Zur Ablauforganisation im Kfz-Betrieb aber gehört noch ein weiterer wichtiger Punkt, der vor allem in mittleren und größeren Betrieben häufig vernachlässigt wird: die Zusammenarbeit der einzelnen Betriebsabteilungen. Es macht sicher Sinn, in großen Autohäusern

Werkstatt, Ersatzteil- und Zubehörverkauf, Neuwagenverkauf und Gebrauchtwagenverkauf als eigenständige Profit-Center arbeiten zu lassen. Wenn das aber bedeutet, dass jeder gegen jeden arbeitet, ist etwas faul. Schnittstellen zwischen den Bereichen müssen daher – zum Beispiel im Rahmen eines Qualitätsmanagement-Projektes – klar definiert werden. Vor allem aber müssen die einzelnen Bereiche miteinander reden. Auch das gehört zu einer guten Ablauforganisation.

Dann lässt sich auch sicherstellen, dass der hereinkommende Altwagen des Kunden von der Werkstatt rasch instand gesetzt wird, damit er ohne Verzögerung in der Gebrauchtwagenausstellung steht. Gleiches gilt für die Übergabe-Inspektion vor einer Neuwagenauslieferung. Ebenso sollte sichergestellt werden, dass ein Kundenkontakt in der Werkstatt auch für einen Kontakt mit dem Fahrzeugverkauf genutzt wird. Damit das in jedem Fall klappt, müssen Ablaufroutinen geschaffen werden, die jeder kennt und an die sich jeder Mitarbeiter hält.

3.1 Funktionsbereich Kundendienst

Gerade im Kundendienst, in der Werkstatt, lassen sich die Arbeitsabläufe mit vernünftiger Planung leicht optimieren und so das mögliche Rationalisierungspotential voll ausschöpfen. Dabei kommt es in erster Linie darauf an:

- die Terminvergabe zu optimieren,
- Werkstatttermine rechtzeitig vorauszuplanen und zu organisieren,
- Ersatzteile so weit als möglich vorzubestellen,
- die Schnittstellen zwischen Kundendienstannahme, Ersatzteillager, Werkstatt und Verwaltung zu optimieren,
- mit effektiver Diagnose den Reparaturumfang vorab vollständig zu erfassen,
- durch geschickte Zusammenarbeit die Werkstattarbeit selbst zu verbessern,
- durch eine ausführliche Endkontrolle die Arbeitsqualität sicherzustellen und damit Reklamationen zu vermeiden.

➡ *Mangelhafte Werkstattplanung – so sagen Branchenuntersuchungen – schmälern den Nettoertrag, den jeder einzelne Mechaniker erwirtschaftet, um 30%.*

Nach wie vor sind es die Serviceleistungen, die im Kfz-Betrieb den meisten Ertrag bringen. In einem Autohaus, das alle Bereiche eines Kfz-Betriebes abdeckt, erwirtschaftet die Werkstatt zusammen mit

dem Teile- und Zubehörlager zwar nur 20% des Gesamtumsatzes. Beim Ertrag jedoch sind sie mit 60% dabei, und zwar die Werkstatt mit 40% und der Bereich Teile und Zubehör mit 20%.
Neben der Verbesserung der Arbeit in der Werkstatt selbst dienen die Maßnahmen zur Optimierung der Ablauforganisation im Bereich Kundendienst aber auch dazu:

- das Vertrauen des Kunden in seine Werkstatt zu fördern,
- die Kundenbindung zu erhöhen,
- dem Kunden das sichere Gefühl zu vermitteln, optimal beraten und betreut zu werden,
- dem Kunden das optimale Arbeitsergebnis zu bieten, das er von einer Fachwerkstatt erwarten kann.

Auch baulich drückt sich das übrigens vielfach aus. Zwar gilt aus Gründen des Unfallschutzes und der Haftung nach wie vor: Der Kunde hat in der Werkstatt nichts zu suchen. Aber transparent soll die Werkstattarbeit trotzdem sein. Deshalb erlauben moderne Werkstattkonzepte den freien Blick durch viel Glas von der Kundenzone in die Werkstatt hinein. Das sorgt für den Durchblick auch beim Kunden und damit für Vertrauen in die Qualität der Werkstattarbeit.

3.1.1 Effektive Termin- und Auslastungsplanung

Aufgabe der Termindisposition ist es, die verfügbare produktive Arbeitszeit der in der Werkstatt beschäftigten Kfz-Mechaniker optimal auszunutzen. Damit müssen die Wünsche der Kunden nach einem möglichst frühen Wartungs- oder Reparaturtermin in Einklang gebracht werden. Nicht selten müssen Autofahrer mehrere Wochen auf einen Wartungstermin warten. Das zeugt zwar von einem scheinbar hohen Werkstatt-Auslastungsgrad, deutet aber häufig auch auf schlechte Terminplanung der Werkstatt hin. Meist ist es für den Kunden kein Problem, den Servicetermin hinauszuzögern. Bei notwendigen Reparaturen jedoch, die die Verfügbarkeit seines Fahrzeuges beeinträchtigen, kann und will er nicht so lange warten. Geht es nur um Kleinigkeiten, wie etwa den Tausch der Winter- auf Sommerreifen, dann erwartet er zu Recht, dass er einfach vorbeikommt und nach einer guten halben Stunde Wartezeit weiterfahren kann.
Für die Termindisposition ergeben sich daraus unterschiedliche Anforderungen:

- möglichst vollständige Auslastung der Werkstattmitarbeiter,
- Pufferzeiten für dringende Notreparaturen,
- freie Kapazitäten für den Schnellservice zwischendurch.

Das scheint sich zum Teil zu widersprechen. Mit einer exakten Zeitplanung jedoch, die einen permanenten Überblick über die noch verfügbaren Zeiten ermöglicht, lässt sich das Problem in den meisten Fällen lösen.

Die Anmeldung für einen Wartungs- oder Reparaturtermin erfolgt heute in aller Regel telefonisch. Hier am Telefon muss demnach der Werkstatt-Terminkalender geführt werden. Die Mitarbeiterin oder der Mitarbeiter an dieser zentralen Schaltstelle muss deshalb immer über die noch verfügbaren Werkstattkapazitäten auf dem Laufenden sein – und das für mindestens 30 Tage im Voraus. Auch heute noch besteht das Terminbuch in einigen Betrieben aus einem mehr oder minder großen Kalender. In kleineren Kfz-Werkstätten mit nur einem oder zwei Mitarbeitern mag das ausreichen. Standard sind jedoch inzwischen Terminplanungsprogramme auf dem Werkstatt-PC.

Die EDV-gestützte Terminplanung bietet den Vorteil, dass die Termine von unterschiedlichen Arbeitsplätzen eingesehen werden können. Außerdem ist die Ressourcenplanung mit dem elektronischen System deutlich einfacher, denn die verfügbare produktive Arbeitszeit der Mitarbeiter steht im System ebenfalls zur Verfügung. Dabei werden Urlaubs- und Schulungszeiten berücksichtigt. Zudem liefert die Verknüpfung des Terminkalenders mit der Kundendatenbank dem Mitarbeiter an der Termindisposition auch gleich alle wichtigen Angaben zum Kundenfahrzeug auf den Computer-Bildschirm. Die Eingabe beispielsweise des Kfz-Kennzeichens reicht bei einem bekannten Kunden dann schon aus, um zu erkennen, um welchen Fahrzeugtyp es sich handelt und welcher Service vermutlich ansteht. In den Terminkalender müssen die Wartungs- und Reparaturtermine mit möglichst genauen Angaben zum voraussichtlichen Zeitaufwand eingetragen werden. Schon bei der Termindisposition sollte zudem abgeklärt werden, ob spezielle Ersatzteile, die am Lager nicht vorhanden sind, rechtzeitig beschafft werden müssen.

▶ *Schon bei der telefonischen Anmeldung sollte in groben Zügen der voraussichtliche Arbeitsumfang mit dem Kunden besprochen werden. Das setzt voraus, dass ein geschulter Kundendienstberater oder der Werkstattmeister die Termine entgegennimmt. Die Mitarbeiterin aus der Telefonzentrale kann das nicht leisten.*

Natürlich wird mit dem Kunden am Telefon auch gleich abgesprochen, zu welcher Uhrzeit dieser sein Fahrzeug bringt. In vielen Kfz-Betrieben bietet sich jeden Morgen das gleiche Bild: Lange Schlangen ungeduldig wartender Werkstattkunden stehen vor der Kundendienstannahme, um ihr vorangemeldetes Fahrzeug zur Wartung und

Reparatur abgeben zu können. Untersuchungen zeigen, dass das Gros der Fahrzeuge zwischen 7.00 und 9.00 Uhr in der Werkstatt abgeliefert wird. Manche Autofahrer jedoch würden ihr Fahrzeug genauso gern bis 11.00 Uhr oder am späten Nachmittag bringen. Hier kann die telefonische Termindisposition bereits dafür sorgen, die Annahmezeiten zu entzerren (Bild 3.1). Wo immer möglich, sollten Kunden in den annahmeschwachen Mittagszeiten oder am Abend zuvor bestellt werden. Nur so kann sich der Kundendienstberater ausreichend Zeit nehmen, um den Werkstattauftrag ausführlich mit dem Kunden zu besprechen und eine exakte Reparaturdiagnose zu stellen. Für eine ausführliche Reparaturannahme, bei der das Fahrzeug im Beisein des Kunden auf der Hebebühne begutachtet wird (Dialogannahme, siehe Abschnitt 3.1.2.1), benötigt der Kundendienstberater etwa 20 Minuten Zeit.

Ziele einer effektiven Termindisposition sind demnach:

❏ optimale Werkstattplanung,
❏ gute Auslastungsplanung von Werkstattsystemen und Mitarbeitern,
❏ Vorbereitung der Fahrzeugannahme,
❏ Vorbereitung eines reibungslosen Reparaturablaufs,
❏ rechtzeitige Beschaffung zusätzlich benötigter Ersatzteile,
❏ rechtzeitige Anmeldung des Kundenfahrzeuges in der Spezialwerkstatt (z.B. für Lackierarbeiten),
❏ Entzerrung der Werkstatt-Annahmezeiten.

71 Bevorzugte Wochentage für Reparatur und Wartung	
Wochentag	bevorzugt von
Montag	4%
Dienstag	6%
Mittwoch	3%
Donnerstag	2%
Freitag	8%
kein bestimmter	75%
keine Angaben	2%

(kfz-betrieb)

Bild 3.1
Den meisten privaten Autofahrern ist es egal, an welchem Wochentag sie ihr Auto in die Werkstatt bringen. Da kann der Kfz-Betrieb Termine flexibel planen.
(Quelle: DAT)

Auch für die Planung der Tagesarbeit lassen sich die EDV-Terminplaner einsetzen. Je nach Bearbeitungsstatus sorgen dann farbige Flächen für den raschen Überblick. Solange jedoch noch nicht alle Werkstatt-Arbeitsplätze miteinander vernetzt sind, werden in den meisten Werkstätten große, übersichtliche Werkstatt-Plantafeln verwendet. Das ist die Schnittstelle zwischen Kundendienstberater und Mechaniker. Die ausgedruckten Werkstattaufträge werden in den üblichen Auftragstaschen hier in die Tageszeitleisten eingesteckt, die den einzelnen Monteuren zugeordnet sind. Jeder Monteur sollte morgens in seiner Zeitleiste einen Auftrag vorfinden, mit dem er gleich beginnen kann – es sei denn, er hat einen Überhangauftrag zu bearbeiten, der am Vortag nicht fertig geworden ist.

An der Werkstatt-Plantafel kann der Kundendienstberater leicht erkennen, wo noch Luft ist. Und die ist im Werkstattalltag immer mal wieder nötig. Denn natürlich stimmt der zuvor bei der Anmeldung mit dem Kunden am Telefon besprochene Arbeitsumfang nicht immer. Beim Annahmegespräch beispielsweise entdeckt der Kundendienstberater zusätzlichen Reparaturbedarf, der gleich mitgemacht werden soll. So werden aus geplanten drei Stunden Werkstattzeit schnell fünf oder sechs, die flexibel eingeplant werden müssen. Genauso muss Kapazität vorhanden sein, um Schnellservice-Arbeiten dazwischenschieben zu können. Erfahrungswerte zeigen jedoch, dass sich etwa 80% der produktiven Mechanikerzeiten fest verplanen lassen, wenn die Aufträge schon bei der Termindisposition möglichst genau definiert werden.

Die großflächigen Planungstafeln für die Werkstattdisposition sind trotz EDV-Unterstützung nach wie vor weit verbreitet. Die ebenfalls üblichen Auftragstaschen enthalten eingesteckt in die den einzelnen Mechanikern zugeordnete Tages-Zeitleiste neben dem Werkstattauftrag die Fahrzeugpapiere und die Schlüssel. Von hier holen sich die Mechaniker selbst ihre Aufträge ab. Um nun aber sicherzustellen, dass die Disposition den Überblick behält, steckt eine Auftragskopie hinter der Arbeitstasche in der Dispotafel. Sie markiert den Auftrag, der gerade abgewickelt wird. Hilfreich ist es, wenn zudem rote Einsteckkarten schon von weitem signalisieren, dass der Auftrag begonnen wurde. Farbige Streifen zeigen zudem an, wie lange der Auftrag geplant ist.

Interessant wird das Dispositionssystem aber erst dann, wenn Abweichungen der Istwerte von den Sollvorgaben auftreten. Ist der Mechaniker mit einem Auftrag fertig, bringt er die Schutztasche mit seiner Arbeitskarte zurück in die Disposition und steckt sie in die Spalte «Abnahme» oder «Endkontrolle». Anschließend holt er sich den nächsten Auftrag. Auf der Auftragskopie vermerkt er den Arbeitsbeginn dieses Auftrages. Liegt der vor dem geplanten Arbeitsbeginn, weil der Mechaniker schneller als nach den AW-Zeiten vorgesehen fertig geworden ist, hat die Werkstattdisposition zusätzliche Kapazitäten zur Verfügung. Der Disponent verschiebt deshalb diesen Auftrag nun nach vorn auf die neue Arbeitszeit, womit der Zeitgewinn auch auf einen Blick ersichtlich ist. Aber auch der umgekehrte Fall ist denkbar.

Dazu ein **Beispiel**: Mechaniker Müller soll an diesem Tag drei Aufträge erledigen. Nach der Disposition der AW-Zeiten beginnt er den ersten um 8.00 Uhr und soll um 10.00 Uhr fertig sein. Der anschließende zweite Auftrag ist – die Mittagspause eingerechnet – bis 14.00 Uhr zu schaffen. Dieser Kunde möchte sein Fahrzeug um 14.30 Uhr abholen. Beim ersten Auftrag jedoch, einem älteren Modell, gibt es bereits Probleme; der Meister muss helfen, und so wird der Auftrag erst um 10.30 fertiggestellt. Entsprechend spät kann Mechaniker Müller mit dem zweiten Auftrag beginnen. Auf der Auftragskopie an der Dispositionstafel trägt er 10.45 Uhr als Arbeitsbeginn ein. Nun muss der Kundendienstberater handeln, denn das zweite Fahrzeug wird mit einiger Sicherheit nicht um 14.00 Uhr fertiggestellt und nach Endkontrolle und Rechnungslegung auch nicht um 14.30 Uhr für den Kunden abholbereit sein. Deshalb ruft er sogleich den Kunden an und teilt ihm mit, dass sein Fahrzeug erst nach 15.00 Uhr fertig sein wird. Möglicherweise holt Mechaniker Müller zwar die verlorene Zeit aus dem ersten Auftrag im zweiten wieder auf – aber sicher ist sicher. Denn der Kunde erwartet, dass sein Fahrzeug zum vereinbarten Termin abholbereit zur Verfügung steht. Dank rechtzeitiger Information kann er sich auf den verschobenen Fertigstellungstermin einstellen.

3.1.2 Kundendienstannahme

Die Auftragsannahme ist inzwischen durch die EDV deutlich von administrativen Arbeiten entlastet. Schon bei der telefonischen Termindisposition wurde der Werkstatttermin mit der Kundendatei verknüpft. Kundenname, Fahrzeugtyp und Kfz-Kennzeichen sind damit bereits in den Werkstattauftrag eingetragen, den der Kundendienstberater auf seinem Computer-Bildschirm aufruft. Auch die weiteren, bereits bekannten Informationen zum Auftrag stehen im Formular. So kann der Kundendienstberater schon am Vorabend den nächsten Arbeitstag grob planen. Vor allem aber sind keine langwierigen Schreibarbeiten erforderlich, wenn der Kunde sein Fahrzeug in die Werkstatt bringt. Bringt der Kunde sein Fahrzeug regelmäßig in die Werkstatt, hat der Kundendienstberater zudem den gesamten Fahrzeuglebenslauf im Computer zur Verfügung. Vor allem bei Reparaturen kann das wichtig sein, um beispielsweise überprüfen zu können, ob zu dem defekten Bauteil bereits in der Vergangenheit Probleme dokumentiert wurden.

Die Reparaturannahme jedoch sollte in der Regel nicht nur darin bestehen, die Angaben des Kunden in den Reparaturauftrag einzutragen. Bei einem routinemäßigen Wartungstermin mag das reichen. Wenn der Kunde aber gleichzeitig eine Reparatur in Auftrag gibt oder wenn es generell um einen Instandsetzungsauftrag geht, muss die Diagnose am Fahrzeug im Vordergrund stehen. In manchen Fällen wird überdies eine Probefahrt gemeinsam mit dem Kunden nötig sein. Denn oft kann der Kunde nicht zweifelsfrei angeben, wo der Fehler liegt. Hier ist der Sachverstand des Kundendienstberaters gefordert.

▶ *Die exakte Diagnose und die genaue Ermittlung des Reparaturumfangs bei der Reparaturannahme stellen sicher, dass der Reparaturauftrag ohne Zeitverzug in vollem Umfang ausgeführt werden kann.*

So kann noch im Beisein des Kunden eine eventuell notwendige Ausweitung des Auftrages vereinbart werden. Geschieht das nicht, ergibt sich ein immer wieder zu beobachtendes Werkstatt-Szenario: Der Mechaniker entdeckt während der Reparaturarbeiten einen weiteren reparaturbedürftigen Mangel, der ihn zwingt, die Arbeit einzustellen. Er informiert den Kundendienstberater, der die Telefonnummer des Kunden heraussucht und ihn anzurufen versucht. Mit Glück erreicht er ihn gleich und vereinbart die Erweiterung des Reparaturumfangs, nachdem er ihm den Sachverhalt am Telefon ausführlich erläutert hat. Natürlich wird für die erweiterte Reparatur ein Ersatzteil benötigt. Ist es nicht am Lager – und das ist dann meist die Regel –, sorgt die Bestellung für eine weitere Zeitverzögerung. Derweil steht das Kundenfahrzeug auf der Werkstatt-Hebebühne und blockiert einen Arbeitsplatz. So vergeht unnötige Zeit, Rüstzeiten sind unter Umständen doppelt nötig, der Mechaniker ist unproduktiv, der Kundendienstmeister hat zusätzliche Arbeit, und zudem ist auch noch der Kunde verärgert, der unerwartet mehr zahlen und länger auf sein Auto warten muss.

Ziele der Auftragsannahme und Diagnose:

- exakte Diagnose,
- Festlegen des Reparatur- und Wartungsumfangs,
- unnötige und zeitraubende Nachfragen beim Kunden auf ein Mindestmaß reduzieren,
- Aufteilung der Fahrzeuge auf die Arbeitsplätze,
- sinnvolle Koordination der Werkstattkapazitäten,
- Vorbereitung der Ersatzteilausgabe,
- Vorbereitung der Rechnung,
- Reparaturannahme rund um die Uhr.

Zum kundenfreundlichen Service gehört heute selbstverständlich auch die Möglichkeit der Nachtannahme. Zum Wartungstermin angemeldete Kunden, die es nicht schaffen, ihr Auto zu den üblichen Werkstatt-Öffnungszeiten zu bringen, haben so die Möglichkeit, ihr Fahrzeug auf den Hof zu stellen. Um diesen Service anbieten zu können,

- sollte eine Zufahrtsmöglichkeit auf das Betriebsgelände bestehen,
- müssen Annahmetüten bereitgelegt werden, auf denen der Kunde
  - Anschrift und Telefonnummer,
  - Fahrzeugtyp und Kfz-Kennzeichen sowie
  - seinen Reparatur- oder Wartungswunsch einträgt beziehungsweise ankreuzen kann.
- Außerdem muss der Kunde den Auftrag auf der Annahmetüte unterschreiben.

❑ In die Annahmetüte steckt er dann die Kfz-Papiere und die Fahrzeugschlüssel.
❑ Ein diebstahlsicheres Fach muss angebracht werden, in das der Kunde Reparaturauftrag, Schlüssel und Fahrzeugpapiere einwerfen kann.
❑ Die Reparaturbedingungen sollten auf der Annahmetüte abgedruckt sein oder neben dem Wertfach ausgehängt werden.

3.1.2.1 Dialogannahme, Direktannahme

Eine besondere Form der Fahrzeugannahme im Kfz-Betrieb, die sich zunehmend durchsetzt, ist die Direktannahme oder auch Dialogannahme genannt (Bild 3.2). Annahme und Diagnose erfolgen hier nicht mehr am Schreibtisch des Kundendienstberaters oder auf dem Werkstatthof, sondern in einer Annahmehalle, die mit Hebebühne und eventuell mit Prüfgeräten ausgestattet ist. Gemeinsam mit dem

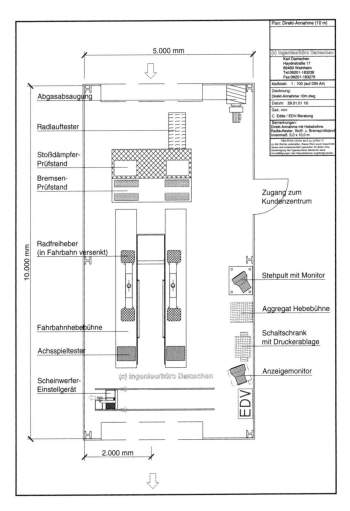

Bild 3.2
Komplett zur Prüfstraße ausgebaute Dialogannahme
(Quelle: Ing.-Büro Karl Damschen)

Kunden schaut sich der Kundendienstberater hier das Fahrzeug an, weist auf eventuelle zusätzliche Mängel hin und bespricht direkt am Fahrzeug den Instandsetzungsumfang. Das erfordert selbstverständlich einen höheren Zeitaufwand. In der Praxis ist mit einem Aufwand von 15 bis 20 Minuten zu rechnen. Deshalb ist es bei der Arbeit mit einer Direktannahme noch wichtiger, die Annahmezeiten schon bei der Terminsdisposition möglichst zu entzerren und so breit wie möglich über den ganzen Tag zu verteilen.

Die Dialogannahme bietet aber auch direkte Vorteile, die sich in Euro und Cent umsetzen lassen. Mit der systematischen Dialogannahme erzielt die Werkstatt im Schnitt pro Auftrag 0,5 Stunden Lohn-Mehrerlös, so eine Untersuchung des Werkstatt-Systemzentrale von KWK Automeister. Bei einem durchschnittlichen Werkstattdurchgang von 2,2 Stunden bedeutet das ein Serviceplus von 20%. Eine Werkstatt mit 5,5 Mechaniker-Einheiten, die rund 20 Werkstattdurchgänge pro Tag bewältigt, hat also einen Mehrerlös aus zehn verkauften Stunden. Hinzu kommt der Mehrerlös aus dem zusätzlichen Teileverkauf.

Auch eine Dekra-Erhebung kommt zu dem Schluss, dass eine Direkt- oder Dialogannahme der Werkstatt ein hohes Verbesserungspotential bietet. Aber selbst viele markengebundene Autohäuser nutzen sie nicht und verzichten damit auf zahlreiche Aufträge. Nach den Ende 2002 veröffentlichten Dekra-Beobachtungen besitzen rund 70% der Betriebe einen Direktannahmeplatz, aber nur 53% davon nutzen ihn – obwohl der Kunde ausreichend Zeit hatte. Damit aber lassen sich viele Unternehmen eine stattliche Zahl von Aufträgen entgehen. Nimmt der Serviceberater das Kundenfahrzeug direkt an der Hebebühne in Empfang, so entdeckt er 90% der erforderlichen Zusatzarbeiten; verzichtet er auf die Direktannahme, sind es nur 24%. Das aber wirkt sich unmittelbar auf den Umfang der Aufträge aus. Ist der Kunde bei der Fahrzeugbesichtigung dabei und werden Zusatzarbeiten bei der Direktannahme besprochen, erhält der Betrieb in 83% der Fälle den Auftrag, ansonsten muss er sich mit 50% begnügen (Bild 3.3). Dabei handelt es sich keineswegs nur um kleinere Arbeiten, sondern um ein erhebliches Auftragsvolumen. Typische Beispiele dafür sind verschlissene Bremsbeläge, abgefahrene Reifen, Steinschlag in der Windschutzscheibe oder Glasbruch an den Heckleuchten. Die Dekra-Sachverständigen schätzen das entgangene Auftragsvolumen je nach Größe des Autohauses auf bis zu 100 000 € pro Jahr und mehr.

Möglich sind diese Mehrerlöse, weil es natürlich viel leichter ist, einen Kunden von der Notwendigkeit einer Reparatur zu überzeugen, wenn er den Mangel selbst in Augenschein genommen hat. Hinzu kommt ein großes Maß an Verkaufspsychologie. Durch den Dialog in der Annahmehalle fühlt sich der Kunde stärker beachtet, weil der Kundendienstberater ihn in die Fahrzeugdiagnose einbezieht. Das

Bild 3.3
In der Dialogannahme bespricht der Kundendienstberater den Auftragsumfang mit der Kundin oder dem Kunden
(Quelle: ZDK)

schafft Vertrauen und verhindert Missverständnisse bei der exakten Abgrenzung des Reparaturauftrages. Dem Kunden wird zudem signalisiert:

- Der Kfz-Betrieb hat nichts zu verbergen.
- Hier ist große Fachkompetenz vorhanden.
- Meine Wünsche werden ernst genommen.
- Der Kfz-Betrieb arbeitet auf hohem Qualitätsniveau.

Mit der Dialognahme bieten sich dem Kundendienstberater erheblich bessere Möglichkeiten,

- die Werkstattauslastung zu steuern,
- Leerlaufzeiten zu verringern,
- zusätzliche Werkstattleistungen zu verkaufen,
- mit einer optimalen Diagnose den Reparaturumfang exakt festzulegen,
- die Kundenbindung zu erhöhen,
- das Image des Kfz-Betriebes zu verbessern.

Voraussetzung ist allerdings, dass die Dialogannahme auch konsequent genutzt wird. Und genau da hapert es in der Praxis vielfach, so dass die an sich gute Idee der Dialogannahme bei vielen Werkstattpraktikern in Verruf gekommen ist. Denn die vergleichsweise teure Einrichtung kann den erhofften Umsatzeffekt natürlich nicht erfüllen, wenn sie als Ausweicharbeitsplatz oder gar als Zwischenlager für die Ersatzteilanlieferung genutzt wird.

Ob und wie gut die Dialogannahme genutzt wird, hängt unter anderem auch davon ab, wie sie in den gesamten Betriebsablauf eingebunden ist. In jedem Fall muss die Dialogannahme in direkter Nachbarschaft zum Kundenzentrum stehen. Gut, wenn sie quasi das Scharnier zur Werkstatt bildet. Denkbar wäre es beispielsweise, eine Durchfahrtlösung für die Annahmehalle direkt in die Werkstatt zu realisieren. In der Praxis sollte dann aber in jedem Fall auch eine Ausfahrtmöglichkeit auf den Kundenparkplatz bestehen. Denn die wenigsten Fahrzeuge werden nach der Reparaturannahme direkt auf einen Werkstatt-Arbeitsplatz gefahren. So ist die Dialogannahme vielfach so angelegt, dass das Kundenfahrzeug nach der Reparaturannahme rückwärts wieder herausgefahren werden muss. Das ist zwar manchmal mit Rangierarbeiten verbunden, für die Werkstattorganisation aber die wohl praktikabelste Lösung. Gut ist es jedoch, wenn Glasflächen dafür sorgen, dass die Kunden einerseits aus dem Kundenzentrum bereits in die Annahmehalle schauen können und aus der Annahmehalle bereits ein Blick in die eigentliche Werkstatt möglich ist.

So wie die optimale Anordnung der Dialogannahme innerhalb des Betriebes wird in der Branche auch recht kontrovers diskutiert, ob der Serviceberater seinen Arbeitsplatz nur noch in der Dialogannahme hat. Bei einem Einplatzsystem hat der Serviceberater seinen Arbeitsplatz ausschließlich in der Dialogannahme. Beim Zweiplatzsystem hat der Serviceberater neben einem Schreibtisch oder einem Stehpult in der Dialogannahme noch einen weiteren vollwertigen Arbeitsplatz im Kundenzentrum. Die Fachzeitschrift «Autohaus» hat die Vor- und Nachteile des Einplatz- und des Zweiplatzsystems zusammengetragen (Tabelle 3.1):

Einer der Pioniere, die seit vielen Jahren schon die Dialogannahme als Kundenbindungsinstrument und für höheren Werkstattumsatz propagieren, ist die Ausrüstermarke «autop». Auf die Frage «wie viel und welche Diagnosetechnik braucht eine Dialogannahme?» gibt autop die Antwort: «so viel, wie das eigene Konzept vorsieht». Es gibt Experten, die dem Bauherrn zu einer Dialogannahme völlig ohne Prüftechnik raten – nur die Hebebühne muss natürlich sein, da sind sich alle

Tabelle 3.1 Vor- und Nachteile des Einplatz- und des Zweiplatzsystems

Pro Einplatzsystem	Contra Einplatzsystem
Einplatzsystem ist Voraussetzung dafür, dass Prozess «Serviceberatung am Fahrzeug» zum Annahmestandard wird.	Kunden und Serviceberater werden zu einer «Annahme am Fahrzeug» mehr oder weniger sanft gezwungen.
Serviceberater hat einen festen Arbeitsplatz, es entstehen keine Reibungsverluste zwischen zwei Arbeitsplätzen.	Serviceberater hat keine Möglichkeit zum Rückzug an einen ruhigeren Arbeitsplatz für Telefonate, Reklamationsgespräche usw.
System bietet kurze Wege, schlanke Prozesse, hohe Produktivität und spart Kosten und Fläche für einen zweiten Arbeitsplatz.	Wenn etwas «außer der Reihe» passiert, ist das Einplatzsystem weniger flexibel als das Zweiplatzsystem.
Pro Zweiplatzsystem	**Contra Zweiplatzsystem**
System ist kundenfreundlicher: Der Kunde kann entscheiden, welche Art der Annahme er an welchem Platz möchte.	Die Einführung der «Serviceberatung am Fahrzeug» wird erschwert, wenn es noch den «alten» Annahme-Arbeitsplatz gibt.
Serviceberater kann sich für «Bürokram», Telefonate, Reklamationsgespräche usw. an ruhigeren Arbeitsplatz zurückziehen.	Zwei Arbeitsplätze kosten Geld, Fläche und Reibungsverluste, die zwischen zwei Arbeitsplätzen oft unvermeidlich sind.
Das System bietet mehr Flexibilität, wenn mal etwas «außer der Reihe» passiert (unangemeldete Kunden, Notfälle usw.).	Die disziplinatorischen Rahmenbedingungen für schlanke Prozesse wirken beim Zweiplatzsystem weniger effektiv

einig. Für die alleinige Installation einer Hebebühne spricht, dass insbesondere bei neuen oder hochwertigen Fahrzeugen dem Kunden die etwas «robusten» Prüfungen auf dem Bremsen- und Stoßdämpfer-Prüfstand nicht zugemutet werden sollen. Bei dieser Philosophie steht die Sichtprüfung auf der Hebebühne mit dem Kundengespräch im Vordergrund. Diese Ausführung wird von einigen Fahrzeugherstellern für deren Werkstattorganisation favorisiert. Darüber hinaus soll der Kunde nicht mit zu vielen Prüfergebnissen konfrontiert werden. Dies könnte die Angst nach einem zu hohen Reparaturaufwand hervorrufen. Der Kunde würde sich «überfahren» fühlen und empfindet diese Vorgehensweise dann als Belästigung.

Andere Experten finden dagegen den Namen «Direktannahme» geradezu fehl am Platz, wenn nicht ein Minimum an Prüftechnik integriert ist. Dazu zählt dann in jedem Fall ein Bremsenprüfstand, wobei der besseren Diagnosemöglichkeiten wegen zumeist dem Rollen- vor dem Plattenprüfstand der Vorzug gegeben wird. Optimalerweise ist der Rollenprüfstand in der Dialogannahme mit einer Hebeschwelle ausgestattet, damit auch tiefer gelegte Pkw ohne Probleme auf die Rolle können. Ein Fahrwerktester ist ein weiteres sinnvolles Diagnosewerkzeug in der Dialogannahme, ebenso ein Scheinwerfer-Einstellgerät und natürlich eine Abgas-Absaugvorrichtung. Ob man eine Spurmessplatte benötigt, sei dahingestellt – einem erfahrenen Serviceberater sagt ein prüfender Blick auf das Reifenbild in aller Regel genug. In jedem Fall aber sollte bei der Ausstattung der Annahmehalle auf die Vernetzung der Prüfgeräte geachtet werden. So können die Prüfdaten direkt in den Werkstattauftrag und die elektronische Fahrzeugakte übernommen werden.

Das wichtigste Diagnosegerät für die Serviceberatung am Fahrzeug ist und bleibt jedoch die Hebebühne, egal ob man nun eine diagnoseorientierte Direktannahme oder eine gesprächsorientierte Dialogannahme favorisiert. Hydraulische Zwei-Stempel-Hebebühnen mit Fahrbahnaufnahme sind der sinnvollste und gängigste Typ in den Service-Check-ins, rät autop. Wenn keine Prüfstände vor der Hebebühne eingebaut sind, kann die Fahrbahn bei einer flachen Auffahrrampe bodenaufliegend sein. Befinden sich Prüfstände vor der Hebebühne, empfiehlt sich eine bodeneben versenkte Bühne mit automatischem Bodenausgleich. So bewahrt man seinen Kunden davor, während der Dialogannahme ins Stolpern zu geraten.

Wer Dialog- und Diagnosetechnik optimal unter einen Hut bringen möchte, dem bleibt die große, aber auch teure Lösung: Neben der nur mit einer Hebebühne ausgestatteten Dialogannahme wird – hinter einer transparenten Glaswand – eine eigene Prüfstraße eingerichtet, die einen fundierten Fahrzeugcheck ermöglicht, ohne den Dialog mit dem Kunden durch Lärm oder Abgase zu beeinträchtigen.

Und so sieht das Ganze nun in der Praxis aus: Es geht darum, dem Kunden deutlich zu machen, dass sich der Kundendienstberater professionell darum bemüht, alle sicherheitsrelevanten Bauteile am Kundenfahrzeug durchzuchecken. Und: All dies geschieht im Beisein des Kunden. Für den Ablauf wird vorgeschlagen:

- Der Kundendienstberater fährt das Fahrzeug in die Annahmehalle;
- Rundgang um das Auto in Begleitung des Kunden;
- Funktionen prüfen;
- unter der Haube
    - Flüssigkeitsstände,
    - Kabel- und Schlauchverbindung,
    - Schraubenverbindungen;
- auf der Hebebühne Prüfung von unten
    - vorne links,
    - vorne rechts,
    - hinten rechts,
    - diagonal zurück.

Dabei sollte der Kundendienstberater Dinge, die in Ordnung sind, deutlich hervorheben. Erst im zweiten Schritt weist er auf Schwachstellen hin, die bald zu Ausfällen führen könnten, und schlägt eine Reparatur vor. Erst nach diesem ausführlichen Rundgang, zu dem im Einzelfall auch ein Bremsen- oder Motortest gehören kann, schreibt der Kundendienstberater an einem Pult in der Annahmehalle den Reparaturauftrag aus.

Bild 3.4
Die Dialogannahme lässt sich zusätzlich für die Hauptuntersuchung nutzen
(Quelle: Dekra)

3.1.2.2 Kalkulation der Reparaturkosten, Kostenvoranschlag

Die Preise für Werkstattleistungen sind im Umgang mit dem Kunden ein besonders sensibles Thema. Autohäuser mit ihren markengebundenen Vertragswerkstätten haben bei vielen Autofahrern gar den Ruf, «Apothekenpreise» zu verlangen. Freie Werkstätten gelten dagegen in ihrer Preisgestaltung als moderat. Dieses Image, das keineswegs immer der Realität entsprechen muss, führt dazu, dass viele Autofahrer in den ersten Jahren nach der Erstzulassung – während der Garantie- und Kulanzzeit – ihr Auto in die Vertragswerkstatt bringen, danach aber die vermeintlich günstigere freie Werkstatt vorziehen. Der Preis der Werkstattleistungen ist dabei für viele der Hauptgrund für den Wechsel.

Umso wichtiger ist es für der Kfz-Betrieb, marktgerechte Preise zu kalkulieren. Stundenverrechnungssätze für Werkstattleistungen und Preise für Ersatz- und Zubehörteile werden jedoch zunächst nach betriebswirtschaftlichen Kriterien berechnet. Aus der Buchhaltung ist beispielsweise bekannt, dass die produktive Mechanikerstunde den Betrieb 14 € kostet. Auch die Gemeinkosten plus der unproduktiven Lohnkosten sind bekannt. Damit kann der Gemeinkostenzuschlag berechnet werden, der zum Beispiel 300% beträgt. Damit ergibt sich ein Stundenverrechnungssatz von 14 € + (14 € × 300%) = 14 € + 42 € = 56 €. Damit hat der Betrieb jedoch noch nichts verdient. Gehen wir von 8% Gewinn aus, ergibt sich demnach 56 € + 8% = 56 € + 4,48 € = 60,48 €. Hinzu kommt noch die Mehrwertsteuer. Das Ergebnis ist dann der Stundenverrechnungssatz, der dem Kunden berechnet werden soll.

Vergleicht man diesen Stundenverrechnungssatz mit den Durchschnittswerten in Tabelle 3.2 und stimmen die Angaben für Lohnkosten und Gemeinkostenzuschlag aus der Buchhaltung, dann liegt der errechnete Stundenverrechnungssatz ganz gut im Rennen.

	Allgemeine mechanische Arbeiten	Kfz-Elektrik-Arbeiten	Karosseriearbeiten
Großstädte	67,70	72,86	79,79
Städte mit über 25 000 Einwohnern	60,80	64,67	75,64
Gemeinden mit bis zu 25 000 Einwohnern	53,63	56,98	66,13

Tabelle 3.2 Durchschnittliche Stundenverrechnungssätze (in Euro) von im Zeitlohn arbeitenden Pkw-Betrieben in Deutschland, Stand: Ende 2002

Die in der Tabelle genannten Stundenverrechnungssätze sind jedoch vom ZDK über ganz Deutschland ermittelte Durchschnittswerte. In den verschiedenen Bundesländern und von Region zu Region gibt es zum Teil deutliche Abweichungen.

> *Das unternehmerische Fingerspitzengefühl besteht nun darin, einen Stundensatz zu kalkulieren, der einerseits die Kosten deckt und auch noch einen Gewinn abwirft und andererseits am lokalen Markt durchsetzbar ist.*

Denn was nützt der betriebswirtschaftlich optimal errechnete Wert, wenn die Autofahrer zur günstigeren Konkurrenz abwandern?
Branchenüblich sind die unterschiedlichen Stundenverrechnungssätze für die unterschiedlichen Arbeiten im Kfz-Betrieb, aufgegliedert nach Mechanik, Elektrik sowie Karosserie und Lack. Berücksichtigt wird hier die unterschiedliche Ausstattung der Arbeitsplätze.
Für die Kalkulation der Reparatur- und Wartungskosten haben sich Angaben nach Arbeitswerten durchgesetzt. Eine Stunde wird dabei in zehn oder zwölf Einheiten mit je sechs beziehungsweise fünf Minuten untergliedert. Bei der Zehner-Einteilung bedeuten vier Arbeitswerte (4 AW) also 24 Minuten. Bei der Zwölfer-Einteilung sind es 20 Minuten. In den Wartungs- und Reparaturhandbüchern der Automobilhersteller und -importeure sind nun für alle Arbeitsschritte und -teilschritte Richtzeiten in Arbeitswerten hinterlegt. Auch für die freie Werkstatt sind diese Daten verfügbar. Damit ist die Werkstatt in der Lage, den Arbeitserfolg und die Leistungsfähigkeit der Mitarbeiter zu messen, indem die AW-Sollzeiten mit den Ist-Zeiten verglichen werden. Außerdem geben sie den Mechanikern eine Orientierung darüber, wie lange eine Wartung oder Reparatur dauern darf.
Vor allem aber bilden die AW-Angaben die Grundlage der Preiskalkulation gegenüber dem Kunden und erlauben die Erstellung eines differenzierten Kostenvoranschlages. Schließlich fließen die AW-Angaben auch in die Rechnungstellung ein.
Für die Preiskalkulation und einen verlässlichen Kostenvoranschlag sind die exakte Diagnose und eine Durchsicht des Fahrzeuges im Rahmen der Dialogannahme ebenfalls wichtige Voraussetzungen. Denn nur wenn klar ist, was alles gemacht werden muss, können die Kosten sicher bestimmt werden. Bei der Kalkulation selbst wird der Kundendienstberater, der die Preiskalkulation in der Regel im Rahmen der Reparaturannahme erstellt, von der EDV unterstützt. Aus umfangreichen Datenbanken werden die einzelnen Arbeitspositionen mit ihren Arbeitswerten am Bildschirm zusammengetragen. Dabei berücksichtigen die Programme auch gleich die erforderlichen Ersatzteile, die mit ihren Verkaufspreisen abgespeichert sind. Um

nicht jedes Ersatzteil einzeln mit einem Verkaufspreis in das System einpflegen zu müssen, bilden die Großhandelspreise die Basis, und das EDV-System rechnet dann mit einem fest eingestellten prozentualen Aufschlag. Gleiches gilt für die Zusammenstellung der Arbeitswerte, die mit dem Werkstatt-Verrechnungssatz multipliziert werden. Innerhalb weniger Minuten hat der Kundendienstberater so den Kostenvoranschlag mit der Computermaus «zusammengeklickt» und kann dem Kunden einen verlässlichen Gesamtpreis nennen.

Marktorientierte Komplettpreise
Um Kunden in die Werkstatt zu locken, arbeiten viele Werkstätten inzwischen erfolgreich mit Komplettpreisen. Vor allem die Besitzer älterer Pkw, die ganz gezielt bestimmte Reparaturaufträge vergeben, lassen sich von Komplettpreisen überzeugen. Wie der Name schon sagt, enthalten die Komplettpreise alle für eine spezielle Reparatur anfallenden Kosten, also sowohl die Lohn- als auch alle Materialkosten. Typische Beispiele für Komplettpreise sind Bremsbelagwechsel, Bremsflüssigkeitswechsel, Auspuffreparaturen, Stoßdämpferwechsel, Ölwechsel, aber auch komplette Wartungen. Da es dem Kunden jedoch mit den Komplettangeboten leichter fällt, verschiedene Angebote miteinander zu vergleichen, müssen diese entsprechend knapp, also besonders günstig kalkuliert werden.

Zeitwertgerechte Reparatur
Eine fachgerechte Kfz-Reparatur muss hohe Qualitätsstandards erfüllen. Die Automobilhersteller verlangen von ihren Vertragswerkstätten gar Neuwagenstandard. Das heißt, nach der Instandsetzung muss zumindest das reparierte Bauteil wieder die gleichen Eigenschaften wie das Neuteil haben. Und so kommt dann nur die Verwendung von Original-Ersatzteilen in Frage. Bei einem sechs, acht oder gar zehn Jahre alten Auto stehen dann jedoch die Reparaturkosten leicht im Missverhältnis zum Zeitwert des Fahrzeuges. Aufgrund der immer besseren Fahrzeugqualität treten technische Defekte aufgrund der längeren Haltbarkeit der einzelnen Fahrzeugkomponenten erst in höherem Fahrzeugalter auf. Gefragt ist dann eine kostengünstige, zeitwertgerechte Reparatur. Dabei hat sich die Alternative, Gebrauchtteile für die Instandsetzung zu verwenden, bislang noch nicht durchgesetzt. Die Alternative sind die so genannten Austauschteile. Angeboten werden die Austauschteile von den Autoherstellern selbst oder von den großen Zulieferern der Autoindustrie. Es gibt Anlasser, Lichtmaschinen, Benzin- und Diesel-Einspritzkomponenten, Glühkerzen, Bremssättel und vieles mehr als Austauschteil. Dazu werden gebrauchte Teile einer gründlichen Werksüberholung unterzogen, alle Verschleißteile ausgetauscht und das aufbereitete Teil umfassend

getestet. Anschließend ist das Austauschteil fast wie neu – nur eben deutlich günstiger. So kann auch für Besitzer älterer Autos eine Reparatur zeitwertgerecht günstig kalkuliert werden.

3.1.2.3 Der Reparaturauftrag

Der Reparaturauftrag enthält die detaillierte Arbeitsanweisung an den Mechaniker. Je genauer der Auftrag ausgefüllt ist, desto zügiger kann der Mechaniker die Arbeiten ausführen. Geht es nur um eine Wartung, dann reicht natürlich der Hinweis «20 000-km-Service» oder «kleine Wartung». Der Mechaniker kann den Service dann anhand der Wartungs-Checkliste abarbeiten. Anders bei Reparaturen oder zusätzlichen Kundenaufträgen: Da sollte der Auftragstext schon etwas genauer sein und entweder die Kundenangaben enthalten, wie beispielsweise «Motor ruckelt», oder einen der in der EDV abgelegten Textbaustein zu einer bestimmten Reparatur. Neben dem detaillierten Auftragstext werden dann auch gleich die Arbeitswerte (AW) in den Reparaturauftrag übertragen. Damit lässt sich einerseits der erforderliche Zeitbedarf für die Wartung oder die Reparatur vorausplanen, und andererseits kann dem Kunden bereits bei der Fahrzeugannahme ein recht genauer Preis genannt werden. Auch die erforderlichen Ersatzteile werden auf dem Reparaturauftrag selbst oder auf einem anhängenden Teilezettel vermerkt. Die Teileinformation wandert zudem gleich per vernetzter EDV oder als Durchschlag des Reparaturauftrages ins Ersatzteillager.
Ist der Reparaturauftrag ausgefüllt und vom Kunden unterschrieben, wird der Auftrag einem Werkstatt-Arbeitsplatz zugeordnet. In der Regel werden dazu Auftrag und Fahrzeug mit einer Leitzahl versehen. Der Mechaniker holt den Auftrag in der Kundendienstannahme ab und findet das Fahrzeug anhand der Leitzahl auf dem Kundenparkplatz. Mit der Zuordnung des Fahrzeuges zu einem Mechaniker oder einem Werkstatt-Team beginnt der Fahrzeugdurchlauf durch den Betrieb. Neben der Auftragskopie für das Ersatzteillager, das die Ersatzteile bereitstellt und fehlende Teile bestellt, geht ein weiterer Durchschlag oder eben die Information per EDV-System an die Verwaltung, wo die Rechnung vorbereitet werden kann.

▶ *Neben der Funktion, die Reparatur für den Mechaniker zu beschreiben, hat der Reparaturauftrag den Charakter eines Vertrages zwischen Kunde und Werkstatt.*

Auch aus diesem Grund sollte er möglichst exakt, klar und deutlich formuliert werden. Durch seine Unterschrift erteilt der Kunde einen rechtsverbindlichen Auftrag. Gleichzeitig erkennt er die Kfz-Reparaturbedingungen des Betriebes an. Hier sollte der Betrieb die jeweils aktuellen Kfz-Reparaturbedingungen verwenden, die der ZDK herausgibt. Im Internetauftritt des ZDK stehen die Reparaturbedingungen im Password-geschützten Bereich unter immer aktuell zur Verfügung. Kfz-Werkstätten können sich für den geschützten Bereich anmelden.

3.1.3 Arbeitsvorbereitung

Die Fahrzeuge, die zu einer Wartung oder Instandsetzung angenommen sind, werden vom Kundendienstberater auf die einzelnen Mechaniker und Arbeitsplätze verteilt. Dies geschieht vielfach noch manuell, indem die ausgedruckten Werkstattaufträge in Auftragstaschen in eine große Werkstatt-Planungstafel gesteckt werden. Hier holt der Mechaniker sich den Auftrag ab und steckt stattdessen beispielsweise ein rotes Kärtchen in die Planungstafel. So weiß der Kundendienstberater, dass der Auftrag nun in Bearbeitung ist. Ist die Werkstatt bereits komplett EDV-vernetzt, dann erscheint der neue Auftrag direkt am Arbeitsplatz des Mechanikers. Alle relevanten Daten zum Auftrag kann er dann zudem auf den Prüfgeräten an seinem Arbeitsplatz aufrufen.

In der Regel holt der Mechaniker das ihm zugeteilte Fahrzeug vom Betriebshof in die Werkstatt. Leitzahlen auf dem Auftrag und dem Fahrzeug helfen ihm, das richtige Fahrzeug ohne Verzögerungen zu finden. In größeren Betrieben jedoch reicht das Leitzahlsystem häufig nicht aus. Dann ist es erforderlich, genauere Angaben über den Fahrzeugstandort auf dem Werkstattauftrag zu vermerken. Dabei ist es hilfreich, wenn die auf dem Betriebsgelände eingerichteten Stellplätze durchnummeriert sind.

Wenn möglich, sollte – bevor der Mechaniker den Auftrag übernimmt – eine Motorwäsche durchgeführt werden. Für diese Tätigkeit sollte ein Mitarbeiter aus dem Bereich der Fahrzeugpflege eingeteilt werden, damit der spezialisierte Mechaniker gleich mit seiner eigentlichen Aufgabe beginnen kann.

Zur Arbeitsvorbereitung gehört selbstverständlich auch, das Fahrzeug vor unnötiger Verschmutzung zu schützen. Bevor der Mechaniker mit seinem Arbeitsanzug in das Fahrzeug einsteigt, ist deshalb der Fahrersitz mit einer Folie abzudecken. Nach Möglichkeit sollten zudem die Fußmatten mit einer Schutzmatte abgedeckt werden. Steht das Fahrzeug auf dem Arbeitsplatz, sind schließlich auch die Kotflügel mit Abdeckungen zu schützen.

In vielen Werkstätten gehört es ganz selbstverständlich morgens zu den ersten Pflichten der Mechaniker, die von den Kunden abgelieferten Fahrzeuge in die Werkstatt und an die einzelnen Arbeitsplätze zu fahren. Zwangsläufig kommt es zur Rushhour auf den Zufahrtswegen, weil einer den anderen behindert. Diese Problem lässt sich abschwächen, wenn die Gestaltung der Arbeitsplätze nach dem Flussprinzip optimiert wird (siehe Abschnitt 1.4.1). Im Winter geht zusätzliche Zeit verloren: Dann nämlich müssen die bereits am Vorabend gebrachten und auf dem Hof geparkten Fahrzeuge zunächst von Schnee und Eis befreit werden. Im Prinzip ist es ja positiv, wenn die Termindisposition einige Kunden überzeugen konnte, ihr Fahrzeug bereits am Vorabend abzuliefern. Dann aber sollten die auch gleich an den Arbeitsplatz in die Werkstatt gefahren werden. Je nach Werkstattgröße sind damit ein bis zwei Mechaniker maximal eine halbe Stunde jeden Abend nach Werkstattschluss beschäftigt. Am anderen Morgen aber können sie sofort mit der Arbeit beginnen.

Steht das Fahrzeug auf dem Arbeitsplatz, holen die Mechaniker meist zunächst die benötigten Ersatzteile am Teileschalter ab. Da das Ersatzteillager ebenfalls eine Kopie des Werkstattauftrages erhalten hat, sollten die auf dem Auftrag genannten Teile bereits bereitliegen, so dass am Teileschalter keine Wartezeiten entstehen. Besteht die Möglichkeit, Fahrzeuge, die bereits am Vorabend in die Werkstatt gebracht wurden, auch schon abends in die Werkstatt zu fahren, dann sollten auch die Ersatzteile schon abends bereitgelegt werden. Der Mechaniker kann dann sofort mit Werkstattbeginn seine Arbeit aufnehmen.

Diese vorbereitenden Tätigkeiten, die Rüstzeiten, müssen so kurz wie möglich gehalten werden.

Erst mit der produktiven Tätigkeit der Mechaniker, mit den Reparatur- und Wartungsarbeiten, verdient die Werkstatt Geld.
Zu einer Verringerung der Rüstzeiten tragen bei:

❏ optimale Auftragsvorbereitung,
❏ funktionierendes Leitzahlsystem,
❏ gute Ausrüstung der Arbeitsplätze,
❏ einfach und sicher zu handhabende Hebebühnensysteme,
❏ kurze Wege zwischen dem Teileschalter und den Arbeitsplätzen.

3.1.4 Effektive Diagnose und Fehlersuche

Ohne elektronische Diagnose- und Testsysteme geht heute fast nichts mehr in der Kfz-Werkstatt. Da jedoch die teuren Werkstattsysteme häufig nicht an jedem Arbeitsplatz zur Verfügung stehen können, werden in manchen Werkstätten inzwischen spezielle Diagnose-Arbeitsplätze eingerichtet. Größere VW-Werkstätten beispielsweise sind in so genannte Kompetenzzentren aufgeteilt. Und eines dieses Zentren hat dann eben die besondere Kompetenz für Diagnose und

Fehlersuche. Das heißt, hier stehen die erforderlichen Testsysteme zur Verfügung, und hier arbeiten die Werkstattmitarbeiter, die diese Systeme effektiv bedienen können.

In jedem Fall müssen vor einem Service, meist auch vor einer Reparatur, zunächst die Fehlerspeicher der Steuergeräte ausgelesen werden. Vielfach läuft dieser Prüflauf automatisch ab, nachdem der Diagnosetester über einen speziellen Diagnosestecker mit dem Fahrzeug verbunden wurde. Aber die Prüfung braucht Zeit – je nach Anzahl der im Fahrzeug eingesetzten Steuergeräte. VW beispielsweise gibt für einen Polo, Jahrgang 2003, gut zehn Minuten für den gesamten Prüfdurchlauf an. Beim Oberklasse-Pkw Phaeton mit seinen über 60 Steuergeräten dauert die Prozedur dagegen eine halbe Stunde. Das Prüfprotokoll sollte ausgedruckt und dem Kunden mit der Rechnung mitgegeben werden. Das vermittelt hohe Werkstattkompetenz und verbessert die Kundenbindung (Bild 3.5).

Meldet die Diagnose einen Fehler in einem der elektronischen Systeme, dann beginnt die Fehlersuche. Eine effektive Fehlersuche setzt heute ebenfalls intelligente Prüftechnik voraus. Dabei erlauben Diagnoseschnittstellen und Fehlerspeicher in der Bordelektronik moderner Kfz, mit geeigneter Prüftechnik die Ursachen eines Defektes rasch einzugrenzen. Um jedoch entscheiden zu können, ob ein Bauteil tatsächlich defekt ist oder ob lediglich eine Zuleitung oder eine Steckverbindung nicht in Ordnung ist, muss der Mechaniker physikalische Größen messen können. Neben dem System-Diagnosetester wird zusätzlich ein Motor- und Komponententester benötigt.

Bild 3.5
Effektive Fehlersuche setzt heute moderne Prüftechnik und gut ausgebildete Mitarbeiter voraus (Quelle: Bosch)

Starke Softwarepakete unterstützen den Mechaniker bei der Arbeit. Neben Sollwerten sind Reparaturanleitungen gespeichert, die Schritt für Schritt durch den Prüfablauf führen. Und wenn es mal gar nicht mehr weitergeht, erlaubt eine Verbindung über das Internet mit der Expertendatenbank des Herstellers die Suche nach dem richtigen Diagnoseweg. Als letzten Ausweg kann der Mechaniker schließlich die Telefon-Hotline anrufen, wo kompetente Mitarbeiter oft rasch weiterhelfen können.

Für die modernen Werkstatt-Testsysteme mit der zugehörigen Infrastruktur sind also erhebliche Investitionen nötig, die es umso sinnvoller erscheinen lassen, einen speziellen hochgerüsteten Arbeitsplatz für Diagnose und Fehlersuche einzurichten. Weitere Voraussetzung für effektives Arbeiten an diesem Platz ist das Know-how der Mitarbeiter. Neben der entsprechenden grundsätzlichen Ausbildung sollten die Mitarbeiter, die an diesem Arbeitsplatz eingesetzt sind, regelmäßig auf die entsprechenden Schulungen der Fahrzeug- und Werkstattgeräte-Hersteller geschickt werden. Beides – die Investition in moderne Prüftechnik und das Mitarbeiter-Know-how – macht sich rasch durch schnelle Diagnose und die sichere Identifizierung defekter Teile bezahlt.

Für den separaten Diagnose-Arbeitsplatz spricht schließlich ein weiteres Argument: Es werden nicht unnötig Arbeitsplätze blockiert, weil Teile erst noch bestellt werden müssen. Wird die Diagnose ordentlich durchgeführt und ist das defekte Teil definiert, kann das Fahrzeug wieder auf den Parkplatz gestellt werden, bis ein bestelltes Teil eingetroffen ist. Ohne ordentliche Diagnose beginnt der Mechaniker mit der Arbeit, stellt fest, dass ein defektes Teil zunächst bestellt werden muss, und so blockiert ein halb zerlegtes Fahrzeug einen kompletten Arbeitsplatz.

Die effiziente Diagnose und Fehlersuche mit modernen Werkstatt-Prüfgeräten – bedient von optimal geschulten Mitarbeitern –

- ❑ erlaubt Wartung und Reparatur auch an modernen Fahrzeugen,
- ❑ dient dem effektiven Fahrzeugdurchlauf durch die Werkstatt,
- ❑ verhindert, dass Teile unnötigerweise ersetzt werden,
- ❑ verhindert übermäßig lange Reparaturzeiten, die nicht an den Kunden weiterberechnet werden können,
- ❑ sorgt für Werkstattpreise, die für den Kunden nachvollziehbar sind.

3.1.5 Schnellservice

«Rein, rauf, runter, raus» lautete vor einiger Zeit der Werbespruch für einen Werkstatt-Schnellservice. Das Prinzip ist damit gut umschrieben. Für manche Arbeiten erwartet der Autofahrer, dass er ohne Anmeldung in die Werkstatt kommen kann, sein Fahrzeug sogleich hereingenommen wird und die Schnellreparatur durchgeführt wird, während er einen Kaffee trinkt. Die Werkstattorganisation jedoch stellt das vor Probleme. Deshalb arbeiten viele Kfz-Betriebe nach einem Kompromiss: Einige wenige Arbeiten lassen sich tatsächlich ohne Anmeldung erledigen. Voraussetzung hierfür ist, dass ein Mitarbeiter dafür jederzeit abrufbar zur Verfügung steht. Der Lampenwechsel im Hauptscheinwerfer lässt sich vielfach nicht mehr vom Autofahrer selbst durchführen. Das ist ein typisches Beispiel für einen Schnellservice ohne Anmeldung. Der Wechsel der Scheibenwischerblätter ist ein weiteres Beispiel. Möglicherweise kann auch der Ölwechsel noch so organisiert werden.

Beim Rädertausch von Sommer- auf Winterreifen und wieder zurück (Bild 3.6) wird der Schnellservice ohne Anmeldung schon kaum noch zu organisieren sein. Denn das ist ein ausgesprochenes Saisongeschäft und der Ansturm kaum ohne Planung zu bewältigen. Dennoch gehört auch der Rädertausch zum Schnellservice. Denn der Kunde kann warten, bis sein Auto fertig ist. Voraussetzung ist jedoch, dass die Termine gut geplant werden, damit der Kunde nicht erste lange warten muss, bis er überhaupt drankommt. Auch der einfache Ölwechsel, der bei manchen Fahrzeugtypen zwischen zwei großen Inspektionen vorgeschrieben ist, kann als Schnellservice organisiert werden. Einige Werkstattketten bieten zusätzlich auch den Bremsbelagwechsel oder eine Auspuffreparatur im Schnellservice an.

Bild 3.6
Klassisches Schnellservice-Thema: Reifenwechsel und Rädertausch
(Quelle: ZDK)

Der Schnellservice fördert zweifellos die Kundenzufriedenheit. Vor allem für Kleinigkeiten, wie zum Beispiel auch die verstopften Scheibenreinigerdüsen, sollten die Kunden rasche Hilfe zwischendurch erwarten können. Häufig kann für solche Arbeiten zum Beispiel auch ein Lehrling eingeteilt werden. Manchmal, etwa für den Wechsel einer Rücklichtlampe, kann auch der Kundendienstberater rasch selbst Hand anlegen. Hier ist Flexibilität gefragt, mit der die Werkstatt ihre Kunden positiv überraschen kann.

3.1.6 Wartung und Reparatur

An den Wartungs- und Reparaturarbeitsplätzen wird im Kfz-Betrieb das Geld verdient. Hier leisten Kfz-Mechaniker, Kfz-Elektriker, Mechatroniker, Servicetechniker, Karosseriebauer und Lackierer die produktive Arbeit, die dem Kunden weiterberechnet werden kann.

> *Organisatorische Maßnahmen im Kfz-Betrieb müssen vor allem darauf abzielen, die Arbeit an den Wartungs- und Reparaturarbeitsplätzen zu optimieren und dafür zu sorgen, dass hier so wenig Leerlauf wie eben möglich entsteht.*

Hier noch einmal die zentralen Punkte, die schon in der **Arbeitsvorbereitung** für möglichst optimale Rahmenbedingungen sorgen:

- Werkstattdesign nach dem Flussprinzip;
- optimale Ausstattung der Arbeitsplätze mit allen wichtigen Werkzeugen und Geräten;
- Strom-, Druckluft-, Ölversorgung und -entsorgung sowie Abgasabsaugung an jedem Arbeitsplatz;
- schon bei der Terminabsprache mit dem Kunden den Reparaturumfang so genau wie möglich festlegen;
- erforderliche Teile, falls nötig, auf den Reparaturtermin hin disponieren;
- Reparaturannahmezeiten entzerren;
- Kundenfahrzeuge, die schon am Vorabend gebracht werden, schon abends auf den Arbeitsplätzen bereitstellen;
- im Rahmen einer umfassenden Dialogannahme den Arbeitsumfang präzisieren;
- Werkstattplanung mit übersichtlichen Planungshilfsmitteln (Planungstafel, EDV-System);
- Pufferzeiten einplanen für Schnellservice und unvorhergesehene Planzeitüberschreitungen;
- effektive Diagnose und Fehlersuche mit Hilfe moderner Prüftechnik durch speziell ausgebildete Mitarbeiter;

- erforderliche Ersatzteile für jeden Wartungs- und Reparaturauftrag schon vor Arbeitsbeginn bereitstellen;
- Mechaniker prüft vor Arbeitsbeginn, ob alle für die Wartung oder Reparatur erforderlichen Ersatzteile bereitliegen.

Je besser die Informationen sind, die der Mechaniker bei Übernahme des Kundenfahrzeuges erhält, desto besser. Bei einem reinen Wartungsauftrag ist das relativ einfach. Die erforderlichen Arbeiten sind im Wartungsplan (Bild 3.7) exakt definiert. Je nach Fabrikat und Typ können die Wartungsarbeiten allerdings recht unterschiedlich aussehen. Außerdem sind bei bestimmten Kilometerlaufleistungen oft zusätzliche Arbeiten erforderlich. Auch für einen erfahrenen Mitarbeiter ist es da nicht immer einfach, an wirklich alles zu denken. Das gilt natürlich besonders, wenn in dem Kfz-Betrieb unterschiedliche Fabrikate betreut werden. Deshalb sollten für Wartungs- oder Servicearbeiten **Checklisten** verwendet werden, auf denen der Arbeitsumfang genau definiert ist.

Bild 3.7
Serviceroutine, der Wartungsplan definiert den Arbeitsumfang
(Quelle: ZDK)

Wartungs- oder Service-Checklisten haben den *Vorteil*, dass

- kein Arbeitsschritt vergessen wird,
- der Mechaniker seine Arbeit im Detail dokumentiert,
- der Mechaniker am Ende noch einmal überprüfen kann, ob alles erledigt ist, und das dann mit seiner Unterschrift bestätigt,
- die Werkstatt so auch bei Reklamationen einen Nachweis der durchgeführten Arbeit hat,
- dem Kunden die abgehakte Checkliste mitgegeben werden kann, so dass er im Detail sehen kann, was die Werkstatt alles für sein Geld getan hat,
- sie Vertrauen beim Kunden schaffen und die Kundenbindung erhöhen.

Bei Reparaturarbeiten gilt das selbstverständlich genauso. Der Mechaniker muss all die Informationen zur Verfügung haben, die er für eine effektive Arbeit benötigt. Das können Daten oder Informationen sein, die sich aus Diagnose und Fehlersuche ergeben. Genauso aber benötigt er Hinweise auf Reparaturwege, Einbaulagen von Komponenten oder erforderliche Spezialwerkzeuge. Hierzu müssen alle wichtigen Reparaturanleitungen zur Verfügung stehen. Die dicken gedruckten Nachschlagwerke haben hier inzwischen weitgehend ausgedient. Reparaturanleitungen, Schaltpläne oder Explosionszeichnungen von Komponenten und Fahrzeug-Baugruppen sind entweder als Mikrofiche zugänglich oder auf dem Werkstattcomputer verfügbar.

Neben der Erfahrung, die der Mechaniker selbst mitbringt, unterstützt sich das Team untereinander, geben Kundendienstberater und Werkstattmeister Hinweise. Eine offene Kommunikation, bei der sich niemand schämen muss, den anderen um Rat zu fragen, ist gerade im modernen Werkstattbetrieb mit seiner zunehmenden Spezialisierung wichtig. Genauso müssen Kundendienstberater und Werkstattmeister auf kollegialer Ebene und nicht von oben herab Informationen weitergeben. Denn eine Kfz-Werkstatt funktioniert nur im Team. Und das heißt eben auch, dass es für die Mechaniker selbstverständlich sein muss, den Werkstattmeister gleich um Rat zu fragen, wenn etwas überhaupt nicht funktioniert, statt viel zu lange herumzuprobieren.

Aber auch über die betriebswirtschaftliche Seite ihrer Arbeit müssen die Mechaniker informiert sein. Das gilt ganz besonders für die geplanten Arbeitszeiten. Für jeden Reparaturschritt und jede Wartung muss der Mechaniker die vorgegebenen Arbeitswerte (AW) kennen. Dabei muss dem Mitarbeiter klar sein, dass der Betrieb nur dann wirtschaftlich erfolgreich ist, wenn die AW-Vorgaben eingehalten werden, weil nur dieser Aufwand vom Kunden bezahlt wird. Ziel sollte es für jeden Mechaniker sein, die AW-Vorgaben möglichst zu unterschreiten, um unvorhergesehene Verzögerungen an anderer Stelle auffangen zu können. Manche Leistungslohnmodelle berücksichtigen das und honorieren Unterschreitungen der vorgegebenen Arbeitszeitvorgaben.

Nicht immer verläuft eine Reparatur jedoch so glatt, wie es die Arbeitsrichtzeiten vorgeben. Häufig entdeckt der Mechaniker während einer Wartung trotz eingehender Diagnose noch einen Mangel, der repariert werden sollte. All das verzögert den Reparaturablauf und kann die Werkstattplanung durcheinanderbringen. Deshalb müssen die Werkstattmitarbeiter eine Verzögerung oder eine notwendige zusätzliche Reparatur sofort dem Kundendienstberater melden. Der Kundendienstberater muss dann

- unverzüglich den Kunden anrufen und eine Erweiterung des Reparaturauftrages einholen,
- den Kunden sofort darüber informieren, dass sein Fahrzeug nicht zum vereinbarten Termin fertig werden kann,
- die bestehenden Werkstattaufträge eventuell umorganisieren,
- falls für die Auftragserweiterung zunächst ein Ersatzteil beschafft werden muss, einen anderen Auftrag vorziehen.

All dies ist nur dann rechtzeitig möglich, wenn die Mechaniker mitdenken und sofort den Kundendienstberater informieren. Der Werkstattablauf gerät immer dann durcheinander, wenn dem Kundendienstberater erst kurz vor dem geplanten Fertigstellungstermin mitgeteilt wird, dass die Reparatur aufgrund unvorhergesehener Schwierigkeiten nicht zu schaffen war, ein wichtiges Ersatzteil fehlte oder eine Auftragserweiterung nötig wäre. Und auch der Kunde muss so frühzeitig wie möglich über Verzögerungen informiert werden. Denn nichts ist der Kundenbindung abträglicher als einen Kunden, der sein Fahrzeug zum versprochenen Termin abholen will, warten zu lassen oder gar wieder wegschicken zu müssen, weil sein Fahrzeug erst am nächsten Arbeitstag fertiggestellt werden kann.

Hauptuntersuchung im Kfz-Betrieb
Ein effektives Instrument zur engeren Kundenbindung ist zweifellos das Angebot an die Autofahrer, die gesetzlich vorgeschriebene Hauptuntersuchung in der Werkstatt durchzuführen (Bild 3.8). Regelmäßig, teilweise sogar täglich, kommt dann beispielsweise der Ingenieur einer der Prüforganisationen Dekra, TÜV, GTÜ oder KÜS in die Kfz-Werkstatt und führt hier die Hauptuntersuchung, in der Regel in Verbindung mit der Abgasuntersuchung, durch. Die Vorteile für den Werkstattkunden liegen auf der Hand: Er gibt sein Fahrzeug morgens in der Werkstatt ab, muss keine Wartezeiten in Kauf nehmen und

Bild 3.8
Kundenbindung durch die Hauptuntersuchung im Kfz-Betrieb
(Quelle: Dekra)

kann seinen Pkw abends mit frischen Plaketten wieder abholen. Die vom Sachverständigen festgestellten Mängel werden anschließend von der Werkstatt instand gesetzt. Kleinere Mängel können dabei meist sofort von den Werkstattmechanikern behoben werden, so dass eine erneute Vorführung nicht erforderlich wird.

Aber auch die Werkstatt hat von der Partnerschaft mit einer der Prüforganisationen Vorteile. Die Vorbereitung der Fahrzeuge für die Haupt- und Abgasuntersuchung und die eventuell nötige Mängelbeseitigung sorgen für Umsatz und Werkstattauslastung. Entscheidend aber ist der zusätzliche Kundenkontakt, bei dem nicht selten weitere Aufträge verkauft werden können. Denn so mancher Autofahrer verbindet den Hauptuntersuchungstermin in seiner Werkstatt mit einer Inspektion oder dem Auftrag für eine schon länger aufgeschobene Reparatur. Gelegentlich kann sich daraus auch ein Verkaufsgespräch über einen neuen Gebrauchten oder einen Neuwagen ergeben. Außerdem werden durch das Angebot der Hauptuntersuchung im Kfz-Betrieb vor allem die Besitzer älterer Pkw angesprochen. Weil nach drei Jahren Garantie- und Kulanzzeiträume abgelaufen sind, ist gerade deren Bindung an ihre Fachwerkstatt oft nicht mehr sehr eng.

Viele Kfz-Betriebe nutzen das Kundenbindungsinstrument Hauptuntersuchung auch aktiv für die gezielte Werbung. Stammkunden werden rechtzeitig vier Wochen vor dem Termin auf die fällige Haupt- und Abgasuntersuchung mit einem persönlichen Schreiben hingewiesen. Gerade bei Stammkunden, deren Fahrzeugdaten sich in der Kundenkartei befinden, ist das dank moderner EDV kein Problem. Der Kunde wird so nicht nur an den Termin erinnert, sondern oft erst

3.1.6.1 Der optimale Mechanikarbeitsplatz (Bild 3.9)

Ausstattung des Mechanikarbeitsplatzes (Beispiel)

Einrichtung
- Abstellflächen oder Regale für ausgebaute Teile
- Werkbank an der Stirnseite mit
  - Schraubstock
  - Ständer-Bohrmaschine
  - Doppelschleifbock
- Teilereinigungsgerät in unmittelbarer Nähe
- Werkzeugträgerwand für Spezialwerkzeuge
- Standard-Werkzeugsatz im Werkzeugwagen
- Satz Motortestgeräte
- Diverse Druckluftwerkzeuge
- Kleinteilebox oder Hängeschrank
- Kleines Regal für Handbücher, eventuell PC-Platz

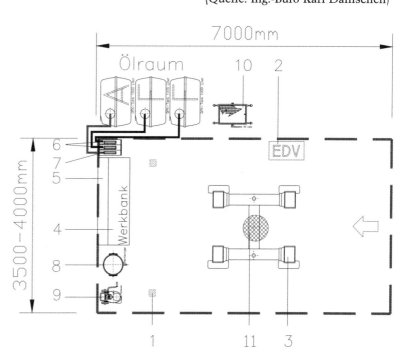

Bild 3.9
Standard-Mechanikarbeitsplatz
(Quelle: Ing.-Büro Karl Damschen)

Haus-Installationen
1 Energieversorgung (220V/380V, Druckluft)
2 EDV-Anschluss

Ausstattungen
3 Säulen- bzw. Stempel-Hebebühne (Alternativ: Fahrbahn-Hebebühne)
4 Werkbank mit Werkzeugsatz
5 Spezialwerkzeuge mit Ablage
6 Zentrale Ölversorgung mit eichfähiger Ölabgabe und Datenspeicherung für mehrere Frischölsorten
7 Altöl-Absaugeinrichtung zum Entleeren des fahrbaren Auffangbehälters bzw. Direkt-Absaugung durch Schwenkarm-Schüssel
8 Altöl-Auffangwagen (wenn keine Direkt-Absaugung)
9 Getriebeöl-Befüllungswagen
10 Behälter mit Ölbindemittel für ausgelaufenes Öl
11 Atemluft-Reiniger

Geräte, die sich mehrere Arbeitsplätze teilen, oder die an einem gesonderten Diagnose-Arbeitsplatz stehen
- System-Diagnosetester
- Motortester
- Druckschreiber
- Entlüftergerät
- Batterietest- und Ladegerät
- Scheinwerfereinstellgerät
- Autogenschweißgerät
- Bohrmaschinen
- Trennschleifer, Handschleifer
- Gewindebohr- und Schneidwerkzeug
- Wagenheber
- Motorheber

3.1.6.2 Der optimale Karosseriearbeitsplatz

Ausstattung des Karosseriearbeitsplatzes (Beispiel):

Einrichtung
- Werkbank mit Schraubstock
- Kleinteileregal
- Lochblechwände entlang des Arbeitsplatzes mit den wichtigsten Werkzeugen
- Werkzeugwagen mit Standard-Werkzeugsatz
- Schutzgasschweißgerät
- Widerstandspunktschweißzange
- Winkelschleifer groß und klein
- Geradschleifer
- Schweißpunktfräsgerät
- Bohrmaschine
- Karosseriesäge
- Loch-/Absetzzange
- Zopfbürstenmaschine
- Heißluftfön
- Scheibenaustrenngerät
- Ausbeulgeräte
- Satz Messlehren

Einige Geräte, wie zum Beispiel das Schutzgasschweißgerät oder das Scheibenaustrenngerät, können sich mehrere Arbeitsplätze teilen. Häufig benutzte Geräte, zum Beispiel auch das Schweißgerät oder die Schweißpunktzange, lassen sich über ein Deckenschienensystem direkt an den Arbeitsplatz heranführen.

Richtsystem

Hier empfehlen sich Universalrichtbänke, die ohne Richtwinkelsätze auskommen und die Rüstzeiten erheblich reduzieren (Bild 3.10). Durch die modernen Karosseriebauweisen, die erhöhte Sicherheitsreserven aufweisen (Seitenaufprallschutz), wird eine Vermessung des Karosserieoberbaus immer wichtiger für die rationale Instandsetzung.

Beleuchtung

Die Beleuchtung sollte parallel zu beiden Seiten des Arbeitsplatzes mit Lichtbandsystemen ausgeführt werden. Dabei ist auf gleichmäßige Lichtverteilung und Blendfreiheit zu achten.

Lärmschutz

Dem Thema Lärmschutz kommt am Karosseriearbeitsplatz besondere Bedeutung zu. Der Karosseriebereich muss nach außen hin entsprechend gedämmt werden. Aber auch die einzelnen Karosseriearbeitsplätze untereinander sollten mit mobilen Schallschutzwänden abgeteilt werden. Diese schallabsorbierenden Wände lassen sich auch einsetzen, um einen Arbeitsplatz, an dem nur gelegentlich Karosseriearbeiten ausgeführt werden, vom übrigen Werkstattbereich abzutrennen. Darüber hinaus lässt sich der Arbeitslärm mit lärmdämmenden Deckenkonstruktionen nachhaltig vermindern. Dazu werden die Lärmabsorber in einem Tragprofil von der Decke abgehängt.

Bild 3.10
Richtsysteme erlauben effektive Karosseriearbeiten
(Quelle: Dekra)

3.1.6.3 Fremdleistungen

Manche Arbeiten sind aus unterschiedlichen Gründen für die Werkstatt unwirtschaftlich. Selbst eine Werkstatt mittlerer Größe, die vielleicht noch Karosseriearbeiten durchführt, wird keine Lackierkabine anschaffen, weil sie diese teure Investition gar nicht auslasten kann. Das ist ein Fall für Spezialisten, deren Leistung die Werkstatt als Fremdleistung einkauft (Bild 3.11). In anderen Fällen fehlt vielleicht auch das spezielle Know-how. Mobilfunk-Spezialisten beispielsweise kümmern sich als Fremd-Dienstleister um den Einbau von Autotelefonen und Freisprecheinrichtungen. Zwar ist das ein Geschäftsfeld, mit dem auch die «normale» Kfz-Werkstatt gutes Geld verdienen könnte. Dann müsste sie aber auch das entsprechende Know-how aufbauen, die erforderlichen Geräte und Werkzeuge anschaffen und schließlich vor allem auch Kunden in größerer Zahl für diese Leistung akquirieren, damit sich diese Investitionen auch lohnen. Es handelt sich hier also um eine typische unternehmerische Entscheidung, ob eine solche Leistung selbst angeboten oder vom Spezialbetrieb eingekauft werden soll. Markengebundene Kfz-Betriebe setzen oft sogar bei mechanischen Reparaturarbeiten auf Fremdleistungen und geben Fremdfabrikate ihrer Kunden in einen Kfz-Betrieb der entsprechenden Marke zur Reparatur.

Zwar könnte der Betrieb den Kunden auch gleich zum Fremd-Dienstleister schicken, dann aber ist der Kunde weg, und ob er anschließend wieder in seine Werkstatt zurückkommt, ist nicht sicher. Deshalb wickeln Kfz-Betriebe aus gutem Grund Fremdleistungen für ihre Kunden selbst ab – auch wenn dadurch zusätzlicher Aufwand ent-

Bild 3.11
Einige Kfz-Betriebe haben sich spezialisiert, zum Beispiel auf das Thema Mobilkommunikation
(Quelle: ZDK)

steht. Denn die Kundenfahrzeuge müssen natürlich zum Fremdleister gebracht und anschließend wieder abgeholt werden. Der Aufwand aber lohnt sich, denn der Kunde wird so umfassend von seiner Werkstatt betreut und dankt es mit höherer Kundenbindung.

Zudem sind auch die Fremd-Dienstleister häufig sehr zufrieden, wenn sie vielleicht sogar auf Basis fester Verträge alle entsprechenden Aufträge der Kfz-Werkstatt erhalten. So kann sich beispielsweise zwischen einem Lackierbetrieb und einer Werkstatt eine enge Kooperation entwickeln. Der Lackierbetrieb kümmert sich vielleicht dann sogar darum, die zu lackierenden Fahrzeuge in der Karosseriewerkstatt des Kfz-Betriebes abzuholen und auch wieder zurückzubringen. In jedem Fall muss der Fremd-Dienstleister genauso in die Werkstattplanung eingebunden werden wie die eigenen Arbeitsplätze. Es müssen lediglich die Transportzeiten zusätzlich berücksichtigt werden. Selbstverständlich wird der Fremd-Dienstleister auch schon mit der Terminanmeldung des Kunden in der Werkstatt über den zu erwartenden Auftrag möglichst genau informiert. Ziel ist es hier, möglichst ohne Zeitverluste durch Wartezeiten eine reibungslose Zusammenarbeit der beiden Betriebe zu organisieren. Denn der Kunde soll im Prinzip gar nicht bemerken, dass sein Fahrzeug zwischendurch von einem Spezialisten bearbeitet wurde. Das funktioniert aber eben nur dann, wenn die Schnittstellen zwischen Kfz-Betrieb und Fremd-Dienstleister optimal funktionieren.

3.1.7 Teamkonzept oder Gruppenarbeit?

In den meisten Kfz-Betrieben arbeitet je ein Mechaniker an einem Arbeitsplatz. Er ist allein für die komplette Wartung und Reparatur zuständig. Gelegentlich geht ihm ein Lehrling zur Hand, der so praktisch ausgebildet wird. Treten Probleme auf, wird ein Spezialist oder der Meister hinzugerufen.

Vor allem größere Betriebe arbeiten zum Teil nach dem **Teamkonzept**. Der Hintergrund: Innerhalb des Großbetriebes sollen mehrere kleinere Gruppen, quasi als eigenständige Betriebe im Betrieb, für bessere Kundenbindung sorgen. Die Anonymität des großen, für den Kunden nicht mehr überschaubaren Unternehmens soll damit verhindert werden. Bei diesem Teamkonzept betreut jeweils ein Kundendienstmeister eine feste Mechanikergruppe. Er ist Fachvorgesetzter des Teams. Der Meister ist gleichzeitig Kundendienstberater. Er hält den Kontakt zu seinen Stammkunden, die immer von dem einen Team betreut werden. Vier bis acht Mechaniker bilden das Arbeitsteam. Unter ihnen ist einer der Chefmechaniker, das kann zum Beispiel ein ausgebildeter Servicetechniker sein, der gleichzeitig den Kundendienstmeister vertritt.

Vorteile des Teamkonzepts für größere Betriebe:

❑ Die Kunden werden individueller betreut.
❑ Die Kunden können präziser informiert werden.
❑ Der Kundendienstmeister kennt die Fahrzeuge der Stammkunden.
❑ Die Arbeitsproduktivität der Mitarbeiter liegt höher.
❑ Das Verantwortungsbewusstsein der Mitarbeiter steigt.
❑ Die Gruppenmitglieder entwickeln mit der Zeit Teamgeist.
❑ Es gibt weniger Reklamationen.

Während das beschriebene Teamkonzept in erster Linie in größeren Kfz-Betrieben mit Erfolg praktiziert werden kann, lässt sich die **Gruppenarbeit** auch in kleineren Betrieben durchführen. Gruppenarbeit ist beispielsweise in Verbindung mit Mehrebenen-Arbeitsplätzen möglich. Hierbei bilden die Werkstattmitarbeiter unter der Leitung des Werkstattmeisters mehrere Gruppen. Jede Gruppe besteht aus einem Servicetechniker und drei Monteuren. Der Servicetechniker entscheidet, ob ein Auftrag Mehrebenen-arbeitsfähig ist oder an einem Einzelarbeitsplatz ausgeführt werden muss. An einem Arbeitsplatz in mehreren Ebenen kann dann eine Kleingruppe aus zwei oder drei Monteuren, eventuell mit Unterstützung durch einen Auszubildenden, mehrere Arbeiten gleichzeitig an einem Fahrzeug ausführen.

Vorteile der Gruppenarbeit an Mehrebenen-Arbeitsplätzen:

❑ kürzere Reparaturstandzeiten,
❑ größere Wirtschaftlichkeit,
❑ bessere Arbeitsqualität durch gegenseitige Hilfe und Kontrolle,
❑ geringerer Platzbedarf in der Werkstatt,
❑ in der Regel höhere Arbeitszufriedenheit der Mitarbeiter durch die Zusammenarbeit.

Voraussetzung für die effektive Arbeit an Mehrebenen-Arbeitsplätzen ist allerdings, dass

❑ zuvor eine exakte Diagnose am Fahrzeug durchgeführt wurde,
❑ die benötigten Teile rechtzeitig an den Arbeitsplatz gebracht werden,
❑ die Aufträge zuvor geprüft werden, ob sie für den Mehrebenen-Arbeitsplatz geeignet sind,
❑ genügend Aufträge für die Gruppenarbeit am Mehrebenen-Arbeitsplatz vorliegen.

3.1.8 Endkontrolle nach dem Vier-Augen-Prinzip

Zum Arbeitsende kontrolliert der Mechaniker selbst seine eigene Arbeit, bevor er das Fahrzeug dem Kundendienstberater fertig meldet. Die durchgeführte Endkontrolle bestätigt er durch seine Unterschrift oder sein Kurzzeichen auf dem Arbeitsauftrag. Zwar wird der Kundendienstberater vor der Fahrzeugübergabe noch eine kurze Endkontrolle durchführen. Die hauptsächliche Qualitätskontrolle aber muss beim Mechaniker liegen. Es muss sichergestellt sein, dass die Kontrollverantwortung nicht von einer Stelle auf die andere geschoben wird. Neben den auf dem Arbeitsauftrag aufgeführten Arbeitspositionen sollte die Kontrolle auch die üblichen Prüfpunkte enthalten, die für die Verkehrssicherheit des Fahrzeuges erforderlich sind. Das kann anhand einer kurzen Checkliste geschehen, die der Mechaniker ebenfalls unterschrieben ins Fahrzeug legt.

> *Für die Fahrzeugübergabe nach einer Reparatur und Wartung muss der Grundsatz gelten: 30 Minuten vor dem vereinbarten Termin muss das Fahrzeug fertig sein.*

Diese Zeit benötigt der Kundendienstberater, um

- die Arbeitspositionen des Werkstattauftrages zu kontrollieren,
- sich auf einer kurzen Probefahrt davon zu überzeugen, dass am Fahrzeug alles in Ordnung ist,
- eine Oberwäsche, eventuell auch eine Innenreinigung, ausführen zu lassen.
- Außerdem benötigt die Verwaltung genügend Zeit, die Kundenrechnung endgültig fertigzustellen. Denn der zweite Grundsatz für die Fahrzeugauslieferung muss lauten:
  – Fahrzeug fertig, Rechnung fertig.

3.1.9 Fahrzeugübergabe an den Kunden

Wenn möglich, sollte der Kundendienstberater, der das Fahrzeug angenommen hat, es auch dem Kunden nach der Reparatur wieder übergeben (Bild 3.12). Der Kunde erwartet nach der Reparatur oder Wartung eine fachkompetente Auskunft über den Zustand seines Fahrzeuges. Er will hören, dass nun alles in Ordnung ist. An dieser wichtigen Schnittstelle hat der Kundendienstberater noch einmal eine ausgezeichnete Chance, etwas für die Kundenbindung zu tun. Er kann beispielsweise den guten Pflegezustand den Fahrzeuges loben oder noch einmal bestätigen, dass die durchgeführte Reparatur gerade jetzt absolut notwendig war.

Bild 3.12
Nach der Endkontrolle sollte der Kundendienstberater das Fahrzeug persönlich übergeben
(Quelle: ZDK)

Zudem ist es sinnvoll, dem Kunden mit der Fahrzeugübergabe auch die abgehakte und vom Mechaniker und Kundendienstberater unterschriebene Checkliste auszuhändigen oder ins Fahrzeug zu legen. Der Kunde erkennt damit, dass sich die Werkstatt um den optimalen Fahrzeugzustand gekümmert hat und nicht nur die Arbeitspositionen des Werkstattauftrages abgearbeitet hat. Außerdem kann der Kunde anhand der Checkliste ermessen, wie umfangreich die Arbeiten waren, für die er eine Menge Geld bezahlt hat.

Wurden Teile ersetzt, dann muss die Werkstatt im Prinzip alle Altteile dem Kunden ins Auto legen. Eine Ausnahme bilden Austauschteile. Hier werden die ausgebauten Teile an den Tauschteile-Lieferanten zurückgeschickt, wofür die Werkstatt ein Pfand verrechnet bekommt. Alle anderen Altteile aber gehören eigentlich dem Kunden. Kaum ein Kunde jedoch hat Interesse an abgenutzten Zündkerzen, einem schmierigen Ölfilter oder einer verschlissenen Kupplung. Meist sind die Kunden froh, wenn der Kfz-Betrieb die Teile entsorgt. Der Kundendienstberater sollte den Kunden aber darüber informieren, und in Einzelfällen kann es durchaus auch sinnvoll sein, dem Kunden das ersetzte defekte Teil zu zeigen. So kann er mit eigenen Augen sehen, dass die Reparatur notwendig und sinnvoll war. Zudem sind nicht alle Teileentsorgungen kostenlos. Für die Reifen- und die Batterieentsorgung wird gelegentlich eine Gebühr von der Werkstatt an den Kunden berechnet. Das sollte dem Kunden dann aber auch schon bei der Reparaturannahme gesagt werden, damit es nicht beim Bezahlen der Rechnung zu unnötiger Aufregung kommt.

Wurde bei der Reparatur oder der Endkontrolle ein Mangel festgestellt, der nicht mehr instand gesetzt werden konnte und der die Verkehrssicherheit nicht beeinträchtigt, dann muss auch das dem Kunden mitgeteilt werden. Eventuell kann bei der Auslieferung mit dem Kunden gleich ein neuer Werkstatttermin vereinbart werden.

Kann der Kundendienstberater das Fahrzeug nicht persönlich übergeben, sollte er einen kurzen Vermerk über den positiven Fahrzeugzustand nach der Wartung oder den Erfolg der durchgeführten Reparatur machen und zu den Rechnungsunterlagen legen. Das muss kein langer Brief sein. Ein oder zwei kurze Sätze zum Fahrzeugzustand reichen völlig aus. Einen freundlichen Gruß dazu, ein «Gute Fahrt» und der Hinweis, den Kundendienstberater bei Problemen jederzeit gern anrufen zu können, steigert die Zufriedenheit des Kunden.

An der Kasse erhält der Kunde dann schließlich die Rechnung, die möglichst detailliert alle Arbeiten und die verwendeten Ersatzteile auflistet. Auch die Motor- und die Fahrzeugwäsche sollten als kostenlose Position auf der Rechnung auftauchen. Das Gleiche gilt für die kostenlosen Garantiearbeiten. Der Kunde will wissen, was an seinem Fahrzeug gemacht wurde. Die kostenlosen Arbeitspositionen zeigen ihm, dass der Service «seiner» Werkstatt stimmt. Bei der Bezahlung sollte der Kfz-Betrieb möglichst flexibel sein und neben der Barzahlung auch die Möglichkeit der EC-Karten- und Kreditkarten-Zahlung vorsehen. Aber es sollte auch der Grundsatz herrschen, dass kein Auto ohne bezahlte Rechnung den Betriebshof verlässt. Nur in sehr begründeten Einzelfällen sollte von diesem Grundsatz abgewichen werden. Überweisung des Rechnungsbetrages «in den nächsten Tagen» sollte keinesfalls im Einzelfall möglich sein, sondern bestenfalls bei Firmenkunden, deren Fuhrpark der Kfz-Betrieb betreut. Hier ist es üblich, dass die Firmenmitarbeiter die Reparaturrechnung lediglich abzeichnen. Die Rechnung wird dann zur Bezahlung an die Firma geschickt.

Ist die Rechnung beglichen, erhält der Kunde seinen Autoschlüssel und – wenn er die Fahrzeugpapiere mit abgegeben hat – auch diese zurück. Handelte es sich um eine Wartung oder einen Service, dann sollte dem Kunden auch das Serviceheft «aktiv» übergeben werden. Das heißt, am besten der Kundendienstberater, sonst die Mitarbeiterin oder der Mitarbeiter an der Kasse, zeigt das abgestempelte Feld für den aktuellen Servicetermin und weist gleichzeitig auf den nächsten Termin hin.

Sind alle Formalitäten erledigt, kann der Kunde mit seinem Fahrzeug vom Hof fahren – wenn er es denn findet. Häufig hat der Mitarbeiter an der Kasse keinerlei Informationen darüber, wo der Kundendienstberater das Fahrzeug abgestellt hat. Bei kleineren Betrieben wird das kein Problem sein. Da hat der Kunde sein Auto wahrscheinlich schon beim Hereinkommen entdeckt. Ist das Betriebsgelände jedoch größer oder verwinkelt, dann muss der Kundendienstberater in jedem Fall den Fahrzeugstandort vermerken, so dass dem Kunden exakt beschrieben werden kann, wo er sein Fahrzeug findet. Und dann sollte der Kunde sein Fahrzeug auch problemlos vom Betriebsgelände herunterfahren können. Das heißt, das Auto darf weder zugeparkt noch so in eine Ecke gequetscht sein, dass es nur mit Einweisung ohne Schrammen aus der Parklücke zu manövrieren ist. Auch sollte zum daneben geparkten Auto so viel Platz sein, dass der Kunde ohne Verrenkungen einsteigen kann. Dabei muss die Werkstatt immer davon ausgehen, dass nicht alle Kunden so sichere Autofahrer sind, die die Abmessungen ihres Fahrzeuges ganz genau kennen. Noch besser ist es natürlich, wenn ein Mitarbeiter, eventuell ein Lehrling, bereitsteht, der das Kundenfahrzeug holt und vor dem Eingang zum Kundenzentrum bereitstellt.

3.1.10 Zeiterfassung

Als Dienstleistungsbetrieb erwirtschaftet die Kfz-Werkstatt neben den Erlösen aus dem Teile- und Zubehörverkauf ihren Umsatz und Gewinne hauptsächlich aus dem Verkauf von Zeit – von Arbeitszeit, die die Mechaniker für Wartungen und Reparaturen benötigen. Für die meisten Arbeiten gibt es sehr detaillierte Arbeitszeitvorgaben in Form der Arbeitswerte. Für die Planung der Werkstattarbeit, aber auch für die Verrechnung der Arbeitszeit an den Kunden sind die AW-Werte wichtige Instrumente im Werkstattalltag.
Für die Ermittlung des Werkstattergebnisses jedoch sind diese Soll-Vorgaben unzureichend. Erforderlich ist eine permanente Kontrolle der Istwerte, also der Zeit, die die Mechaniker für produktive und unproduktive Tätigkeiten tatsächlich benötigen. Außerdem errechnet sich aus den Istwerten vielfach die Entlohnung der Werkstattmitarbeiter. Deshalb ist eine effektive Zeiterfassung in der Werkstatt dringend erforderlich.
Für jeden Werkstattauftrag müssen Beginn und Ende der Arbeit erfasst und dem jeweiligen Auftrag zugeordnet werden. Als Zeiterfassungs-Hilfsmittel wird auch heute noch in vielen Kfz-Betrieben eine Stempeluhr verwendet. Nachdem der Monteur den Arbeitsauftrag aus der Disposition geholt hat, stempelt er den Arbeitsbeginn auf der Arbeitszeitkarte oder dem Auftrag an. Ist die Reparatur, die Wartung oder auch die einzelne Arbeitsposition abgeschlossen, wird dies wiederum mit Hilfe der Stempeluhr dokumentiert. Genauso wird jede Arbeitsunterbrechung durch An- und Abstempeln vermerkt.
Elektronische Zeiterfassungssysteme arbeiten nach dem gleichen Prinzip. Hier meldet der Mechaniker dem System mit Hilfe einer

Codekarte oder auch über die Tastatur seines Arbeitsplatzrechners Arbeitsbeginn und -ende und ordnet Auftragsnummer und Arbeitsposition zu. Die Zeiterfassung und die Berechnung der Arbeitszeiten erfolgen dann durch das EDV-System, das die Ist-Zeiten auch gleich der Buchhaltung für die Kundenrechnung – falls keine AW-Angaben vorliegen – sowie der Lohnbuchhaltung zur Verfügung stellt.

Neben der Zuordnung der Ist-Arbeitszeiten zu den einzelnen Werkstattaufträgen müssen die unterschiedlichen produktiven und unproduktiven Arbeitszeiten auch für jeden einzelnen Mechaniker erfasst werden. Dazu dienen beispielsweise Tagesarbeitskarten, deren Ergebnisse in monatliche Zeitlisten zu übertragen sind. Damit hat die Werkstattleitung eine regelmäßige Kontrolle über die tatsächliche Auslastung der Werkstattmitarbeiter.

3.1.11 Garantiearbeiten und Kulanz

In markengebundenen Kfz-Werkstätten gehören Neuwagen-Garantiearbeiten zum täglichen Geschäft. Denn nur Werkstätten, die als offizielle Partner einer Fabrikatsorganisation angehören, können diese Garantien über den Hersteller oder Importeur abwickeln. Gleiches gilt für Kulanzarbeiten, die die meisten Autohersteller nach Ablauf einer Garantie gewähren. Abgesehen davon, dass für diese Arbeiten zusätzlicher administrativer Aufwand anfällt, unterscheiden sich Garantie- und Kulanzarbeiten nicht von anderen Wartungs- und Reparaturarbeiten in der Werkstatt. Bei Garantiearbeiten übernehmen die Hersteller die Reparaturkosten in der Regel ohne Probleme. Bei Kulanzarbeiten jedoch muss zunächst ein Kulanzantrag gestellt werden. Damit die Information darüber bereits vorliegt, ob der Hersteller einen Teil der Reparaturkosten übernimmt, wenn der Kunde das reparierte Auto abholt, sollte der Kulanzantrag so früh wie möglich gestellt werden. Oft kann das bereits gleich nach der Anmeldung zum Reparaturtermin erfolgen. Allerdings sind die Hersteller oder Importeure heute meist auch schon innerhalb eines Tages in der Lage, einen Kulanzantrag zu bearbeiten und der Werkstatt mitzuteilen, wie viel der Reparaturkosten der Kunde selbst übernehmen muss.

Aber auch in der freien Kfz-Werkstatt fallen Garantie- und Kulanzarbeiten an. Zum einen verkauft der Betrieb Gebrauchte mit einer Garantie. Zum anderen erhält der Kunde auch auf die durchgeführten Reparaturen eine Garantie. Auch hier steht in der Regel ein Garantieversicherer dahinter, der die Werkstattkosten übernimmt. Hier muss jedoch jeder Garantiefall mit dem Versicherer abgeklärt werden. Um Differenzen und Missverständnisse mit den Kunden zu vermeiden, sollten zunächst die Garantiezusagen abgewartet werden. Erst wenn das Ergebnis mit dem Kunden abgesprochen wurde und der mit dem Ergebnis zufrieden ist, kann die Werkstatt mit der Reparatur beginnen. Auch hier gilt allerdings, dass die Garantieversicherer nicht selten über das Internet oder per e-Mail die Garantieanfragen erhalten und innerhalb weniger Stunden ihre Freigabe an die Werkstatt übermitteln.

Während der Garantievertrag einen Anspruch begründet, den der Kunde gegenüber dem Hersteller oder einem Garantieversicherer hat, ist die Kulanz eine freiwillige Leistung. Auch die Werkstatt muss

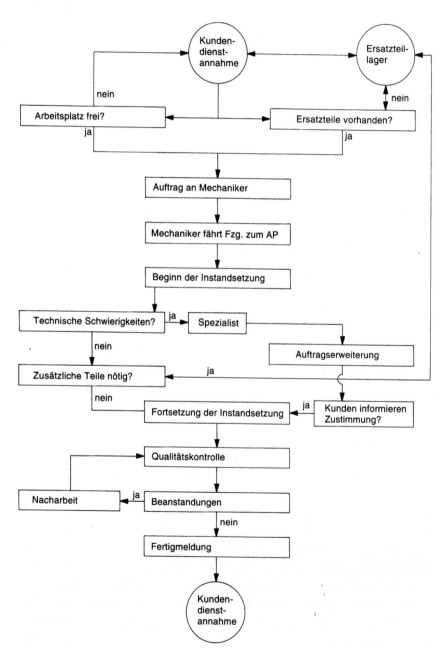

Bild 3.13
Fahrzeugdurchlauf durch den Kfz-Betrieb
(Quelle: autop)

gelegentlich Kulanz leisten. Wenn die Garantiezeit für eine Reparatur oder den Gebrauchtwagen abgelaufen ist, kann es Sinn machen, einen Teil der Reparaturkosten zu übernehmen, um den Kunden zufrieden zu stellen und ihn so als Stammkunden zu halten. Für den Kfz-Betrieb aber ist das in jedem Fall eine Entscheidung, die im Einzelfall zu treffen ist.

3.2 Funktionsbereich Ersatzteillager

Die Qualität der Ersatzteilversorgung der Werkstätten hat sich in den letzten Jahren erheblich verbessert. Bestellvorgänge wurden automatisiert und laufen heute vielfach online über Datenverbindungen oder das Internet. Durch erheblich kürzere Lieferzeiten für zumindest die gängigen Ersatz- und Zubehörteile hat sich der Lagerbedarf in den Werkstätten reduziert. Häufig mehrmals am Tag kann sich die Werkstatt aktuell benötigte Teile vom Großhandel oder vom Markenvertragspartner liefern lassen. Dennoch hängen Größe und Ausstattung des Ersatzteillagers eng zusammen mit den Aufgaben des Kfz-Betriebes. Die Anforderungen an das Lager sind in einer freien Werkstatt grundsätzlich unterschiedlich gegenüber dem Ersatzteillager in einem fabrikatsgebundenen Autohaus.

Das Ersatzteillager steht an der Schnittstelle zwischen Kundenzone und Werkstatt:

- Es versorgt die Werkstatt mit den benötigten Teilen.
- Es verkauft Ersatzteile an Wiederverkäufer und Endverbraucher.
- Es kümmert sich um die aktive Zubehörvermarktung.

Freie Kfz-Werkstatt

Eine freie Kfz-Werkstatt repariert nahezu jedes Fabrikat. Hier ist es kaum möglich, auch nur alle gängigen Ersatzteile zu bevorraten. Die Lagerhaltung wird sich also hier auf Kleinteile und für nahezu jede Wartung und Reparatur benötigte Verbrauchsmaterialien beschränken. Zündkerzen gehören beispielsweise hierzu oder auch Öl- und Luftfilter oder Scheibenwischer. Mit Universalprogrammen, bei denen relativ wenige Teiletypen nahezu die gesamte Fahrzeugpalette abdecken, unterstützen die Teilelieferanten inzwischen auch in diesem Bereich die Werkstätten.

Die allermeisten Ersatzteile werden aber erst für den konkreten Reparatur- und Wartungsauftrag beschafft.

Um in einer freien Werkstatt die Ersatzteilbeschaffung ohne allzu großen Zeitaufwand abwickeln zu können, ist es gerade hier besonders wichtig, schon bei der Terminplanung die vor-

aussichtlich benötigten Ersatzteile festzulegen und rechtzeitig zu bestellen.

Anhand des Werkstatt-Terminplans für die nächsten Tage können die Teile gesammelt beim Teilegroßhandel bestellt werden. Meist reicht es aber heute, die für den nächsten Tag benötigten Teile am Nachmittag vorher zu bestellen. Der Teileservice des Großhandels oder des Autohauses bringt die Teile dann rechtzeitig in die Werkstatt.
Der etwas komplizierteren Ersatzteilbeschaffung einer freien Werkstatt stehen aber auch einige Vorteile gegenüber. So benötigt die Werkstatt kaum teuren Lagerraum und muss überdies nur wenig Kapital in der Ersatzteilbevorratung binden.

Spezialwerkstatt
Spezialwerkstätten und Schnelldienste beschränken sich auf ganz bestimmte Reparaturdienstleistungen. Entsprechend spezialisiert ist hier die Ersatzteilbevorratung. Ein Bremsen-, Auspuff- und Stoßdämpferservice beispielsweise wird die Teile für die gängigsten Fahrzeugmodelle am Lager haben. Denn hier erwartet der Kunde, dass er ohne Anmeldung sein Fahrzeug bringen und es häufig nach einiger Wartezeit gleich wieder mitnehmen kann. Der Kundendienstberater muss deshalb über den Lagerbestand permanent auf dem Laufenden sein. Das setzt voraus, dass im Ersatzteillager eine genaue Bestandsübersicht geführt wird. Häufig benötigte Teile müssen in größerer Stückzahl bevorratet und bei Erreichen einer festgelegten Bestandsuntergrenze rechtzeitig nachbestellt werden. Auch hier aber bietet der Ersatzteile-Großhandel in der Regel einen schnellen Lieferservice, der sicherstellt, dass die Teile innerhalb eines Werktages geliefert werden können.

Fabrikatsgebundene Werkstätten und Autohäuser
Hersteller und Importeure binden die Vertragswerkstätten in ihre Ersatzteillogistik ein. Innerhalb der Vertriebsorganisation übernehmen größere Autohäuser und die Werksniederlassungen eine festgelegte Aufgabe innerhalb der Ersatzteilversorgung. So ist hier in weiten Bereichen festgelegt, welche Ersatzteile in welchem Umfang bevorratet werden müssen. Darüber hinaus verkaufen die markengebundenen Werkstätten auch das Originalzubehör des Herstellers oder Importeurs. Die Anforderungen an die Lagerorganisation sind daher in einem Autohaus am größten.
Aufgaben des Ersatzteillagers:

❏ Beschaffen und Bevorraten aller benötigten Teile für
  – Reparaturaufträge,
  – den Thekenverkauf;

- Zusammenstellen der Teile für die einzelnen Reparaturaufträge;
- Bereitstellung der Teile direkt an den Arbeitsplatz;
- Ausgabe der Teile an die Werkstattmitarbeiter;
- Beschaffung der Teile für Auftragserweiterungen.

Damit das Ersatzteillager alle Anforderungen erfüllen kann,

- muss es zentral angeordnet sein
- mit direkter Anbindung an die Werkstatt und gleichzeitig
- mit direkter Anbindung an die Kundenzone.
- Außerdem muss die problemlose Teile-Anlieferung von außen mit Lkw-Zufahrt gewährleistet werden.

Lagerorganisation – oberstes Ziel: kurze Wege
Innerhalb des Ersatzteillagers ist bei der Teilelagerung auf kurze Wege zu achten. Das heißt in der Praxis vor allem: schnell drehende, häufig benötigte Teile sind in der Nähe der Teile-Ausgabe zu lagern.
Ab einer bestimmten Betriebsgröße ist es sinnvoll, das Ersatzteillager als «Profit-Center» zu führen. Denn das Ersatzteillager ist im Prinzip ein Betrieb im Betrieb. Seine Aufgabe: möglichst alle Teile zum richtigen Zeitpunkt für die Werkstatt bereitstellen zu können. Daneben erfüllt das Ersatzteillager eine wichtige Handelsfunktion für den Thekenverkauf an externe Kunden oder Wiederverkäufer.
Um seine vielfältigen Aufgaben erfüllen zu können, muss der Lagerist ständig über den Lagerbestand auf dem Laufenden sein. In der Regel werden in der Bestandsübersicht

- alle eingehenden Teile nachgetragen und
- alle ausgegebenen Teile ausgebucht.

Anhand der jährlichen Inventur wird die Bestandsübersicht aktualisiert. Bei der Vielzahl der zu lagernden Ersatzteile hat insbesondere im Lagerbereich die EDV schon recht früh Einzug gehalten.

Zentrale Rolle im Arbeitsablauf eines Ersatzteillagers spielt das Bestellwesen. In der Regel werden die folgenden Bestellarten unterschieden:

- regelmäßige, wöchentliche Standardbestellung,
- tägliche Ergänzungsbestellungen,
- Eil- oder Expressbestellungen.

Die Standardbestellungen laufen häufig automatisch. Sie decken den üblichen Bedarf der Werkstatt an gängigen Teilen. Mit den zusätzlichen Bestellungen ergänzt der Lagerist die Teile, deren Bestand unter einen festgesetzten Mindestbestand abgerutscht sind. Außerdem beschafft er so weniger gängige Teile zur Vorbereitung eines konkreten Reparaturtermins. Eil- oder Expressbestellungen sollten so wenig wie möglich anfallen. Denn diese Bestellart ist natürlich die teuerste. Sie ist immer dann erforderlich, wenn ein Ersatzteil nicht am Lager vorrätig ist, aber für eine dringende Reparatur so schnell wie möglich benötigt wird. Möglicherweise blockiert das Kundenfahrzeug gar einen Arbeitsplatz, weil die Reparatur aufgrund des fehlenden Teils nicht fortgeführt werden kann. Dann ist es fast gleich, was die Expresslieferung mehr kostet, der Verlust für den brachliegenden Werkstatt-Arbeitsplatz ist allemal höher.

Die Kunden des Ersatzteillagers
Je nach Ausgabe- und Verkaufsart unterscheidet das Ersatzteillager nach Verkauf an

- die eigene Werkstatt,
- eine fremde Werkstatt,
- den Kunden direkt.

Die eigene Werkstatt ist in aller Regel der größte Abnehmer des Ersatzteillagers. Die Werkstatt verrechnet die Ersatzteilkosten dem Kunden weiter. Der schon bei der Terminvergabe ermittelte Ersatzteilbedarf sollte bereits vorab bestellt sein. Nachdem der Kundendienstberater den Reparaturauftrag erstellt hat, wird automatisch eine Ersatzteilliste erstellt, die entweder ins Lager gebracht wird oder – zunehmend die Regel – über das vernetzte EDV-System online an das Lager übermittelt wird. Die Lageristen stellen die Teile zusammen und legen sie für die Monteure bereit. Gleichzeitig werden die Teile aus dem Bestand ausgebucht und die Daten an die Buchhaltung für die Rechnung übermittelt.
Fremde Werkstätten oder Wiederverkäufer erhalten Ersatzteile aus dem Lager in der Regel auf Lieferschein. Auf dem Lieferschein zeichnet der Kunde den Erhalt der Teile ab, außerdem erhält er eine Lieferscheinkopie. Auch hier werden die Daten zur Rechnungsstellung an die Buchhaltung übermittelt und die Ausgabe im Bestand berücksichtigt. Meist einmal im Monat erhält der Kunde dann auf dem Postweg eine Sammelrechnung.
Private Ersatzteilkunden erhalten die Teile in der Regel nur gegen Barzahlung. Auch hier erhält der Kunde das Original der Barverkaufsrechnung.

3.3 Funktionsbereich Gebrauchtwagenverkauf

Viele Kfz-Werkstätten beschränken sich auf den Dienstleistungsbereich, auf Wartung und Reparatur von Kfz. Ein großer Teil auch der freien Werkstätten jedoch engagiert sich daneben in mehr oder weniger großem Umfang im Fahrzeug-Handelsgeschäft. Vor allem Gebrauchtwagen werden von den Werkstätten gehandelt, aber auch Jahreswagen und reimportierte Neuwagen aus der Europäischen Union, die so genannten EU-Reimport-Fahrzeuge. Und für die markengebundenen Autohäuser gehört das Gebrauchtwagengeschäft ganz automatisch mit dazu.

▶ *Professionelles Gebrauchtwagen-Management von der umfassenden Hereinnahmebewertung bis zur kundenbindenden Fahrzeugauslieferung lässt sich nicht nebenbei erledigen.*

Bild 3.14
Wichtiges Standbein für den Kfz-Betrieb: der professionelle Gebrauchtwagenhandel
(Quelle: ZDK)

Schon fünf Gebrauchte, die auf dem Betriebshof auf einen Käufer warten, binden leicht zwischen 25 000 und 50 000 €. Wer mit Gebrauchten handelt, muss sich aktiv darum kümmern, wenn er mit dem Zusatzgeschäft Geld verdienen will. Und dazu gehören wie im Werkstattbereich Standards und geregelte Betriebsabläufe. Im Rahmen dieses Buches können wir zum Fahrzeug-Verkaufsgeschäft nur einige grundsätzliche Hinweise geben. Spezielle Lehrbücher für den Fahrzeugverkauf sowie Verkäuferseminare vermitteln das nötige umfassende Wissen.

Das sind die wichtigsten Eckpunkte für ein erfolgreiches Gebrauchtwagengeschäft:

- ❑ Hereinnahmebewertung mit technischer Durchsicht,
- ❑ marktgerechte Hereinnahmepreis-Kalkulation,
- ❑ aktiver Gebrauchtwagenzukauf aus unterschiedlichen Quellen,
- ❑ optimale Gebrauchtwagen-Instandsetzung und -aufbereitung,
- ❑ effektives Gebrauchtwagen-Marketing (siehe Kapitel 6),
- ❑ permanente Standzeitenkontrolle (siehe Kapitel 4),
- ❑ attraktive Gebrauchtwagen-Präsentation,
- ❑ Gebrauchtwagengarantie,
- ❑ kundenbindende Fahrzeugauslieferung.

3.3.1 Hereinnahmebewertung mit technischer Durchsicht (Bild 3.15)

«Gardinenbewertung» heißt in der Branche ein Verfahren, das früher weit verbreitet, heute glücklicherweise nur noch selten praktiziert wird. Der Automobilverkäufer, der bei einem Neu- oder Gebraucht-

Bild 3.15
Keine Gebrauchtwagen-Hereinnahme ohne genaue technische Durchsicht
(Quelle: EurotaxSchwacke)

wagenverkauf den Altwagen des Kunden in Zahlung nehmen soll, macht es sich hier allzu einfach. Er greift zur Schwacke- oder DAT-Liste, sucht den genauen Typ und das Baujahr des Kundenfahrzeuges heraus, fragt bestenfalls noch nach dem Kilometerstand. Dann folgt ein kurzer «prüfender» Blick durch die Gardienen des Verkaufsbüros auf das davor geparkte Kundenfahrzeug, und schon kann er den Hereinnahmepreis nennen – «Gardinenbewertung». Die Überraschung kommt dann regelmäßig einige Tage später, wenn die Werkstatt nach der Hereinnahme die technische Instandsetzung abgeschlossen hat und dafür den Aufwand präsentiert. Werden die Kosten auf den Verkaufspreis des Gebrauchten umgelegt, ist der Preis nicht mehr marktgerecht. Der Gebrauchte wird zum Langsteher. Da aber der an den Vorbesitzer gezahlte Hereinnahmepreis plus der Instandsetzungs- und Aufbereitungskosten den möglichen Verkaufspreis überschreitet, wird das Geschäft zum Verlust.

Der oberste Grundsatz beim Ankauf, bei der Hereinnahme eines Gebrauchtwagens muss lauten: keine Hereinnahmepreis-Kalkulation ohne technische Bewertung des Fahrzeuges. Hier ist der Sachverstand der Werkstatt gefragt. Der ideale Ort für die Hereinnahme-Bewertung ist die Direktannahme.

In jedem Fall aber muss der Gebrauchte

- auf einer Hebebühne
- im Beisein des Kunden
- durch einen Werkstattmeister oder Servicetechniker

geprüft werden.
Bei der technischen Bewertung sollten sowohl positive Dinge wie auch negative angesprochen und auf einem Prüfprotokoll vermerkt werden. Der Kunde muss den Eindruck gewinnen, dass sein Fahrzeug einer objektiven Diagnose unterzogen wird. Deshalb kann die Bewertung auch nicht vom Verkäufer, sondern muss von einem Werkstattmitarbeiter durchgeführt werden.

3.3.2 Marktgerechte Hereinnahmepreis-Kalkulation

Das Prüfprotokoll ist Basis der Hereinnahmepreis-Berechnung. Neben den erforderlichen Instandsetzungsarbeiten ist dabei ein Festbetrag für die optische Gebrauchtwagenaufbereitung zu berücksichtigen. Der Verkäufer hat nun eine optimale Basis für die Festlegung des Hereinnahmepreises. Dabei sind die Marktpreislisten von Schwacke oder DAT nach wie vor wichtige Hilfsmittel. Eleganter, sicherer und

Bild 3.16
Auf Basis der ermittelten Daten wird im Beisein des Kunden der mögliche Hereinnahmepreis erläutert
(Quelle: EurotaxSchwacke)

für den Kunden überzeugender ist die Berechnung jedoch, wenn sie am Arbeitsplatz-PC des Verkäufers durchgeführt wird (Bild 3.16). Die Marktpreisspiegel stehen dann als monatlich aktualisierte CD-ROM oder auch online über das Internet zur Verfügung. Das Gebrauchtwagen-Bewertungsprogramm führt den Verkäufer Schritt für Schritt durch die professionelle Bewertung. Nach der genauen Fahrzeugauswahl werden die den Wert beeinflussenden Faktoren wie Baujahr, Kilometerlaufleistung und Sonderzubehör erfasst. Schon daraus errechnet sich ein vorläufiger Hereinnahmepreis. Aber Vorsicht: Bei den Daten der Marktpreisspiegel handelt es sich um deutschlandweite Durchschnittswerte. Deshalb sehen die Programme einen fest oder variabel einstellbaren Korrekturfaktor für regionale Preisauf- oder Preisabschläge vor. Schließlich werden noch die Instandsetzungs- und Aufbereitungskosten, Verkäuferprovision und Gewinnspanne berücksichtigt, so dass am Ende ein Hereinnahmepreis errechnet wird, der später einen marktgerechten Verkaufspreis für den Gebrauchten erlaubt.

Wer hier nicht genau kalkuliert, alle Kosten mit einrechnet und zudem auch noch die Marktgängigkeit des Gebrauchten richtig einschätzt, legt bei seinen Gebrauchtwagengeschäften ganz schnell viel Geld drauf.

3.3.3 Aktiver Gebrauchtwagenzukauf aus unterschiedlichen Quellen

Von Gebrauchtwagen-Hereinnahme spricht man immer dann, wenn der Kunde beim Neukauf eines Neu- oder Gebrauchtwagens sein Altfahrzeug in Zahlung gibt. Nicht selten wird dem Kunden dann über einen eigentlich zu hohen Hereinnahmepreis für seinen Altwagen ein Rabatt auf den Neukauf gewährt. Hersteller und Importeure setzen dieses Mittel immer wieder sehr gezielt ein, um den Verkauf von Neuwagen anzukurbeln. Die Gebrauchtwagen-Hereinnahme subventioniert dann den Neuwagenverkauf. Das ist alles kein Problem, solange diese Überzahlung der verursachenden Abteilung, also dem Neuwagenverkauf, intern zugerechnet wird.
Aber auch ohne die speziellen Gebrauchtwagen-Verkaufsanreize werden die Hereinnahmen von Altwagen der Kunden häufig sehr knapp kalkuliert.

> *Die meist besseren Ergebnisse aus dem Gebrauchtwagenverkauf lassen sich realisieren, wenn Gebrauchte aktiv zugekauft werden.*

Es gibt eine Vielzahl lukrativer Ankaufquellen, bei denen einzelne Gebrauchte oder auch gleich ein ganzer Autotransporter voll gekauft werden können. Hier kann der Kfz-Betrieb gezielt Gebrauchtwagen zukaufen:

- Privatverkäufer, die ihren Gebrauchten in der Zeitung inserieren,
- Gebrauchtwagenbörsen im Internet,
- Werksangehörige der Automobilhersteller,
- Große Markenvertragshändler,
- Gebrauchtwagen-Großhändler,
- Gebrauchtwagen-Importeure,
- Gebrauchtwagenauktionen,
- Fahrzeugpools der Fahrzeughersteller,
- Mietwagen- und Leasinggesellschaften im Inland und im europäischen Ausland.

Der Gebrauchtwagenankauf von Privatpersonen ist besonders mühsam. Er lohnt sich eigentlich nur bei besonders lukrativen Angeboten. Problemlos ist dagegen der Zukauf von großen Markenhändlern. Die geben vor allem ältere Gebrauchte zunehmend gleich an Wiederverkäufer weiter, weil sie sich auf junge Gebrauchte spezialisiert haben. Gleiches gilt für Fremdfabrikate, die nicht ins Sortiment der Markenhändler passen. Allerdings versuchen die Händler oft, die Gebrauchten im Paket zu verkaufen. Neben gesuchten Modellen sind dann unter Umständen auch Problemfahrzeuge im Paket, die nur schwer verkäuflich sind, weil Ausstattung oder Farbe nicht marktgerecht sind.

Auch beim Großhandel, bei Importeuren oder aus den Fahrzeugpools der Automobilhersteller, von Leasing- oder Mietwagengesellschaften können Kfz-Betriebe attraktive Gebrauchte zukaufen. Insbesondere Gebrauchte aus dem Ausland sind häufig recht günstig zu haben. Allerdings entspricht die Ausstattung der Pkw aus dem Ausland nicht immer dem bei uns üblichen Standard. Problematisch ist es auch, die Gebrauchten direkt im Ausland einzukaufen. Theoretisch funktioniert das über das Internet oder per Faxangebot. Ohne Besichtigung der Fahrzeuge vor Ort kann das Geschäft aber auch zum Reinfall werden, weil die Gebrauchten nicht in dem Zustand sind, der in Deutschland von einem Qualitäts-Gebrauchten erwartet wird.

Als gute Ankaufmöglichkeit gerade auch für kleinere Betriebe haben sich die exklusiv für Händler organisierten Gebrauchtwagenversteigerungen entwickelt. Wer hier beim Bieten einen kühlen Kopf bewahrt und sich nicht von der Auktionsatmosphäre mitreißen lässt, hat gute Chancen, attraktive Gebrauchte einzukaufen.

3.3.4 Optimale Gebrauchtwagen-Instandsetzung und -aufbereitung

Nach dem Fahrzeugankauf entscheidet die Gebrauchtwagenabteilung das weitere Vorgehen:

- ❑ Soll die Instandsetzung in der eigenen Werkstatt durchgeführt werden oder
- ❑ übernimmt eine Fremdfirma, zum Beispiel bei einem anderen als dem vertretenen Fabrikat, die Instandsetzung?
- ❑ Müssen Lackarbeiten nach der Instandsetzung an eine externe Lackiererei vergeben werden?
- ❑ Wird die optische Gebrauchtwagenaufbereitung im Haus durchgeführt oder
- ❑ ist eine Fremdfirma mit der Aufbereitung beauftragt?

Ist der Instandsetzungs- und Aufbereitungsweg festgelegt, erteilt die Gebrauchtwagenabteilung die entsprechenden Aufträge, die intern dem Budget der GW-Abteilung zugerechnet werden. Auch für den Instandsetzungsauftrag an die eigene Werkstatt ist ein ganz normaler Werkstattauftrag zu erstellen. Dabei gilt der Grundsatz: Der interne Auftrag zur Gebrauchtwagen-Instandsetzung ist wie ein Kundenauftrag zu behandeln. Das heißt, der Instandsetzungsauftrag fließt wie ein Kundenauftrag in die Terminplanung und die Werkstattdisposition mit ein. Häufig kann der Instandsetzungstermin auch schon weit im Voraus geplant werden, da der Kunde auf seinen Neuwagen oder den neuen Gebrauchtwagen noch einige Tage warten muss.

▶ *Generell muss für die technische Instandsetzung und die optische Aufbereitung des Gebrauchtwagens gelten: Spätestens vier Tage nach der Hereinnahme muss der Gebrauchte der GW-Abteilung verkaufsfertig zur Verfügung stehen. Denn: Jeder Tag, den der Gebrauchte unverkauft im Unternehmen steht, kostet bares Geld, das den Gewinn des Gebrauchtwagengeschäftes schmälert.*

Großer Wert sollte auch auf eine professionelle Gebrauchtwagenaufbereitung gelegt werden. Je besser der Gebrauchte in der Ausstellung steht, desto schneller lässt er sich weiterverkaufen. Nach Aufbereitung und Instandsetzung führt der Kundendienstberater beziehungsweise der Werkstattmeister eine Endkontrolle durch.
Steht der Gebrauchtwagen längere Zeit in der Ausstellung, muss die optische Aufbereitung von Zeit zu Zeit erneuert werden. Hinweise darauf geben die GW-Verkäufer der Aufbereitungsabteilung, die dann zumindest eine Oberwäsche und eventuell eine Innenreinigung durchführt.

Dokumentation des GW-Zustandes
Die Dokumentation des Gebrauchtwagenzustandes ist wegen des 2002 eingeführten Gewährleistungsrechtes besonders wichtig. Mit der Sicherheits-Checkliste in Tabelle 3.3, die das Dresdener Autohaus Pattusch entwickelt hat, wird die Qualität der Aufbereitung und Instandsetzung dokumentiert, bevor der Gebrauchte von der Werkstatt an den Verkauf übergeben wird. Alle Daten und Befunde zu den Fahrzeugen werden auf einer einzigen DIN-A4-Seite niedergelegt. Auf einen Blick ist zu sehen, was eventuell noch zu tun ist. Dafür sorgen vor allem die drei Spalten am rechten Rand, an die der zuständige Mitarbeiter das Ergebnis seiner Prüfung einträgt: «in Ordnung / nicht in Ordnung / erledigt».
Die ersten 29 Punkte gehören einem auf rund 60 Minuten angesetzten Technik-Check: Er reicht von der Prüfung aller Flüssigkeitsstände, Ölwechsel, Zahnriemen, Bremsen über Reifen, Batterie und Innenraum bis zu Radaufhängung, Getriebe, Probefahrt und der Besichtigung der Glasteile. Die Punkte 30 bis 40 fallen unter die Rubrik «Aufbereitung» und beziehen sich auf Arbeiten wie die Decodierung des Radios, die Prüfung der Anhänger-Zugvorrichtung, von Zigarettenanzünder, den Bedienungsanleitungen von Fahrzeug, Telefon, Radio usw. sowie dem Test dieser Geräte. Freifelder am Fuß des Blattes bieten Platz für weitere Anmerkungen. Die zuständigen Mit-

Tabelle 3.3   40-Punkte Sicherheits-Check vor Präsentation in der GW-Ausstellung [5]

40-Punkte Sicherheits-Check vor Präsentation in der GW-Ausstellung

GW-Nr.: _____ FIN: _____ Fahrzeugtyp: _____

	i.O	n.i.O.	erl.

Technik

	i.O	n.i.O.	erl.
1. Alle Flüssigkeitsstände auf Maximum	( )	( )	( )
2. Frostschutz im Kühler und in der Scheibenwaschanlage gewährleistet	( )	( )	( )
3. Ölwechsel aktuell; Schild mit Kilometerstand angebracht	( )	( )	( )
4. Zahnriemen aktuell; Schild mit Kilometerstand angebracht	( )	( )	( )
5. Service aktuell, im Serviceheft eingetragen und unterschrieben	( )	( )	( )
6. Bremsen vorn getestet	( )	( )	( )
7. Bremsen hinten getestet	( )	( )	( )
8. Handbremse getestet	( )	( )	( )
9. Lenkung getestet	( )	( )	( )
10. Komplette elektrische Anlage funktionstüchtig	( )	( )	( )
11. Reifenprofil, -druck und -alter vorschriftsgemäß, keine Beschädigungen	( )	( )	( )
12. Fahrzeugschlüssel gecheckt am Türschloss am Zündschloss	( )	( )	( )
13. Beleuchtung an ... Fahrzeugschlüsseln gecheckt	( )	( )	( )
14. Felgenschlüssel für LM vorhanden/bestellt	( )	( )	( )
15. Batteriezustand geprüft	( )	( )	( )
16. Wischblätter geprüft	( )	( )	( )
17. ABE's für alle Anbauteile vorhanden	( )	( )	( )
18. Bordwerkzeug komplett	( )	( )	( )
19. Alle beweglichen Teile auf Beschädigung und Funktion geprüft (z.B. Sitze, Gurte, Luftdüsen, Klappen usw.)	( )	( )	( )
20. Innenraum + Kofferraum auf Beschädigung geprüft	( )	( )	( )
21. Alle geschlossenen Kreisläufe auf Dichtigkeit geprüft (z.B. Motoröl, Kühlung, Servo usw.)	( )	( )	( )
22. Buchsen und Kugelköpfe geprüft	( )	( )	( )
23. Radaufhängung auf Festigkeit geprüft	( )	( )	( )
24. Stoßdämpfer auf Funktion, Dichtigkeit und Beschädigungen geprüft	( )	( )	( )
25. Radlager geprüft	( )	( )	( )
26. Getriebe während des Betriebes geprüft	( )	( )	( )
27. Elektronische Fehlerauslese durchgeführt	( )	( )	( )
28. Probefahrt durchgeführt	( )	( )	( )
29. Alle Glasstellen auf Beschädigung geprüft	( )	( )	( )

Datum und Unterschrift: _____

Aufbereitung

	i.O	n.i.O.	erl.
30. Radio decodiert, Radio spielt	( )	( )	( )
31. Radioantenne in Seitentasche Fahrerseite abgelegt	( )	( )	( )
32. Abnehmbare AHZV auf Vollständigkeit geprüft	( )	( )	( )
33. CD-Wechsler: Magazin vorhanden	( )	( )	( )
34. Zigarettenanzünder vorhanden	( )	( )	( )
35. Uhr auf aktuelle Zeit eingestellt	( )	( )	( )
36. Bedienungsanleitung vorhanden für Fahrzeug Telefon Radio Navi CD	( )	( )	( )
37. Codenummern vorhanden für Radio CD Navi	( )	( )	( )
38. Radio-Cassettenteil getestet	( )	( )	( )
39. CD-Player getestet	( )	( )	( )
40. Aufkleber mit GW-Nr. sichtbar angebracht	( )	( )	( )

Datum und Unterschrift: _____

Karosserie- und Lack-Zustand bei Übergabe an Verkauf: _____

Datum und Unterschrift des Übergebenden an den GW-Verkauf: _____

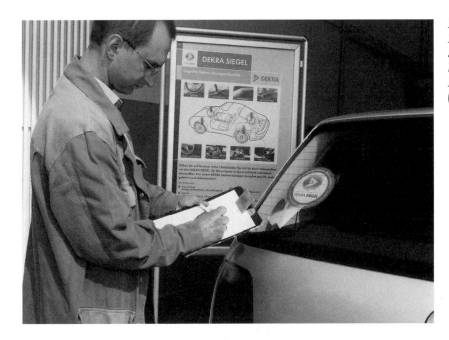

Bild 3.17
Das Gebrauchtwagen-Siegel einer Sachverständigenorganisation bestätigt aus neutraler Sicht den Fahrzeugzustand
(Quelle: Dekra)

arbeiter bestätigen den absolvierten Check sowie die Übergabe an den GW-Verkauf mit Datum und Unterschrift, sinnvollerweise wandert das Papier anschließend in die Fahrzeugakte. Wird die Checkliste konsequent angewandt, verringern sich Kundenreklamationen und Garantiefälle nach dem Verkauf. Und das hat dann auch positive Auswirkungen auf die Garantieprämien, die der Kfz-Betrieb zahlen muss.

3.3.5 Attraktive Gebrauchtwagen-Präsentation

Die meisten Gebrauchtwagen-Interessenten besuchen nach wie vor die Gebrauchtwagenausstellungen des Handels, um sich nach einem neuen Gebrauchten umzusehen. Die werbewirksame Fahrzeugpräsentation hat deshalb für den Erfolg des Gebrauchtwagengeschäftes ebenfalls große Bedeutung.

Während im Neuwagenverkauf die Fahrzeugpräsentation in repräsentativen Ausstellungshallen die Regel ist, werden Gebrauchte in der Regel im Freien präsentiert. Allerdings steigt dadurch der Aufwand für die laufende Fahrzeugwäsche, und im Winter müssen die ausgestellten Fahrzeuge zusätzlich von Eis und Schnee befreit werden. Eine offene Dachkonstruktion über den Ausstellungsplätzen kann sich deshalb als kostengünstige Alternative rasch bezahlt machen. In jedem Fall aber muss der Untergrund sauber und wenn möglich befestigt sein. Ungemähter Rasen oder Berge von Unkraut zwischen den Gebrauchten schaffen jedenfalls kein Vertrauen.

Die ausgestellten Gebrauchten sollten zudem möglichst von der Straße zu sehen sein (Bild 3.18). Wenn möglich, sollten die Fahrzeuge mit der Front zur Straße hin präsentiert werden. So werden die vorbeifahrenden Autofahrer auf die Gebrauchtwagenausstellung aufmerksam. Klar, dass sich dann auch ein Betriebsstandort an einer viel befahrenen Straße bezahlt macht. Dabei wird es kaum möglich sein, den gesamtem Gebrauchtwagenbestand an der Straßenfront zu präsentieren. Es sollten aber auch nicht immer die gleichen Autos in der ersten Reihe stehen. Die Autofahrer, die jeden Morgen auf dem Weg zur Arbeit vorbeifahren, registrieren sehr schnell, wenn sich nichts bewegt in der Ausstellung, und identifizieren die Gebrauchten dann schnell als Ladenhüter, die niemand haben will. Ständige Bewegung in der Ausstellung dagegen erweist sich immer wieder als verkaufsfördernd. Vielleicht kann sogar – mindestens wöchentlich wechselnd – ein besonderes Angebot in den Vordergrund gerückt werden. Und selbstverständlich muss eine weithin sichtbare Außensignalisation auf die Gebrauchtwagenausstellung hinweisen. Fahnen, Spannbänder und Plakate sind hierfür die gängigen Werbemittel.

Großen Wert sollte man auch auf die individuelle Beschilderung der ausgestellten Gebrauchten legen. Besonderheiten wie «Diesel», «Allrad» oder «Klimaanlage» können zum Beispiel auf Kennzeichenplatten herausgestellt werden. Ein ausführliches Verkaufsdatenblatt, meist im DIN-A4-Format hängt, von außen gut sichtbar, hinter der Windschutzscheibe. Neben der exakten Typbezeichnung, der Motorleistung und der Ausstattung ist der Preis die wichtigste Angabe. Er sollte so groß gedruckt sein, dass auch die vorbeifahrenden Autofahrer den Preis lesen können. Uneinig sind sich die Experten darüber, ob es besser ist, den Gesamtpreis herauszustellen, oder ob eine günstige Finanzierungsrate werbewirksamer ist.

Bild 3.18
Gebrauchte zur Straße hin ausrichten, so dass vorbeifahrende Autofahrer aufmerksam werden

Bild 3.19
Auch die im Freien präsentierten Gebrauchten müssen immer tipptopp aussehen

▶ *In jedem Fall sollte der Gebrauchtwagen-Verantwortliche den Zustand der Gebrauchten in der Ausstellung regelmäßig überprüfen. Neben der Verschmutzung der Fahrzeuge muss dabei auch auf die Werbemittel am Fahrzeug geachtet werden. Insbesondere die Preisschilder bleichen mit der Zeit aus und sollten deshalb regelmäßig ersetzt werden. Sonst kann der Gebrauchtwagen-Interessent womöglich am Zustand des Preisschildes die Standzeit des Gebrauchten ablesen.*

3.3.6 Gebrauchtwagengarantie

Vom professionellen Gebrauchtwagenhandel erwarten die Kunden inzwischen ganz selbstverständlich, dass sie hier einen Gebrauchten mit Garantie erhalten. Nach dem Gewährleistungsrecht, das 2002 in Kraft getreten ist, gilt das erst recht.

▶ *Beim Verkauf eines Gebrauchtwagens durch einen Kfz-Betrieb an einen Privatkunden hat der Kfz-Betrieb eine Gewährleistungspflicht, die in diesem Fall, weil es sich um ein gebrauchtes Wirtschaftsgut handelt, von zwei auf ein Jahr verringert werden kann.*

Das muss allerdings mit dem Kaufvertrag schriftlich geschehen. Dabei geht es immer um einen Mangel am Fahrzeug, wodurch der gewerbliche Verkäufer in Haftung kommt. Dieser Mangel jedoch muss bereits bestanden haben, als der Kunde den Gebrauchtwagen übernahm. Und das ist der grundsätzliche Unterschied zur Garantie, die auch dann greift, wenn ein Schaden während der Garantiezeit erst auftritt.

Typische Mängel, die schon bei der Fahrzeugübernahme bestanden, sind ein versteckter Unfallschaden oder eine Tachomanipulation. Ist der Mangel geringfügig, hat die Werkstatt das Recht auf Nachbesserung. Bei gravierenden Mängeln ist aber auch die Rückabwicklung des Kaufs möglich. Das Problem besteht nun darin nachzuweisen, dass der Mangel tatsächlich schon bei Übergabe bestand. Der Gesetzgeber hat hier den Verbraucher durch die «Beweislastumkehr» gestärkt. Danach muss während der ersten sechs Monate der gewerbliche Verkäufer – also der Kfz-Betrieb – nachweisen, dass der Mangel eben bei der Übergabe noch nicht bestand. Deshalb ist die technische Fahrzeugdokumentation heute so wichtig.

Mit dem Abschluss einer Gebrauchtwagengarantie ist der Kfz-Betrieb auf der sicheren Seite. Die Garantie sollte konsequent mit jedem Gebrauchten verkauft werden und auch nicht herausgerechnet werden können, weil der Kunde den Kaufpreis reduzieren will. Der Gebrauchtwagenkäufer muss sich keine Gedanken über unvorhergesehene Reparaturkosten machen, und der Kfz-Betrieb hat keine Probleme mit der Gewährleistung. Zudem sorgt die Garantie dafür, dass der Kunde auch weiterhin an den Betrieb gebunden wird. Denn zur Garantie gehört natürlich wie bei Neuwagengarantien auch der regelmäßige Werkstattbesuch zur Durchsicht oder zur Inspektion. Bei vielen Garantien kann der Kunde dann nach einem solchen Servicebesuch in der Werkstatt die Garantie verlängern.

Die Mindeststandards für eine Gebrauchtwagengarantie hat der ZDK aufgelistet. Diese Mindestanforderungen sollte die Garantie, die der Kfz-Betrieb als Eigengarantie anbietet oder über einen Garantieversicherer absichert, wenigstens erfüllen.

GARANTIEBEDINGUNGEN
ZDK-Mindeststandard

Allgemeine Geschäftsbedingungen für Gebrauchtwagen-Garantie (gelten nur für den Verkauf an den Endverbraucher)
(Gebrauchtwagen-Garantiebedingungen)

§ 1 Die der Garantie unterliegenden Teile

1. Die Gebrauchtwagen-Garantie (nachfolgend: Garantie) bezieht sich auf die nachstehend bezeichneten Teile aus den ebenfalls nachstehend erwähnten Baugruppen des im Kaufvertrag näher bezeichneten Personenkraftwagens oder Lieferwagens (bis 3,5 t zulässigem Gesamtgewicht):

aus der Baugruppe: die Teile:

a) **Motor:** Zylinderblock, Kurbelgehäuse, Zylinderkopf, Zylinderkopfdichtung, Gehäuse von Kreiskolbenmotoren sowie alle mit dem Ölkreislauf in Verbindung stehenden Innenteile; Zahnriemen/Kette mit Spannrolle, Ölkühler, Ölwanne, Ölfiltergehäuse, Öldruckschalter, Schwung-/Antriebsscheibe mit Zahnkranz;

b) **Schalt- und Automatikgetriebe:** Getriebegehäuse und alle Innenteile einschließlich Drehmomentwandler sowie Steuergerät des Automatikgetriebes;

c) **Achsgetriebe:** Achsgetriebegehäuse (Front-, Heck- und Allradantrieb) einschließlich alle Innenteile;

d) **Kraftübertragungswellen:** Kardanwellen, Achsantriebswellen, Antriebsgelenke, mechanische/elektronische Systeme der Antriebsschlupfregelung;

e) **Lenkung:** das mechanische oder hydraulische Lenkgetriebe mit allen Innenteilen, elektrischer Lenkhilfemotor, Hydraulikpumpe mit allen Innenteilen, elektronische Bauteile der Lenkung;

f) **Bremsen:** Hauptbremszylinder, Bremskraftverstärker, Hydropneumatik, Radbremszylinder, Bremskraftregler, Bremskraftbegrenzer, ABS-Einheit (elektronisches Steuergerät, Hydraulikeinheit und Drehzahlfühler);

g) **Kraftstoffanlage:** Kraftstoffpumpe, Einspritzpumpe, elektronische Bauteile der Einspritzanlage, Steuergerät, Vergaser, Turbolader;

h) **Elektrische Anlage:** Lichtmaschine mit Regler, elektronische Zündanlage mit Zündkabel, Anlasser, elektrische Leitungen der elektronischen Einspritzanlage, Bordcomputer

i) **Komfortelektrik:** Scheibenwischermotor vorne und hinten, Scheinwerferwischermotor, Heizungs-, Zusatzlüftermotor, Hupe, Schäden an Steuerungscomputer, Relais, Schalter, Fensterhebermotor, (ausgenommen Bruchschäden), Heckscheibenheizungselement (ausgenommen Bruchschäden), Schiebedachmotor, Zentralverriegelung: Schalter, Magnetspulen, Sperrmotoren, Türschlösser, Steuergeräte (ausgenommen Kabelbäume und Leitungen

j) **Klimaanlage:** Kompressor, Kondensator, Lüfter und Verdampfer

k) **Kühlsystem:** Kühler, Heizungskühler, Thermostat, Wasserpumpe, Kühler für Automatikgetriebe, Visco-/Thermolüfter, Lüfterkupplung und Thermoschalter

l) **Sicherheitssysteme:** Kontrollsysteme für Airbag, Gurtstraffer

m) **Abgasanlage:** Lambda-Sonde, Hosenrohr und Befestigungsteile in Verbindung mit dem Ersatz der Lambda-Sonde

2. In den Fällen, in denen Dichtungen, Dichtungsmanschetten, Wellendichtringe, Schläuche und Rohrleitungen, Zündkerzen und Glühkerzen in ursächlichem Zusammenhang mit einem entschädigungspflichtigen Schaden an einem der in dem vorstehenden Absatz 1. genannten Teile ihre Funktionsfähigkeit verlieren und ihr Ersatz technisch erforderlich ist, umfasst die Garantie auch jene Teile.

3. Keine Garantie besteht für:
   a) Teile, die vom Hersteller nicht zugelassen sind;
   b) Betriebs- und Hilfsstoffe, wie Kraftstoffe, Chemikalien, Filtereinsätze, Kühl- und Frostschutzmittel, Hydraulikflüssigkeit, Öle, Fette und sonstige Schmiermittel.

§ 2 Inhalt der Garantie, Ausschlüsse

1. Verliert ein garantiertes Teil innerhalb der vereinbarten Garantiedauer unmittelbar seine Funktionsfähigkeit und wird dadurch eine Reparatur erforderlich, hat der Käufer Anspruch auf Reparatur des garantiepflichtigen Schadens in dem nach diesen Bedingungen vorgesehenen Umfang. Ausgeschlossen sind Schäden, die durch einen Fehler an einem nicht garantierten Teil verursacht werden.

2. Keine Garantie besteht ohne Rücksicht auf mitwirkende Ursachen für Schäden

a) durch Unfall, d. h. ein unmittelbar von außen her plötzlich mit mechanischer Gewalt einwirkendes Ereignis;

b) durch mut- oder böswillige Handlungen, Entwendung, insbesondere Diebstahl, unbefugten Gebrauch, Raub und Unterschlagung, durch unmittelbare Einwirkung von Sturm, Hagel, Blitzschlag, Erdbeben oder Überschwemmung sowie durch Brand oder Explosion;

c) durch Kriegsereignisse jeder Art, Bürgerkrieg, innere Unruhen, Streik, Aussperrung, Beschlagnahme oder sonstige hoheitliche Eingriffe oder durch Kernenergie;

d) für die ein Dritter als Hersteller, Lieferant oder aus Reparaturauftrag einzutreten hat;

e) die aus der Teilnahme an Fahrtveranstaltungen mit Renncharakter oder aus den dazugehörigen Übungsfahrten entstehen;

f) die dadurch entstehen, dass das versicherte Fahrzeug höheren als den vom Hersteller festgesetzten zulässigen Achs- oder Anhängerlasten ausgesetzt wurde;

g) die durch Verwendung ungeeigneter Schmier- und Betriebsstoffe entstehen;

h) die durch die Veränderung der ursprünglichen Konstruktion des Kraftfahrzeugs (z. B. Tuning) oder den Einbau von Fremd- oder Zubehörteilen verursacht werden, die nicht durch den Hersteller zugelassen sind;

i) durch Einsatz einer erkennbar reparaturbedürftigen Sache, es sei denn, dass der Schaden mit der Reparaturbedürftigkeit nachweislich nicht in Zusammenhang steht;

j) an Fahrzeugen, die vom Käufer während der Garantiedauer mindestens zeitweilig zur gewerbsmäßigen Personenbeförderung verwendet oder gewerbsmäßig an einen wechselnden Personenkreis vermietet worden sind.

3. Ferner besteht keine Garantie für Schäden, die in ursächlichem Zusammenhang damit stehen, dass
   – an dem Kraftfahrzeug nicht die vom Hersteller vorgeschriebenen oder empfohlenen Wartungs- oder Pflegearbeiten in einer vom Hersteller anerkannten Vertragswerkstatt durchgeführt worden sind;
   – die Hinweise des Herstellers in der Betriebsanleitung zum Betrieb des Kraftfahrzeugs nicht beachtet worden sind;
   – der garantiepflichtige Schaden nicht unverzüglich gemeldet und das Kraftfahrzeug nicht zur Reparatur bereitgestellt wurde.

4. Wird die Reparatur von einem nicht gemäss nachfolgendem § 7 berechtigten Betrieb ausgeführt, ist eine Garantieleistung ausgeschlossen.

§ 3 Geltungsbereich der Garantie

Die Garantie gilt für die Bundesrepublik Deutschland. Befindet sich das Kraftfahrzeug vorübergehend außerhalb dieses Gebietes, so gilt die Garantie für ganz Europa.

§ 4 Beginn und Dauer der Garantie

Die Garantie gilt für ein Jahr. Sie beginnt mit dem Tag der Auslieferung des Kraftfahrzeugs an den Käufer.

§ 5 Gesetzliche Sachmangelansprüche

Gesetzliche Sachmangelansprüche des Käufers bleiben unberührt.

§ 6 Umfang der Garantie, Kostenbeteiligung durch den Käufer

1. Die Reparatur wir nach den technischen Erfordernissen durch Ersatz oder Instandsetzung der Teile ohne Berechnung der Lohnkosten nach Arbeitszeitwerten des Herstellers durchgeführt. Überschreiten die Reparaturkosten den Wert einer Austauscheinheit, wie sie bei einem solchen Schaden üblicherweise eingebaut wird, so beschränkt sich der Garantieanspruch auf den Einbau einer derartigen Austauscheinheit einschließlich der Aus- und Einbaukosten.

2. Der Käufer ist verpflichtet, sich an den Materialkosten nach folgender Staffel zu beteiligen, und zwar ausgehend von der Betriebsleistung der betroffenen Baugruppen zum Zeitpunkt des Schadenseintritts.

bis 50 000 km	0 %	bis 90 000 km	40 %
bis 60 000 km	10 %	bis 100 000 km	50 %
bis 70 000 km	20 %	über 100 000 km	60 %
bis 80 000 km	30 %		

3. Unter die Garantie fallen nicht
   a) Kosten für Test-, Mess- und Einstellarbeiten, soweit sie nicht im Zusammenhang mit einem garantiepflichtigen Schaden anfallen;
   b) der Ersatz von mittelbaren oder unmittelbaren Schäden. Das gilt z. B. für Abschleppkosten, Abstellgebühren, Mietwagenkosten, Entschädigung für entgangene Nutzung.
   c) Kosten für Luftfracht.

4. Der kostenmäßige Umfang des Garantieanspruchs auf Reparatur wird begrenzt durch den Zeitwert des Kraftfahrzeugs im Zeitpunkt des Eintritts des garantiepflichtigen Schadens.

5. Die Garantie begründet nicht Ansprüche auf Rücktritt (Rückgängigmachung des Kaufvertrages) oder Minderung (Herabsetzung des Kaufpreises).

§ 7 Abwicklung der Garantie

1. Der Käufer hat einen Garantieschaden vor Reparaturbeginn unverzüglich dem Händler zu melden, der das Kraftfahrzeug verkauft oder vermittelt hat, mit ihm den Reparaturumfang abzustimmen und das Kraftfahrzeug bei dem zur Reparatur berechtigten Betrieb, dem der Käufer den Auftrag erteilen will, zur Reparatur bereitzustellen.
2. Der Käufer kann die Garantiereparatur beim Händler, der das Kraftfahrzeug verkauft bzw. vermittelt hat, in Auftrag geben.
3. Der Käufer kann die Reparatur auch bei jedem Betrieb im Inland durchführen lassen, der das Zeichen "Meisterbetrieb der Kfz-Innung" oder zusätzlich das Zusatzzeichen "Gebrauchtwagen mit Qualität und Sicherheit" führt. Tritt ein garantiepflichtiger Schaden bei einer vorübergehenden Fahrt im europäischen Ausland (vgl. § 3) auf, kann der Käufer die Garantiereparatur auch dort im Ausland bei einem Betrieb in Auftrag geben, der demselben Fabrikat angehört wie das zu reparierende Fahrzeug. In allen Fällen dieser Ziffer hat der Käufer die Reparaturkosten zunächst zu verauslagen. Die quittierte Reparaturrechnung ist dem verkaufenden bzw. vermittelnden Händler vorzulegen, der die Auslagen im Rahmen dieser Garantiebedingungen erstattet.
4. Der Käufer hat dem reparierenden Betrieb die ersetzten Teile für die Dauer von drei Monaten für eine evtl. Begutachtung zu überlassen. Eine Pflicht des reparierenden Betriebes zur Rückgabe besteht nur, wenn der Käufer diese bei Erteilung des Reparaturauftrages schriftlich verlangt hat.

Alternativ-Empfehlung:

§ 7 Abwicklung der Garantie

Die Abwicklung der Garantie erfolgt nach den im Garantie-Pass festgelegten Verhaltensregeln.

§ 8 Verjährung

Sämtliche Ansprüche aus einem Garantiefall verjähren sechs Monate nach Eingang der Schadensanzeige beim verkaufenden / vermittelnden Händler (§ 7 Ziff. 1), spätestens jedoch 18 Monate seit Auslieferung des Kraftfahrzeuges an den Käufer.

<u>Stand: 01/2002</u>

3.3.7 Gebrauchtwagenauslieferung

Vor der Auslieferung eines verkauften Gebrauchtwagens an den Kunden sollte in jedem Fall eine Auslieferungsdurchsicht gemacht und dokumentiert werden. So hat der Betrieb sichergestellt, dass bei späteren Gewährleistungsansprüchen der technische Fahrzeugzustand dokumentiert ist. Gleichzeitig wird für die Auslieferung auch die Hauptuntersuchung organisiert und die Abgasuntersuchung durchgeführt. Denn jeder Gebrauchte sollte mit neuer HU- und AU-Plakette ausgeliefert werden.

Die Auslieferungsdurchsicht kann beispielsweise mit einem Sicherheits-Check dokumentiert werden, wie ihn das Dresdener Autohaus Pattusch entwickelt hat (Tabelle 3.4). Bei der Übernahme des Gebrauchten unterschreibt auch der Kunde das Formular und bestätigt so, dass er vom positiven Ergebnis der Durchsicht Kenntnis und das ausgefüllte Formular in Kopie erhalten hat.

Tabelle 3.4 *33-Punkte-Sicherheitscheck vor Auslieferung* [5]

33-Punkte-Sicherheitscheck vor Auslieferung

GW - Nr.: _____ FIN: _____ Fahrzeugtyp: _____

Kunde: _____ Tag und Uhrzeit der Auslieferung: _____

		I.O	n.I.O	erl.
Verkäufer	01. ABEs für alle Anbauteile vorhanden	O	O	O
	02. Fahrzeugschlüssel gecheckt am Türschloss	O	O	O
	am Zündschloss	O	O	O
	03. Beleuchtung an ___ Fahrzeugschlüsseln gecheckt	O	O	O
	04. Bedienungsanleitung vorhanden für:			
	Fahrzeug O Telefon O Radio O Navi O CD O			
	05. Codenummern vorhanden für :			
	Radio O Navi O CD O			
	06. Service aktuell, im Serviceheft eingetragen und unterschrieben	O	O	O
	07. Beigaben (Sekt, Eiskratzer) vorhanden	O		
	Datum und Unterschrift: _____			
Technik	08. Alle Flüssigkeitsstände auf Maximum	O	O	O
	09. Frostschutz im Kühler und in der Scheibenwaschanlage gewährleistet	O	O	O
	10. Ölwechsel aktuell; Schild mit Kilometerstand angebracht	O	O	O
	11. Zahnriemen aktuell; Schild mit Kilometerstand angebracht	O	O	O
	12. Bremsen vorn getestet	O	O	O
	13. Bremsen hinten getestet	O	O	O
	14. Handbremse getestet	O	O	O
	15. Lenkung getestet	O	O	O
	16. Komplette elektrische Anlage funktionstüchtig	O	O	O
	17. Reifenprofil, -druck u. -alter vorschriftsgemäß, keine Beschädigungen	O	O	O
	18. Felgenschlüssel für LM vorhanden / bestellt	O	O	O
	19. Batteriezustand geprüft	O	O	O
	20. ___ Wischerblätter geprüft	O	O	O
	21. Bordwerkzeug komplett	O	O	O
	22. Alle beweglichen Teile auf Funktion geprüft	O	O	O
	(z.B. Sitze, Gurte, Luftdüsen, Klappen usw.)			
	23. Alle Glasteile auf Beschädigungen geprüft	O	O	O
	24. Abnehmbare AHZV auf Vollständigkeit geprüft	O	O	O
	Datum und Unterschrift: _____			
Aufbereitung	25. Fahrzeugschlüssel mit Schlüsseltasche versehen	O	O	O
	26. Radio decodiert, Radio spielt	O	O	O
	27. Radioantenne angebracht	O	O	O
	28. CD-Wechsler; Magazin vorhanden	O	O	O
	29. Zigarettenanzünder vorhanden	O	O	O
	30. Uhr auf aktuelle Zeit eingestellt	O	O	O
	31. Aufkleber "GW-Nr." an linkem Spiegelglas angebracht	O	O	O
	32. Radio/Cassettenteil getestet	O	O	O
	33. CD-Player getestet	O	O	O
	Datum und Unterschrift: _____			

Karosserie-, Lack-, _____
Innenraum- und _____
Glaszustand bei _____
Übergabe an Kunde _____

Datum und Unterschrift des Übergebenden an den GW-Verkauf: _____   Kunde: _____

Etwa eine halbe Stunde vor dem vereinbarten Auslieferungstermin sollte der Verkäufer alle Unterlagen für die Auslieferung zusammenstellen. Denn die meisten Kunden sind überpünktlich, meist sogar etwas früher da. Sie freuen sich auf ihr neues Auto und können es kaum erwarten, es endlich in Besitz nehmen zu können. Zunächst aber muss alles Organisatorische erledigt werden. Der Verkäufer übergibt alle Fahrzeugpapiere und erläutert vor allem die Gebrauchtwagengarantie im Detail. Gibt der Kunde sein Altfahrzeug in Zahlung, kann das inzwischen von einem Werkstattmitarbeiter nochmals einer technischen Durchsicht unterzogen werden. Dabei ist vor allem zu prüfen, ob der Zustand noch dem bei der Hereinnahmebewertung entspricht und ob alle damals dokumentierten Zubehörteile vorhanden sind. Die Fahrzeugpapiere des Altwagens erhält der Verkäufer vom Kunden. Bevor es zu eigentlichen Übergabe geht, muss der Kunde an der Kasse den eventuell noch ausstehenden Restbetrag des Kaufpreises zahlen.

Der vorbereitete Gebrauchte sollte, wenn möglich, in einer Halle dem Kunden übergeben werden. Die wichtigsten Funktionen des Fahrzeuges werden hier dem Kunden erläutert. Außerdem sollte der Gebrauchtwagenverkäufer dem Kunden «seinen» Kundendienstberater und den Werkstattmeister vorstellen.

Wer sein Gebrauchtwagengeschäft nach den Regeln des erfolgreichen Gebrauchtwagen-Managements betreibt und vor allem das Ohr immer am Markt hat, um die Gebrauchten anzubieten, die gefragt sind, der wird sicher auch mit diesem Geschäftszweig Erfolg haben. Unterstützung für das Gebrauchtwagengeschäft gibt es im Übrigen für markengebundene Kfz-Betriebe inzwischen auch von den Herstellern und Importeuren. Auch die haben erkannt, dass ein florierender Gebrauchtwagenmarkt für das Neuwagengeschäft Bedeutung hat.

Auch einige Systemzentralen der verschiedenen Werkstattsysteme unterstützen ihre Partner beim Gebrauchtwagengeschäft. Automeister, Bosch und auch einige andere haben so genannte «Fahrzeug-Handelsmodule» im Angebot. Diese Programmpakete umfassen neben Infomaterial, Beratung und Schulung beispielsweise auch Vorlagen für die Gebrauchtwagenwerbung und Material für die Außensignalisation. Über Kooperationspartner werden zudem Einkaufsfinanzierungen, Gebrauchtwagen-Garantiepakete und Einkaufsquellen vermittelt. Oder es werden Zukäufe gebündelt, um so günstigere Mengenpreise erzielen zu können.

3.4 Funktionsbereich Neuwagenverkauf

Markengebundene Kfz-Betriebe handeln zusätzlich mit Neuwagen. Hersteller und Importeure machen den Autohäusern dazu eine ganze Reihe von Vorschriften, die von der Architektur des Ausstellungsraumes über die Verpflichtung, Vorführwagen vorzuhalten, bis zum Werbemitteleinsatz reichen. Die Voraussetzungen, die ein Betrieb erfüllen muss, um einen Vertrag als Markenvertragsbetrieb zu erhalten, können über den ZDK oder direkt bei den Herstellern abgefragt werden.

Auch zwischen dem Neuwagenverkauf und den übrigen Abteilungen des Kfz-Betriebes gibt es aber Schnittstellen, deren Abläufe regelmäßig überprüft werden sollten. So liefert der Hersteller oder Importeur die disponierten Lagerfahrzeuge und die vom Kunden bestellten Neuwagen in der Regel mit einem Autotransporter an. Das Autohaus sollte sicherstellen, dass die Anlieferung erfolgen kann, ohne dass der Betriebsablauf gestört wird. Der Fahrer des Autotransporters muss ausreichend Platz haben, um die Neufahrzeuge sicher vom Lkw fahren zu können. Für den Transport sind die Neuwagen mit einer Wachsschicht konserviert.

- ❏ Lagerfahrzeuge, die nicht direkt in die Ausstellung gehen, bleiben zunächst weiter auf einem für den Kunden nicht direkt einsehbaren Platz konserviert stehen.
- ❏ Für die Ausstellung vorgesehene Fahrzeuge werden sofort in der Aufbereitungsabteilung entkonserviert und gründlich gereinigt. Hierüber erteilt die Neuwagenabteilung der Aufbereitung einen Auftrag, mit der das Budget der Neuwagenabteilung belastet wird.
- ❏ Für die Kundenauslieferung vorgesehene Neuwagen werden von der Aufbereitungsabteilung entkonserviert und anschließend an die Werkstatt weitergeleitet.

Dazu muss in der Nähe des Fahrzeug-Pflegebereichs genügend Parkraum für die gelieferten Fahrzeuge vorhanden sein.

Vor einer Neuwagenauslieferung führt die Werkstatt die Übergabe-Inspektion durch. Hierfür erteilt die Neuwagenabteilung der Aufbereitung und der Werkstatt einen Auftrag, mit dem ebenfalls intern das Budget der Neuwagenabteilung belastet wird. Die Werkstattaufträge der Neuwagenabteilung sind dabei wie Kundenaufträge zu behandeln. Da der Auslieferungstermin bekannt ist, wird die Erstinspektion auch in die Werkstatt-Terminplanung übernommen.

Im Rahmen der Neuwagenauslieferung sollte der Verkäufer dem Kunden die Kundendienstannahme zeigen und ihm «seinen» Kundendienstberater und den Werkstattmeister vorstellen. Der persönliche Kontakt erhöht die Bindung des Kunden an den Servicebetrieb – nach dem bekannten Grundsatz: Das erste Auto verkauft der Verkäufer, das zweite der Kundendienst.

3.5 Funktionsbereich Verwaltung

Verwaltungsaufgaben fallen in jedem Kfz-Betrieb an. In Kleinbetrieben werden diese «Büroarbeiten» oft vom Inhaber selbst oder einem Familienangehörigen mit erledigt. Größerer Betriebe jedoch kommen ohne speziell ausgebildete Mitarbeiterinnen und Mitarbeiter nicht aus. Zu den *Verwaltungsaufgaben* gehören im Kfz-Betrieb im engeren Sinne:

- allgemeine Betriebsorganisation,
- Buchhaltung,
- Lohnbuchhaltung,
- Provisionsabrechnung,
- Personalmanagement,
- Rechnungsschreibung,
- Kasse,
- Überwachung des Zahlungsein- und -ausgangs,
- Controlling,
- EDV-Betreuung,
- «Hausmeistertätigkeiten», neudeutsch: Facility-Management,
- Organisation der Reinigungsarbeiten.

Die Verwaltung ist demnach der interne Dienstleister für den Gesamtbetrieb. Sie kümmert sich darum, dass die übrigen Mitarbeiterinnen und Mitarbeiter sich auf ihre eigentliche Tätigkeit konzentrieren können. Das gilt ganz besonders für die leitenden Mitarbeiter und den Chef. Denn die Verwaltung stellt dem Management des Kfz-Betriebes alle betriebswirtschaftlichen Daten und Kennzahlen zur Verfügung, die für unternehmerische Entscheidungen notwendig sind. Außerdem bereitet die Verwaltung Unterlagen für den Steuerberater und für Bankgespräche vor.

Im Rahmen der Fahrzeugwartung und -Instandsetzung ist es Aufgabe der Verwaltung,

- die durchgeführten Arbeiten zu dokumentieren,
- die verwendeten Ersatzteile zu erfassen,
- die Arbeitszeiten der Mechaniker den Aufträgen zuzuordnen,
- die Kundenrechnung zu erstellen und
- den Zahlungseingang zu überwachen.

Um den Grundsatz «Fahrzeug fertig = Rechnung fertig» sicherzustellen, muss die Verwaltung schon bei Auftragserteilung an die Werkstatt über den Arbeitsauftrag informiert werden. Zur Vorbereitung der Rechnung erhält die Buchhaltung deshalb einen Durchschlag des Arbeitsauftrages mit allen Kundendaten, dem Ersatzteilbedarf und den Arbeitswerten für die Reparatur oder Wartung. Dank Computervernetzung zwischen Auftragsannahme und Verwaltung werden diese Daten heute meist papierlos übermittelt. Auch aus dem Ersatzteillager erhält die Verwaltung mit der Teileausgabe eine Information darüber, welche Teile für einen bestimmten Auftrag ausgegeben wurden. Selbstverständlich müssen auch Auftragserweiterungen, die sich im Laufe einer Reparatur oder Wartung ergeben, gleich an die Verwaltung weitergeleitet werden. Nach der Endkontrolle schließlich erhält die Buchhaltung auch Informationen über die tatsächlich auf den Auftrag gebuchte Arbeitszeit des Mechanikers. Diese Daten dienen später der Kontrolle, ob die vorgegebenen Arbeitswerte eingehalten wurden. Aus den vorgegebenen Arbeitswerten und den verbrauchten Ersatzteilen erstellt die Buchhaltung dann schließlich die Rechnung für den Kunden.

Zum Teil werden die Schnittstellen zwischen Kundendienstannahme, Werkstatt, Ersatzteillager und Buchhaltung noch über handschriftlich auszufüllende Formulare abgewickelt. Dann muss sichergestellt sein, dass der «Belegfluss» reibungslos funktioniert und keine Details der durchgeführten Reparatur vergessen werden. Eine eindeutige Auftragsnummer beispielsweise, die auf allen Formularen deutlich auftaucht, erlaubt eine klare Zuordnung der einzelnen Mosaiksteine eines Werkstattauftrages. Und es macht durchaus Sinn, dass der Kundendienstberater die Rechnung freigibt, bevor sie dem Kunden vorgelegt wird. Denn der Kundendienstberater hat in der Regel den besten Überblick über die tatsächlich erbrachten Dienstleistungen am Kundenfahrzeug.

Die EDV-Vernetzung des gesamten Kfz-Betriebes macht es möglich, den gesamten Reparaturablauf papierlos zu organisieren. Lediglich der Werkstattauftrag, der vom Kunden unterschrieben wird, und natürlich die Rechnung müssen dann noch zusammen beispielsweise mit Prüfprotokollen der Werkstatt-Testgeräte ausgedruckt werden. Sonst läuft der Auftrag papierlos durch den Betrieb. Jeder Mitarbeiter, der mit dem Auftrag zu tun hat, kann seine Arbeiten unter der Auftragsnummer im System dokumentieren. An jedem vernetzten Arbeitsplatz stehen damit auch gleich alle Daten zur Verfügung und auch der Arbeitsfortschritt ist erkennbar. Zudem werden Fehlbuchungen reduziert und sichergestellt, dass Arbeitszeiten und verwendete Teile oder Materialien vollständig dem Auftrag zugebucht werden. Noch ist die weitgehend papierlose Werkstatt jedoch in den meisten Kfz-Betrieben Utopie und bestenfalls in Teilbereichen verwirklicht. Der Trend jedoch geht eindeutig in diese Richtung.

3.6 Qualitätsmanagement im Kfz-Betrieb

«Qualität ist, wenn der Kunde zufrieden ist!» Auf diesen einfachen Nenner lässt sich eigentlich erfolgreiches Qualitätsmanagement reduzieren. Hoffentlich wissen wir aber auch immer, dass die Kunden mit unseren Leistungen zufrieden sind. Denn nicht alle Kunden, die sich über die Werkstatt geärgert haben, machen ihrem Ärger auch mit mehr oder weniger lautstarken Reklamationen Luft. Viele Kunden beschließen schlicht: «In diese Werkstatt bringe ich mein Auto nicht mehr!» Wenn der Kfz-Betrieb bemerkt, dass ihm die Kunden wegbleiben, ist es schon zu spät. Gerade im Dienstleistungsbereich, zu dem der Kfz-Betrieb zweifellos gehört, ist die Kundenzufriedenheit überlebenswichtig. Denn die Kunden haben genügend Alternativen auf dem Markt. Zudem erzählt ein verärgerter Kunde seine negativen Erfahrungen sicherlich im Bekannten- und Verwandtenkreis herum und löst so eine Lawine aus, die das Ende des Kfz-Betriebes einläuten kann.

Gute Qualität in allen Bereichen des Kfz-Betriebes hat deshalb oberste Priorität und ist in jedem Fall auch Chefsache. Auf den ersten Blick ist die Prüfung der Qualität auch gar nicht so schwierig. Gemäß dem oben genannten Grundsatz muss sich der Chef nur in die Rolle des Kunden versetzen und überlegen, was der von seiner Werkstatt erwartet:

> *Der Kunde will freundlich und fair behandelt werden. Er will keine überhöhten Preise zahlen und er will, dass sein Auto mit Sachverstand, fehlerfrei und ohne dass etwas vergessen wird gewartet und repariert wird.*

Aufgabe des Chefs, des Werkstattmeisters oder des Kundendienstleiters ist es, diese Qualität permanent zu kontrollieren.
Dennoch bleibt eine solche Qualitätskontrolle, so wichtig sie auch ist, immer subjektiv. Zudem stellt sich zwangsläufig bei jedem irgendwann eine gewisse Betriebsblindheit ein. Abläufe und Verfahren beispielsweise werden nicht mehr hinterfragt oder gar auf ihre Kundenfreundlichkeit hin überprüft. Und manches, was gestern noch Standard war, ist unter Umständen heute überholt. Deshalb haben sich in allen Produktions- und Dienstleistungsbereichen **Qualitätsmanagement-Systeme** durchgesetzt. Auf den ersten Blick erscheinen die oft sehr formal und bürokratisch. Zudem kostet die Einrichtung eines Qualitätsmanagement-Systems im Kfz-Betrieb immer auch viel

Arbeit. Das Ergebnis aber lohnt den Aufwand. Denn schon allein die Beschäftigung mit innerbetrieblichen Abläufen und die klare Festlegung von Verantwortlichkeiten beseitigt Schwachstellen und verbessert die Zusammenarbeit zwischen den Abteilungen des Kfz-Betriebes an den Schnittstellen. Ist das Qualitätsmanagement-System schließlich aufgebaut und umgesetzt, sorgt es konsequent angewandt für gleich bleibende, meist auch ständig bessere Qualität im Kfz-Betrieb – und damit für zufriedene Kunden.

Die erfolgreiche Einführung eines Qualitätsmanagement-Systems (**QM-System**) wird in der Regel von einer unabhängigen Prüfinstanz bewertet. Nach diesem so genannten **Audit** erhält der Kfz-Betrieb die Zertifizierung des Qualitätsmanagement-Systems durch eine Plakette und eine Urkunde bescheinigt. Abgesehen von den Vorteilen, die das QM-System für die reibungslosen Betriebsabläufe bringen kann, ist eine solche Urkunde auch gegenüber den Kunden werbewirksam und sollte deshalb aktiv in der Außendarstellung eingesetzt werden.

Damit nicht jeder Kfz-Betrieb das Rad neu erfinden muss, haben einige Automobilhersteller für ihre Vertragsbetriebe Leitfäden entwickelt, die es den Kfz-Betrieben und Autohäusern erleichtern, ein QM-System zu installieren. Manche Herstellerorganisationen schreiben sogar die Einführung des eigenen QM-Systems vor. Auch einige der Werkstattsystem-Anbieter bieten ihren Werkstattpartnern Hilfestellung bei der Einführung eines QM-Systems. Und schließlich hat auch der ZDK ein solches Basis-QM-System entwickelt, das sich mit vertretbarem Aufwand auch in kleineren Kfz-Betrieben installieren lässt. Der ZDK bietet das System in Zusammenarbeit mit den Kooperationspartnern TÜV und Dekra und mit den zusätzlichen Bestandteilen Umweltschutz und Arbeitssicherheit an.

Qualitätssicherung für AU-Prüfungen
Bei der gesetzlich vorgeschriebenen Abgasuntersuchung, die von dafür anerkannten Kfz-Betrieben durchgeführt werden kann, hat auch der Gesetzgeber den Anspruch, die Qualität von Werkstattleistungen sicherzustellen. So sind alle AU-Werkstätten seit dem 1. Juli 2002 laut der neuen Abgasuntersuchungs-Verordnung verpflichtet, Abgasuntersuchungen mit dem neuen **Qualitätssicherungs-System** (**QS**) durchzuführen. Der ZDK weist darauf hin, dass das QS-System im Wesentlichen die Dokumentation umfasst, die die AU-Werkstätten für die bisherigen Prüfungen auch geführt haben. Zusätzlich wird nun vom Gesetzgeber eine Mängelerfassung gefordert.

Die Dokumentation der qualitätssichernden Maßnahmen kann sowohl handschriftlich in Papierform als auch auf elektronischem Weg erfolgen. Hierfür hat der ZDK ein QS-Handbuch erstellt. Die Dokumentation am Computer kann beispielsweise mit Hilfe des von der Akademie des Deutschen Kfz-Gewerbes erstellten EDV-Programms «AU-Plus» vorgenommen werden. Die Daten fließen dann in einer bundesweiten Mängelstatistik zusammen.

Wichtig ist die Erfassung aller abgasrelevanten Fahrzeugmängel, die von der Fahrzeugannahme über die Wartung/Inspektion bis zur eigentlichen AU-Prüfung auffallen; für jede abgeschlossene AU sind diese Daten im QS-System abzulegen. Diese so genannte «Mängelschleife» stellt sicher, dass ein Fahrzeug die amtliche Abgasuntersuchung erfolgreich durchläuft. Daneben fließen aber alle anderen bereits behobenen abgasrelevanten Mängel trotzdem in die Mängelstatistik mit ein. Auf diese Weise soll ein realistisches Bild vom emissionsrelevanten Zustand der untersuchten Fahrzeuge in anerkannten AU-Werkstätten entstehen. Weitere Informationen auch zur ZDK-Software «AU-Plus» unter www.kfzgerwerbe.de/intern/.

Firmenstempel

**Bestandsnachweis
AU-Plaketten
gemäß Prüfnachweisblätter
für das Jahr _____**

Monat		Plaketten (03) Zugänge/Abgänge	Bestand	(04) Zugänge/Abgänge	Bestand	(05) Zugänge/Abgänge	Bestand	(06) Zugänge/Abgänge	Bestand	Datum und Unterschrift des AUB	Vermerk der anerkennenden Stelle
Jan	Zugang										
	Abgang										
Feb	Zugang										
	Abgang										
Mrz	Zugang										
	Abgang										
Apr	Zugang										
	Abgang										
Mai	Zugang										
	Abgang										
Jun	Zugang										
	Abgang										
Jul	Zugang										
	Abgang										
Aug	Zugang										
	Abgang										
Sep	Zugang										
	Abgang										
Okt	Zugang										
	Abgang										
Nov	Zugang										
	Abgang										
Dez	Zugang										
	Abgang										
Bestand zum Jahresabschluss											

Bemerkungen:
(z.B. verlorene, beschädigte, gestohlene Plaketten)

_____
_____
_____
_____

Firmenstempel

Kontrollnummer ______________ **AU-Prüfnachweisblatt**

für Monat ______________ **Jahr** ________

AU-Prüfnachweisblatt Nr. _____ **für laufenden Monat**

Fahrzeugdaten		Otto ohne Kat/ mit U-Kat								Otto mit G-Kat ohne OBD										Otto mit G-Kat und OBI										Diesel bis 3,5t								Diesel über 3,5t								AU-Plakette			
		Festgestellte Mängel						Ergebnis		Festgestellte Mängel								Ergebnis		Festgestellte Mängel								Ergebnis		Festgestellte Mängel						Ergebnis		Festgestellte Mängel						Ergebnis					
Amtl. Kennzeichen	Fzg.-Ident. Nr. (die letzten 7 Zeichen)	Keine	Leerlaufdrehzahl	Zündzeitpunkt	Schließwinkel	CO bei Leerlaufdrehzahl	Sichtprüfung	Bestanden	Nicht bestanden	Keine	Leerlaufdrehzahl	Zündzeitpunkt	CO bei Leerlaufdrehzahl	λ bei erhöhter Leerlaufdrehzahl	CO bei erhöhter Leerlaufdrehzahl	Regelkreisprüfung	Sichtprüfung	Bestanden	Nicht bestanden	Keine	Leerlaufdrehzahl	λ bei erhöhter Leerlaufdrehzahl	CO bei erhöhter Leerlaufdrehzahl	Funktion OBD	Sichtprüfung (Bauteile)	Sichtprüfung (Kontrollleuchte)	Ansteuerung Kontrollleuchte	Bestanden	Nicht bestanden	Keine	Sichtprüfung	Beschleunigungszeit	Trübungswert	Abregeldrehzahl	Leerlaufdrehzahl	Bestanden	Nicht bestanden	Keine	Sichtprüfung	Beschleunigungszeit	Trübungswert	Abregeldrehzahl	Leerlaufdrehzahl	Bestanden	Nicht bestanden	vergeben für Jahr 2003	vergeben für Jahr 2004	vergeben für Jahr 2005	vergeben für Jahr 2006
Übertrag von Blatt ____																																																	
Summe																																																	

Folgeblatt für laufenden Monat wurde angelegt ☐

Letztes Blatt für den laufenden Monat ☐

Anlage: Prüfprotokoll des Monats ____________

3.6.1 Qualitätsmanagement-Systeme nach ISO

Als Standard haben sich im Kfz-Gewerbe wie in vielen anderen Wirtschaftsbereichen auch Qualitätsmanagement-Systeme nach den DIN-ISO-EN-Normen der 9000er-Reihe durchgesetzt. Hinter den Abkürzungen verbergen sich die Organisationen Deutsche Industrie Norm (DIN), Europa-Normen (EN) und International Organization for Standardization (ISO). Für das Dienstleistungs- und Handelsunternehmen Kfz-Betrieb kam lange Zeit die DIN ISO EN 9002 in Frage, nach der eine Vielzahl von Betrieben erfolgreich zertifiziert wurden. ISO 9002 ist eine internationale und anerkannte Norm für Qualitätssicherung und Qualitätsmanagement. In manchen Automobilhersteller-Vertriebsorganisationen wird die grundsätzliche Norm durch weitergehende spezielle Qualitätsanforderungen ergänzt. Das Zertifikat ISO 9002 wird für drei Jahre nach einem umfassenden Audit verliehen. Jedes Jahr wird ebenfalls durch ein Audit nachgeprüft, ob der Betrieb die Standards der Norm noch erfüllt.

Allerdings gab es auch Kritik an der nach 20 Elementen gegliederten Norm: Sie war zu statisch und bildete die betrieblichen Abläufe im Kfz-Betrieb nicht ausreichend ab. Im Rahmen der Langzeitrevision der DIN-EN-ISO-9000-Familie wurde schließlich die Norm **DIN EN ISO 9001: 2000** neu verabschiedet. Die bisherige Norm 9002 war noch bis Ende 2003 gültig und wurde dann von der neuen Norm abgelöst. Inzwischen wird die neue Norm konsequent angewandt, und auch der ZDK hat die DIN EN ISO 9001: 2000 in sein QM-Konzept und den Leitfaden für Kfz-Betriebe integriert.

Die neu überarbeitete Norm ist in vier *Hauptbereiche* unterteilt:

- Verantwortung der Leitung,
- Ressourcenmanagement,
- Produktrealisierung,
- Messung, Analyse, Verbesserung.

Daraus leiten sich acht *Grundsätze* ab, durch die die Kundenzufriedenheit verbessert, die Qualitätsziele erreicht und eine kontinuierliche Verbesserung ermöglicht werden sollen:

- kundenorientierte Organisation,
- Führung mit Zielen,
- Einbeziehung der Mitarbeiter,
- prozessorientierter Ansatz,
- systemorientiertes Management,
- ständige Verbesserung,
- sachliche Entscheidungsfindung,
- Lieferantenbeziehungen, die beiden Seiten nutzen.

Wenn das QM-System nicht von der Unternehmensleitung mit viel Engagement unterstützt wird, dann hat es wenig Chancen, dem Betrieb auch die erhofften Vorteile zu bringen. Kritiker fühlen sich dann leicht bestätigt. Das heißt aber auch, dass der Chef die notwendigen personellen und finanziellen Ressourcen bereitstellen muss, um den QM-Prozess zu einem guten Abschluss zu führen. Aufgabe des Chefs ist es zudem, die Ziele, die Strategie des Unternehmens zu definieren, zu planen und umzusetzen.

Auch wenn es eine Menge Arbeit macht: Für das QM-System müssen alle innerbetrieblichen Abläufe unter die Lupe genommen und dokumentiert werden. Schnell wird dabei deutlich, wo Abläufe eben nicht optimal aufeinander abgestimmt sind, wo es deshalb Reibungsverluste gibt. Schon während des QM-Prozesses ergeben sich dann Ansatzpunkte, die betriebliche Organisation zu verbessern und beispielsweise Zeitressourcen aufzudecken. Und damit ist auch schon klar, dass die Mitarbeiter sehr eng eingebunden werden müssen in den QM-Prozess. Denn immer wieder geht es um ihre Arbeit. Deshalb gehören beispielsweise auch möglichst genaue Stellen- und Arbeitsplatzbeschreibungen zum QM-System. Klar, dass auch die Arbeitsumgebung, die einzelnen Arbeitsplätze so optimiert werden müssen, dass sie den geforderten reibungslosen Abläufen nicht im Wege stehen. Ist all das definiert, dann ist es auch leichter, neue Mitarbeiter in den Betrieb zu integrieren. Die Ressourcen des Unternehmens sollen optimal genutzt werden. Dabei geht es auch um die besonders wichtige betriebliche Ressource, die Mitarbeiter. Neben den exakten Stellenbeschreibungen sollten regelmäßige Mitarbeitergespräche, in denen auch Zielvereinbarungen und persönliche Entwicklungen festgelegt werden, durchgeführt werden, um die Motivation zu fördern. Allerdings muss bei der Zieldefinition darauf geachtet werden, dass die Mitarbeiter durch das definierte Ziel weder unter- noch überfordert werden. Denn Ziele, die zu leicht zu erreichen sind, sind ebenso demotivierend wie solche, die selbst mit den größten Anstrengungen für den Einzelnen unerreichbar bleiben.

Produktrealisierung ist der dritte Hauptabschnitt der Norm ISO 9001: 2000 überschrieben. Hierunter fallen eine Vielzahl von Aktivitäten im Kfz-Betrieb, die im Rahmen des QM-Prozesses unter die Lupe genommen werden müssen. Das beginnt mit der Materialbeschaffung. Sind beispielsweise Bestellvorgänge klar organisiert? Werden die richtigen Materialien bestellt? Oder lässt sich beispielsweise unter Gesichtspunkten wie Umweltschutz, Arbeitssicherheit, Effektivität oder Kosten etwas optimieren? Und natürlich auch: Hat der Betrieb die richtigen Lieferanten ausgewählt? Aber auch das Produkt, also die Dienstleistung des Betriebes, wird genau angeschaut. Wird in den einzelnen Bereichen des Kfz-Betriebes so geplant, dass beispielsweise

Termine, Kosten und Preise eingehalten werden? Werden alle Kundenanforderungen berücksichtigt?

▶ *Das beste QM-System nützt nichts, wenn es nicht permanent überprüft und in all seinen Details hinterfragt wird. Kundenzufriedenheit, Prozesse und Produkte sollen deshalb immer wieder gemessen werden. Innerhalb des QM-Systems sind dafür Routinen vorzusehen. Im Kfz-Betrieb gehören beispielsweise Kundenbefragungen dazu oder die Auswertung der Reklamationen, die ebenfalls Aussagen zur Kundenzufriedenheit erlaubt, oder auch die regelmäßige Qualitätsprüfung der Lieferantenleistungen. So wird das System ständig zu mehr Qualität weiterentwickelt.*

Damit sich jeder auch an die einzelnen vom QM-System festgelegten Abläufe und Qualitätsstandards hält, wird alles im QM-Handbuch dokumentiert. Das ist die Bibel des QM-Systems, eine Loseblattsammlung, in der immer wieder Blätter ausgetauscht werden, wenn sich Abläufe ändern oder Prozesse besser organisiert werden. Das QM-Handbuch sollte für alle Mitarbeiter zugänglich sein. Die Abschnitte, die den einzelnen Mitarbeiter direkt betreffen, erhält er zusätzlich als persönlichen Ausdruck, genauso wie die Stellen- und Aufgabenbeschreibung, die er unterschreibt.

3.6.2 Werkstatttests

Immer wieder war in den großen Autozeitschriften von Werkstatttests mit zum Teil verheerenden Ergebnissen zu lesen. Die Journalisten brachten dazu mit Fehlern präparierte Pkw zur Inspektion in die Werkstatt und bewerteten hinterher, wie viele Fehler gefunden oder eben nicht gefunden wurden. Manche Kfz-Betriebe schnitten dabei ausgesprochen schlecht ab. Schnell ist dann von teurem Pfusch die Rede – kein gutes Zeugnis für die Qualität der Werkstätten und ausgesprochen schlecht für den Ruf der Werkstätten. Nicht zuletzt aufgrund der Ergebnisse dieser Tests haben nun manche Herstellerorganisationen, aber auch Werkstattsystem-Anbieter wie zum Beispiel AutoCrew, Automeister oder Bosch damit begonnen, ihre Betriebe durch Sachverständige von Dekra, GTÜ, KÜS oder TÜV unter die Lupe nehmen zu lassen. Die vier Organisationen bieten verdeckte Werkstatttests als Dienstleistung an. Dabei wird neben dem Auffinden versteckter Fehler auch die Kundenfreundlichkeit des Kfz-Betriebes getestet und anschließend das Ergebnis mit den Verantwortlichen im Betrieb besprochen.
Marktführer bei den Werkstatttests ist Dekra. Jedes Jahr führen die Dekra-Sachverständigen in Europa rund 12 000 verdeckte Tests im

Auftrag von Automobilherstellern oder Händlern durch. Doch was zeichnet eine gute Werkstatt aus? Der Kunde erwartet, dass die Werkstatt an seinem Fahrzeug alle notwendigen Wartungs- und Reparaturarbeiten erkennt, sie fachgerecht ausführt, nichts vergisst und notwendige Zusatzarbeiten mit dem Auftraggeber abstimmt. Genauso wichtig ist es, wie kundenfreundlich die Werkstatt einen Auftrag abwickelt.

Beim Werkstatttest interessiert deshalb der gesamte Service: Ist das Servicepersonal freundlich? Muss der Kunde lange warten? Findet er problemlos einen Parkplatz? Nutzt der Kundendienstberater die Direktannahme und bespricht die anstehenden Arbeiten direkt am Fahrzeug? Erhält der Kunde eine Kopie des Auftrages und wird ihm die Rechnung erläutert? In allen diesen Disziplinen verlangt der Kunde von seinem Autohaus Bestleistungen. Darüber hinaus eignet sich ein Werkstatttest gut für das Abprüfen neuer Qualifikationen: beispielsweise, wie die Betriebe mit der Flut elektronischer Bauteile im Auto zurechtkommen.

Um ein realistisches Bild vom Qualitätsstandard einer Werkstatt zu erhalten, nutzen die «verdeckten Ermittler» von Dekra eine Inspektion. Sie wählen im Einzugsgebiet des jeweiligen Autohauses ein Fahrzeug aus, das ohnehin zur Inspektion ansteht, und präparieren es meist zusätzlich mit fünf typischen Mängeln, die der Mechaniker finden muss: Typisch sind eine defekte Standlichtlampe, eine lose Auspuffbefestigung, eine zu geringe Reifenprofiltiefe oder eine nicht funktionierende Hupe. Sicherheitsrelevante Mängel wie präparierte Bremsen sind allerdings tabu, weil sie den Fahrer unmittelbar gefährden könnten. Der Testkunde bringt sein Auto wie gewohnt in die Werkstatt. Nach Abschluss der Inspektion checkt der Sachverständige das Fahrzeug erneut durch, notiert die beseitigten Mängel und hält die Eindrücke der Testperson fest.

Für die Werkstatt kommt nun das Wichtigste. Zusammen mit dem Serviceverantwortlichen und seinem Team analysiert der Sachverständige von Dekra das Testergebnis. Es liefert wichtige Hinweise über den Status quo der Servicequalität, zeigt Stärken und Schwächen eines Betriebes auf. Natürlich möchte jedes Autohaus gut abschneiden. Aber häufig ist es ein schlechtes Testergebnis, das einem Betrieb den entscheidenden Impuls für eine Veränderung gibt, so lautet eine Praxiserfahrung der Dekra-Werkstattprüfer. Viele Betriebe nutzen diese Chance, lernen aus alten Fehlern und machen es künftig besser. Die regelmäßigen Werkstatttests verfehlen ihre Wirkung nicht. Nachfolgetests innerhalb einer Fabrikatsorganisation ergeben in der Regel eine höhere Servicequalität als im ersten Test. Die Werkstatttests werden dabei ständig den sich verändernden Anforderungen angepasst. Fragen zur Kundenbetreuung spiegeln die gestiegenen

Ansprüche der Kunden wider; und in der Zukunft werden Prüfungen von Arbeiten an der Autoelektronik noch wichtiger werden.

Zur Zeit erkennen die Werkstatttester einen neuen Trend: Immer häufiger warten Betriebe nicht ab, bis sie vom Automobilhersteller getestet werden, sondern setzen solche Tests gezielt als Instrument des Qualitätsmanagements ein. Der Kunde gewinnt durch besseren Service, der Händler durch eine bessere Einstufung beim Hersteller und dieser durch besseres Markenimage. In einer Zeit des Umbruchs, in der die Automobilhersteller ihre Händlernetze straffen, wiegt für ein Autohaus zudem ein guter Dienst am Kunden umso schwerer.

4 Effektives Controlling

Vor allem in kleineren und mittleren Kfz-Betrieben wird das Controlling eher vernachlässigt. Wenn das Geschäft gut läuft, scheint es dafür auch gar keinen Bedarf zu geben – und mit Arbeit ist es zudem verbunden. Für eine erfolgreiche Unternehmensführung ist ein systematisches Controlling jedoch unerlässlich. Es liefert die unternehmensbezogenen Daten, auf deren Grundlage erst systematisch geplant und entschieden werden kann. Denn Controlling ist weit mehr als einfache Kontrolle. Kontrolle analysiert lediglich Vergangenes und dann ist «das Kind vielleicht schon in den Brunnen gefallen». Controlling dagegen vergleicht so zeitnah wie eben möglich Planzahlen mit den tatsächlichen Ergebnissen. Dadurch ist es möglich, zum Beispiel auf mangelnde Auslastung oder Liquiditätsengpässe rechtzeitig zu reagieren – so rechtzeitig, dass der Betrieb noch gegensteuern kann.

Inzwischen ist Controlling nicht mehr nur für das erfolgreiche Management wichtig. Auch die Banken wollen im Rahmen von Kreditanträgen Unternehmensplanzahlen und deren Erfüllung dokumentiert sehen. Rating heißt der Vorgang, mit dem die Banken die Kreditwürdigkeit von Unternehmen einschätzen. Neben der Analyse der Finanz-, Ertrags- und Vermögenslage gehört zu einem Rating auch die Beurteilung von verfügbaren Planzahlen, Soll-Ist-Vergleichen und die Bewertung von qualitativen Merkmalen eines Unternehmens (siehe Abschnitt 4.3).

Aufgabe des Controllings ist also zunächst die **Unternehmensplanung**. Wie und wohin soll sich das Unternehmen entwickeln, lautet die zentrale Frage. Was soll langfristig erreicht werden? Auch die Planung konkreter Maßnahmen für die Umsetzung gehört dazu. Soll also beispielsweise der Werkstattumsatz durch das neue Dienstleistungsangebot Scheibenreparatur erweitert werden, müssen die entsprechende Arbeitsplatzausstattung, die Mitarbeiterschulung sowie Werbemaßnahmen geplant werden.

> *Das Controlling gibt die Zielwerte vor, plant die Zielerfüllung und kontrolliert, ob sich die Planzahlen mit dem Ergebnis, mit den Istwerten, decken. Wird das Ziel nicht erreicht, prüft das Controlling, wo sich Abweichungen von diesen Zielen erkennen lassen und welches die Gründe für diese Abweichungen sind.*

Damit ist deutlich: Controlling ist eine unternehmerische Aufgabe, die der Chef entweder selbst durchführt, zumindest aber stark mit beeinflusst. Denn der Unternehmer muss selbstverständlich die Ziele vorgeben. Die Prüfung und die zeitnahen Soll-Ist-Vergleiche kann dann eventuell der Controller erarbeiten. Der ist also der Lotse, der dem Unternehmer beim Navigieren des Unternehmens durch den Markt unterstützt.

Das Rechnungswesen dient dem Controller dabei als Quelle für die wichtigsten Daten. Hinzu kommen aber auch weiche Faktoren wie die Erhaltung der Kundenzufriedenheit, das Betriebsklima im Unternehmen oder auch die Aus- und Weiterbildung der Mitarbeiter. Treten Abweichungen von Zielsetzungen ein, schlägt der Controller Alternativen und Maßnahmen zur Veränderung vor. Entscheiden jedoch muss der Chef. Der Controller hat ausschließlich eine beratende Funktion.

Wichtig ist zudem, dass die einmal festgelegten Ziele nicht starr sein dürfen. Durch wirtschaftliche Rahmenbedingungen, aktuelle Markttrends und auch individuelle Unternehmensentwicklungen können sich Ziele verändern und müssen angepasst werden. Gerade die Stärke kleiner Unternehmen ist es ja, ihre Planungen und Ziele rasch und flexibel neuen Rahmenbedingungen anpassen zu können. Und auch die Mitarbeiter müssen Ziele und Pläne kennen, um sie effektiver und motivierter in die Tat umzusetzen. Denn Controlling ist auch Teil der Mitarbeiterführung. Deshalb müssen vor allem die Kennzahlen, die die Mitarbeiter beeinflussen können, auch mit ihnen besprochen werden. Sie sollen erkennen, dass sie mit guten Zahlen ihren Arbeitsplatz sichern helfen.

In einer Information für Unternehmer, die das Bundeswirtschaftsministerium erarbeitet hat, werden acht typische *Fehler* beim Controlling genannt:

Überhaupt kein Controlling
In vielen (jungen) Unternehmen wird überhaupt kein Controlling, sprich: keine Planung, betrieben. Es fehlt also vor allem eine konsequente und jeweils aktualisierte Finanzplanung. Folge: kein Überblick über die Kosten, die im Unternehmen anfallen, sowie über die liquiden Mittel, die zur Verfügung stehen.

Keine Zeit
Ein (typischer) Grund dafür, das Controlling insgesamt zu vernachlässigen: Der tägliche Stress und die anstehenden und zu erledigenden Aufträge verleiten dazu, «den lästigen Papierkram» links liegen zu lassen.

Der Laden läuft zu gut
Auf den ersten Blick ein Widerspruch: Aber erfolgreiche Unternehmen neigen zu folgenschweren Fehlern. Sie «ruhen sich auf ihren

Lorbeeren aus», vernachlässigen den kritischen Vergleich von Aufwand und Ertrag, wirtschaften weiter wie bisher und verlieren Kunden und Markt aus dem Blick.

Alles im Kopf, kein Problembewusstsein
Gerade erfolgreiche Unternehmer haben durchaus alle wichtigen Informationen über ihren Betrieb präsent: im Kopf. Allerdings handelt es sich dabei meist nur um grobe Annäherungswerte, bezogen auf die tatsächliche Unternehmenssituation. Erst dann, wenn Controlling-Informationen schriftlich fixiert werden müssen, ergibt sich ein schärferes Unternehmensbild. Zudem entsteht dann, wenn genaue Fragen für alle wichtigen Informationsbereiche eines Unternehmens zu formulieren sind, ein wacheres Bewusstsein dafür, wo welche Probleme im Unternehmen auftauchen können.

«Das erledigen meine Leute»
Controlling ist Chefsache. Nicht selten delegieren Firmenlenker aber die ungeliebten Aufgaben der Kostenrechnung und Finanzplanung komplett an Mitarbeiter. Folge: Sie verlieren den Überblick über die Kosten und Finanzsituation ihres Unternehmens.

Kostenstellen nicht klar
Selbst wenn ein Rechnungswesen-Controlling installiert ist, bleibt der gewünschte Effekt oft aus – vor allem dann, wenn nicht klar definiert ist, an welchen Stellen Kosten entstehen können.

Falsche Aufschlüsselung der Kosten
Viele Jungunternehmer tun sich außerdem schwer, die Gemeinkosten ihres Unternehmens (z.B. Energieverbrauch) auf die verschiedenen Kostenstellen (z.B. Verwaltung, Produktion usw.) zu verteilen. Entweder sind die Aufteilungen zu grob und daher zu ungenau; oder sie sind so differenziert und kompliziert, dass der dafür notwendige Aufwand in keinem vernünftigen Verhältnis mehr zum Ergebnis steht. Aufschlüsselungen so einfach wie möglich! Schätzungen sind in der Regel ausreichend.

Controlling aneinander vorbei
Ein funktionierendes Rechnungswesen garantiert noch kein funktionierendes Controlling. Nicht selten ermittelt die Kostenstelle Daten, die für die unternehmerische Planung unwichtig sind. Umgekehrt braucht die Geschäftsleitung Informationen, die nicht erhoben wurden.

Grundsätze für das Controlling

▶ *Nur was gemessen wird, wird auch getan!*
Lieber alle Controlling-Bereiche mit Kerninformationen versehen als Zahlenfriedhöfe anlegen.
Je aktueller die Zahlen, desto besser die Steuerungsmöglichkeiten.

4.1 Die wichtigsten betrieblichen Kennzahlen

Für ein leistungsfähiges Controlling sind betriebliche Kennzahlen die zentralen Werte, mit denen sich Zielvorgaben definieren, Entwicklungen über einen bestimmten Zeitraum und Planabweichungen erkennen lassen. Diese Kennzahlen werden zum großen Teil aus dem Rechnungswesen abgeleitet. Viele Daten kommen aber auch aus anderen Bereichen des Unternehmens. Bei der Festlegung der Kennzahlen, die regelmäßig ermittelt werden und mit denen das Unternehmen gesteuert wird, ist darauf zu achten, dass die Kennzahlen bestimmte *Voraussetzungen* erfüllen. Kennzahlen müssen:

- einfach und verständlich sein,
- die zukünftige Planung unterstützen,
- durch die Leistung der Mitarbeiter beeinflussbar sein,
- von den Mitarbeitern akzeptiert werden.

Was soll berichtet werden, lautet die erste Frage beim Aufbau eines Controlling-Systems. Controlling-Ziele und eben die erforderlichen Kennzahlen werden festgelegt. Aber auch wem berichtet werden soll, ist festzulegen. Sicher betreffen die meisten Kennzahlen die Unternehmensleitung. Aber es gibt auch Daten, die sofort parallel auch Mitarbeitern zur Verfügung gestellt werden müssen. Der für den Gebrauchtwagenverkauf verantwortliche Mitarbeiter muss alle Daten aus der Gebrauchtwagenabteilung zeitnah zur Verfügung haben, um rechtzeitig gegensteuern zu können, wenn sich beispielsweise die durchschnittlichen Standzeiten verlängern. Und schließlich muss auch noch der Zeitpunkt festgelegt werden, zu dem die Zahlen ermittelt werden. Üblicherweise werden Wochen-, Monats-, Quartals-, Halbjahres- und Jahresauswertungen unterschieden.

Das klassische Controlling unterscheidet mehrere unterschiedliche Bereiche. Das **strategische Controlling** beschäftigt sich einerseits mit der Konkurrenz und andererseits mit der Stellung des eigenen Unternehmens im Markt. Markt und Wettbewerb werden dazu permanent beobachtet. Geprüft wird außerdem, ob die Angebote des eigenen Betriebes den aktuellen Marktbedürfnissen noch entsprechen.

Mit Hilfe des **Auftragscontrollings** sollen Veränderungen im Kundenverhalten rechtzeitig erkannt werden. In der Werkstatt wird man beispielsweise die Zahl der Wartungen, der kleinen und größeren Reparaturarbeiten – unterschieden nach Diagnose, Mechanik, Karosserie und spezielle Reparaturen – untersuchen. Kann die Werkstatt den Kunden zusätzliche Dienstleistungen anbieten, könnte eine Überlegung sein, wenn es in einem Bereich zu Auftragsrückgängen kommt.

Zum Beispiel für den Bereich Zubehör, aber auch für den Ersatzteilverkauf an andere Werkstätten oder Privatkunden kann ein **Sortimentscontrolling** hilfreich sein. Geprüft werden soll hier, welche Produkte die Verkaufsrenner sind und welche kaum verlangt werden. Das hat selbstverständlich Auswirkungen auf die Lagerbestandsplanung, kann aber auch bedeuten, dass für eine bestimmte Zubehörgruppe die Werbung intensiviert wird, um hier künftig bessere Umsätze zu erzielen.

Ressourcencontrolling ist wiederum vor allem in der Werkstatt interessant. Gefragt wird hier, ob teure Maschinen und Geräte, aber auch die Mitarbeiter optimal ausgelastet sind.

Controlling der Produktivität und der Qualität insbesondere unter betriebswirtschaftlichen Gesichtspunkten sind ein weiterer zentraler Controlling-Bereich. Verschiedene Unternehmensbereiche werden über einen Zeitabschnitt erfasst, bewertet und miteinander verglichen. Dabei ist Effizienzsteigerung das Ziel.

Schließlich wird das Finanz- und Rechnungswesen selbstverständlich in das Controlling einbezogen. Denn ohne eine gesicherte Liquidität, eine gesunde Kapitalbasis kann ein Unternehmen nicht existieren. Das **Finanzcontrolling** umfasst deshalb die Bereiche Bilanz, GuV, Finanzierung, Liquiditätsplanung und -steuerung.

Zu den wichtigsten Quellen betrieblicher Kennzahlen gehört die Kostenrechnung. Der Band «Betriebswirtschaft» dieser Buchreihe geht auf die Auswertung der Kostenrechnung und die Berechnung der Kostenrechnungs-Kennzahlen im Detail ein. Die folgenden *Kennzahlen* lassen sich danach mit Hilfe der Kostenrechnung ermitteln:

📖 *«Betriebswirtschaft»*

- ❑ Umsatzrentabilität,
- ❑ Bruttoertragsquote,
- ❑ Erlösindex,
- ❑ Selbstkostenindex,
- ❑ erzielter Stundenverrechnungssatz,
- ❑ erzielter AW-Verrechnungssatz,
- ❑ Lohnerlös pro Monteureinheit,
- ❑ Leistungsgrad,
- ❑ Produktivität,

- Anwesenheitsgrad,
- Deckungsbeitrag in Prozent vom Umsatz,
- Deckungsbeitrag pro verkauftem Fahrzeug,
- durchschnittlicher Lagerbestand Ersatzteillager,
- Lagerumschlagshäufigkeit,
- Lagerdauer.

Darüber hinaus gibt es eine Vielzahl weiterer Kennzahlen aus den verschiedenen Bereichen des Kfz-Betriebes, die sich zum Teil aus Beobachtung, Befragungen und Ergebnissen des täglichen Geschäftes ergeben. Ob es Sinn macht, diese Daten regelmäßig zu erheben, hängt davon ab, ob die Daten wirklich aussagekräftig sind, ob sie Bedeutung für die Entwicklung des eigenen Betriebes haben und auch, wie kompliziert die Datenerhebung ist. Hier eine Auswahl weiterer Kennzahlen für den Kfz-Betrieb:

Regionaler Markt / Konkurrenz im Marktgebiet
- Anzahl der Kfz-Betriebe,
- Fahrzeugbestand,
- Neuzulassungen,
- Markenverteilung,
- Besitzumschreibungen,
- eigener Marktanteil,
- Kundenzufriedenheit (Umfrage).

Werkstatt
- Anzahl der Fahrzeugdurchgänge, gegliedert nach Leistungsarten,
- Anzahl/Prozentsatz der Eigenaufträge (Neu- und GW-Verkauf),
- Anzahl der Fremdleistungen,
- Prozentsatz der Direkt-/Dialogannahmen,
- Auslastung der Werkstatt-Arbeitsplätze,
- Anzahl der Reklamationen und Garantiearbeiten,
- Anzahl der Auftragserweiterungen.

Teile-/Zubehörverkauf
- Prozentuale Verteilung der Teile- und Zubehörverkäufe, gegliedert nach
  - eigene Werkstatt,
  - gewerbliche Kunden,
  - Privatkunden;
- Anteil der Expressbestellungen,
- Umsatzanteile spezieller Zubehör-Produktgruppen.

Fahrzeughandel
- Verhältnis verkaufte Neuwagen – verkaufte Gebrauchtwagen,
- Lagerbestand Neuwagen/Gebrauchtwagen,
- Gebrauchtwagen-Standzeiten,
- Gebrauchtwagenbestand
  - nach Fahrzeugklassen,
  - nach Fahrzeugalter,
  - nach Eigen- und Fremdfabrikaten,
  - nach Hereinnahmen und Zukäufen.

Anschließend müssen die ermittelten Kennzahlen analysiert werden, um zu erkennen, wo eventuell Handlungsbedarf für Veränderungen besteht. Die einfachste Form der Kennzahlenanalyse ist der Soll-Ist-Vergleich. Abweichungen lassen sich so rasch erkennen. Soll-Ist-Vergleiche zeigen, ob Ziele erreicht wurden und wie gut Pläne und Aktionen gewesen sind. Weichen die Ist- von den Sollwerten ab, müssen die Ursachen dafür analysiert und Gegenmaßnahmen ergriffen werden. Erst der Soll-Ist-Vergleich zwingt dazu, Ziele neu zu stecken oder Maßnahmen zu überdenken.

Auch die Kundenanalyse spielt eine wichtige Rolle und sollte in regelmäßigen Abständen durchgeführt werden. Die Konkurrenzanalyse vergleicht und bewertet die Leistungen des Betriebes mit denen der wichtigsten Konkurrenten. Wie ist das Preis-Leistungs-Verhältnis? Welcher Service wird geboten?

Mit Kennzahlen aus der Kostenrechnung operiert die Deckungsbeitragsrechnung. Sie ist eine Art Teilkostenrechnung und zeigt, in welchem Umfang beispielsweise ein Produkt oder ein Kunde zur Deckung der Kosten beiträgt. Die Break-even-Analyse zeigt, wann der Betrieb in die Gewinn- oder Verlustzone kommt. Für die wirtschaftliche Situation des Kfz-Betriebes besonders wichtig ist auch die Liquiditätsplanung. Sie ist ein Plan-Ist-Vergleich der Zahlungseingänge und Zahlungsausgänge.

4.2 Betriebsvergleiche

Wie machen es die anderen? Welche Rezepte haben erfolgreiche Kfz-Betriebe? Aus den Erfahrungen anderer Kfz-Betriebe lässt sich viel lernen. Aber niemand lässt sich auch so gern in die Karten schauen. «Ich werde doch nicht die Konkurrenz schlau machen.» Den Spruch hört man glücklicherweise inzwischen nur noch selten. Denn die meisten haben erkannt, dass der Vergleich mit anderen hilfreich ist. Und dazu gehört dann eben auch, das man selbst Informationen über den eigenen Betrieb preisgibt.

So haben sich in vielen Branchen – und auch unter Kfz-Betrieben – Betriebsvergleiche als wichtiges Controlling-Instrument etabliert. Markengebundene Autohäuser werden schon lange miteinander verglichen. Dafür sorgen die Handelsorganisationen der Hersteller und Importeure. Da meist innerhalb einer Organisation identische Softwarepakete verwendet werden, sind auch die Daten der einzelnen Autohäuser gut vergleichbar. Beim Betriebsvergleich geht es allerdings nicht darum, zu schauen, was denn der Händlerkollege im Nachbarort macht. Vielmehr dienen die zum Betriebsvergleich aufbereiteten Daten dem internen **Benchmarking** innerhalb der Handelsorganisation. Das heißt, der einzelne Kfz-Betrieb soll seine Controlling-Kennzahlen mit dem Durchschnitt aller anderen Betriebe vergleichen können. Dazu werden in der Regel mehrere Vergleichsgruppen gebildet, die sich entweder an der Zahl der Mitarbeiter, am Umsatz oder an den verkauften Neu- und Gebrauchtwagen orientieren können. Der Kleinbetrieb kann sich so mit Unternehmen ähnlicher Größe vergleichen – genauso wie das große Autohaus, dem der Betriebsvergleich Durchschnittswerte aus vergleichbar großen Betrieben liefert.

Liegen die zentralen, betriebswirtschaftlich relevanten eigenen Werte im Durchschnitt, kann der Kfz-Betrieb einigermaßen sicher sein, dass er im «grünen Bereich» operiert. Besser ist es natürlich, über dem Durchschnitt zu liegen. «Best Practice» ist das Ziel. Oder auf deutsch: die Ausrichtung der eigenen Leistungen nicht am Durchschnitt, sondern am Klassenbesten. Viele Betriebsvergleiche begnügen sich deshalb nicht damit, Durchschnittswerte zu nennen, sondern veröffentlichen auch die Bandbreite mit den jeweils schlechtesten und den besten Werten. Das steigert den Anreiz, in die Liga der Besten aufzurücken. Anreize in Form von Vergünstigungen oder Preise für zum Beispiel die erfolgreichsten Verkäufer sorgen bei den Markenhändlern für zusätzliche Qualitätsanreize.

Aber auch die verschiedenen Werkstattsystem-Anbieter haben in der Regel einen Betriebsvergleich im Angebot, an dem sich die Partner zum Teil beteiligen müssen. Wie bei den Betriebsvergleichen der Herstellerorganisationen liegt der Vorteil hier darin, dass alle Teilnehmer vergleichbare Unterstützung erhalten und so unter ähnlichen Bedingungen arbeiten. Und auch der ZDK führt in begrenztem Rahmen Betriebsvergleiche durch.

Natürlich machen derartige Betriebsvergleiche Arbeit. Wenn die Daten nicht wie bei manchen Organisationen vom Dealer-Management-System oder einer anderen, von allen verwendeten Software automatisch zusammengefasst werden, dann müssen die Daten oft mühsam aus verschiedenen Betriebsbereichen zusammengesucht werden. An diesem Zeitaufwand scheitern Betriebsvergleiche dann nicht selten. Die Mühe aber lohnt für den einzelnen Betrieb auf jeden Fall. Vorausgesetzt, dass die Datenerhebung zuverlässig ist und sich auch Betriebe in ausreichender Zahl beteiligen, erhält der teilnehmende Kfz-Betrieb anschließend eine Auswertung, die meist direkt die eigenen Daten mit den Durchschnittswerten aller Teilnehmer und der Teilnehmer seiner Betriebsgröße vergleicht. Auf den ersten Blick lässt sich dann aus dem Betriebsvergleich erkennen, wo das eigene Unternehmen steht. Schwachstellen werden so aufgedeckt und können rechtzeitig überwunden werden.

4.3 Rating durch die Hausbank

Banken und Sparkassen müssen ihre Kreditkunden genau unter die Lupe nehmen. Nach den Kreditvergaberichtlinien, die unter der Bezeichnung «Basel II» bekannt sind, müssen die Banken die wirtschaftliche Leistungsfähigkeit eines Betriebes vor der Kreditvergabe mit einem so genannten Rating prüfen. Das Rating ist eine Art Gutachten über die Kreditwürdigkeit oder die Bonität eines Unternehmens durch die Hausbank. Je besser die Kreditwürdigkeit, desto geringer ist das Risiko für die Bank. Je geringer aber das Risiko für die Bank ist, desto eher bekommt das Unternehmen einen Kredit und desto niedriger können unter Umständen die Zinsen für diesen Kredit ausfallen.

Dabei werden nicht mehr nur die Bilanzdaten der Vergangenheit betrachtet, sondern auch in die Zukunft geschaut: Welche Chancen hat der Betrieb am Markt? Wie sehen die Pläne des Unternehmens aus? Die Kreditwürdigkeit hängt entscheidend auch davon ab, wie gut das Unternehmen geführt wird und wie gut beispielsweise das Controlling ist. Businesspläne, Planzahlen und Marktanalysen haben dabei fast ebenso große Bedeutung wie die betriebswirtschaftlichen Daten aus dem Rechnungswesen – vorausgesetzt, der Kfz-Betrieb ist in der Lage, diese Daten zu liefern. Ist das wie in vielen kleineren Kfz-Betrieben nicht der Fall, dann verlassen sich die Banker nicht selten auch auf Brancheneinschätzungen. Gerade in konjunktureller Flaute kann das fatale Folgen für den Kfz-Betrieb haben. Sagen die allgemeinen Brancheneinschätzungen dann, dass es der Kfz-Branche wirtschaftlich schlecht geht, hat das enorme Auswirkungen auf die Kreditwürdigkeit auch des einzelnen Kfz-Betriebes, der aber tatsächlich vielleicht viel besser dasteht. Deshalb macht es in jedem Fall Sinn, sich mit eigenen Daten ausführlich auf ein Rating durch die Hausbank vorzubereiten.

Dazu gehört zunächst eine ausführliche betriebswirtschaftlichen Analyse. Wie sieht das Marktpotential aus, wo lassen sich organisatorische Abläufe verbessern, wo liegen Sparpotentiale oder ganz konkret: Wo lassen sich Kredite optimieren? Vor allem der GW-

Bestand wird unnötigerweise häufig komplett über teure Kontokorrentkredite finanziert. Nach der Analyse folgt die Detailplanung. Für jeden Autohausbereich werden exakte Planzahlen festgelegt. Kurzfristige Soll-Ist-Vergleiche zeigen dann, ob die Planung realistisch war, ob noch Optimierungsbedarf besteht und wie die Planung eventuell anzupassen ist. Es werden also die klassischen Controlling-Werkzeuge eingesetzt und die Ergebnisse für das Rating dokumentiert.

Damit stehen dann auch die Daten zur Verfügung, die nötig sind, um ein Rating nach «Basel II» durch die Hausbank erfolgreich zu bestehen. Vor der Verpflichtung, Ratings durchzuführen, haben die Banken für eine Kreditvergabe nur die Vergangenheit betrachtet. Die monatlichen betriebswirtschaftlichen Auswertungen des Steuerberaters waren die aktuellsten Daten, die verlangt wurden. Nun wollen die Banken auch Planzahlen über die zukünftige Entwicklung sehen. Wenn die Bankmitarbeiter aus der betriebswirtschaftlichen Analyse und der seriösen Vorausschau erkennen können, dass das Autohaus auf gesunden Füßen steht, dann ist auch ein positives Rating-Ergebnis möglich – trotz eher negativer Einschätzungen über die gesamte Branche.

Unterstützung erhalten die Kfz-Betriebe dabei durch Unternehmensberater, die sich auf die Betreuung von Kfz-Betrieben spezialisiert haben. Manches kann der Betrieb aber auch selbst manchen. Dabei sind gerade für kleinere Betriebe EDV-Programme hilfreich, wie sie beispielsweise der ZDK anbietet. Die Software zum Eigenrating wurde speziell für Autohandels- und -reparaturbetriebe entwickelt. Die einfach zu bedienende Software dient zur Vorbereitung auf Gespräche mit dem Kreditinstitut.

Mit der neuen Software erhalten die Betriebe der Kfz-Branche ein Werkzeug, um sich durch Selbstprüfung anhand der hinterlegten Soll-Branchenwerte auf Bankverhandlungen vorzubereiten und mit einheitlichen, branchenspezifischen und realistischen Vergleichszahlen im Bankgespräch argumentieren zu können, schreibt der ZDK. Als Management-Werkzeug bietet die Software die Möglichkeit, Prozesse und Daten im Unternehmen zu analysieren und Verbesserungsmaßnahmen abzuleiten. Die Eigenrating-Software kann jedoch ein Rating durch die Banken nicht ersetzen.

Die Software wurde vom Kfz-Verband in Zusammenarbeit mit der Bank Deutsches Kfz-Gewerbe, der Kanzlei Rath, Anders, Dr. Wanner & Partner sowie der BBE-Unternehmensberatung entwickelt und von der Gesellschaft zur Förderung des Kfz-Wesens (GFK) herausgegeben und kann beim ZDK bestellt werden.

4.4 Organisationscontrolling in der Werkstatt

Ein großer Teil der Controlling-Daten und Controlling-Werkzeuge beruht auf der betriebswirtschaftlichen Auswertung und auf Zahlen, die das Rechnungswesen oder die Berechnungen des Steuerberaters liefern. Der Band «Betriebswirtschaft» vermittelt für diesen Bereich die erforderlichen Grundlagen. An dieser Stelle soll es insbesondere um das Controlling organisatorischer Abläufe in der Werkstatt gehen. Die Werkstatt erzielt ihre Gewinne mit einer möglichst produktiven Auslastung der Arbeitsplätze und Werkstattmitarbeiter. *Aufgabe* des Organisationscontrollings in der Werkstatt ist es deshalb, regelmäßig

📖 *«Betriebswirtschaft»*

- den reibungslosen Fahrzeugdurchlauf zu kontrollieren,
- Abläufe immer wieder zu überdenken und zu hinterfragen,
- die Entwicklung der Stammkundenzahlen im Auge zu behalten,
- die Zahl der Kontakte je Stammkunde zu beobachten,
- das Verhältnis der produktiven zu den unproduktiven Arbeitszeiten zu prüfen,
- die Auslastung von Großgeräten zu beobachten.

Weichen die erfassten Istwerte von den Sollwerten oder Plandaten ab, muss sofort mit geeigneten Mitteln gegengesteuert werden. Um hier immer rechtzeitig handeln zu können, ist es erforderlich, die Kontrollen permanent durchzuführen, damit sich organisatorische Mängel nicht verfestigen.

4.4.1 Produktive/unproduktive Mitarbeiter

In jedem Unternehmen, so auch in einem Kfz-Betrieb, gibt es produktive und unproduktive Mitarbeiter. Produktive Mitarbeiter tragen durch ihre Arbeitsleistung zum Ertrag des Unternehmens direkt bei. Die unproduktiven Mitarbeiter dagegen sorgen dafür, dass der Betrieb reibungslos läuft. Sie schaffen die Voraussetzungen dafür, dass die produktiven Mitarbeiter überhaupt in der Lage sind, Erträge zu erwirtschaften.

Zu den *unproduktiven Mitarbeitern* gehören beispielsweise:

- die Mitarbeiter in der Verwaltung,
- die Kundendienstberater;

aber auch:

- der mitarbeitende Meister (er ist zu 50% unproduktiv),
- die Auszubildenden (ihre Arbeitsleistung wird nur zu einem Teil als produktive Leistung gerechnet).

Die *produktiven Mitarbeiter* sind in erster Linie

- Kfz-Mechaniker,
- Kfz-Elektriker,
- Mechatroniker,
- Servicetechniker,
- Karosseriemechaniker,
- Lackierer,
- mitarbeitende Meister (anteilig),
- Auszubildende (anteilig).

Das Verhältnis zwischen produktiven und unproduktiven Mitarbeitern sollte den Wert 3 : 1 nicht unterschreiten. Dabei ist allerdings zu berücksichtigen, dass die unproduktiven Mitarbeiter häufig nicht allein für die Werkstatt zuständig sind. Ein Kundendienstberater etwa verkauft auch Ersatzteile und Zubehör. Die Kassierer rechnen ebenfalls den Ersatzteilverkauf ab. Deshalb wird ihre Arbeitsleistung sowohl der Werkstatt als auch dem Ersatzteillager als unproduktive Leistung zugerechnet.

Für unseren Musterbetrieb aus Abschnitt 1.3.2 ergibt sich somit die in Tabelle 4.1 dargestellte Berechnung.

Tabelle 4.1 Verhältnis produktive/unproduktive Mitarbeiter

	Kostenstelle Werkstatt	produktiv	unproduktiv
4 Monteure Mechanik	100%	4	
2 Monteure Karosserie	100%	2	
2 Auszubildende	100%	0,4	
1 Werkstattmeister	100%	0,5	0,5
1 Kundendienstberater	50%		0,5
2 Verwaltungskräfte/Kassierer	50%		1,0
Insgesamt		6,9	2,0

Eine optimale Ablauforganisation muss sicherstellen, dass die Arbeitszeit der Mechaniker zu einem überwiegenden Teil produktiv genutzt werden kann. Denn auch die Mechaniker leisten unproduktive Arbeit. Deshalb wird auch die Werkstattarbeit der Mechaniker in produktive und unproduktive Arbeiten aufgeteilt.

Zu den *produktiven Arbeiten* gehören:

- Arbeiten an Kundenfahrzeugen,
- Garantieleistungen und Kulanzarbeiten,

- Interne Werkstattleistungen, wie
  - Verkaufsfertigmachen von Neuwagen,
  - Instandsetzung von Vorführwagen,
  - technische Instandsetzung von eigenen Gebrauchtwagen.

Die internen Werkstattleistungen werden wie Kundenaufträge der Abteilung belastet, die diese Arbeiten in Auftrag gegeben hat.
Bei den *unproduktiven Arbeitszeiten* wird unterschieden in

- unproduktive Anwesenheit und
- unproduktive Abwesenheit.

Zur unproduktiven Anwesenheit, also der Zeit, in der die Mechaniker zwar im Betrieb anwesend sind, aber keine Arbeiten leisten, die dem Betrieb Erträge einbringen, gehören:

- Schulungen,
- Leerlauf und Wartezeiten,
- Nacharbeiten,
- allgemeine Arbeiten zur Werkstatterhaltung.

Zu den unproduktiven Abwesenheitszeiten zählen:

- Urlaub,
- Krankheit,
- externe Schulungen.

Im Branchendurchschnitt entfallen je Mechaniker auf:

- produktive Werkstattleistungen: 65 bis 75%,
- unproduktive Anwesenheit: 10%,
- unproduktive Abwesenheit: 15 bis 25%.

Diese Werte sind uns bereits bei der Berechnung der Werkstatt-Tageskapazität begegnet. Bei der dort behandelten Auslastungsplanung jedoch müssen Zeiten unproduktiver Abwesenheit nicht berücksichtigt werden, da Urlaub und externe Schulungen rechtzeitig bekannt sind. Deshalb wurde bei der Berechnung der Tageskapazität die Gesamtarbeitszeit der Mitarbeiter lediglich um die im Schnitt zehn Prozent unproduktiver Anwesenheit reduziert.

4.4.2 Organisationsmittel und Systeme der Zeiterfassung

Die im vorangegangenen Abschnitt beschriebenen Werte für produktive und unproduktive Werkstattleistungen sind nur als Richtwerte anzusehen. Zusammen mit den Arbeitswert-Angaben (AW) der Wartungs- und Reparaturvorgaben stellen sie die Sollwerte dar, die permanent mit dem tatsächlichen Verhältnis aus produktiver und unproduktiver Werkstattarbeit verglichen werden müssen.

Neben den elektronischen, an eine vernetzte EDV-Anlage gekoppelten Zeiterfassungssystemen werden in manchen Kfz-Betrieben nach wie vor Zeitarbeitskarten – gültig für einen Tag oder eine Woche – verwendet. Jeder Monteur stempelt auf seiner Tagesarbeitskarte Beginn und Ende jedes Auftrages an und ab. Damit kann sowohl die Gesamt-Tagesarbeitszeit erfasst werden wie auch die Aufgliederung seiner Arbeit nach produktiven und unproduktiven Zeiten.

Unten beginnend, trägt der Monteur in die linke Spalte zunächst die Leitzahl (LZ) des Auftrages ein. In der Rubrik «Arbeitsposition» notiert er das Kürzel für die jeweilige Tätigkeit, wie beispielsweise:

K = Kundenauftrag,
G = Garantiearbeit,
I = Interne Arbeit (eventuell weiter unterteilt),
W = unproduktive Werkstattleistung (eventuell weiter unterteilt).

Schließlich notiert er die Nummer des Werkstattauftrages und stempelt die Karte dann zunächst an und bei Arbeitsende wieder ab. In der äußersten rechten Spalte wird dann aus der Differenz zwischen angestempelter und abgestempelter Zeit die Arbeitszeit für jeden Auftrag errechnet. Die Werte der Tagesarbeitskarte werden anschließend in eine Monatsübersicht übertragen und aufaddiert.

Mit der elektronischen Zeiterfassung über die EDV funktioniert die Zeiterfassung im Prinzip identisch. Hierzu sind ein oder mehrere Erfassungsterminals mit der Werkstatt-EDV verbunden. Nachdem sich der Mechaniker beispielsweise mit Hilfe einer Codekarte oder eines codierten Schlüssels identifiziert hat, gibt er die Auftragsnummer ein. Der im System gespeicherte Auftrag ordnet die Arbeitszeit dann automatisch der richtigen Arbeitskategorie zu. Für unproduktive Arbeitszeiten ohne Auftrag gibt der Mechaniker das entsprechende Kürzel ein. Besonders elegant kann die Zeiterfassung in einer komplett vernetzten Werkstatt gelöst werden. Steht an jedem Arbeitsplatz – auch in der Werkstatt – ein PC, dann ruft der Werkstattmitarbeiter hier nicht nur den Auftrag auf, den der Kundendienstberater mit dem Kunden erstellt hat, sondern bucht auch hier gleich seine Arbeitszeit mit ins System ein. Und so wie alle Daten der verschiedenen Werkstatt-Testsysteme dem Auftrag automatisch zugeordnet werden, wird auch die Arbeitszeit dem Auftrag zugebucht. Egal, ob herkömmliche Stempeluhr oder EDV-Lösung, die Aussagekraft der Daten steht und fällt mit der Disziplin der Mitarbeiter. Um die Mitarbeiter zur ordentlicher Zeiterfassung zu motivieren, sollte der Zusammenhang zwischen produktiver und unproduktiver Arbeit deutlich gemacht werden.

> *Ziel muss es sein, den produktiven Anteil so groß wie möglich zu erhalten. Dabei sollte aber auch den Mitarbeitern klar sein, dass 100-prozentige Produktivität nicht erreichbar ist und dass es auch keinen Sinn macht, bei den Eingaben zu schummeln und unproduktive Zeiten in Aufträgen zu verstecken.*

4.4.3   Nachkalkulation der Werkstattaufträge

Aber selbst die produktiven Zeiten der Werkstattmitarbeiter lassen sich nicht immer verkaufen. Denn der Kostenvoranschlag ist ja nach festen Arbeitswert-Vorgaben ermittelt. Braucht der Mechaniker jedoch länger für eine Fehlersuche, eine Wartung oder Reparatur, dann lässt sich diese Mehrarbeit nur in sehr begründeten Fällen an den Kunden weiterverrechnen. Wichtig ist also auch der Vergleich der AW-Vorgaben jedes einzelnen Auftrages mit den tatsächlich auf den Auftrag gebuchten Stunden. Sind die tatsächlichen Zeiten regelmäßig höher, hat der Kfz-Betrieb schnell ein wirtschaftliches Problem. Deshalb sollte auch ermittelt werden, ob einzelne Mitarbeiter die Vorgabezeiten überschreiten, ob es an bestimmten Arbeitsplätzen häufig zu Überschreitungen kommt oder ob bei bestimmten Tätigkeiten die AW-Angaben nicht einzuhalten sind. Die Zeitüberschreitungen können ganz unterschiedliche Gründe haben:

- Der eingesetzte Mitarbeiter ist nicht qualifiziert genug.
- Vom Lehrling wird zu viel erwartet.
- Für bestimmte Arbeiten fehlt das Spezialwerkzeug.
- Der Fahrzeugdurchlauf ist nicht optimal.
- Die Organisation des ET-Lagers sorgt für unnötige Verzögerungen.
- Es fehlen die modernen Diagnosesysteme für die effiziente Fehlersuche.
- Die Mitarbeiter nutzen die moderne Prüftechnik nicht optimal.
- Die Werkstattmitarbeiter nutzen technische Informationen nur unzureichend.
- Spezialisten oder der Werkstattmeister werden zu spät zu Rate gezogen.

In jedem Fall aber sollten die einzelnen Werkstattaufträge einer Nachkalkulation unterzogen werden. Im Prinzip wird dabei der tatsächlich geleistete Aufwand in Euro und Cent dem gegenübergestellt, was dem Kunden in Rechnung gestellt wurde. Und dabei spielt die Zeiterfassung eine wichtige Rolle. Sie liefert die tatsächlich auf den Auftrag gebuchten Mechanikerstunden. Überschreiten diese Ist-Stunden die abgerechneten AW-Einheiten, rutscht der Auftrag rasch ins Minus. Aber auch weitere eventuell zusätzlich entstandenen Kosten müssen berücksichtigt werden. Wurde beispielsweise ein Ersatzteil, das nicht rechtzeitig bestellt worden war, per Express geliefert oder gar selbst herbeigeschafft, dann belasten auch diese Kosten das Ergebnis des einzelnen Auftrages negativ. Natürlich ist auch der umgekehrte Fall denkbar: Alle Teile lagen bereit, die Diagnose erlaubte einen umfassenden Werkstattauftrag ohne spätere Erweiterungen, und der Mechaniker hat zudem die Arbeit schneller bewältigt, weil alles glatt lief und keine Probleme aufgetaucht sind. Dann ergibt die Nachkalkulation des Auftrags ein Plus. Aufträge, die so positiv laufen und einen zusätzlichen Ertrag bringen, benötigt die Werkstatt unbedingt. Denn immer wieder wird es auch Aufträge geben, die eben nicht glatt laufen und die nicht komplett weiterberechnet werden können. Wichtig ist nur, dass unterm Strich sich positive und negative Aufträge zumindest ausgleichen. Über die Details der Nachkalkulation des Werkstattergebnisses informiert der Band «Betriebswirtschaft».

📖 *«Betriebswirtschaft»*

4.4.4 Kundenkontakt-Analyse/Service Return

Wie viele Kunden kommen regelmäßig zu Wartungen und Reparaturen in ihre Werkstatt? Diese Zahl ist die Basis für jegliche Auslastungsplanung, aber auch für die Planung zukünftiger Entwicklungen. Denn auch geplante Umsatzsteigerungen sind nur dann zu erreichen, wenn sie von realistischen Basisdaten ausgehen. Ermittelt wird die Anzahl der Stammkunden. Ein hoher Stammkundenanteil sichert das Werkstattgeschäft. Die Stammkunden sind eine wirtschaftliche Größe, mit der der Kfz-Betrieb rechnen kann. Durchgangskunden kommen dagegen eher zufällig und nur für einen Auftrag in die Werkstatt. Die Zahl der Stammkunden und auch das Verhältnis von Stammkunden zu Durchgangskunden ist je nach Betriebsform sehr unterschiedlich.
Eine wichtige Kennzahl ist dabei der so genannte Service Return oder die Kundenloyalitätsrate. Insbesondere in Kfz-Betrieben mit Neu- und Gebrauchtwagenverkauf wird damit bezeichnet, wie viele Kunden nach dem Fahrzeugkauf regelmäßig die Werkstatt des Autohauses aufsuchen. Erfahrungen zeigen, dass die Kundenloyalität oder der Service Return bei Neuwagenkäufern erheblich höher liegt als bei Gebrauchtwagenkäufern.

So verfügt die Werkstatt eines Autohauses mit Neuwagenverkauf in der Regel über den höchsten Stammkundenanteil. Denn vor allem Neuwagenkäufer lassen Wartungen und Reparaturen in dem Betrieb durchführen, in dem sie ihr Fahrzeug gekauft haben. Der Grund ist klar: Nur wenn sie die vom Hersteller vorgeschriebenen Wartungen durchführen lassen, haben sie Anspruch auf Garantie und können mit Kulanz rechnen. Nach Angaben des DAT-Reports 2004 beauftragten 95% der Autofahrer, die ein maximal zwei Jahre altes Auto fahren, für Wartungen die Vertragswerkstatt. 90% der Fahrer so junger Pkw bringen ihr Auto auch für Reparaturarbeiten in die Markenvertragswerkstatt.

Ist das Fahrzeug jedoch zwei, drei oder vier Jahre als sinkt die Kundenloyalität gegenüber der Autohaus-Werkstatt dramatisch ab. Die Autofahrer bringen ihr Auto zunehmend in günstigere freie Werkstätten. Das gilt für die Wartung, vor allem aber für Reparaturarbeiten. Vier bis sechs Jahre alte Pkw werden für Wartungsarbeiten zu 16% in die freie Werkstatt und zu 71% in die Markenwerkstatt gebracht. Bei den über acht Jahre alten Autos hat die freie Werkstatt hier einen Anteil von 50% und die Markenwerkstatt einen Anteil von 33%. Und so sieht die Marktverteilung bei den Reparaturarbeiten aus: Vier bis sechs Jahre alte Pkw werden zu 26% in die freie Werkstatt und zu 58% in die Markenwerkstatt gebracht. Bei den über acht Jahre alten Autos hat der freie Kfz-Betrieb einen Anteil von 50% und der Markenbetrieb von 24%. Die jeweils auf 100% fehlenden Anteile entfallen auf Befragte, die keine Angaben gemacht haben, und auf den Do-it-yourself-Anteil.

Der Stammkundenanteil der freien Werkstätte ohne Fahrzeughandel war jedoch generell bislang nicht besonders hoch. Inzwischen aber bemühen sich auch die freien Werkstätten verstärkt darum, Stammkunden enger zu binden – als Systemwerkstatt unterstützt durch Kundenkontaktprogramme der Systemzentralen. Den wohl geringsten Stammkundenanteil haben dagegen Spezialwerkstätten und Schnellservice-Dienste. Der Kunde kommt hier für eine ganz bestimmte Service-Dienstleistung, die er nur alle paar Jahre benötigt. Auspuff-Schnelldienste etwa haben fast ausschließlich Durchgangskunden. Andererseits kann ein Reifenservice durchaus ein hohes Stammkundenpotential haben, wenn die Kunden zweimal im Jahr, vor dem Winter und vor dem Sommer, zum Reifentausch kommen. Hier sorgt dann das Angebot der Reifeneinlagerung für eine hohe Kundenloyalität. Ob der eigene Werkstattbetrieb mit seinem Verhältnis Stammkunden zu Durchgangskunden im Branchenschnitt liegt, lässt sich beispielsweise über Betriebsvergleiche mit anderen Betrieben feststellen.

Anhand von Durchschnittswerten lässt sich das mögliche Stammkundenpotential errechnen. Allerdings hat sich die Situation auf dem deutschen Werkstattmarkt in den letzten Jahren erheblich verändert. Infolge längerer Wartungsintervalle, höherer Fahrzeugqualität und damit geringerem Reparaturbedarf sind beispielsweise die durchschnittlichen Arbeitsstunden pro Pkw und Jahr deutlich gesunken. Hatte der Durchschnitts-Pkw 1970 noch einen jährlichen Reparaturbedarf von neun Stunden, lag dieser Wert 1990 bei fünf und 2004 bei nur mehr vier Stunden. Entsprechend sind auch die Werkstattkontakte pro Jahr gesunken. Einmal im Jahr kommen die Autofahrer in der Regel nur noch in die Werkstatt. Langlauf-Motorenöle erlauben heute gar Wartungsintervalle bei Neuwagen von 50 000 Kilometern oder zwei Jahren. Das heißt, nach der Auslieferungsdurchsicht sieht die Werkstatt des Autohauses den Kunden erst nach zwei Jahren wieder, wenn nicht gerade ein Defekt auftritt, der im Rahmen einer Garantiereparatur zu beheben ist. Umso wichtiger ist es, den Kontakt zum Kunden zu halten und wenn möglich ihn zu besonderen Werkstattbesuchen einzuladen (siehe Abschnitt 6.2).

Auch der Service Return, also der Prozentsatz der Neuwagenkäufer, die ihr Auto regelmäßig in die Werkstatt bringen, hat sich dramatisch reduziert. Anfang der 90er-Jahre konnte noch mit einem Service Return von 75% gerechnet werden. Heute wird bei Neuwagenkäufern lediglich mit einem Service Return von maximal 50% gerechnet. Manche berichten gar nur mehr von 40% Service Return. Bei Gebrauchtwagenkäufern liegt der Service Return mit 20% noch deutlich niedriger. Aufgabe des Werkstatt-Marketings muss es sein, diese schlechten Durchschnittswerte im eigenen Kfz-Betrieb zu erhöhen.

Aus diesen Werten ergibt sich für ein mittelgroßes Autohaus mit Neuwagenverkauf Tabelle 4.2.

Tabelle 4.2 Neufahrzeugverkauf der letzten vier Jahre

1. Jahr	96 Neuwagen
2. Jahr	112 Neuwagen
3. Jahr	105 Neuwagen
4. Jahr	115 Neuwagen
Summe der letzten vier Jahre	**428 Neuwagen**
+ geplante Verkäufe laufendes Jahr	120 Neuwagen
Summe Verkäufe	548 Neuwagen
× Service Return 50%	274 Stammkunden
Verhältnis Neuwagen : Gebrauchtwagen	1 : 1
Summe Verkäufe Gebrauchtwagen ca.	550 Gebrauchtwagen
× Service Return 20%	110 Stammkunden
Stammkunden gesamt	**384 Stammkunden**

Branchenwerte gehen davon aus, dass in einem fabrikatsgebundenen Autohaus jeden Arbeitstag 1 bis 1,5% der Stammkunden sich zu einem Werkstatttermin anmelden. Ein Betrieb mit einem Stammkundenpotential von 384 Kunden kann demnach pro Tag mit 384 Stammkunden × 1 bis 1,5% = 3,84 bis 5,76 Werkstattaufträgen von Stammkunden rechnen. Zusammen mit den Aufträgen der Durchgangskunden und den internen Aufträgen ergibt sich daraus die Zahl der Werkstattdurchgänge pro Tag.

Für die Kundenkontakt-Analyse und die Ermittlung des Service Returns muss umgekehrt gerechnet werden. Hier wird aus der Zahl der Werkstattkontakte die Zahl der Stammkunden und ihr prozentualer Anteil zu allen Aufträgen ermittelt. Als Stammkunden der Werkstatt eines Autohauses gelten Autofahrer, die ihr Auto im Betrieb gekauft haben und mindestens einen Kontakt mit der Werkstatt hatten. Deren Zahl gilt es zu ermitteln und der Zahl der Durchgangskunden gegenüberzustellen. In der freien Werkstatt ohne Fahrzeugverkauf ist die Definition des Stammkunden schon schwieriger. Meist gilt aber schon ein Kunde, der innerhalb von 24 Monaten zweimal in die Werkstatt kommt, als Stammkunde.

Bei einem unterdurchschnittlichen Service Return, einer niedrigen Kundenloyalitätsrate, muss Ursachenforschung betrieben werden. Ein geringer Service Return kann beispielsweise die folgende *Ursachen* haben:

- Die Werkstattqualität ist schlecht.
- Die Werkstattpreise sind nicht marktgerecht und zu hoch.
- Die Qualität der Kundendienstannahme ist unzureichend.
- Der Betrieb liegt ungünstig.
- Zu viele Konkurrenzbetriebe bieten vergleichbare oder bessere Leistungen.
- Die Kunden müssen zu lange auf einen Termin warten.
- Die Mitarbeiter verhalten sich nicht kundenorientiert.
- Es gibt keine oder nur unzureichende Aktionen zur dauerhaften Kundenbindung.

4.5 Organisationscontrolling im Neu- und Gebrauchtwagenverkauf

Im Rahmen dieser Buchreihe kann auf den Neu- und Gebrauchtwagenverkauf nur am Rande eingegangen werden. Insbesondere das fabrikatsgebundene Autohaus hat überdies eine Vielzahl von Anforderungen der Hersteller zu beachten, die andererseits auch Hilfestellung bei Planung und Kontrolle der Neufahrzeug-Abteilung bieten. Deshalb werden hier nur die wichtigsten Grundregeln behandelt.

Im Neu- und Gebrauchtwagenverkauf werden zum Teil immense Kapitalsummen gebunden, deren Finanzierung viele Betriebe mit steigendem Bestand vor Probleme stellt. Aufgabe der Managementkontrolle ist es daher hier in erster Linie, den Bestand einerseits so groß zu halten, dass die Kundenwünsche weitgehend erfüllt werden können, und ihn andererseits so niedrig zu halten, dass die Zinsbelastung durch das gebundene Kapital nicht zu hoch wird.

4.5.1 Disposition und Bestellung

In aller Regel sind Neuwagenkunden an Lieferzeiten gewöhnt. Sie wählen ein Fahrzeug aus und bestellen es in der gewünschten Ausstattung über den Händler beim Hersteller. Daneben aber muss jedes Autohaus mit Neuwagenabteilung auch ein bestimmtes Kontingent an Lager- und Vorführwagen bereithalten. Aufgabe der Neuwagendisposition ist es, diese Fahrzeuge mit einer Ausstattung zu bestellen, die gute Chancen hat, auch verkauft zu werden. So ist es beispielsweise am Markt vorbei disponiert, Neuwagen in minimaler Grundausstattung beim Hersteller zu bestellen. Aber auch eine zu üppige Ausstattung kann dazu führen, dass ein Lagerwagen nicht mehr abzusetzen ist, weil er zu teuer wird.

Anhaltspunkte für die richtige Ausstattung der zu disponierenden Lager- und Vorführfahrzeuge liefert die Ausstattungs-Hitliste, wie sie jährlich von der DAT ermittelt und im DAT-Report veröffentlicht wird. Interessant sind dabei die zum Teil erheblichen Veränderungen, die sich in einem Zeitraum von zehn Jahren ergeben. Einzelne technische Ausstattungsdetails waren zudem zehn Jahre zuvor noch gar nicht verfügbar oder hatten so geringe Bedeutung, dass die DAT-Statistik sie noch nicht erfasst hat (Tabelle 4.3).

Einige dieser Ausstattungsdetails haben schon seit der DAT-Erhebung aus dem Jahr 2002 einen weiteren Schub erhalten. Der Anteil der Navigationssysteme nimmt kontinuierlich zu. Und auch die Ausstattung mit Xenon-Licht wächst gewaltig. Bosch erwartet, dass 2005 bereits 70% der neuen Pkw mit Xenon-Licht ausgestattet sind.

Vorführwagen werden in der Regel etwas besser ausgestattet disponiert als Lagerwagen. Denn die Vorführwagen sollen den Interessenten bei der Probefahrt beeindrucken. Aber auch hier gilt: Nach drei bis neun Monaten im Fuhrpark des Unternehmens muss sich das Vorführfahrzeug verkaufen lassen. Mit unsinniger Ausstattung wird das schwerer.

Zubehör	1992	2002
Fahrer-Airbag	–	98%
Beifahrer-Airbag	–	97%
Radio	82%	96%
Servolenkung	67%	95%
Antiblockiersystem	37%	92%
Zentralverriegelung	62%	90%
Elektrische Fensterheber	35%	86%
Klimaanlage	14%	76%
Seiten-Airbag	–	70%
Metallic-Lackierung	–	65%
Leichtmetallfelgen	30%	57%
Wärmedämmendes Glas	–	53%
CD-Player/-wechsler	–	51%
ESP	–	43%
Alarmanlage	–	31%
Schiebedach	55%	32%
Sitzheizung	–	32%
Multifunktionslenkrad	–	32%
Bordcomputer	–	29%
ASR	–	27%
Elektrische Sitzverstellung	–	27%
Breitreifen	–	20%
Freisprecheinrichtung (fest)	–	20%
EDS	–	20%
Tempomat	–	18%
Automatikgetriebe	8%	18%
Xenon-Licht	–	17%
Anhängerkupplung	–	13%
Navigationssystem	–	11%
Einparkhilfe	–	11%

Tabelle 4.3 Ausstattung von Neuwagen 1992 und 2002

Gebrauchtwagenbestand

Der Gebrauchtwagenbestand eines Kfz-Betriebes lässt sich nicht so leicht disponieren wie der Bestand an neuen Lager- und Vorführwagen. Denn viele Gebrauchte kommen als Hereinnahme aus Neuwagen- und Gebrauchtwagenverkäufen in den Bestand. Weitere Gebrauchte werden nicht selten zufällig, bestenfalls nach Preiskriterien zugekauft. Dabei macht es durchaus Sinn, auch den Gebrauchtwagenbestand wenigstens zum Teil zu planen und zu disponieren. Jeder Kfz-Betrieb will schließlich mit dem Gebrauchtwagenverkauf Geld verdienen. Das funktioniert jedoch nur mit den Gebrauchten, die rasch zum guten Preis verkäuflich sind. Es müssen also die Gebrauchten in der Ausstellung stehen, die der Interessent sucht und die er erwartet.

Je nach Strategie des Kfz-Betriebes sollte die Gebrauchtwagendisposition auch unterschiedliche *Einkaufsschwerpunkte* setzen:

- Markengebundene Autohäuser beschränken sich oft auf Gebrauchte «ihres» Fabrikates.
- Andere Vertragshändler haben nur noch junge Gebrauchte bis maximal zwei Jahre in der Ausstellung stehen.
- Erfolg verspricht auch die Konzentration auf ein Segment, wie zum Beispiel Geländewagen, Cabrios, Vans oder andere.
- Ältere Gebrauchte eines bestimmten Fabrikates können ebenfalls eine Angebotslücke füllen.
- Exoten und besondere Gebrauchte mit gehobener Ausstattung können ebenfalls eine erfolgreiche Nische sein.
- Die konsequente Beschränkung auf gängige Klein- und Mittelklasse-Pkw ist eine Option, mit der vor allem kleinere Kfz-Betriebe Erfolg haben.

Wie die Strategie auch aussieht, sie sollte konsequent angewendet und ihr wirtschaftlicher Erfolg dabei permanent überprüft werden. Für den Ankauf sollten dabei alle lukrativen Quellen genutzt werden. Dabei ist die kontinuierliche Bestandsanalyse die Basis für den Gebrauchtwagenankauf. Es macht wenig Sinn, wenn bereits zehn Opel Corsa auf dem Hof stehen, gerade von diesem Typ noch mehr anzukaufen. Sind dagegen im Bestand Gebrauchte der Golf-Klasse unterrepräsentiert, dann müssen sich die Ankaufbemühungen auf diese Fahrzeuge konzentrieren. So kann auch im Gebrauchtwagenbereich der Erfolg durch gezieltes Controlling und daraus abgeleitete Disposition erhöht werden.

Wie im Neuwagenverkauf gilt dabei ebenfalls: Die Ausstattung muss stimmen. Deshalb gibt auch hier die Ausstattungsliste des DAT-Reports wertvolle Hinweise. Der Ausstattungsgrad der Gebrauchten folgt dabei zwangsläufig mit einigen Jahren Verzögerung dem der Neuwagen. Oft jedoch entwickelt sich ein Gebrauchter zum Langsteher, weil beispielsweise die Klimaanlage fehlt, die in dieser Fahrzeugklasse einfach erwartet wird. Es ist daher sinnvoll, beim Gebrauchtwagenankauf auf die besonders gefragten Ausstattungsdetails zu achten und Fahrzeuge ohne diese Ausstattung nur dann zu kaufen, wenn sie zu außergewöhnlich attraktiven Konditionen zu haben sind.

Ausstattungsgrad von Gebrauchtwagen

Zubehör	2003
Fahrer-Airbag	83%
Beifahrer-Airbag	76%
Radio	96%
Servolenkung	83%
Antiblockiersystem	67%

Zentralverriegelung	72%
Elektrische Fensterheber	62%
Klimaanlage	47%
Seiten-Airbag	32%
Metallic-Lackierung	57%
Leichtmetallfelgen	48%
Wärmedämmendes Glas	37%
CD-Player/-wechsler	35%
ESP	21%
Alarmanlage	19%
Schiebedach	38%
Sitzheizung	16%
Multifunktionslenkrad	21%
Bordcomputer	12%
ASR	12%
Elektrische Sitzverstellung	14%
Breitreifen	19%
Freisprecheinrichtung (fest)	7%
EDS	7%
Tempomat	7%
Automatikgetriebe	12%
Xenon-Licht	7%
Anhängerkupplung	17%
Navigationssystem	4%
Einparkhilfe	5%

4.5.2 Standzeitenübersicht und -kontrolle

Kaum ein Gebrauchtwagen wird nach seinem Ankauf durch den Kfz-Betrieb auch gleich wieder verkauft. Nur etwa 20 bis 25% finden schon innerhalb von 30 Tagen einen neuen Käufer. Rund 15% des Gebrauchtwagenbestandes stehen dagegen über 180 Tage bis zum Verkauf. In dieser Standzeit kostet der Gebrauchte eine Menge Geld – die so genannten Standkosten. Hierzu zählen die Kosten für Miete oder Verzinsung, Kapitalkosten, Ausgaben für Werbung und für die regelmäßige Reinigung in der Ausstellung. Steht ein Gebrauchter länger als ein halbes Jahr, ist unter Umständen auch noch einmal eine Lackaufbereitung fällig.

Standzeitenübersichten sind für den Gebrauchtwagenverkauf die wichtigsten Organisations- und Controlling-Werkzeuge. Nur so lassen sich Langsteher rechtzeitig erkennen; nur mit einer optimalen Übersicht können rechtzeitig Gegenmaßnahmen eingeleitet werden, die eine Kostenexplosion verhindern.

Üblicherweise wird der Gebrauchtwagenbestand dabei in Gruppen nach 30-Tage-Standzeit-Schritten eingeteilt:

Gruppe 1: bis zu 30 Tage
Gruppe 2: 31 bis 60 Tage
Gruppe 3: 61 bis 90 Tage
Gruppe 4: 91 bis 180 Tage
Gruppe 5: über 180 Tage

Um Gebrauchte, die innerhalb von 30 Tagen verkauft sind, muss man sich keine Sorgen machen. Vielmehr sollten diese Gebrauchten, dieser Typ, mit dieser Ausstattung, in dieser Preisklasse möglichst auch wieder zugekauft werden. Auch die Gruppe 2 ist noch unproblematisch. Kommt ein Gebrauchter in die Standzeitengruppe 3 oder gar 4, sind zusätzliche Verkaufsmaßnahmen oder eine Preisreduzierung fällig. Und bei Gebrauchten, die länger als 180 Tage in der Ausstellung stehen, sollte überlegt werden, ob die Fahrzeuge nicht doch besser günstig an einen Wiederverkäufer, möglicherweise auch aus dem Ausland, abgegeben werden können. An dieser Stelle ist aber das Gebrauchtwagengeschäft bereits mit ziemlicher Sicherheit zum Verlust geworden. Weiteres Warten auf einen potentiellen Käufer jedoch kostet noch mehr Geld.

Die differenzierte Standzeitenübersicht ist zudem ein Controlling-Mittel, das möglichst allen Mitarbeitern, zumindest natürlich den Verkäufern bekannt sein muss. Denn sie sind es, die den Standzeitendurchschnitt aktiv beeinflussen und senken können. In vielen Autohäusern werden zudem besondere Verkäuferprämien für Langsteher ausgelobt. Besser ist es jedoch, Prämienhöhen gleich an die durchschnittlichen Standzeiten zu koppeln. So wird der Anreiz erhöht, generell an kürzeren Standzeiten zu arbeiten.

Für das Wie der Standzeitenübersichten jedoch gibt es unterschiedliche Möglichkeiten. Viel hängt dabei ab vom Ausstattungsstandard des Unternehmens und dem Umfang, den der GW-Verkauf insgesamt hat.

Ziel der Standzeitenübersicht muss es sein, jederzeit und ohne langes Suchen erkennen zu können, welche Fahrzeuge überdurchschnittlich lange in der GW-Ausstellung auf einen Käufer warten. Das heißt, die Standzeitenübersicht muss möglichst flexibel gestaltet sein. Natürlich soll ihre Erstellung auch nicht zu viel Arbeit machen. Wer jede Woche aus einem Stapel Karteikarten handschriftlich eine Liste erstellt, der steckt viel zu viel Arbeit in diese Übersicht.

Verbreitet in der Branche sind nach wie vor Steck- oder Magnettafeln, wie sie von einigen Büroartikelherstellern zum Teil speziell für den Automobilhandel angeboten werden. Jeder hereingenommene

Gebrauchte erhält ein Kärtchen, das unter dem Standtage-Zeitraum eingesteckt oder angeheftet wird. Auf einen Blick kann jeder Verkäufer sehen, welche Gebrauchten schon länger stehen und welche neu hereingekommen sind. Eine zusätzliche Spalte kann für Gebrauchte eingerichtet werden, die noch nicht verkaufsfertig sind oder zur Hereinnahme erwartet werden. Allerdings muss die Wandtafel täglich «gepflegt» werden. Denn die Gebrauchten und mit ihnen die Kärtchen auf der Tafel wandern von den Rubriken zum Beispiel «0 bis 30 Tage» irgendwann in die Rubrik «31 bis 60 Tage» und das muss jemand machen. Außerdem kann die Tafel noch so zentral aufgehängt werden, sie wird kaum für jeden GW-Verkäufer immer und überall im Blick sein können. Dennoch, sie ist ein sinnvolles und praktikables Hilfsmittel mit vielen Vorteilen, und preiswert ist sie außerdem.

Flexibler und eleganter lösen inzwischen jedoch die Branchensoftware-Programme das Problem aktuelle Standzeitenübersicht. In der Regel wird der Gebrauchtwagenbestand heute in der EDV verwaltet und gepflegt. Alle diese Programme – von der einfachen Billiglösung bis zum kompletten Management-Programm für den Fahrzeughandel – haben zumindest eine Standzeitenauswertung mit dabei. So lassen sich die unterschiedlichsten Listen erzeugen, am Bildschirm anzeigen und ausdrucken. Auch in den dahinterliegenden Gebrauchtwagen-Steckbriefen ist die Zahl der bisher aufgelaufenen Standtage für jeden Gebrauchten auf einen Blick zu erkennen, oft ergänzt um die bislang aufgelaufenen Standkosten.

4.5.3 Nachkalkulation des Gebrauchtwagengeschäftes

Ob das konkrete Gebrauchtwagengeschäft nach dem Verkauf noch in der Gewinnzone liegt, muss die Nachkalkulation klären. Dazu müssen die Kosten ermittelt werden, die im Laufe der Standzeit aufgelaufen sind. Hierzu gehören bei einem Gebrauchtwagen zum Beispiel:

❑ Kosten der technischen Instandsetzung,
❑ Kosten der optischen Aufbereitung,
❑ Standkosten pro Tag, bestehend aus:
 – anteiligen Mietkosten für den Standplatz,
 – anteiligen Gemeinkosten für den Standplatz,
 – Kosten für kontinuierliche Fahrzeugpflege,
 – Werbekosten,
 – Kapitalverzinsung,
 – Wertverlust;
❑ Verkäuferprovision,
❑ kalkulatorischer Gewinn.

Für die Nachkalkulation des Gebrauchtwagengeschäftes werden nun vom letzten Endes tatsächlich erzielten Verkaufspreis alle während der Standzeit aufgelaufenen Kosten sowie der dem Vorbesitzer gezahlte Kaufpreis abgezogen. Das Ergebnis sollte jetzt noch positiv sein.

5 Rechte und Pflichten von Kfz-Betrieben

Bevor der Kfz-Betrieb überhaupt seine Arbeit aufnehmen kann, sind einige bürokratische Hürden zu nehmen. Das Unternehmen muss bei einer ganzen Reihe von offiziellen Stellen angemeldet werden. Hier die wichtigsten:

- *Gewerbeamt*: Mit der Gewerbeanmeldung werden in der Regel folgende Behörden automatisch über das neue Unternehmen informiert: Finanzamt, Berufsgenossenschaft, Statistisches Landesamt, Handwerkskammer, Industrie- und Handelskammer, Handelsregistergericht.
- *Finanzamt*: Es teilt dem neuen Unternehmen eine Steuernummer zu. Auf einem Fragebogen müssen Fragen zu künftigen Umsätzen und Gewinnen beantwortet werden. Bei der Berechnung dieser Schätzwerte sollte man in Absprache mit dem Steuerberater eher vorsichtig vorgehen. Denn hiervon hängt zunächst die Höhe der Einkommen- und Gewerbesteuer ab.
- *Berufsgenossenschaft (BG)*: Unternehmen, die Mitarbeiter beschäftigen, müssen diese bei der BG versichern. Deshalb muss der Kfz-Betrieb bei der BG angemeldet werden.
- *Arbeitsamt*: Unternehmen, die Mitarbeiter beschäftigen oder dies später tun wollen, erhalten durch das Arbeitsamt eine Betriebsnummer.
- *Krankenkasse/Sozialversicherung*: Alle Mitarbeiter müssen bei der Krankenkasse ihrer Wahl durch den Kfz-Betrieb angemeldet werden. Auch von der Krankenkasse gibt es eine Betriebsnummer.
- *Handelsregister des Amtsgerichts vor Ort*: Falls es sich bei dem Kfz-Betrieb um ein Unternehmen im Sinne des Handelsgesetzbuches (HGB) handelt, muss es beim Handelsregister eingetragen werden (z.B. OHG, GmbH).

Der Inhaber eines Kfz-Betriebes ist freier Unternehmer. In dieser Eigenschaft kann er theoretisch mit seinen Vertragspartnern, also seinen Lieferanten und seinen Kunden, freie Vereinbarungen treffen. Beide Vertragspartner müssen die Bedingungen lediglich anerkennen. In der Praxis jedoch ist das nicht ganz so einfach. Insbesondere der Verbraucherschutz, aber auch grundsätzliche Bestimmungen des Bürgerlichen Gesetzbuches (BGB) regeln in vielen Teilbereichen die Mindestvoraussetzungen für den geschäftlichen Umgang. Hinzu kommen Einschränkungen und Auflagen, die ein fabrikatsgebundener Betrieb durch den Händlervertrag berücksichtigen muss.

Die meisten Unternehmen arbeiten nach allgemeinen Geschäftsbedingungen. Darin werden beispielsweise Besonderheiten der Branche in den Kundenbeziehungen und branchenübliche Abläufe geregelt. Aber auch hier gilt:

> *Die allgemeinen Geschäftsbedingungen (kurz AGBs) dürfen grundsätzliche gesetzliche Regelungen, wie die des Verbraucherschutzes oder des BGB, nicht aushebeln, und sie dürfen nicht gegen die guten Sitten des geschäftlichen Umgangs verstoßen.*

Der Kfz-Betrieb sollte deshalb als AGBs in jedem Fall die vom Zentralverband deutsches Kfz-Gewerbe (ZDK) erarbeiteten und empfohlenen Kfz-Reparaturbedingungen in der jeweils aktuellsten Form verwenden. Die vom ZDK empfohlenen Reparaturbedingungen stellen sicher, dass auch die neuesten Gesetze berücksichtigt sind. Selbstverständlich muss sich der Kfz-Betrieb dann auch selbst an die Geschäftsbedingungen halten, die er – besiegelt durch eine Unterschrift unter dem Reparaturauftrag – mit dem Kunden vereinbart hat.

Dennoch kommt es immer wieder zu Streitigkeiten zwischen Kunden und Werkstatt, weil Abläufe und Verfahren nicht klar geregelt wurden oder nicht ausreichend für den Kunden durchschaubar waren.

Der ZDK hat deshalb Schiedsstellen zur Schlichtung von Streitigkeiten zwischen Kunden und Inhabern von Kfz-Reparaturbetrieben eingerichtet. Hier werden Streitfälle über die Notwendigkeit von Reparaturen, die ordnungsgemäße Durchführung der Werkstattleistungen und Fragen nach dem angemessenen Preis für die Reparatur behandelt und wenn möglich geschlichtet. Allerdings beschränkt sich die Aufgabe der Schiedsstellen auf Reparaturen und Wartungen an Kfz bis 3,5 Tonnen Gesamtgewicht sowie auf den Verkauf gebrauchter Pkw. Streitigkeiten aus Lkw-Reparaturaufträgen oder dem Neuwagenverkauf verhandeln die Schiedsstellen nicht.

5.1 Geschäfts- und Reparaturbedingungen für den Kundendienst

Der Vertrag, den Autofahrer und Werkstatt über die Durchführung einer Wartung oder Reparatur schließen, ist zunächst ein so genannter Werkvertrag. Wenn die Vertragsparteien nichts anderes vereinbaren, dann gelten die Regeln über den **Werkvertrag**, wie sie im Bürgerlichen Gesetzbuch (BGB) festgelegt sind. Die Paragraphen, die den Werkvertrag regeln, beginnen mit § 631. Dort heißt es: «Durch den Werkvertrag wird der Unternehmer zur Herstellung des versprochenen

Werkes, der Besteller zur Entrichtung der vereinbarten Vergütung verpflichtet.» Der Unternehmer verpflichtet sich also, den Auftrag im festgelegten Umfang auszuführen. Der Autofahrer verpflichtet sich, die vereinbarte Vergütung zu bezahlen. Aber das BGB regelt die Rechte und Pflichten der Vertragsparteien noch genauer. Nach Paragraph 633 Absatz 1 BGB ist die Werkstatt verpflichtet, das Werk, also die Reparatur, so auszuführen, «dass es die zugesicherten Eigenschaften hat und nicht mit Fehlern behaftet ist ...». Die erneuerte Einspritzpumpe beispielsweise muss passen und zuverlässig arbeiten. Aus dem abgeschlossenen Vertrag ergeben sich für die Werkstatt zudem einige Nebenpflichten. So müssen die Werkstattmitarbeiter mit dem zu reparierenden Fahrzeug sorgfältig umgehen, damit beim Rangieren oder der Reparatur selbst keine Schäden am Fahrzeug entstehen oder das Fahrzeug gar gestohlen wird.

Ist die Wartung oder Reparatur so wie vereinbart durchgeführt worden, ist der Auftraggeber – also der Kunde – verpflichtet, das Werk abzunehmen. Die Abnahme ist ein juristischer Begriff, der nicht nur die körperliche Entgegennahme bezeichnet. Eine «Abnahme» im juristischen Sinn bedeutet darüber hinaus, dass der Kunde den Erfolg der vertragsgemäßen Arbeitsdurchführung zumindest in der Hauptsache anerkennt. Mit der Abnahme dokumentiert der Kunde also, dass er mit der Ausführung der Reparatur zufrieden ist. Macht der Autofahrer mit seinem Fahrzeug nach der Reparatur eine Probefahrt, bei der er feststellt, dass die neue Einspritzpumpe einwandfrei arbeitet, und nimmt dann sein Fahrzeug ohne Beanstandungen wieder mit, sprechen die Juristen von der Abnahme der von der Werkstatt erbrachten Reparaturleistung.

Natürlich muss der Kunde die Reparatur auch bezahlen. Nach Paragraph 632 BGB muss er das übrigens selbst dann, wenn die Bezahlung vorher nicht genau geregelt wurde. Dort heißt es sinngemäß, dass eine Vergütung als stillschweigend vereinbart gilt, wenn die Herstellung des Werkes aufgrund des hierfür nötigen Aufwandes und der Umstände nur gegen eine Vergütung zu erwarten ist. Die Höhe der stillschweigenden Vergütung orientiert sich laut BGB an den «üblichen» Vergütungen für eine derartige Arbeit. Für eine Kfz-Reparatur trifft das selbstverständlich zu. Bezahlen muss der Kunde im Übrigen gleich bei Abnahme des reparierten Fahrzeuges.

Allerdings muss die Reparatur natürlich ordnungsgemäß ausgeführt sein. Stellt der Kunde beispielsweise bei der Abholung fest, dass die Reparatur schlampig oder fehlerhaft durchgeführt wurde, kann er Nachbesserung verlangen. Nimmt er dagegen das Fahrzeug trotzdem ab, obwohl er den Mangel bemerkt hat, verliert er diesen Nachbesserungsanspruch. Allerdings kann der Kunde auch dann Nachbesserung verlangen, wenn er den Mangel erst später bemerkt.

Was aber, wenn der Kunde das ordnungsgemäß reparierte Fahrzeug nicht abnimmt? Dann kann die Werkstatt auch keine Bezahlung verlangen, obwohl sie ihre Leistungen ja bereits im Voraus erbracht hat. In einem solchen Fall sind die Regelungen des BGB zum Werkvertrag auf der Seite der Werkstatt. Die hat nämlich nun das so genannte Werkunternehmer-Pfandrecht nach § 647 BGB. Das heißt, die Werkstatt kann das Fahrzeug als Pfand einbehalten, bis der Kunde die Reparatur bezahlt hat.

 Wenn der Kunde nicht zahlt: Versteigerungs-Androhung!

Nimmt der Kunde das Fahrzeug nach einer Reparatur nicht ab oder zahlt er generell nicht, obwohl der Reparaturauftrag korrekt ausgeführt wurde, hat der Kfz-Betrieb das Recht, das als Pfand einbehaltene Fahrzeug zu versteigern, um aus dem Erlös die Reparatur zu bezahlen. Die Versteigerung muss dem Kunden mit einer Frist von einem Monat angekündigt werden, damit er noch Gelegenheit hat zu reagieren. Wie ein solches Kundenschreiben aussehen kann, zeigt das Musterschreiben, das wir der Zeitschrift «Steuererfahrungsaustausch Kfz-Gewerbe» entnommen haben:

Betreff: Versteigerung Ihres Pkw, amtliches Kennzeichen: ...

Sehr geehrte(r) Frau/Herr ...,

Sie wurden mit Rechnung vom ... auf die Zahlung des ausstehenden Betrages bis zum ... aufgefordert. Die Zahlung ist seitdem fällig, von Ihnen aber noch nicht bezahlt worden. Wir sehen uns deshalb gezwungen, Ihr Fahrzeug, das sich in unserem Besitz befindet und an dem wir ein Pfandrecht haben, im Wege der öffentlichen Versteigerung zu verkaufen. Sie können dies verhindern, wenn Sie innerhalb eines Monats nach Empfang dieses Schreibens den Rechnungsbetrag in Höhe von ... Euro zuzüglich ...% Zinsen (5% über dem Basiszinssatz) seit dem ... (30 Tage nach Fälligkeit) bar bezahlen oder auf unser Konto ... bei der Bank ... (BLZ ...) überweisen.

Wir weisen Sie darauf hin, dass es möglich ist, aufgrund dieser Aufforderung mit einer Wartefrist von einem Monat einen Antrag beim zuständigen Gerichtsvollzieher auf Versteigerung des Pfandgegenstandes zu stellen. Über den Versteigerungstermin werden Sie unterrichtet.

> Außerdem weisen wir Sie darauf hin, dass wir als Pfandbesitzer die Möglichkeit haben, das Fahrzeug zur weiteren Verwertung (eventuell zum Mindestgebot) zu ersteigern. Dadurch geht das Eigentum am Fahrzeug an uns über, wodurch sich die Sache erledigen würde. Ansprüche Ihrerseits würden nur bestehen, wenn der Erlös über unserer Forderung liegen sollte.
>
> Mit freundlichen Grüßen

Die vom ZDK empfohlenen Kfz-Reparaturbedingungen
Für die tägliche Arbeit einer Kfz-Werkstatt reichen die allgemeinen Formulierungen des BGB zum Werkvertrag nicht aus. Deshalb wurden schon vor Jahrzehnten vom ZDK spezielle Kfz-Reparaturbedingungen entwickelt. Im Laufe der Jahre mussten die Kfz-Reparaturbedingungen wiederholt nach höchstrichterlichen Urteilen verändert oder auch einer neuen Gesetzgebung und der Rechtsprechung angepasst werden. Zuletzt geschah das 2003 im Zusammenhang mit der Schuldrechtsreform, die gesetzliche Änderungen der Gewährleistung mit sich brachte. Die wiederum hatten Auswirkungen auf einige Formulierungen in den Kfz-Reparaturbedingungen. Die seitdem gültigen Reparaturbedingungen tragen den Titel:
«*Bedingungen für die Ausführung von Arbeiten an Kraftfahrzeugen, Anhängern, Aggregaten und deren Teilen und für Kostenvoranschläge (Kfz-Reparaturbedingungen – empfohlen vom Zentralverband Deutsches Kraftfahrzeuggewerbe, Bonn) – Stand 07/2003*».
Zwar werden die Reparaturbedingungen nicht sehr häufig geändert, aber alle ein bis zwei Jahre haben sich doch in der Vergangenheit oft Änderungen ergeben. Die Werkstatt sollte sich deshalb in den Fachmedien oder auf der Internetseite des ZDK (www.kfzgewerbe.de) oder den Internetseiten der Landesverbände und Innungen regelmäßig über Änderungen informieren.
Bei den Kfz-Reparaturbedingungen handelt es ich allerdings lediglich um eine Empfehlung. Jeder Kfz-Betrieb ist aber gut beraten, diese Vorlage zum festen Bestandteil jedes Reparaturauftrages zu machen und keine individuellen Reparaturbedingungen zu entwickeln. Nur so kann man unbegründeten Kundenforderungen wirksam entgegentreten. Der Kunde muss mit dem Reparaturauftrag die Reparaturbedingungen durch seine Unterschrift ausdrücklich anerkennen.
Ein Vertrag kann zwar auch mündlich zustande kommen. Im Streitfall jedoch sind die Einzelheiten dann kaum beweisbar, und auch die Reparaturbedingungen haben damit keine Gültigkeit. Die gängigen Formulare für den Werkstattauftrag enthalten deshalb eine entsprechende Klausel, die auf die Reparaturbedingungen verweist und

die der Kunde unterschreiben muss, wenn er sein Fahrzeug zur Wartung oder Reparatur in die Werkstatt bringt. Das heißt also auch: Auch die Annahmetüte für die Nachtannahme muss eine solche Klausel enthalten, die der Kunde unterschreibt.

Der Kunde muss in der Lage sein, sich über den Inhalt der Reparaturbedingungen «in zumutbarer Weise» zu informieren. Die Gerichte gehen inzwischen davon aus, dass der Aushang im Betrieb allein dazu nicht ausreicht.

Deshalb sollten die Kfz-Reparaturbedingungen entweder

- auf der Rückseite der Auftragskopie für den Kunden abgedruckt sein oder
- dem Kunden auf einem gesonderten Blatt bei der Auftragsannahme übergeben werden.

Der Reparaturauftrag – die wichtigsten Bestimmungen der Kfz-Reparaturbedingungen

Der Werkvertrag zwischen Fahrzeugbesitzer und Werkstatt muss nach den Kfz-Reparaturbedingungen in jedem Fall schriftlich mit einem Auftragsschein geschlossen werden. Der Kopf des Auftragsformulars enthält alle Angaben zum Fahrzeug und zu seinem Besitzer. Außerdem wird der Kilometerstand vermerkt. Er sollte immer möglichst genau vom Kundendienstberater eingetragen werden, da er für eventuelle Gewährleistungsfälle Bedeutung haben kann. Außerdem wird der Fahrzeuglebenslauf in der Fahrzeugakte nach dem Kilometerstand geführt. Und schließlich wird der Kilometerstand bei Garantie- und Kulanzleistungen benötigt.

Im Reparaturauftrag werden die einzelnen Arbeitspositionen im Detail festgelegt. Das sollte möglichst genau geschehen. Denn im Prinzip darf die Werkstatt nur die Arbeiten ausführen, die der Kunde durch seine Unterschrift bestätigt hat. Stellt sich bei der Reparatur heraus, dass es beispielsweise mit Einstellungsarbeiten nicht getan ist, sondern das Teil ausgetauscht werden muss, ist der Kunde zu informieren und die Erlaubnis für eine Auftragserweiterung einzuholen. Ohne Auftragserweiterung darf die Werkstatt nicht über den ursprünglichen Auftrag hinaus tätig werden.

Vorsicht vor allgemeinen Formulierungen wie «Fahrzeug TÜV-fertig machen». Im Reparaturauftrag hat sie nichts zu suchen. Zu leicht können dann die Ansprüche des Kunden und der Werkstatt auseinander klaffen. Und vor Gericht haben diese Formulierungen kaum Bestand. Hilfsweise, wenn der genaue Umfang nicht geklärt werden kann, sollte deshalb ein Kostenlimit vereinbart werden. Grundsätzlich muss der Reparaturauftrag noch keine endgültigen Preise enthalten. Allerdings kann der Kunde verlangen, dass auch die voraussichtlichen Preise für die Durchführung der Arbeit im Auftragsschein vermerkt werden. Verbindlich sind diese Preisangaben noch nicht. Wünscht der Kunde eine genaue Preisangabe, sehen die Kfz-Reparaturbedingungen einen Kostenvoranschlag in schriftlicher Form vor. Daran ist dann auch der Betrieb gebunden.

Ersetzte Teile gehören dem Kunden: Meist jedoch hat der Kunde kein Interesse an den Teilen. Einfach wegwerfen darf die Werkstatt die Teile aber auch nicht. Viele Formulare sehen deshalb die Frage vor: «Ersetzte Teile zurück: Ja/Nein».

Schon aus Gründen der Kundenpflege sollten mit dem Kunden vereinbarte Termine eingehalten werden. Eine Verpflichtung dazu besteht allerdings nicht – es sei denn, es wurde ein «verbindlicher Fertigstellungstermin» vereinbart. Dann ist die Werkstatt verpflichtet, diesen Termin auch einzuhalten. Überschreitet sie den Termin schuldhaft länger als 24 Stunden, muss die Werkstatt dem Kunden ein Ersatzfahrzeug stellen oder die Kosten eines Mietfahrzeuges tragen.

Zu Abnahme und Zahlung orientieren sich auch die Kfz-Reparaturbedingungen an den Regeln zum Werkvertrag des BGB, formulieren die einzelnen Punkte aber spezieller für den Werkstattauftrag. Auch das Pfandrecht der Werkstatt wird noch einmal konkretisiert, genauso wie die Rechte und Pflichten des Kunden bei einer mangelhaften Reparatur. Abschnitt XI der Kfz-Reparaturbedingungen weist im Detail auf die Schiedstellen des Kfz-Gewerbes hin, an die sich der Autofahrer im Streitfall schriftlich wenden kann.

Bedingungen für die Ausführung von Arbeiten an Kraftfahrzeugen, Anhängern, Aggregaten und deren Teilen und für Kostenvoranschläge
(Kfz-Reparaturbedingungen - empfohlen vom Zentralverband Deutsches Kraftfahrzeuggewerbe, Bonn)

Kfz-Reparaturbedingungen
(Stand: 07/2003)

I. Auftragserteilung

1. Im Auftragsschein oder in einem Bestätigungsschreiben sind die zu erbringenden Leistungen zu bezeichnen und der voraussichtliche oder verbindliche Fertigstellungstermin anzugeben.

2. Der Auftraggeber erhält eine Durchschrift des Auftragsscheins.

3. Der Auftrag ermächtigt den Auftragnehmer, Unteraufträge zu erteilen und Probefahrten sowie Überführungsfahrten durchzuführen.

II. Preisangaben im Auftragsschein; Kostenvoranschlag

1. Auf Verlangen des Auftraggebers vermerkt der Auftragnehmer im Auftragsschein auch die Preise, die bei der Durchführung des Auftrags voraussichtlich zum Ansatz kommen.

Preisangaben im Auftragsschein können auch durch Verweisung auf die in Frage kommenden Positionen der beim Auftragnehmer ausliegenden Preis- und Arbeitswertkataloge erfolgen.

2. Wünscht der Auftraggeber eine verbindliche Preisangabe, so bedarf es eines schriftlichen Kostenvoranschlages; in diesem sind die Arbeiten und Ersatzteile jeweils im einzelnen aufzuführen und mit dem jeweiligen Preis zu versehen. Der Auftragnehmer ist an diesen Kostenvoranschlag bis zum Ablauf von 3 Wochen nach seiner Abgabe gebunden.

Die zur Abgabe eines Kostenvoranschlags erbrachten Leistungen können dem Auftraggeber berechnet werden, wenn dies im Einzelfall vereinbart ist.

Wird aufgrund des Kostenvoranschlages ein Auftrag erteilt, so werden etwaige Kosten für den Kostenvoranschlag mit der Auftragsrechnung verrechnet und der Gesamtpreis darf bei der Berechnung des Auftrags nur mit Zustimmung des Auftraggebers überschritten werden.

3. Wenn im Auftragsschein Preisangaben enthalten sind, muss ebenso wie beim Kostenvoranschlag die Umsatzsteuer angegeben werden.

III. Fertigstellung

1. Der Auftragnehmer ist verpflichtet, einen schriftlich als verbindlich bezeichneten Fertigstellungstermin einzuhalten. Ändert oder erweitert sich der Arbeitsumfang gegenüber dem ursprünglichen Auftrag, und tritt dadurch eine Verzögerung ein, dann hat der Auftragnehmer unverzüglich unter Angabe der Gründe einen neuen Fertigstellungstermin zu nennen.

2. Hält der Auftragnehmer bei Aufträgen, welche die Instandsetzung eines Kraftfahrzeuges zum Gegenstand haben, einen schriftlich verbindlich zugesagten Fertigstellungstermin länger als 24 Stunden schuldhaft nicht ein, so hat der Auftragnehmer nach seiner Wahl dem Auftraggeber ein möglichst gleichwertiges Ersatzfahrzeug nach den jeweils hierfür gültigen Bedingungen des Auftragnehmers kostenlos zur Verfügung zu stellen oder 80% der Kosten für eine tatsächliche Inanspruchnahme eines möglichst gleichwertigen Mietfahrzeuges zu erstatten. Der Auftraggeber hat das Ersatz- oder Mietfahrzeug nach Meldung der Fertigstellung des Auftragsgegenstandes unverzüglich zurückzugeben; weitergehender Verzugsschadenersatz ist ausgeschlossen, außer in Fällen von Vorsatz oder grober Fahrlässigkeit. Der Auftragnehmer ist auch für die während des Verzugs durch Zufall eintretende Unmöglichkeit der Leistung verantwortlich, es sei denn, dass der Schaden auch bei rechtzeitiger Leistung eingetreten sein würde.

3. Bei gewerblich genutzten Fahrzeugen kann der Auftragnehmer statt der Zurverfügungstellung eines Ersatzfahrzeugs oder der Übernahme von Mietwagenkosten den durch die verzögerte Fertigstellung entstandenen Verdienstausfall ersetzen.

4. Wenn der Auftragnehmer den Fertigstellungstermin infolge höherer Gewalt oder Betriebsstörungen ohne eigenes Verschulden nicht einhalten kann, besteht auf Grund hierdurch bedingter Verzögerungen keine Verpflichtung zum Schadensersatz, insbesondere auch nicht zur Stellung eines Ersatzfahrzeuges oder zur Erstattung von Kosten für die tatsächliche Inanspruchnahme eines Mietfahrzeuges. Der Auftragnehmer ist jedoch verpflichtet, den Auftraggeber über die Verzögerungen zu unterrichten, soweit dies möglich und zumutbar ist.

IV. Abnahme

1. Die Abnahme des Auftragsgegenstandes durch den Auftraggeber erfolgt im Betrieb des Auftragnehmers, soweit nichts anderes vereinbart ist.

2. Der Auftraggeber ist verpflichtet, den Reparaturgegenstand innerhalb von 1 Woche ab Zugang der Fertigstellungsanzeige und Aushändigung oder Übersendung der Rechnung abzuholen. Im Falle der Nichtabnahme kann der Auftragnehmer von seinen gesetzlichen Rechten Gebrauch machen.
Bei Reparaturarbeiten, die innerhalb eines Arbeitstages ausgeführt werden, verkürzt sich die Frist auf 2 Arbeitstage.

3. Bei Abnahmeverzug kann der Auftragnehmer die ortsübliche Aufbewahrungsgebühr berechnen. Der Auftragsgegenstand kann nach Ermessen des Auftrag-

nehmers auch anderweitig aufbewahrt werden. Kosten und Gefahren der Aufbewahrung gehen zu Lasten des Auftraggebers.

V. Berechnung des Auftrages

1. In der Rechnung sind Preise oder Preisfaktoren für jede technisch in sich abgeschlossene Arbeitsleistung sowie für verwendete Ersatzteile und Materialien jeweils gesondert auszuweisen.

Wünscht der Auftraggeber Abholung oder Zustellung des Auftragsgegenstandes, erfolgen diese auf seine Rechnung und Gefahr. Die Haftung bei Verschulden bleibt unberührt.

2. Wird der Auftrag aufgrund eines verbindlichen Kostenvoranschlages ausgeführt, so genügt eine Bezugnahme auf den Kostenvoranschlag, wobei lediglich zusätzliche Arbeiten besonders aufzuführen sind.

3. Die Berechnung des Tauschpreises im Tauschverfahren setzt voraus, dass das ausgebaute Aggregat oder Teil dem Lieferumfang des Ersatzaggregats oder -teils entspricht und dass es keinen Schaden aufweist, der die Wiederaufbereitung unmöglich macht.

4. Die Umsatzsteuer geht zu Lasten des Auftraggebers.

5. Eine etwaige Berichtigung der Rechnung muss seitens des Auftragnehmers, ebenso wie eine Beanstandung seitens des Auftraggebers, spätestens 6 Wochen nach Zugang der Rechnung erfolgen.

VI. Zahlung

1. Der Rechnungsbetrag und Preise für Nebenleistungen sind bei Abnahme des Reparaturgegenstandes und Aushändigung oder Übersendung der Rechnung zur Zahlung in bar fällig, spätestens jedoch innerhalb 1 Woche nach Meldung der Fertigstellung und Aushändigung oder Übersendung der Rechnung.

2. Gegen Ansprüche des Auftragnehmers kann der Besteller nur dann aufrechnen, wenn die Gegenforderung des Bestellers unbestritten ist oder ein rechtskräftiger Titel vorliegt; ein Zurückbehaltungsrecht kann er nur geltend machen, soweit es auf Ansprüchen aus dem Reparaturauftrag beruht.

Der Auftragnehmer ist berechtigt, bei Auftragserteilung eine angemessene Vorauszahlung zu verlangen.

VII. Erweitertes Pfandrecht

Dem Auftragnehmer steht wegen seiner Forderung aus dem Auftrag ein vertragliches Pfandrecht an den aufgrund des Auftrages in seinen Besitz gelangten Gegenständen zu.

Das vertragliche Pfandrecht kann auch wegen Forderungen aus früher durchgeführten Arbeiten, Ersatzteillieferungen und sonstigen Leistungen geltend gemacht werden, soweit sie mit dem Auftragsgegenstand in Zusammenhang stehen. Für sonstige Ansprüche aus der Geschäftsverbindung gilt das vertragliche Pfandrecht nur, soweit diese unbestritten sind oder ein rechtskräftiger Titel vorliegt und der Auftragsgegenstand dem Auftraggeber gehört.

VIII. Sachmangel

1. Ansprüche des Auftraggebers wegen Sachmängeln verjähren in einem Jahr ab Abnahme des Reparaturgegenstandes. Nimmt der Auftraggeber den Auftragsgegenstand trotz Kenntnis eines Mangels ab, stehen ihm Sachmängelansprüche in dem in den Ziffern 4 bis 5 beschriebenen Umfang nur zu, wenn er sich diese bei Abnahme vorbehält.

2. Ist Gegenstand des Auftrags die Lieferung herzustellender oder zu erzeugender beweglicher Sachen und ist der Auftraggeber eine juristische Person des öffentlichen Rechts, ein öffentlich-rechtliches Sondervermögen oder ein Unternehmer, der bei Abschluss des Vertrages in Ausübung seiner gewerblichen oder selbständigen beruflichen Tätigkeit handelt, verjähren Ansprüche des Auftraggebers wegen Sachmängeln in einem Jahr ab Ablieferung. Für andere Auftraggeber (Verbraucher) gelten in diesem Fall die gesetzlichen Bestimmungen.

3. Bei arglistigem Verschweigen von Mängeln oder der Übernahme einer Garantie für die Beschaffenheit bleiben weitergehende Ansprüche unberührt.

4. Für die Abwicklung der Mängelbeseitigung gilt Folgendes:

a) Ansprüche auf Mängelbeseitigung hat der Auftraggeber beim Auftragnehmer geltend zu machen; bei mündlichen Anzeigen händigt der Auftragnehmer dem Auftraggeber eine schriftliche Bestätigung über den Eingang der Anzeige aus.

b) Wird der Reparaturgegenstand wegen eines Sachmangels betriebsunfähig, kann sich der Auftraggeber mit Zustimmung des Auftragnehmers an den dem Ort des betriebsunfähigen Kaufgegenstandes nächstgelegenen dienstbereiten Kfz-Meisterbetrieb wenden, wenn sich der Ort des betriebsunfähigen Kaufgegenstandes mehr als 50 km vom Auftragnehmer entfernt befindet.

c) Ersetzte Teile werden Eigentum des Auftragnehmers.

d) Für die zur Mängelbeseitigung eingebauten Teile kann der Käufer bis zum Ablauf der Verjährungsfrist des Auftragsgegenstandes Sachmängelansprüche aufgrund des Auftrags geltend machen.

5. Erfolgt in dem Ausnahmefall der Ziffer 4 b) die Mängelbeseitigung in einer anderen (der Vertriebsorganisation des Auftragnehmers angehörenden) Fachwerkstatt, hat der Auftraggeber in den Auftragsschein aufnehmen zu lassen, dass es sich um die Durchführung einer Mängelbeseitigung des Auftragnehmers handelt und dass diesem ausgebaute Teile während einer angemessenen Frist zur Verfügung zu halten sind. Der Auftragnehmer ist zur Erstattung der dem Auftraggeber nachweislich entstandenen Reparaturkosten verpflichtet.

IX. Haftung

1. Hat der Auftragnehmer nach den gesetzlichen Bestimmungen nach Maßgabe dieser Bedingungen für einen Schaden aufzukommen, der leicht fahrlässig verursacht wurde, so haftet der Auftragnehmer, soweit nicht Leben, Körper und Gesundheit verletzt wurden, beschränkt-: Die Haftung besteht nur bei Verletzung vertragswesentlicher Pflichten und ist auf den bei Vertragsabschluß vorhersehbaren typischen Schaden begrenzt. Soweit der Schaden durch eine vom Auftraggeber für den betreffenden Schadenfall abgeschlossene Versicherung (ausgenommen Summenversicherung) gedeckt ist, haftet der Auftragnehmer nur für etwaige damit verbundene Nachteile des Auftraggebers, z.B. höhere Versicherungsprämien oder Zinsnachteile bis zur Schadenregulierung durch die Versicherung. Das Gleiche gilt für Schäden, die durch einen Mangel des Auftragsgegenstandes verursacht worden sind. Die Haftung für den Verlust von Geld, Wertpapieren (einschl. Sparbüchern, Scheckheften, Scheck- und Kreditkarten), Kostbarkeiten und anderen Wertsachen, die nicht ausdrücklich in Verwahrung genommen sind, ist ausgeschlossen.

2. Unabhängig von einem Verschulden des Auftragnehmers bleibt eine etwaige Haftung des Auftragnehmers bei arglistigem Verschweigen des Mangels, aus der Übernahme einer Garantie oder eines Beschaffungsrisikos und nach dem Produkthaftungsgesetz unberührt.

3. Ausgeschlossen ist die persönliche Haftung der gesetzlichen Vertreter, Erfüllungsgehilfen und Betriebsangehörigen des Auftragnehmers für von ihnen durch leichte Fahrlässigkeit verursachte Schäden.

X. Eigentumsvorbehalt

Soweit eingebaute Zubehör-, Ersatzteile und Aggregate nicht wesentliche Bestandteile des Auftragsgegenstandes geworden sind, behält sich der Auftragnehmer das Eigentum daran bis zur vollständigen unanfechtbaren Bezahlung vor.

XI. Schiedsstelle (Schiedsgutachterverfahren)

(Gilt nur für Fahrzeuge mit einem zulässigen Gesamtgewicht von nicht mehr als 3,5t)

1. Bei Streitigkeiten aus diesem Auftrag kann der Auftraggeber oder, mit dessen Einverständnis, der Auftragnehmer die für den Auftragnehmer zuständige Schiedsstelle des Kraftfahrzeughandwerks oder -gewerbes anrufen. Die Anrufung muss schriftlich unverzüglich nach Kenntnis des Streitpunktes erfolgen.

2. Durch die Entscheidung der Schiedsstelle wird der Rechtsweg nicht ausgeschlossen.

3. Durch die Anrufung der Schiedsstelle ist die Verjährung für die Dauer des Verfahrens gehemmt.

4. Das Verfahren vor der Schiedsstelle richtet sich nach deren Geschäfts- und Verfahrensordnung, die den Parteien auf Verlangen von der Schiedsstelle ausgehändigt wird.

5. Die Anrufung der Schiedsstelle ist ausgeschlossen, wenn bereits der Rechtsweg beschritten ist. Wird der Rechtsweg während eines Schiedsstellenverfahrens beschritten, stellt die Schiedsstelle ihre Tätigkeit ein.

6. Das Schiedsstellenverfahren ist für den Auftraggeber kostenlos.

XII. Gerichtsstand

Für sämtliche gegenwärtigen und zukünftigen Ansprüche aus der Geschäftsverbindung mit Kaufleuten einschließlich Wechsel- und Scheckforderungen ist ausschließlicher Gerichtsstand der Sitz des Auftragnehmers. Der gleiche Gerichtsstand gilt, wenn der Auftraggeber keinen allgemeinen Gerichtsstand im Inland hat. nach Vertragsabschluß seinen Wohnsitz oder gewöhnlichen Aufenthaltsort aus dem Inland verlegt oder sein Wohnsitz oder gewöhnlicher Aufenthaltsort zum Zeitpunkt der Klageerhebung nicht bekannt ist.

EU-weit einheitliche Rechnungsangaben
2004 wurden EU-weit einheitliche Vorschriften zur Rechnungslegung mit höheren Anforderungen eingeführt. Der ZDK listet die Details auf, die künftig auf einer Rechnung enthalten sein müssen:

- das Ausstellungsdatum,
- eine fortlaufende Nummer mit einer oder mehreren Zahlenreihen, die zur Identifizierung der Rechnung einmalig vergeben wird,
- die Umsatzsteuer-Identifikationsnummer (UStIdNr.) des Lieferers, unter der die Lieferung von Gegenständen oder Dienstleistungen bewirkt wurde,
- die UStIdNr. des Leistungsempfängers, soweit er Steuerschuldner ist oder eine innergemeinschaftliche Lieferung vorliegt,
- den vollständigen Namen und die vollständige Anschrift des Steuerpflichtigen und des Leistungsempfängers,
- die Menge und die Art der gelieferten Gegenstände oder den Umfang und die Art der erbrachten Dienstleistungen,
- das Datum, an dem die Lieferung der Gegenstände oder die Dienstleistung bewirkt bzw. abgeschlossen wird, sofern dieses Datum feststeht und nicht mit dem Ausstellungsdatum der Rechnung identisch ist,
- die Besteuerungsgrundlage für jeden Steuersatz oder jede Befreiung (d.h. der sog. Nettobetrag muss angegeben werden), der Preis je Einheit ohne Steuer sowie jede Preisminderung oder Rückerstattung, sofern sie nicht im Preis je Einheit enthalten ist,
- den anzuwendenden Steuersatz,
- den zu zahlenden Steuerbetrag (Ausnahme: wenn eine solche Angabe nach der Richtlinie ausgeschlossen ist, z.B. bei der Differenzbesteuerung gem. § 25a UStG),
- den Verweis auf die Vorschrift für die Steuerfreiheit oder die Steuerschuldnerschaft des Leistungsempfängers bei Vorliegen eines solchen Sachverhaltes.

Für das Kraftfahrzeuggewerbe sind zusätzlich folgende Angaben wichtig:

- Im Rahmen der Differenzbesteuerung muss ein entsprechender Hinweis auf § 25a UStG (oder auf Art. 26a der 6. EU-Richtlinie) in der Rechnung stehen.
- Im Rahmen der innergemeinschaftlichen Lieferung neuer Fahrzeuge müssen Alter und Kilometerzahl sowie die Motorleistung des Fahrzeuges angegeben werden.

Die Ausnahmeregelungen für so genannte geringfügige Rechnungsbeträge bis maximal 100 € bleiben weiterhin bestehen. Wie bisher sind zwingende Angaben auch nach der neuen Richtlinie lediglich das Ausstellungsdatum, die Identifizierung des Steuerpflichtigen, die Art der gelieferten Gegenstände oder der erbrachten Dienstleistungen und der zu zahlende Steuerbetrag oder die Angaben zu dessen Berechnung. Wie eine korrekte Rechnung auszusehen hat, zeigt eine vom ZDK zusammengestellte Musterrechnung in Bild 5.1.

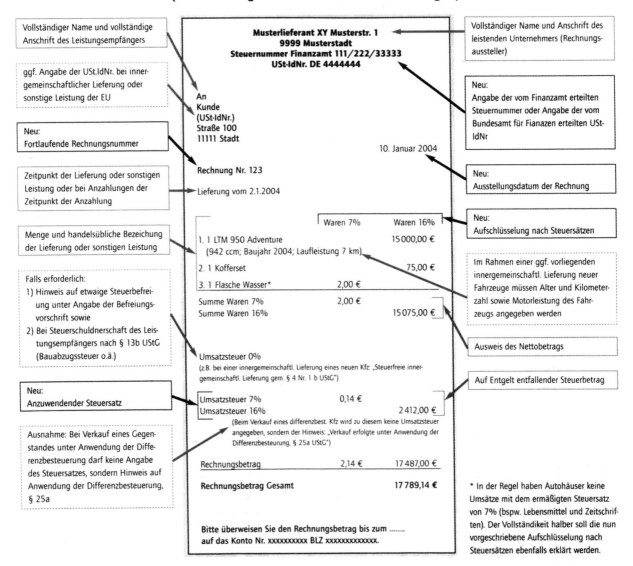

Bild 5.1   Musterrechnung

5.2 Verkaufsbedingungen für den Neu- und Gebrauchtwagenverkauf

Auch für den Neu- und Gebrauchtwagenverkauf gelten zunächst die sehr unverbindlichen Regeln des Bürgerlichen Gesetzbuches (BGB). Zusätzlich gilt seit 2003 das Schuldrecht mit der Sachmängelhaftung. Deshalb hat auch hier der ZDK – für den Neuwagenverkauf gemeinsam mit dem Verband der Automobilindustrie (VDA) und dem Verband der Importeure von Kraftfahrzeugen (VDIK) – allgemeine Geschäftsbedingungen (AGB) entwickelt. Beide AGBs sind «unverbindliche Empfehlungen», die der Kfz-Betrieb aber zur Grundlage seiner Fahrzeug-Handelsgeschäfte machen sollte. Die jeweils eigenständigen Allgemeinen Geschäftsbedingungen für den Neuwagenverkauf und den Gebrauchtwagenverkauf weichen in einigen wesentlichen Punkten voneinander ab. Entsprechend müssen je nach Kaufvertrag die AGBs für den Neuwagen- oder den Gebrauchtwagenverkauf verwendet werden. Mit seiner Unterschrift unter den Kaufvertrag, die «verbindliche Bestellung», erkennt der Kunde die allgemeinen Geschäftsbedingungen für den Kauf eines neuen oder gebrauchten Fahrzeuges an.

Wie die Kfz-Reparaturbedingungen mussten auch die AGBs für den Neu- und den Gebrauchtwagenverkauf 2003 dem neuen Schuldrecht im Bereich der Sachmängelhaftung angepasst werden. Die «Allgemeinen Geschäftsbedingungen für den Verkauf gebrauchter Kraftfahrzeuge und Anhänger» ist bei Redaktionsschluss dieses Buches aktuell mit Stand 7/2003. Die «Allgemeinen Geschäftsbedingungen für den Verkauf von fabrikneuen Kraftfahrzeuge und Anhänger» ist aktuell mit Stand 4/2003.

Nach der Unterschrift unter die «verbindliche Bestellung» ist der Käufer bei einem gebrauchten Pkw zehn Tage, bei einem gebrauchten Nutzfahrzeug zwei Wochen an seine Bestellung gebunden. Bei Neufahrzeugen beträgt diese Frist höchstens vier Wochen für Pkw und bei Nutzfahrzeugen höchstens sechs Wochen. Steht der Neuwagen jedoch als Lagerwagen bereits beim Händler, verkürzen sich die Neuwagenfristen auf zehn Tage für Pkw und zwei Wochen für Nutzfahrzeuge.

Liefert der Kfz-Betrieb das Fahrzeug in dieser Zeit aus, muss es der Käufer abnehmen. Bei längeren Lieferzeiten muss der Kfz-Betrieb die verbindliche Bestellung schriftlich bestätigen. Dann und nur dann muss der Käufer das Fahrzeug auch zu einem späteren als dem vereinbarten Liefertermin abnehmen. Selbstverständlich müssen alle Vereinbarungen, auch Nebenabreden, schriftlich fixiert werden. Sonst sind sie ungültig.

In der Bestellung wird ein verbindlicher oder unverbindlicher Liefertermin genannt. Überschreitet der Kfz-Betrieb den unverbindlichen Liefertermin für einen Gebrauchtwagen um zehn Tage – bei Neuwagen um sechs Wochen –, kann der Käufer den Betrieb schriftlich unter Angabe einer angemessenen Frist in Verzug setzen. Kann der Betrieb auch diesen Termin nicht einhalten, kann der Käufer schriftlich vom Vertrag zurücktreten und Schadenersatz wegen Nichterfüllung des Vertrages verlangen. Bei einem verbindlichen Termin dagegen kommt der Kfz-Betrieb schon bei Überschreiten des Termins in Verzug.

Gelegentlich kommt es vor, dass der Hersteller während der Lieferzeit Änderungen an der Serienausstattung, Konstruktions- oder Formänderungen oder auch am bestellten Farbton vornimmt. Sofern es sich nur um leichte, zumutbare Änderungen handelt, muss der Käufer diese akzeptieren.

Hat der Kfz-Betrieb dem Käufer mitgeteilt, dass das Fahrzeug zur Abholung bereitsteht, muss der Käufer es bei Gebrauchtwagen innerhalb von acht Tagen, bei Neuwagen innerhalb von 14 Tagen abnehmen. Selbstverständlich muss der Käufer das Fahrzeug wie vereinbart bezahlen. Erst dann geht es in sein Eigentum über. Zahlt der Käufer beispielsweise in Raten, hat der Kfz-Betrieb bis zur vollständigen Bezahlung einen Eigentumsvorbehalt und das Recht, den Kfz-Brief einzubehalten.

Die Sachmängelhaftung im Fahrzeugverkauf
Neu sind die Regelungen zu Sachmängeln. Bei einem Sachmangel handelt es sich um einen Mangel am Fahrzeug, der bereits bei Auslieferung des Fahrzeuges bestand, aber vom Käufer nicht gleich bemerkt wurde. Bei einem Gebrauchtwagen kann der Käufer bis zu einem Jahr nach dem Kauf einen Sachmangel gegenüber dem Kfz-Betrieb vorbringen. Bei einem Neuwagen läuft diese Frist sogar zwei Jahre lang. Wichtig ist jedoch: Es handelt sich hier nicht um eine Garantie. Eine Garantie deckt Schäden ab, die im Laufe der Garantiezeit auftreten. Sie geht also deutlich über die gesetzliche Gewährleistung für einen Sachmangel hinaus. Denn der Sachmangel muss wie gesagt schon bei der Fahrzeugauslieferung an den Kunden bestanden haben.

Allerdings hat die Gewährleistung bei Sachmängeln für den Kfz-Betrieb einen Haken: In den ersten sechs Monaten gilt die so genannte Beweislastumkehr. Das heißt, nicht der Käufer, sondern der Kfz-Betrieb muss beweisen, dass der Mangel bei der Fahrzeugauslieferung noch nicht bestanden hat. Das ist in der Praxis nicht immer ganz einfach. Deshalb sollte vor allem bei Gebrauchtwagen mit der Auslieferungsdurchsicht ein sehr detailliertes technisches Zustandsprotokoll über den Gebrauchtwagen angefertigt werden. Dieses Zustandsprotokoll sollte dann vom Kfz-Meister, der es angefertigt hat, und vom

Käufer bei der Übergabe unterschrieben werden. Dazu empfiehlt es sich, den Gebrauchten im Rahmen der Übergabe gemeinsam zu besichtigen.

Die Risiken aus der Sachmängelhaftung kann der Kfz-Betrieb natürlich dadurch reduzieren, dass grundsätzlich alle Gebrauchten einer technischen Durchsicht unterzogen und ausschließlich mit einer Gebrauchtwagengarantie verkauft werden. Die Garantie deckt dann nicht nur die Mängel, die schon bei der Übergabe bestanden, also die Sachmängel, sondern eben auch alle Schäden, die während der Garantielaufzeit von meist zwölf oder 24 Monaten auftreten. Damit gibt es auch deutlich weniger Ärger mit den Kunden über Schäden, die am kürzlich gekauften Auto auftreten können.

Die AGBs regeln auch, was der Käufer für die Beseitigung eines Sachmangels tun muss. Bei einem Gebrauchtwagen muss der Käufer seine Ansprüche direkt beim Verkäufer geltend machen, also bei dem Kfz-Betrieb, der ihm den Gebrauchten verkauft hat. Bleibt das Fahrzeug wegen eines Sachmangels mehr als 50 Kilometer entfernt von dem Kfz-Betrieb, das den Gebrauchten verkauft hat, liegen, darf sich der Käufer – nach Absprache mit dem Verkäufer – an den nächstgelegenen Kfz-Meisterbetrieb wenden. Bei einem Neuwagenkauf gilt das im Prinzip genauso. Allerdings muss sich der Käufer hier in jedem Fall an eine vom Hersteller oder Importeur autorisierte Markenvertragswerkstatt wenden.

Allgemeine Geschäftsbedingungen für den Verkauf gebrauchter Kraftfahrzeuge und Anhänger
Unverbindliche Empfehlung des Zentralverbandes Deutsches Kraftfahrzeuggewerbe e. V. (ZDK)

- Gebrauchtwagen-Verkaufsbedingungen -

Stand: 07/2003

I. Vertragsabschluss/Übertragung von Rechten und Pflichten des Käufers

1. Der Käufer ist an die Bestellung höchstens bis zehn Tage, bei Nutzfahrzeugen bis zwei Wochen gebunden. Der Kaufvertrag ist abgeschlossen, wenn der Verkäufer die Annahme der Bestellung des näher bezeichneten Kaufgegenstandes innerhalb der jeweils genannten Fristen schriftlich bestätigt oder die Lieferung ausführt. Der Verkäufer ist jedoch verpflichtet, den Besteller unverzüglich zu unterrichten, wenn er die Bestellung nicht annimmt.

2. Übertragungen von Rechten und Pflichten des Käufers aus dem Kaufvertrag bedürfen der schriftlichen Zustimmung des Verkäufers.

II. Zahlung

1. Der Kaufpreis und Preise für Nebenleistungen sind bei Übergabe des Kaufgegenstandes und Aushändigung oder Übersendung der Rechnung zur Zahlung fällig.

2. Gegen Ansprüche des Verkäufers kann der Käufer nur dann aufrechnen, wenn die Gegenforderung des Käufers unbestritten ist oder ein rechtskräftiger Titel vorliegt; ein Zurückbehaltungsrecht kann er nur geltend machen, soweit es auf Ansprüchen aus dem Kaufvertrag beruht.

III. Lieferung und Lieferverzug

1. Liefertermine und Lieferfristen, die verbindlich oder unverbindlich vereinbart werden können, sind schriftlich anzugeben. Lieferfristen beginnen mit Vertragsabschluss

2. Der Käufer kann zehn Tage, bei Nutzfahrzeugen 2 Wochen, nach Überschreiten eines unverbindlichen Liefertermins oder einer unverbindlichen Lieferfrist den Verkäufer auffordern zu liefern. Mit dem Zugang der Aufforderung kommt der Verkäufer in Verzug. Hat der Käufer Anspruch auf Ersatz eines Verzugsschadens, beschränkt sich dieser bei leichter Fahrlässigkeit des Verkäufers auf höchstens 5% des vereinbarten Kaufpreises. Will der Käufer darüber hinaus vom Vertrag zurücktreten und/oder Schadensersatz statt der Leistung verlangen, muß er dem Verkäufer nach Ablauf der Zehn-Tages-Frist gemäß Satz 1 eine angemessene Frist zur Lieferung setzen. Hat der Käufer Anspruch auf Schadensersatz statt der Leistung, beschränkt sich der Anspruch bei leichter Fahrlässigkeit auf höchstens 10% des vereinbarten Kaufpreises. Ist der Käufer eine juristische Person des öffentlichen Rechts, ein öffentlich-rechtliches Sondervermögen oder ein Unternehmer, der bei Abschluss des Vertrages in Ausübung seiner gewerblichen oder selbständigen beruflichen Tätigkeit handelt, sind Schadenersatzansprüche bei leichter Fahrlässigkeit ausgeschlossen. Wird dem Verkäufer, während er in Verzug ist, die Lieferung durch Zufall unmöglich, so haftet er mit den vorstehend vereinbarten Haftungsbegrenzungen. Der Verkäufer haftet nicht, wenn der Schaden auch bei rechtzeitiger Lieferung eingetreten wäre.

3. Wird ein verbindlicher Liefertermin oder eine verbindliche Lieferfrist überschritten, kommt der Verkäufer bereits mit Überschreiten des Liefertermins oder der Lieferfrist in Verzug. Die Rechte des Käufers bestimmen sich dann nach Ziffer 2 Sätze 3 bis 6 dieses Abschnitts.

4. Höhere Gewalt oder beim Verkäufer oder dessen Lieferanten eintretende Betriebsstörungen die den Verkäufer ohne eigenes Verschulden vorübergehend daran hindern, den Kaufgegenstand zum vereinbarten Termin oder innerhalb der vereinbarten Frist zu liefern, verändern die in Ziffern 1 bis 3 dieses Abschnitts genannten Termine und Fristen um die Dauer der durch diese Umstände bedingten Leistungsstörungen. Führen entsprechende Störungen zu einem Leistungsaufschub von mehr als vier Monaten, kann der Käufer vom Vertrag zurücktreten. Andere Rücktrittsrechte bleiben davon unberührt.

IV. Abnahme

1. Der Käufer ist verpflichtet, den Kaufgegenstand innerhalb von 8 Tagen ab Zugang der Bereitstellungsanzeige abzunehmen. Im Falle der Nichtabnahme kann der Verkäufer von seinen gesetzlichen Rechten Gebrauch machen.

2. Verlangt der Verkäufer Schadensersatz, so beträgt dieser 10% des Kaufpreises. Der Schadenersatz ist höher oder niedriger anzusetzen, wenn der Verkäufer einen höheren oder der Käufer einen geringeren Schaden nachweist.

V. Eigentumsvorbehalt

1. Der Kaufgegenstand bleibt bis zum Ausgleich der dem Verkäufer aufgrund des Kaufvertrages zustehenden Forderungen Eigentum des Verkäufers.

Ist der Käufer eine juristische Person des öffentlichen Rechts, ein öffentlich-rechtliches Sondervermögen oder ein Unternehmer, der bei Abschluß des Vertrages in Ausübung seiner gewerblichen oder selbständigen beruflichen Tätigkeit handelt, bleibt der Eigentumsvorbehalt auch bestehen für Forderungen des Verkäufers gegen den Käufer aus der laufenden Geschäftsbeziehung bis zum Ausgleich von im Zusammenhang mit dem Kauf zustehenden Forderungen.

Auf Verlangen des Käufers ist der Verkäufer zum Verzicht auf den Eigentumsvorbehalt verpflichtet, wenn der Käufer sämtliche mit dem Kaufgegenstand im Zusammenhang stehende Forderungen unanfechtbar erfüllt hat und für die übrigen Forderungen aus den laufenden Geschäftsbeziehungen eine angemessene Sicherung besteht.

Während der Dauer des Eigentumsvorbehalts steht das Recht zum Besitz des Fahrzeugbriefes dem Verkäufer zu.

2. Bei Zahlungsverzug des Käufers kann der Verkäufer vom Kaufvertrag zurücktreten.

3. Solange der Eigentumsvorbehalt besteht, darf der Käufer über den Kaufgegenstand weder verfügen noch Dritten vertraglich eine Nutzung einräumen.

VI. Sachmangel

1. Ansprüche des Käufers wegen Sachmängeln verjähren in einem Jahr ab Ablieferung des Kaufgegenstandes an den Kunden.

Hiervon abweichend erfolgt der Verkauf von Nutzfahrzeugen unter Ausschluß jeglicher Sachmängelhaftung, wenn der Käufer eine juristische Person des öffentlichen Rechts, ein öffentlich-rechtliches Sondervermögen oder ein Unternehmer ist, der bei Abschluß des Vertrages in Ausübung seiner gewerblichen oder selbständigen beruflichen Tätigkeit handelt.

Bei arglistigem Verschweigen von Mängeln oder der Übernahme einer Garantie für die Beschaffenheit bleiben weitergehende Ansprüche unberührt.

2. Für die Abwicklung der Mängelbeseitigung gilt folgendes:

a) Ansprüche auf Mängelbeseitigung hat der Käufer beim Verkäufer geltend zu machen. Bei mündlichen Anzeigen von Ansprüchen ist dem Käufer eine schriftliche Bestätigung über den Eingang der Anzeige auszuhändigen.

b) Wird der Kaufgegenstand wegen eines Sachmangels betriebsunfähig, kann sich der Käufer mit Zustimmung der Verkäufers an den dem Ort des betriebsunfähigen Kaufgegenstandes nächstgelegenen dienstbereiten Kfz-Meisterbetrieb wenden, wenn sich der Ort des betriebsunfähigen Kaufgegenstandes mehr als 50 km vom Verkäufer entfernt befindet.

c) Ersetzte Teile werden Eigentum des Verkäufers.

d) Für die zur Mängelbeseitigung eingebauten Teile kann der Käufer bis zum Ablauf der Verjährungsfrist des Kaufgegenstandes Sachmängelansprüche aufgrund des Kaufvertrages geltend machen.

VII. Haftung

1. Hat der Verkäufer aufgrund der gesetzlichen Bestimmungen nach Maßgabe dieser Bedingungen für einen Schaden aufzukommen, der leicht fahrlässig verursacht wurde, so haftet der Verkäufer beschränkt:

Die Haftung besteht nur bei Verletzung vertragswesentlicher Pflichten und ist auf den bei Vertragsabschluß vorsehbaren typischen Schaden begrenzt. Diese Beschränkung gilt nicht bei Verletzung von Leben, Körper und Gesundheit. Soweit der Schaden durch eine vom Käufer für den betreffenden Schadenfall abgeschlossene Versicherung (ausgenommen Summenversicherung) gedeckt ist, haftet der Verkäufer nur für etwaige damit verbundene Nachteile des Käufers, z.B. höhere Versicherungsprämien oder Zinsnachteile bis zur Schadenregulierung durch die Versicherung. Das Gleiche gilt für Schäden, die durch einen Mangel verursacht worden sind.

2. Unabhängig von einem Verschulden des Verkäufers bleibt eine etwaige Haftung des Verkäufers bei arglistigem Verschweigen des Mangels, aus der Übernahme einer Garantie oder eines Beschaffungsrisikos und nach dem Produkthaftungsgesetz unberührt.

3. Die Haftung wegen Lieferverzuges ist in Abschnitt III abschließend geregelt.

4. Ausgeschlossen ist die persönliche Haftung der gesetzlichen Vertreter, Erfüllungsgehilfen und Betriegsangehörigen des Verkäufers für von ihnen durch leichte Fahrlässigkeit verursachte Schäden.

VIII. Schiedsgutachterverfahren

(Gilt nur für gebrauchte Fahrzeuge mit einem zulässigen Gesamtgewicht von nicht mehr als 3,5 t)

1. Führt der Kfz-Betrieb das Zeichen „Meisterbetrieb der Kfz-Innung", können die Parteien bei Streitigkeiten aus dem Kaufvertrag - mit Ausnahme über den Kaufpreis - die für den Sitz des Verkäufers zuständige Schiedsstelle für das Kfz-Gewerbe oder den Gebrauchtwagenhandel anrufen. Die Anrufung muß schriftlich und unverzüglich nach Kenntnis des Streitpunktes,

spätestens vor Ablauf von 13 Monaten seit Ablieferung des Kaufgegenstandes, erfolgen.

2. Durch die Entscheidung der Schiedsstelle wird der Rechtsweg nicht ausgeschlossen.

3. Durch die Anrufung der Schiedsstelle ist die Verjährung für die Dauer des Verfahrens gehemmt.

4. Das Verfahren vor der Schiedsstelle richtet sich nach deren Geschäfts- und Verfahrensordnung, die den Parteien auf Verlangen von der Schiedsstelle ausgehändigt wird.

5. Die Anrufung der Schiedsstelle ist ausgeschlossen, wenn bereits der Rechtsweg beschritten ist. Wird der Rechtsweg während eines Schiedsstellenverfahrens beschritten, stellt die Schiedsstelle ihre Tätigkeit ein.

6. Das Schiedsstellenverfahren ist für den Auftraggeber kostenlos.

IX. Gerichtsstand

1. Für sämtliche gegenwärtigen und zukünftigen Ansprüche aus der Geschäftsverbindung mit Kaufleuten einschließlich Wechsel- und Scheckforderungen ist ausschließlicher Gerichtsstand der Sitz des Verkäufers.

2. Der gleiche Gerichtsstand gilt, wenn der Käufer keinen allgemeinen Gerichtsstand im Inland hat, nach Vertragsabschluss seinen Wohnsitz oder gewöhnlichen Aufenthaltsort aus dem Inland verlegt oder sein Wohnsitz oder gewöhnlicher Aufenthaltsort zum Zeitpunkt der Klageerhebung nicht bekannt ist. Im übrigen gilt bei Ansprüchen des Verkäufers gegenüber dem Käufer dessen Wohnsitz als Gerichtsstand.

Allgemeine Geschäftsbedingungen für den Verkauf von fabrikneuen Kraftfahrzeugen und Anhängern
Unverbindliche Empfehlung des Zentralverbandes Deutsches Kraftfahrzeuggewerbe e. V. (ZDK), des Verbandes der Automobilindustrie e. V. (VDA) und des Verbandes der Importeure von Kraftfahrzeugen (VDIK)

- Neuwagen-Verkaufsbedingungen -

Stand: 04/2003

I. Vertragsabschluss/Übertragung von Rechten und Pflichten des Käufers

1. Der Käufer ist an die Bestellung höchstens bis vier Wochen, bei Nutzfahrzeugen bis sechs Wochen, sowie bei Fahrzeugen, die beim Verkäufer vorhanden sind, bis 10 Tage, bei Nutzfahrzeugen bis 2 Wochen, gebunden. Der Kaufvertrag ist abgeschlossen, wenn der Verkäufer die Annahme der Bestellung des näher bezeichneten Kaufgegenstandes innerhalb der jeweils genannten Fristen schriftlich bestätigt oder die Lieferung ausführt. Der Verkäufer ist jedoch verpflichtet, den Besteller unverzüglich zu unterrichten, wenn er die Bestellung nicht annimmt.

2. Übertragungen von Rechten und Pflichten des Käufers aus dem Kaufvertrag bedürfen der schriftlichen Zustimmung des Verkäufers.

II. Preise

...

III. Zahlung

1. Der Kaufpreis und Preise für Nebenleistungen sind bei Übergabe des Kaufgegenstandes und Aushändigung oder Übersendung der Rechnung zur Zahlung fällig.

2. Gegen Ansprüche des Verkäufers kann der Käufer nur dann aufrechnen, wenn die Gegenforderung des Käufers unbestritten ist oder ein rechtskräftiger Titel vorliegt; ein Zurückbehaltungsrecht kann er nur geltend machen, soweit es auf Ansprüchen aus dem Kaufvertrag beruht.

IV. Lieferung und Lieferverzug

1. Liefertermine und Lieferfristen, die verbindlich oder unverbindlich vereinbart werden können, sind schriftlich anzugeben. Lieferfristen beginnen mit Vertragsabschluss.

2. Der Käufer kann sechs Wochen nach Überschreiten eines unverbindlichen Liefertermins oder einer unverbindlichen Lieferfrist den Verkäufer auffordern zu liefern. Mit dem Zugang der Aufforderung kommt der Verkäufer in Verzug. Hat der Käufer Anspruch auf Ersatz eines Verzugsschadens, beschränkt sich dieser bei leichter Fahrlässigkeit des Verkäufers auf höchstens 5% des vereinbarten Kaufpreises. Will der Käufer darüber hinaus vom Vertrag zurücktreten und/oder Schadensersatz statt der Leistung verlangen, muß er dem Verkäufer nach Ablauf der 6-Wochen-Frist gemäß Satz 1 eine angemessene Frist zur Lieferung setzen. Hat der Käufer Anspruch auf Schadensersatz statt der Leistung, beschränkt sich der Anspruch bei leichter Fahrlässigkeit auf höchstens 25% des vereinbarten Kaufpreises. Ist der Käufer eine juristische Person des öffentlichen Rechts, ein öffentlich-rechtliches Sondervermögen oder ein Unternehmer, der bei Abschluss des Vertrages in Ausübung seiner gewerblichen oder selbständigen beruflichen Tätigkeit handelt, sind Schadenersatzansprüche bei leichter Fahrlässigkeit ausgeschlossen. Wird dem Verkäufer, während er in Verzug ist, die Lieferung durch Zufall unmöglich, so haftet er mit den vorstehend vereinbarten Haftungsbegrenzungen. Der Verkäufer haftet nicht, wenn der Schaden auch bei rechtzeitiger Lieferung eingetreten wäre.

3. Wird ein verbindlicher Liefertermin oder eine verbindliche Lieferfrist überschritten, kommt der Verkäufer bereits mit Überschreiten des Liefertermins oder der Lieferfrist in Verzug. Die Rechte des Käufers bestimmen sich dann nach Ziffer 2 Sätze 3 bis 6 dieses Abschnitts.

4. Höhere Gewalt oder beim Verkäufer oder dessen Lieferanten eintretende Betriebsstörungen, die den Verkäufer ohne eigenes Verschulden vorübergehend daran hindern, den Kaufgegenstand zum vereinbarten Termin oder innerhalb der vereinbarten Frist zu liefern, verändern die in Ziffern 1 bis 3 dieses Abschnitts genannten Termine und Fristen um die Dauer der durch diese Umstände bedingten Leistungsstörungen. Führen entsprechende Störungen zu einem Leistungsaufschub von mehr als vier Monaten, kann der Käufer vom Vertrag zurücktreten. Andere Rücktrittsrechte bleiben davon unberührt.

5. Konstruktions- oder Formänderungen, Abweichungen im Farbton sowie Änderungen des Lieferumfangs seitens des Herstellers bleiben während der Lieferzeit vorbehalten, sofern die Änderungen oder Abweichungen unter Berücksichtigung der Interessen des Verkäufers für den Käufer zumutbar sind. Sofern der Verkäufer oder der Hersteller zur Bezeichnung der Bestellung oder des bestellten Kaufgegenstandes Zeichen oder Nummern gebraucht, können allein daraus keine Rechte hergeleitet werden.

V. Abnahme

1. Der Käufer ist verpflichtet, den Kaufgegenstand innerhalb von 14 Tagen ab Zugang der Bereitstellungsanzeige abzunehmen. Im Falle der Nichtabnahme kann der Verkäufer von seinen gesetzlichen Rechten Gebrauch machen.

2. Verlangt der Verkäufer Schadensersatz, so beträgt dieser 15% des Kaufpreises. Der Schadenersatz ist höher oder niedriger anzusetzen, wenn der Verkäufer einen höheren oder der Käufer einen geringeren Schaden nachweist.

VI. Eigentumsvorbehalt

1. Der Kaufgegenstand bleibt bis zum Ausgleich der dem Verkäufer aufgrund des Kaufvertrages zustehenden Forderungen Eigentum des Verkäufers.

Ist der Käufer eine juristische Person des öffentlichen Rechts, ein öffentlich-rechtliches Sondervermögen oder ein Unternehmer, der bei Abschluß des Vertrages in Ausübung seiner gewerblichen oder selbständigen beruflichen Tätigkeit handelt, bleibt der Eigentumsvorbehalt auch bestehen für Forderungen des Verkäufers gegen den Käufer aus der laufenden Geschäftsbeziehung bis zum Ausgleich von im Zusammenhang mit dem Kauf zustehenden Forderungen.

Auf Verlangen des Käufers ist der Verkäufer zum Verzicht auf den Eigentumsvorbehalt verpflichtet, wenn der Käufer sämtliche mit dem Kaufgegenstand im Zusammenhang stehende Forderungen unanfechtbar erfüllt hat und für die übrigen Forderungen aus den laufenden Geschäftsbeziehungen eine angemessene Sicherung besteht.

Während der Dauer des Eigentumsvorbehalts steht das Recht zum Besitz des Fahrzeugbriefes dem Verkäufer zu.

2. Bei Zahlungsverzug des Käufers kann der Verkäufer vom Kaufvertrag zurücktreten. Hat der Verkäufer darüber hinaus Anspruch auf Schadensersatz statt der Leistung und nimmt er den Kaufgegenstand wieder an sich, sind Verkäufer und Käufer sich darüber einig, dass der Verkäufer den gewöhnlichen Verkaufswert des Kaufgegenstandes im Zeitpunkt der Rücknahme vergütet. Auf Wunsch des Käufers, der nur unverzüglich nach Rücknahme des Kaufgegenstandes geäußert werden kann, wird nach Wahl des Käufers ein öffentlich bestellter und vereidigter Sachverständiger, z.B. der Deutschen Automobil Treuhand GmbH (DAT), den gewöhnlichen Verkaufswert ermitteln. Der Käufer trägt sämtliche Kosten der Rücknahme und Verwertung des Kaufgegenstandes. Die Verwertungskosten betragen ohne Nachweis 5 % des gewöhnlichen Verkaufswertes. Sie sind höher oder niedriger anzusetzen, wenn der Verkäufer höhere oder der Käufer niedrigere Kosten nachweist.

3. Solange der Eigentumsvorbehalt besteht, darf der Käufer über den Kaufgegenstand weder verfügen noch Dritten vertraglich eine Nutzung einräumen.

VII. Sachmangel

1. Ansprüche des Käufers wegen Sachmängeln verjähren entsprechend den gesetzlichen Bestimmungen in zwei Jahren ab Ablieferung des Kaufgegenstandes.

Hiervon abweichend gilt für Nutzfahrzeuge eine Verjährungsfrist von einem Jahr, wenn der Käufer eine juristische Person des öffentlichen Rechts, ein öffentlich-rechtliches Sondervermögen oder ein Unternehmer ist, der bei Abschluß des Vertrages in Ausübung seiner gewerblichen oder selbständigen beruflichen Tätigkeit handelt.

Bei arglistigem Verschweigen von Mängeln oder der Übernahme einer Garantie für die Beschaffenheit bleiben weitergehende Ansprüche unberührt.

2. Für die Abwicklung einer Mängelbeseitigung gilt folgendes:

a) Ansprüche auf Mängelbeseitigung kann der Käufer beim Verkäufer oder bei anderen, vom Hersteller/Importeur für die Betreuung des Kaufgegenstandes anerkannten Betrieben geltend machen; im letzteren Fall hat der Käufer den Verkäufer hiervon zu unterrichten. Bei mündlichen Anzeigen von Ansprüchen ist dem Käufer eine schriftliche Bestätigung über den Eingang der Anzeige auszuhändigen.

b) Wird der Kaufgegenstand wegen eines Sachmangels betriebsunfähig, hat sich der Käufer an den dem Ort des betriebsunfähigen Kaufgegenstandes nächstgelegenen, vom Hersteller/Importeur für die Betreuung des Kaufgegenstandes anerkannten dienstbereiten Betrieb zu wenden.

c) Ersetzte Teile werden Eigentum des Verkäufers.

d) Für die zur Mängelbeseitigung eingebauten Teile kann der Käufer bis zum Ablauf der Verjährungsfrist des Kaufgegenstandes Sachmängelansprüche aufgrund des Kaufvertrages geltend machen.

3. Durch Eigentumswechsel am Kaufgegenstand werden Mängelbeseitigungsansprüche nicht berührt.

VIII. Haftung

1. Hat der Verkäufer aufgrund der gesetzlichen Bestimmungen nach Maßgabe dieser Bedingungen für einen Schaden aufzukommen, der leicht fahrlässig verursacht wurde, so haftet der Verkäufer beschränkt:
Die Haftung besteht nur bei Verletzung vertragswesentlicher Pflichten und ist auf den bei Vertragsabschluß vorhersehbaren typischen Schaden begrenzt. Diese Beschränkung gilt nicht bei Verletzung von Leben, Körper und Gesundheit. Soweit der Schaden durch eine vom Käufer für den betreffenden Schadenfall abgeschlossene Versicherung (ausgenommen Summenversicherung) gedeckt ist, haftet der Verkäufer nur für etwaige damit verbundene Nachteile des Käufers, z. B. höhere Versicherungsprämien oder Zinsnachteile bis zur Schadenregulierung durch die Versicherung.

Das Gleiche gilt für Schäden, die durch einen Mangel des Kaufgegenstandes verursacht wurden.

2. Unabhängig von einem Verschulden des Verkäufers bleibt eine etwaige Haftung des Verkäufers bei arglistigem Verschweigen des Mangels, aus der Übernahme einer Garantie oder eines Beschaffungsrisikos und nach dem Produkthaftungsgesetz unberührt.

3. Die Haftung wegen Lieferverzuges ist in Abschnitt IV abschließend geregelt.

4. Ausgeschlossen ist die persönliche Haftung der gesetzlichen Vertreter, Erfüllungsgehilfen und Betriegsangehörigen des Verkäufers für von ihnen durch leichte Fahrlässigkeit verursachte Schäden.

IX. Gerichtsstand

1. Für sämtliche gegenwärtigen und zukünftigen Ansprüche aus der Geschäftsverbindung mit Kaufleuten einschließlich Wechsel- und Scheckforderungen ist ausschließlicher Gerichtsstand der Sitz des Verkäufers.

2. Der gleiche Gerichtsstand gilt, wenn der Käufer keinen allgemeinen Gerichtsstand im Inland hat, nach Vertragsabschluss seinen Wohnsitz oder gewöhnlichen Aufenthaltsort aus dem Inland verlegt oder sein Wohnsitz oder gewöhnlicher Aufenthaltsort zum Zeitpunkt der Klageerhebung nicht bekannt ist. Im übrigen gilt bei Ansprüchen des Verkäufers gegenüber dem Käufer dessen Wohnsitz als Gerichtsstand.

5.3 Das Gesetz gegen den unlauteren Wettbewerb

Unser Wirtschaftssystem beruht darauf, dass Angebot und Nachfrage sowie der Wettbewerb zwischen Unternehmen, die gleiche Produkte oder Dienstleistungen anbieten, den Markt regulieren. Dieser Wettbewerb aber sollte immer fair geführt werden. Unlautere Geschäftspraktiken sind deshalb seit vielen Jahren schon durch das Gesetz gegen den unlauteren Wettbewerb (UWG) verboten. Das UWG mit seinen allgemeinen Wettbewerbsregeln gehört zu einem umfassenden Regelwerk, das im weitesten Sinn dem Verbraucherschutz dient. Viele dieser Regelungen jedoch hatten mit der Situation der modernen Geschäftswelt und den Möglichkeiten und dem Selbstbewusstsein der Verbraucher nicht mehr viel zu tun. Das Wettbewerbsrecht befindet sich deshalb aktuell in einem gravierenden Umbruch.

Ende 2001 wurden zunächst das Rabattgesetz und die Zugabeverordnung ersatzlos gestrichen. Bislang durfte maximal drei Prozent Barzahlungsrabatt gewährt werden. Grund für die Einschränkung unter anderem: Verbraucher, die nicht so gut feilschen können, sollten nicht benachteiligt werden. Die Praxis sah schon lange völlig anders aus, und so war die Abschaffung des Rabattgesetzes lange überfällig. Die Abschaffung bedeutet für die Zukunft mehr Freiheit bei der Preisgestaltung und mehr Wettbewerb. Innovative Vertriebsformen und Marketinginstrumente werden nicht mehr durch die strengen Regeln von Rabattgesetz und Zugabeverordnung behindert. Zudem waren die beiden Gesetze typisch deutsche Reglungen. Durch die Aufhebung der beiden Gesetze verbessern sich die wettbewerbsrechtlichen Rahmenbedingungen für deutsche Unternehmen gegenüber ausländischen Konkurrenten. Sie haben künftig die gleichen Wettbewerbschancen wie ausländische Wettbewerber, weil sie beispielsweise im Internet nicht mehr an die strengen Rabatt- und Zugabeverbote gebunden sind. Nur durch die Aufhebung dieser überholten Verbote konnte eine Inländerdiskriminierung mit erheblichen Wettbewerbsnachteilen für deutsche Unternehmen beseitigt werden. Im Übrigen, so schrieb das Bundeswirtschaftsministerium damals, sorgen die allgemeinen Regeln des Wettbewerbsrechts, insbesondere die Grundsätze der Preiswahrheit und Preisklarheit (§§ 1 und § 3 UWG und PreisangabenVO), dafür, dass Irreführungen und sonstigem Missbrauch bei der Rabattgewährung begegnet werden kann. «*Zusätzlicher Regelungen zum Schutze des Verbrauchers bedarf es daher nicht.*» Die Aufhebung orientiert sich am mündigen Verbraucher, der selbst beurteilen kann, welche Geschäfte sich für ihn lohnen und welche Rabatte attraktiv sind. Die Liberalisierung des Werberechts war mit diesen Maßnahmen allerdings nicht abgeschlossen. Nach wie vor setzte das Gesetz gegen den unlauteren Wettbewerb (UWG) Grenzen, die dem Verbraucher mehr schaden als nützen. Eine Arbeitsgruppe «Unlauterer Wettbewerb» erarbeitete deshalb einen Reformentwurf, der vom Bundestag beraten und Anfang April 2004 beschlossen wurde. Durch das neue UWG werden die deutschen Fairnessregeln mit dem europäischen Lauterkeitsrecht harmonisiert. Die Neufassung des Gesetzes gegen den unlauteren Wettbewerb (UWG) hat das Ziel, den Schutz der Verbraucherinnen und Verbraucher vor unlauteren Wettbewerbshandlungen zu verbessern. Dabei wird der Verbraucher als Schutzobjekt erstmals ausdrücklich im Gesetz erwähnt. Dadurch wird die Rechtsprechung zum bisher geltenden UWG aufgenommen und gleichzeitig eine Forderung der Verbraucherverbände erfüllt.

Die so genannte Generalklausel des bisherigen UWG (§1) bleibt auch in der Neufassung als Paragraph 3 («Verbot unlauteren Wettbewerbs») erhalten: *«Wer im geschäftlichen Verkehr zu Zwecken des Wettbewerbs Handlungen vornimmt, die gegen die guten Sitten verstoßen, kann auf Unterlassung und Schadenersatz in Anspruch genommen werden.»*

Um die Generalklausel verständlicher und den Sinn des UWG verständlicher zu machen, enthält das neue UWG eine Reihe von Beispielfällen, die ausdrücklich keinen Anspruch auf Vollständigkeit erheben. Das heißt, auch künftig werden die Gerichte bei neu auftretenden Problemfällen noch im Einzelfall entscheiden müssen, ob das Wettbewerbsverhalten eines Unternehmens gegen das UWG verstößt. Nach den Beispielfällen verstößt der gegen das UWG, der

- ❑ Wettbewerbshandlungen vornimmt, die geeignet sind, die geschäftliche Unerfahrenheit insbesondere von Kindern oder Jugendlichen, die Leichtgläubigkeit, die Angst oder die Zwangslage von Verbraucherinnen und Verbrauchern auszunutzen;
- ❑ den Werbecharakter von Wettbewerbshandlungen verschleiert;
- ❑ bei Verkaufsförderungsmaßnahmen wie Preisnachlässen, Zugaben oder Geschenken die Bedingungen für ihre Inanspruchnahme nicht klar und eindeutig angibt;
- ❑ bei Preisausschreiben oder Gewinnspielen mit Werbecharakter die Teilnahmebedingungen nicht klar und eindeutig angibt;
- ❑ die Kennzeichen, Waren, Dienstleistungen, Tätigkeiten oder persönlichen oder geschäftlichen Verhältnisse eines Mitbewerbers herabsetzt oder verunglimpft;
- ❑ Mitbewerber gezielt behindert.

Dagegen entfallen die engen Grenzen, die bislang für Sonderveranstaltungen galten. Bisher waren Sonderaktionen grundsätzlich verboten. Nur Schlussverkäufe waren in einem vorgegebenen Zeitraum und für ein beschränktes Sortiment zulässig (Sommer- und Winterschlussverkauf). Jubiläumsverkäufe waren nur alle 25 Jahre möglich. Ansonsten gab es lediglich Sonderangebote und für besondere Fälle wie Wasserschäden, baugenehmigungspflichtige Umbauten und die Geschäftsaufgabe den Räumungsverkauf. Dieser war anzeigepflichtig, und die IHKs hatten gewisse Kontrollmöglichkeiten. Dies ist im neuen UWG ersatzlos gestrichen.

➡ *Zukünftig ist jede Sonderaktion zulässig – sei es nun der Frühjahrsschlussverkauf oder die Alles-muss-raus-Aktion. Künftig können die Händler selbst entscheiden, ob und wann sie Reduzierungen über das ganze Sortiment hinweg vornehmen.*

Der Käufer darf allerdings nicht in die Irre geführt werden. So wird die Werbung mit Preisnachlässen, die in Wirklichkeit nicht gewährt werden, ausdrücklich verboten. Wer als Ausgangspreis einen «Mondpreis» angibt, der dann angeblich sensationell gesenkt wird, verstößt gegen das UWG. Denn bei Werbungen mit Preissenkungen muss der angegebene Ausgangspreis zuvor eine angemessene Zeit lang gefordert worden sein. Ebenso darf nicht mit besonders günstigen Angeboten geworben werden, wenn keine ausreichende Verfügbarkeit der beworbenen Waren sichergestellt ist.

5.4 Schiedsstellen für das Kfz-Gewerbe

Vor vielen Jahren schon hat das deutsche Kfz-Gewerbe Schiedsstellen eingerichtet, die bei Streitigkeiten zwischen Kunden und Kfz-Betrieb zunächst versuchen, eine außergerichtliche Einigung herbeizuführen. Es gibt diese Schiedsstellen sowohl für den Bereich Kfz-Handwerk, also für Streitigkeiten aus Wartungs- und Reparaturaufträgen, als auch für den Gebrauchtwagenhandel. Insgesamt gibt es bundesweit rund 130 Schiedsstellen. Deren Schiedskommissionen sind mit einem unabhängigen Juristen, einem Verbrauchervertreter, Kfz-Sachverständigen und einem Vertreter der Kfz-Innung besetzt.
An die Schiedsstellen können sich Autofahrer bei Streitigkeiten mit dem Kfz-Betrieb wenden – allerdings nur, wenn es sich um Streitigkeiten rund um die Pkw-Reparatur und -Wartung oder um Gebrauchtwagengeschäfte dreht. Bei Neuwagengeschäften oder Lkw-Reparaturen sind die Schiedsstellen nicht zuständig. Zudem muss der Kfz-Betrieb Mitglied der Innung sein und bei Gebrauchtwagen-Streitigkeiten das ZDK-Gebrauchtwagen-Siegel führen. Ist einer der Vertragspartner mit dem Spruch der Schiedsstelle nicht einverstanden, steht der Weg zum Gericht weiterhin offen.
Die Bilanz der Schiedsstellen, die jährlich vom ZDK veröffentlich wird (Tabelle 5.1) zeigt, dass die Mehrzahl der Kundenaufträge be-

Tabelle 5.1 Jahresbilanz 2002 der Schiedsstellen des deutschen Kfz-Gewerbes

	Handwerk	Handel
1.) Anzahl der Beanstandungen	**14 849**	**4038**
telefonisch	10 432	3226
schriftlich	4417	812
2. Im Vorverfahren erledigte Anträge	**11 293**	**3793**
a) Antrag abgewiesen, weil	**2932**	**1553**
Kfz-Betrieb kein Innungsmitglied/kein Kfz-Betrieb mit Zusatzzeichen "Gebrauchtwagen mit Qualität und Sicherheit"	1581	1020
Nutzfahrzeug mit Gesamtgewicht von mehr als 3,5 t	210	59
Streitigkeit aus Neuwagengeschäft	693	244
Streitigkeit bereits vor Gericht anhängig	186	70
Antrag nicht fristgerecht gestellt	262	160
b) Antrag erledigt durch	**8361**	**2240**
Aufklärung des Kunden	4740	1150
Leistung seitens des Kfz-Betriebs (z.B. Nachbesserung, Kostenerstattung)	1542	380
gütliche Einigung	609	317
Rücknahme des Antrags aus sonstigen Gründen	369	96
fehlendes Weiterbetreiben durch den Antragsteller	500	134
Weiterleitung an zuständige Schiedsstelle	601	163
3. Durch die Schiedskommission erledigte, schriftliche Anträge	**1177**	**140**
Vergleich	435	51
dem Antrag in vollem Umfang stattgegeben	93	9
dem Antrag teilweise stattgegeben	172	21
Antrag abgewiesen	375	48
Verfahren eingestellt	102	11
4. Im Berichtszeitraum nicht abgeschlossene, schriftliche Anträge	**320**	**28**
5. Beschwerdegründe		
a) Handwerk (Mehrfachnennung möglich)		
nicht in Auftrag gegebene Arbeiten durchgeführt	2195	
unnötige Arbeiten durchgeführt	1411	
erforderliche Arbeiten nicht durchgeführt	784	
unsachgemäß gearbeitet / Fehler nicht behoben	2857	
Rechnungshöhe	4477	
Rechnung nicht aufgegliedert	1003	
Sonstiges	719	
b) Handel (Mehrfachnennung möglich)		
technische Mängel		1741
Unfallschaden		387
falsche Gesamtlaufleistung		92
Fehlen/Erlöschen der Allgemeinen Betriebserlaubnis		25
Gebrauchtwagengarantie		823
Sonstiges		735

schwerdefrei ausgeführt wird. Als neutrale Kommission für den Verbraucherschutz gelingt es den Schiedsstellen zudem, die meisten Beschwerden bereits im Vorverfahren ohne gerichtliche Auseinandersetzung zu regeln. Meinungsverschiedenheiten zwischen Kunden und Kfz-Werkstätten werden so durch die Arbeit der Schiedsstellen schnell, unbürokratisch und für den Verbraucher kostenlos geregelt.

Das gilt ebenso für die Gebrauchtwagen-Schiedsstellen. Aber die Schiedsstellenstatistik zeigt auch, wo die Probleme sowohl in der Kfz-Werkstatt als auch im Gebrauchtwagenhandel vor allem liegen.

Allerdings kennen nicht alle Autofahrer die Beschwerdemöglichkeiten, die die Schiedsstellen bieten. Nach einer Umfrage der DAT kannten 2002 nur 53% der Autofahrer die Schiedsstellen des Kfz-Handwerks. Die Existenz der Gebrauchtwagen-Schiedsstellen war sogar nur 36% der Autofahrer bekannt. Außerdem werden diese Schiedsstellen noch sehr selten in Anspruch genommen.

Schaut man sich die Hauptbeschwerdegründe an, die vor den Schiedsstellen verhandelt werden, dann ist sofort deutlich, wo im Wesentlichen Fehler gemacht werden. Die Kunden beschweren sich über den Umfang der durchgeführten Reparatur oder über den Preis für die erbrachte Reparaturleistung. Beides lässt sich mit einer umfassenden Reparaturannahme vermeiden. So sollte die Werkstatt in jedem Fall einen detaillierten und vor allem schriftlichen Reparaturauftrag erstellen. Darin sollten pauschale Formulierungen wie «TÜV fertig machen» vermieden werden. Ist aufgrund des vom Kunden angegebenen Problems («Der Wagen zieht in letzter Zeit so schlecht») eine exakte Beschreibung des Reparaturumfangs nicht möglich, sollte die Werkstatt nach der Fehlersuche mit dem Kunden Kontakt aufnehmen, um das weitere Vorgehen und den endgültigen Reparaturauftrag abzuklären. Selbstverständlich sollte es sein, dass der Kunde generell bei einer Erweiterung des Reparaturumfangs zunächst angerufen wird, um sein Einverständnis für die Auftragserweiterung einzuholen.

Gleiches gilt für die Streitigkeiten um die Höhe der Wartungs- oder Reparaturkosten. Am besten ist natürlich ein Kostenvoranschlag. Allerdings bindet der die Werkstatt sehr eng an die vereinbarten Kosten, aber er sorgt eben auch dafür, dass es keine Probleme mit der Rechnung gibt. In jedem Fall aber sollte der Kundendienstberater dem Kunden ungefähr sagen, was die Wartung oder Reparatur voraussichtlich kosten wird.

Detaillierter Reparaturauftrag und Kostenschätzung machen Arbeit, auch wenn die erforderlichen Daten mit EDV-Unterstützung heute erheblich leichter und genauer zusammengetragen werden können, als das noch vor zehn Jahren der Fall war. Aber die Arbeit lohnt sich. Denn es gibt deutlich weniger Ärger mit Kunden. Kunden aber, die sich über aus ihrer Sicht nicht beauftragte Werkstattleistungen oder die Höhe der Reparaturrechnung geärgert haben, kommen in der Regel nicht wieder in diese Werkstatt. Schlimmer noch: Sie erzählen im Bekannten- und Verwandtenkreis von ihren schlechten Erfahrungen.

5.5 Versicherungen im Kfz-Betrieb

Unvorhergesehene Schäden können ein Unternehmen leicht in den Ruin treiben. Ein Wasserschaden, ein Brand oder auch ein Einbruch verursachen schnell Kosten, die kaum aus den Rücklagen zu begleichen sind. Deshalb tut jedes Unternehmen gut daran, sich gegen die wichtigsten Risiken durch eine Versicherung abzusichern. Für die betriebliche Risikoabsicherung gibt es allerdings keine Vorschriften. Der Unternehmer ist weitgehend frei in der Auswahl des richtigen Versicherungsschutzes. Versicherungen für Gewerbebetriebe sind nicht ganz billig. Im Gegensatz zu Privatpersonen gehen die Versicherer in einem Gewerbebetrieb von höheren Risiken aus und verlangen entsprechend höhere Prämien. Nicht selten enthalten die Verträge auch einschränkende Klauseln, die vom Betrieb zusätzliche Sicherheitsmaßnahmen verlangen. Deshalb sollte zunächst genau überlegt werden, welche Risiken der Betrieb durch eine Versicherung absichert. Dabei ist von dem Grundsatz auszugehen, dass mögliche Kleinschäden nicht unbedingt versichert werden müssen. In der Regel können diese Risiken durch eine vernünftige Betriebsorganisation eingegrenzt werden. Die Beitragszahlungen dürfen in keinem Fall die Liquidität zu sehr strapazieren. Zudem ist der Abschluss kurzfristiger Verträge, etwa mit jährlichen Kündigungsfristen, sinnvoll. So bleibt das Unternehmen flexibel und kann auf Veränderungen rasch reagieren.

> *Neben den betrieblichen Versicherungen, die Schäden versichern, die z.B. durch Diebstahl, Wasserrohrbruch oder Fahrlässigkeit entstehen können, sollte der Unternehmer auch an seine persönliche Absicherung denken. Denn die eigene Arbeitskraft ist das wichtigste Kapital des Unternehmers.*

Gerade in den ersten Jahren nach der Betriebsgründung ist das Unternehmen besonders von seiner Arbeitsfähigkeit abhängig. Eine längere Erkrankung oder eine plötzliche Arbeitsunfähigkeit sollte nicht zwangsläufig zur Geschäftsaufgabe führen. Die hierfür nötige Absicherung ist daher genauso wichtig wie die betriebliche Risikominimierung.
Die wichtigsten Versicherungen für den Kfz-Betrieb:

Gesetzliche Unfallversicherung
Jeder Arbeitgeber ist verpflichtet, eine gesetzliche Unfallversicherung für seine Mitarbeiter abzuschließen. Dazu wird der Betrieb bei der zuständigen Berufsgenossenschaft angemeldet. Die Unfallversicherung bietet Schutz bei Arbeitsunfällen und Berufskrankheiten.

Außerdem sind Unfälle auf dem Weg zur und von der Arbeit nach Hause abgedeckt.

Betriebshaftpflichtversicherung

Personen-, Sach- und Vermögensschäden Dritter durch die Arbeit des Betriebes sind durch die Betriebshaftpflichtversicherung abgedeckt. Sie versichert also die Schäden, die die Werkstattmitarbeiter im Rahmen ihrer Arbeit anderen zufügen. Vor allem, wenn Personen verletzt werden, kommen schnell sehr große Summen zusammen. Typisches Beispiel sind die unzureichend fest gezogenen Radmuttern. Löst sich aufgrund dieser groben Nachlässigkeit am Kundenfahrzeug ein Rad und es kommt zu einem Unfall, übernimmt die Versicherung die Kosten. Die Betriebshaftpflichtversicherung ist deshalb die wichtigste Grundversicherung. Kfz-Betriebe aber sind gut beraten, sich nach Betriebshaftpflichtversicherungen umzusehen, die die spezifischen Belange in Kfz-Betrieben berücksichtigen. Hierin sind unter anderem Schäden, die durch den Gebrauch selbst fahrender Arbeitsmaschinen entstehen können, versichert; oder Schäden beim Be- und Entladen; oder Schäden, wenn die Ladung eines Altöl-Sammelfahrzeuges verunreinigt wurde. Hinzu kommen Nebenrisiken etwa durch den Tankstellenbetrieb oder im Zusammenhang mit der Hauptuntersuchung an Fahrzeugen im Betrieb.

Betriebsunterbrechungsversicherung

Sie deckt die laufenden Kosten wie Löhne, Gehälter, Miete und Zinsen usw., solange keine Erträge erwirtschaftet werden können. Der Schutz vor Betriebsunterbrechungen wird in der Regel mit einer Sachversicherung gegen Feuer oder Einbruchdiebstahl gekoppelt.

Feuerversicherung

Sie reguliert Schäden, die durch Brand, Blitzschlag, Explosion oder einen Flugzeugabsturz entstanden sind. Die Feuerversicherung schließt auch die Folgekosten ein, die etwa durch Löschwasser oder die Aufräumarbeiten entstehen. Gerade bei der Feuerversicherung hängt die Höhe der Prämien von den Brandschutzmaßnahmen des Betriebes ab.

Einbruchdiebstahl-Versicherung mit Vandalismus-Schäden

Die Einbruchdiebstahl-Versicherung deckt Schäden aus Diebstählen ab. Dabei werden die gestohlenen Gegenstände ersetzt und auch das Fenster, das die Einbrecher zerstört haben, um in den Betrieb zu gelangen. Zunehmend jedoch zerstören Einbrecher auch wahllos Betriebseinrichtungen, um beispielsweise Spuren zu verwischen. Die einfache Diebstahlversicherung deckt diese Schäden nicht. Deshalb empfiehlt es sich, die Vandalismus-Klausel mit abzuschließen.

Sturm- und Hagelversicherung
Neben den Schäden, die der Sturm selbst, etwa durch herabfallende Dachziegel oder Äste, verursacht, sind hier auch Hagelschäden versichert. Insbesondere im süddeutschen Raum sind Kfz-Betriebe immer mal wieder von Hagelschäden betroffen. Teuer wird es vor allem dann, wenn es die komplette im Freien ausgestellte Gebrauchtwagenausstellung verhagelt.

Leitungswasserversicherung
Hier sind alle Wasserschäden versichert, also sowohl aus geplatzten Leitungswasserrohren wie auch aus dem Heizungssystem oder Sanitärinstallationen.

Glasversicherung
Ob notwendig oder nicht, muss im Einzelfall entschieden werden. Die kleine Werkstatt benötigt vermutlich keine Glasversicherung, das Autohaus mit großzügig verglasten Verkaufsräumen aber unbedingt.

Elektronikversicherung
Sie bekommt in Kfz-Betrieben immer größerer Bedeutung. Denn Schäden vor allem an EDV-Hard- und -Software durch Kurzschluss, Fahrlässigkeit oder unsachgemäße Handhabung sind durch die Feuer- und Leitungswasserversicherungen nicht abgedeckt.

Kfz-Versicherungen
Kfz-Betriebe mit Neu- und/oder Gebrauchtwagenverkauf benötigen darüber hinaus Kraftfahrversicherungen für die eigenen zugelassenen Fahrzeuge. Selbstverständlich muss jeder Betrieb für seine Fahrzeuge eine Autohaftpflichtversicherung abschließen. Daneben sollte zumindest eine Teilkasko, für die wertvollen Vorführfahrzeuge in jedem Fall auch eine Vollkaskoversicherung abgeschlossen werden. Außerdem sichert die Sammelversicherung Kraftfahrversicherung für Kfz-Handel und Handwerk Gefahren ab, die sich durch den Betrieb

- eigener und fremder Fahrzeuge mit rotem Kennzeichen,
- der nicht zugelassenen Neu- und Gebrauchtwagen auf dem Betriebsgelände,
- der noch auf den ursprünglichen Halter zugelassenen Gebrauchtwagen und
- aller Kundenfahrzeuge in der Werkstatt

ergeben. Auch hier wird unterschieden zwischen der reinen Haftpflicht- und der Kaskoversicherung. Versicherungspflicht besteht jedoch nur für die mit roten Kennzeichen betriebenen Fahrzeuge.

Die wichtigsten persönlichen Versicherungen für den Unternehmer:

Krankenversicherung
Unternehmer und Selbstständige sind nicht krankenversicherungspflichtig. Dennoch wird sich jeder um eine grundsätzliche Absicherung kümmern. Das Problem dabei: Im Gegensatz zu einem Angestellten, der 50% der Krankenversicherungsbeiträge vom Arbeitgeber erhält, muss der Unternehmer oder der selbstständige Kfz-Meister die Prämien zu 100% selbst zahlen. Zur Absicherung des Krankheitsfalls gibt es die Möglichkeit, sich entweder freiwillig in einer gesetzlichen Krankenversicherung oder über eine private Krankenversicherung abzusichern. In der Pflegeversicherung ist man in beiden Fällen automatisch versichert. Zusätzlich kann eine Krankentagegeldversicherung Einkommenseinbußen wegen Krankheit ausgleichen.

Erwerbsminderungsrente oder Berufsunfähigkeitsversicherung
Sie zahlt für den Fall, dass der Versicherungsnehmer gar nicht mehr (oder zeitlich nur noch sehr eingeschränkt) arbeiten kann – unabhängig von seiner Qualifikation und seinem zuletzt ausgeübten Beruf.

Private Berufsunfähigkeitsversicherung (BU)
Sie zahlt eine monatliche Rente, wenn der Versicherte seinem bisher ausgeübten Beruf nicht mehr nachgehen kann.

Altersvorsorge
Für die Altersvorsorge gibt es eine Vielzahl von Möglichkeiten. Die einfachste (aber auch am wenigsten attraktive) ist die gesetzliche Rentenversicherung. In aller Regel haben auch Selbstständige eine Zeit lang während ihrer Ausbildung in die gesetzliche Rentenkasse eingezahlt und daraus Ansprüche erworben. Dies kann man als Selbstständiger auch weiter tun, muss aber wie bei der Krankenversicherung den gesamten Beitrag zahlen. Als Angestellter zahlt die Hälfte der Arbeitgeber. Für den Unternehmer besteht aber keine Rentenversicherungspflicht. Deshalb kann er auch andere Formen der Alterssicherung, wie zum Beispiel private Renten- oder Lebensversicherungen, wählen. Genauso kann man aber auch über Ansparpläne oder den Erwerb von Immobilien für das Alter vorsorgen. Wichtig ist eigentlich nur, dass man rechtzeitig damit beginnt, um seinen Lebensstandard im Alter halten zu können.

6 Marketing

Der Begriff Marketing wird vielfach übersetzt mit dem Begriff Werbung. Zum Teil ist das richtig, aber eben nur zu einem sehr geringen Teil. Der moderne Marketingbegriff umfasst alle Überlegungen und Maßnahmen, die darauf abzielen, das Unternehmen, seine Produkte und Dienstleistungen erfolgreich in den Markt zu bringen, dort abzusichern und möglichst auch seine Ergebnisse auszuweiten. Damit ist klar, dass Marketing mehr sein muss als Werbung mit Anzeigen in der Zeitung oder auf Spannbändern und Fahnen im Betrieb.

Neben der klassischen Werbung gehören zum Marketing beispielsweise auch:

- die Planung der Unternehmensziele,
- eine darauf abgestimmte Marketingstrategie,
- eine Unternehmensidentität,
- das Verhalten der Mitarbeiter,
- der kundenfreundliche Service,
- Dienstleistungen, mit denen sich der Kfz-Betrieb vom Wettbewerb abhebt,
- ein einheitliches Erscheinungsbild,
- die Art und Weise, wie Kunden behandelt werden.

Marketingziele

Bevor es ins Detail geht, muss der Unternehmer einige grundsätzliche Überlegungen anstellen, die die Zukunft seines Unternehmens betreffen. Dabei helfen, wie in vielen anderen Bereichen auch, die exakte Formulierung von Zielen weiter, die Marketingziele. Da mit der Formulierung von Marketingzielen ganz entscheidende Weichen für den Kfz-Betrieb gestellt werden, ist dies eine Aufgabe, die in jedem Fall vom Unternehmer selbst bewältigt werden muss. Das lässt sich nicht delegieren, auch nicht an einen Unternehmensberater. Der Chef selbst muss festlegen, wohin die Reise gehen soll.

Bei einem bestehenden Betrieb kann es darum gehen, Defizite auszugleichen, bei einem neuen, die Unternehmensziele generell erst einmal zu bestimmen. Die Bestandsaufnahme hat beispielsweise ergeben, dass die Auslastung des teuren Karosseriearbeitsplatzes zu gering ist. Der Sollwert sieht eine Vollauslastung vor. Diese zu erreichen ist das konkrete Marketingziel. Ein anderes Beispiel: Immer häufiger muss die Werkstatt für die Instandsetzung von Kundenfahrzeugen Spezialbetriebe zu Rate ziehen, weil die notwendige technische Ausstattung fehlt. Ziel kann es hier sein, die Zahl dieser Aufträge zu steigern, damit sich die Anschaffung der teuren Geräte für die eigene Werkstatt lohnt. Vielleicht hat die Ist-Analyse des bestehenden Betriebes aber auch ergeben, dass der Kfz-Betrieb aufgrund seiner Lage vielen Autofahrern gar nicht bekannt ist. Das Ziel lautet dann: den Betrieb mit geeigneten Maßnahmen in der Region bekannt machen. Vielleicht aber haben sich in letzter Zeit auch die Reklamationen erhöht. Dann lautet das Marketingziel vielleicht auch eher allgemein: Wir wollen die Zufriedenheit unserer Kunden erhöhen.

Aber es kann auch ein Marketingziel sein, einen neuen Betrieb überhaupt erst im Markt zu etablieren oder einen neuen Geschäftsbereich aufzubauen. Für die freie Kfz-Werkstatt kann das beispielsweise der Handel mit Gebrauchtwagen sein. Dann könnte das Marketingziel lauten: Aufbau einer Gebrauchtwagen-Handelsabteilung, die im ersten Jahr 50 Gebrauchtwagen an Endkunden verkauft. Teilziel: Wir wollen uns einen Ruf als professioneller Anbieter von hochwertigen/günstigen/qualitätsvollen Gebrauchten der Marke XY schaffen. Steht der neue Betrieb in den Startlöchern, sind grundsätzliche Ziele zu definieren. Bestimmte Mindestumsätze, Marktanteile oder Fahrzeugdurchläufe durch die Werkstatt werden hier mit dem Zeitpunkt der Zielerreichung definiert. Diese Marketingziele sind im Übrigen gleichzeitig wichtige Bestandteile des so genannten Businessplans. Wird diese Vorausschau auf Umsätze und Erträge, Personalentwicklung und Unternehmensziele ausführlich aufgestellt, hat der Kfz-Betrieb bereits gute Voraussetzungen für ein erfolgreiches Rating durch seine Hausbank geschaffen.

Die vier Marketing-Stellschrauben
Um einen Kfz-Betrieb erfolgreich im regionalen Markt zu etablieren oder seinen Marktanteil auszuweiten, um also die Marketingziele zu erreichen, stehen dem Unternehmen vier klassische Stellschrauben zur Verfügung. Sie leiten sich aus den grundsätzlichen Unternehmens- und den Marketingzielen ab und sind für deren Umsetzung von entscheidender Bedeutung. Es sind dies:

- Produktpolitik,
- Preispolitik,
- Distributionspolitik,
- Kommunikationspolitik.

Die Marketing-Stellschraube **Produktpolitik** beschreibt die Leistungen, die der Kfz-Betrieb für seine Kunden erbringen soll. Wartung und Instandsetzung von Kraftfahrzeugen ist ein solches Produkt, das aber unter Umständen auch noch eingeschränkt wird. Möglicherweise beschränkt sich der Betrieb auf Pkw einer ganz bestimmten Marke.

Im Rahmen der **Produktpolitik** wird das festgelegt. Das Zusatzgeschäft Gebrauchtwagenhandel ist ebenfalls ein mögliches Produkt für den Kfz-Betrieb. Auch hier sollte der Unternehmer festlegen, mit welchem Ausschnitt des Gesamtmarktes sich das Unternehmen beschäftigen soll. Sinn dieser Überlegungen ist es, nach Festlegung des Produktes alle Anstrengungen, alle Marketingaktivitäten auf diesen Bereich zu konzentrieren, hier zum Spezialisten zu werden und sich vor allem nicht zu verzetteln. Beim Beispiel Gebrauchtwagenhandel kann das die Konzentration auf gebrauchte Nischenmodelle wie Allradfahrzeuge oder Vans oder auch auf die Vermarktung von Jahreswagen eines Fabrikates bedeuten.

Eine ganz wichtige Marketing-Stellschraube ist die **Preispolitik**. Für Gebrauchtwagenkäufer beispielsweise ist der Preis das zentrale Kaufkriterium. Aber sie kaufen dennoch beim Handel, weil sie hier zwar etwas mehr zahlen müssen als auf dem Privatmarkt, aber dafür auch einen technisch überprüften Gebrauchten kaufen. Bei den Werkstattleistungen gelten freie Kfz-Betriebe als günstiger im Vergleich zu den Markenvertragswerkstätten. All dies sind Auswirkungen von Preispolitik in den einzelnen Betrieben. Dabei können sich die Markenwerkstätten die höheren Preise leisten, weil Neuwagenkäufer trotzdem ihre Autos zur Wartung und Reparatur bringen müssen, um die Garantiebedingungen zu erfüllen. Konsequenz dieser Hochpreispolitik: Fahrer älterer Pkw wandern in die freien Werkstätten ab. Die Preispolitik der Werkstatt muss sich also an den Marktgegebenheiten orientieren. Manchmal ist das eine Gratwanderung: Ist der Werkstatt-Stundensatz zu hoch, sinkt die Auslastung, weil die Kunden zur Konkurrenz gehen. Ist er besonders niedrig, kann die Werkstatt unter Umständen die Qualität nicht mehr halten und die Kosten nicht decken.

Die **Distributionspolitik** hat für den Kfz-Betrieb geringere Bedeutung. Produzierende Unternehmen entscheiden sich beispielsweise, ihre Produkte nicht mehr nur im Inland, sondern auch im europäischen Ausland zu verkaufen. Aber auch der Kfz-Betrieb kann in Grenzen seine Distributionspolitik ausweiten. Wurden bislang Gebrauchte nur in der Region an Endkunden verkauft, kann der Kfz-Betrieb überlegen, künftig auch Gebrauchte ohne Aufbereitung an Wiederverkäufer zu verkaufen oder über das Internet für spezielle Gebrauchte Kunden deutschlandweit zu gewinnen. Oder der Haupthändler übernimmt künftig die Ersatzteilversorgung für markengebundene und freie Kfz-Werkstätten in seiner Region.

Die **Kommunikationspolitik** schließlich muss all das weitersagen, also kommunizieren, was Produkt-, Preis- und Distributionspolitik vorbereitet haben. Öffentlichkeits- und Pressearbeit, aber auch die klassische Werbung und ihre vielen Medien nutzt die Kommunikationspolitik dabei als ihre Werkzeuge. Mit den geeigneten Mitteln sorgt die Kommunikationspolitik dafür, dass die geeigneten Botschaften, die die Marketingziele unterstützen, bei den jeweiligen Zielgruppen ankommen. *Ziel*: Werkstattauslastung erhöhen; *Produkt*: Frühjahrs-Check für Stammkunden-Pkw; *Preispolitik*: attraktiver Festpreis. Die Kommunikationspolitik nutzt nun beispielsweise direkte Anschreiben an Kunden, eine so genannte Direct-mail-Aktion, um den Erfolg des Marketingziels zu unterstützen.

Marketingstrategie

Sind die Ausrichtung des Unternehmens und die Marketingziele definiert sowie der Businessplan erstellt, sind die vier Stellschrauben des Marketings durchdacht und beschlossen, dann geht es an die Umsetzung, dann wird die Marketingstrategie festgelegt. In der Marketingtheorie werden dabei zunächst vier grundsätzliche strategische Ausrichtungen beschrieben:

- *Marktdurchdringung*: Hier geht es darum, mit dem bisherigen Leistungsangebot auf dem bestehenden Markt mehr Erfolg zu erzielen, das heißt, beispielsweise den Marktanteil vor Ort zu steigern.
- *Marktentwicklung*: Mit den bestehenden Produkten sollen hier neue Märkte aufgetan werden. Das Gebrauchtwagengeschäft über die regionalen Grenzen hinaus ist ein Beispiel hierfür. Insofern ist die zunehmende Gebrauchtwagenvermarktung über das Internet eine gigantische Marktentwicklung für die Kfz-Branche.
- *Produktentwicklung*: Mit neuen Produkten die bestehenden Märkte noch besser bedienen, ist hier die Intention. Das kann zum Beispiel die neue Dienstleistung Karosseriereparatur sein.
- *Diversifikation*: Hier bricht das Unternehmen aus dem eigentlichen Geschäft aus. Das Autohaus, das gleichzeitig Reisebüroleistungen anbietet, diversifiziert im Rahmen der allgemeinen Mobilität in einen zwar verwandten Bereich, der aber mit dem eigentlichen Geschäft eines Kfz-Betriebes doch recht wenig zu tun hat und auch ganz spezielles neues Know-how erfordert.

Ist die grundsätzliche Strategie geklärt, wird die Ausrichtung der Marketingstrategie festgelegt. Soll sich der Kfz-Betrieb als besonders günstiger Anbieter präsentieren, wird man beispielsweise über günstige Festpreisaktionen nachdenken. Soll die Gruppe der ganz jungen Fahrer in den Fokus gerückt werden, bietet sich unter anderem eine Kooperation mit einer Fahrschule an. Vielleicht soll auch die immer wichtigere Kundengruppe der autobesitzenden Frauen verstärkt angesprochen werden. Pannenkurse für Frauen, aber auch ein Kommunikationstraining für die Kundendienstberater sind dann vielleicht Teil der Umsetzung. Erfolgreich ist auch die Strategie, sich als der besonders kundenfreundliche Kfz-Betrieb zu etablieren. Dann gehört neben entsprechenden Dienstleistungen und Angeboten auch das kundenorientierte Verhalten der Mitarbeiter zum Programm.

In den folgenden Abschnitten geht es nun um die konkrete Umsetzung der Marketingstrategie. Vieles gilt für eigentlich jeden Betrieb, wie die Unternehmensidentität, das einheitliche Auftreten nach außen und das kundenorientierte Verhalten der Mitarbeiter. Andere Umsetzungsbeispiele aber müssen im Zusammenhang mit den Unternehmenszielen und deren Erreichung bewertet werden. Anzeigenwerbung und Internetpräsenz, Direct-mail-Aktionen und Sonderveranstaltungen müssen immer unter Kosten-Nutzen-Erwägungen und eben im Hinblick auf die Zielerreichung bewertet werden. Das ist nicht immer einfach. Denn Werbeerfolgskontrolle ist schwierig und meist für den Kfz-Betrieb zu teuer. Deshalb gilt leider auch heute noch der Satz, der dem Auto-Pionier Henry Ford zugeschrieben wird: «*Half the money I spend on advertising is wasted; the trouble is I don't know which half.*» (Die Hälfte des Geldes, das ich für Werbung ausgebe, ist herausgeworfen. Das Problem ist, ich weiß nicht, welche Hälfte.)

6.1 Unternehmensidentität – Corporate Identity (CI)

Wie gehen die Menschen, die im Kfz-Betrieb arbeiten, miteinander um? Wie verhalten sie sich gegenüber ihren Kunden? Wie stellt sich das Unternehmen im Markt auf? Wie präsentiert sich der Kfz-Betrieb nach außen? Welche (Werbe-)Botschaft transportiert er an seine Kunden? Die Antworten auf diese Fragen beschreiben die Identität eines Unternehmens. Große Unternehmen verwenden viel Zeit und Ressourcen, um die eigene Identität zu klären und zu bestimmen. In kleineren Unternehmen und Kfz-Betrieben geht es meist pragmatischer zu. Der Chef, der Unternehmer, der selbstständige Kfz-Meister bestimmt mit seinem Auftreten und mit seinem Führungsstil einen großen Teil der Unternehmenskultur, die gar nicht so genau definiert wird, die aber in der Praxis doch spürbar ist und umgesetzt wird.

Diese Unternehmensidentität, die in einem gut geführten und erfolgreichen Kfz-Betrieb zweifellos auch vorhanden ist, wird im modernen Marketing-Deutsch als Corporate Identity oder kurz CI bezeichnet. Da sich die CI aber nicht konkret greifen lässt, braucht sie ein Symbol, ein Bild, eine Gestalt. Unternehmen präsentieren sich nach außen deshalb immer über eine Marke, ein Firmenemblem, eben über ein **Logo**. Dieses Logo – und alles, was daraus entwickelt wird – soll die Unternehmensidentität, das CI, symbolisieren – für die Mitarbeiter und für die Kunden. Bekannte Markenlogos sind so gut eingeführt, dass sie selbst auf einen flüchtigen Blick sofort der Marke zugeordnet werden können. Der Mercedes-Stern ist ein Beispiel hierfür, das VW-Emblem oder das wohl bekannteste Logo: der CocaCola-Schriftzug.

Was gute Logos so erfolgreich macht:

- klare, präzise und eingängige Gestaltung,
- unverwechselbare Farbe,
- gleich bleibende Form, Struktur und Proportion,
- konsequente Verwendung,
- permanente Wiederholung.

Aufgaben des Logos:

- Logos machen eine Marke bekannt.
- Logos sind das «Gesicht» eines Unternehmens.
- Logos fokussieren das Unternehmensimage;
  Beispiel Mercedes-Stern:
  – Solidität,
  – hohe Qualität,
  – Konstanz,
  – aber auch: konservativ.
- Logos symbolisieren den Kundennutzen.

Das Unternehmenslogo sorgt für eine Abgrenzung zu anderen Unternehmen und Marken. Es unterstützt die Identifikation mit dem Produkt oder dem Unternehmen. Nach innen – gegenüber den Mitarbeitern – steigert es Wir-Gefühl und Motivation. Die Mitarbeiter sind stolz darauf, bei einem starken Unternehmen zu arbeiten. Nach außen transportiert das Logo das Image des Unternehmens, steigert seinen Bekanntheitsgrad und sorgt für die Abgrenzung gegenüber der Konkurrenz.

Das sind hohe Ansprüche und Erwartungen, die ein Logo erfüllen soll. Die Entwicklung eines eigenständigen Logos für ein neues Unternehmen ist deshalb auch nicht einfach. Dabei ist es egal, ob das Logo

- aus einem Bildsymbol (Bildmarke) – wie das BMW-Zeichen,
- einem charakteristischen Firmenschriftzug (Wortmarke) – wie MAN – oder
- einer Kombination aus beiden – wie Toyota

besteht.

Allerdings ist es mit der Logo-Entwicklung nicht getan. Das Logo soll leben und konsequent und überall eingesetzt werden. Zur Umsetzung gehört also auch noch die komplette Geschäftsausstattung mit Briefpapier, Visitenkarten, Unternehmensprospekten, Zeitungsanzeigen und Internetauftritt. Möglicherweise kommt auch noch ein Slogan – **Claim** sagen die Werbeleute – hinzu. «Freude am Fahren», «Vorsprung durch Technik» sind beispielsweise Marken-Claims aus der Autoindustrie, die jeder kennt. Große Unternehmen legen zudem sogar die Schrifttype fest, die immer verwendet werden muss. VW hat gar eine eigene Unternehmensschrift entwickeln lassen. Effekt: In einem Text muss der Markenname gar nicht auftauchen, allein aus dem Schriftbild ist der VW-Bezug erkennbar.

Ist all das in einheitlicher, unverwechselbarer Gestaltung realisiert, spricht das Marketing vom **Corporate Design** oder kurz **CD**. Diese einmal festgelegte Gestaltung muss nun konsequent in immer der gleichen Form, mit den festgelegten Farben, Größen und Proportionen überall dort verwendet werden, wo das Unternehmen auftritt. Jeder Brief, jedes Formular, jede Anzeige und jedes Spannband ist nach den CD-Vorgaben gestaltet. Dann und nur dann kann das CD seine Wirkung entfalten, nämlich dafür sorgen, dass das Unternehmen bekannt und immer und sofort wiedererkannt wird – so wie jeder beim Stern gleich an die Marke Mercedes denkt.

Logo und Corporate Design haben in der modernen Wirtschaftswelt große Bedeutung. Aber eine Logo-Entwicklung und die anschließende Umsetzung erfordern Sachverstand und professionelle Unterstützung durch eine Agentur oder doch zumindest durch einen guten Grafiker. Das kostet einerseits eine Menge Geld und andererseits muss das Corporate Design auch mit Leben erfüllt werden. Es ist ein langwieriger Prozess, bis Mitarbeiter, vor allem aber auch die Kunden das Logo des neuen Kfz-Betriebes mit Begriffen wie Zuverlässigkeit, Qualität, Kundenorientierung oder anderen positiven Merkmalen verbinden.

Auch deshalb schließen sich Kfz-Betriebe großen Organisationen an. Die VW-Markenvertragswerkstatt profitiert natürlich vom Image der Marke und verwendet konsequent Logo und Geschäftsausstattung, um das Markenimage nach außen zu symbolisieren. Gleiches gilt für die Systemwerkstätten. Ein Bosch-Service-Betrieb hat ein sehr spezielles Image (Bild 6.1). das sich allerdings gerade zu wandeln beginnt. Bislang waren Bosch-Betriebe vor allem die Elektrik- und Elektronik-, die Benzin- und Dieseleinspritz-Spezialisten. Nun wandeln auch sie sich zu Generalisten. Die Systemzentralen unterstützen ihre Werkstätten entsprechend mit umfangreichem Werbematerial. Und so treten auch die Systemwerkstätten wie die Markenvertragswerkstätten als starke Gruppe auf, die für hohe Qualität der Werk-

Bild 6.1
Bosch-Service-Betriebe profitieren vom bekannten Bosch-Markenlogo
(Quelle: Bosch)

Bild 6.2
Logo, Hausfarben und Markenauftritt werden dann für den gesamten Betrieb verwendet (Quelle: Bosch)

stattleistungen steht – und davon profitiert jeder einzelne Betrieb (Bild 6.2).

▶ *Wichtig ist, dass die Werbemittel, das Logo und das Corporate Design konsequent, überall und ohne Änderungen verwendet werden. Nur dann erreicht es die gewünschte Wirkung.*

Was aber tun die Kfz-Betriebe, die sich keiner Fabrikatsorganisation anschließen und auch keinem Werkstattsystem? Erste Möglichkeit: Sie lassen sich ein eigenständiges Corporate Design entwickeln. Das ist die individuellste Lösung, die aber eben auch mit recht hohen Kosten verbunden ist. Zweite Möglichkeit: Der Kfz-Betrieb nutzt den guten Ruf, den bei uns ein Kfz-Meisterbetrieb immer noch hat. Der Meisterbrief bürgt in Deutschland – anders als in anderen Ländern – für hohe fachliche Qualifikation. Der in der Kundendienstannahme aufgehängte Meisterbrief ist nach wie vor ein starkes Argument für den Autofahrer. Der Zentralverband Deutsches Kfz-Gewerbe (ZDK) nutzt diesen hervorragenden Ruf und bietet für den Kfz-Meisterbetrieb ein umfassendes Corporate Design mit allen erforderlichen Werbemitteln, mit Geschäftsausstattung, Plakaten, Spannbändern und Fahnen. Das blau-weiße Logo des Kraftfahrzeuggewerbes weist den Betrieb als qualifizierten Meisterbetrieb der Kfz-Innung aus. Auch hier schaffen Logo und Corporate Design das Kundenvertrauen, das der Betrieb braucht, um erfolgreich am Markt agieren zu können (Bild 6.3).

Bild 6.3
Auffällige Außenwerbung zum Beispiel mit Fahnen verstärken den Eindruck (Quelle: Bosch)

6.2 Kundenorientierung im Kfz-Betrieb

Die beste Werbung für einen Kfz-Betrieb ist sein guter Ruf, sein Image. Anders ausgedrückt: Der beste Werbeträger für einen Kfz-Betrieb ist ein zufriedener Kunde. Andererseits kann ein unzufriedener Kunden den Ruf auch nachhaltig ruinieren. Denn der unzufriedene Kunden wird seinen Ärger über den Betrieb mit Sicherheit herumerzählen. Es gibt Untersuchungen, die besagen, dass ein zufriedener Kunde den Kfz-Betrieb dreimal positiv bei Verwandten, Freunden und Arbeitskollegen erwähnt. Ein unzufriedener Kunde dagegen berichtet zehnmal über seine negativen Erfahrungen. Aber: Unzufriedene Kunden, deren Reklamation ernst genommen wurde, berichten mindestens 15-mal über dieses für sie positive Erlebnis. Zufriedene Kunden sind das Erfolgsrezept eines jedes Unternehmens und selbstverständlich auch eines Kfz-Betriebes. Denn die zufriedenen Kunden kommen wieder und werden zu Stammkunden, weil sie Vertrauen in die Arbeit des Betriebes haben. Dieses Vertrauen gilt es immer wieder zu rechtfertigen.

Wie aber entsteht Kundenzufriedenheit? Was bringt Kunden dazu, ihr Auto immer wieder in den einen Kfz-Betrieb zu bringen? Was macht Autofahrer zu Stammkunden? Kundenorientierung heißt die simple Antwort (Bild 6.4). Erfolgreich ist der Betrieb, der seine Produkte und Dienstleistungen an den Bedürfnissen der Kunden orientiert, der also das anbietet, was die Kunden wünschen. Das kann aber nicht alles sein, denn Wartung und Reparatur bieten viele Kfz-Betriebe. Warum aber kommt der Kunde gerade in den einen Betrieb – und das immer wieder? Kunden wollen also offenbar mehr als nur ihren Bedarf decken, wie beispielsweise einen Defekt an ihrem Auto beheben lassen. Der Preis ist ein weiteres Argument, der beispielsweise Besitzer älterer Pkw dazu veranlasst, der Markenvertragswerkstatt den Rücken zu kehren und eine freie Werkstatt aufzusuchen. Auch den Preis sollte man aber nicht überbewerten. Nach einer in mehreren Handwerksbranchen durchgeführten Untersuchung gaben nur neun Prozent der Kunden, die einem Betrieb den Rücken gekehrt hatten,

Bild 6.4
Persönliche, freundliche Kundenbetreuung ist der Schlüssel zum Erfolg
(Quelle: ZDK)

Bild 6.5
Spiegelanhänger, der freundliche Hinweise auf den professionellen Service
(Quelle: Bosch)

den Preis als Grund an. Aber fast 70% gaben an, dass sie als Stammkunden nicht gut behandelt worden waren.

Es sind also die «weichen» Faktoren, die Kunden an den Kfz-Betrieb binden. Vertrauen in die Fachkompetenz und die Qualität der Werkstattarbeit ist ein wichtiger Grund, aber auch die Sicherheit, dass der Betrieb den Kunden nicht «übers Ohr haut» und ihm nur die Leistungen verkauft, die nötig sind. Sehr wichtig ist auch die allgemeine zwischenmenschliche Behandlung. Der Kunde erwartet ernst genommen zu werden mit seinem Anliegen und will nicht von oben herab behandelt werden. Und natürlich will er auch Bestätigung hören für die richtige Entscheidung, jetzt die Kupplung vorsorglich tauschen zu lassen, bei den Winterreifen auf den hochwertigen Testsieger zu setzen und überhaupt, seinen Pkw so gut in Schuss zu halten. Denn jeder Mensch kauft dort am liebsten, wo er sich gut behandelt fühlt. Angesichts der starken Konkurrenz auf dem Kfz-Wartungs- und -Reparaturmarkt ist konsequente Kundenorientierung deshalb ein wichtiger Wettbewerbsvorteil. Früher wurde vom «König Kunde» gesprochen. Es lohnt sich auch heute noch, sich an diesem Ideal zu orientieren.

Zusammengefasst erwarten Kunden vom Dienstleistungsunternehmen Kfz-Betrieb:

- Erfüllung ihres Bedarfs,
- ein gutes Preis-Leistungs-Verhältnis,
- Sicherheit, Qualität und Fachkompetenz,
- vertrauenswürdiges und faires Verhalten,
- menschliche Atmosphäre,
- Zeit für eine ausführliche Problemschilderung,
- mit ihren Wünschen ernst genommen zu werden,
- einen gleichberechtigten, nicht überheblichen Umgang,
- Anerkennung als Person,
- Bestätigung für die richtige Kaufentscheidung.

Das Problem dabei ist jedoch, dass es fast so viele Kundenansprüche wie Menschen gibt. Aufgabe der Mitarbeiter mit Kundenkontakt, wie beispielsweise der Kundendienstberater, ist es deshalb, die Kundenbedürfnisse feinfühlig zu erfragen, manchmal auch zu erahnen und sich immer freundlich und zuvorkommend darauf einzustellen. Und dann greifen natürlich auch unterschiedliche Argumente im Beratungs- und Verkaufsgespräch. So lassen sich Kundengruppen nach psychologischen Kriterien unterscheiden. Da gibt es dann

- die Bequemen,
- die Preisorientierten,

- die Sicherheitsbewussten,
- die Prestigeorientierten,
- die Traditionalisten,
- die Qualitätsbewussten,
- die Umweltbewussten usw.

Die Reihe ließe sich fortsetzen und natürlich finden sich auch alle möglichen Kombinationen der genannten Kundengruppen. Nun muss der Kundendienstberater keine Ausbildung zum Psychologen haben. Meist reicht eine gute Portion gesunder Menschenverstand, ein freundliches offenes Auftreten und die Fähigkeit, die eigene Arbeit und die Leistung des Kfz-Betriebes immer mal wieder auch durch die Kundenbrille zu sehen.

6.2.1 Kundenorientiertes Verhalten der Mitarbeiter

In erster Linie sind es natürlich die Mitarbeiter, die den Kontakt zum Kunden aufrechterhalten. Deshalb ist es vor allem auch Ihre Aufgabe, dem Kunden das Gefühl zu geben, in «seiner» Werkstatt gut betreut zu werden. Das gilt für die Mitarbeiter mit direktem und regelmäßigem Kundenkontakt genauso wie für die Mitarbeiter, die nur gelegentlich mit Kunden zu tun haben. Der Auszubildende beispielsweise, der mal eben zwischendurch im Beisein des Kunden die Scheibenwischerblätter wechselt, muss genauso freundlich und verbindlich auftreten wie der Kundendienstberater oder die Mitarbeiterin am Telefon bei der Terminvergabe.

Die Mitarbeiter sind das Aushängeschild, die Visitenkarte des Unternehmens. Aus ihrem Auftreten und Verhalten schließt der Kunde auf das Unternehmen. Der Mechaniker im total verdreckten Overall, der dem Kunden mit ölverschmierten Händen den Autoschlüssel nach der Reparatur übergibt, vermittelt dem Kunden sicher kein Vertrauen in die Arbeitsqualität des Kfz-Betriebes. Das positive kundenorientierte Verhalten der Mitarbeiter ist im Übrigen Teil der im vorangegangenen Abschnitt beschriebenen Corporate Identity (CI) des Unternehmens. Dieser spezielle Teil der CI wird als **Corporate Behavior** bezeichnet, also als das gemeinsame «Benehmen» oder das gemeinsame «Auftreten». Und dazu gehören dann auch der Umgang miteinander, das Betriebsklima und der Führungsstil. Wenn der Meister beispielsweise den Mechaniker anbrüllt, und das auch noch im Beisein von Kunden, dann wirft das kein gutes Licht auf den Betrieb. Auch Kunden spüren ein schlechtes Betriebsklima und können den Umgang der Mitarbeiter untereinander bewerten. Ist das Klima schlecht, kommen auch die Kunden nicht gern in den Betrieb.

Den Mitarbeiterinnen und Mitarbeitern muss deshalb nachdrücklich klar gemacht werden, wie wichtig ein gutes Corporate Behavior und vor allem das kundenorientierte Verhalten jedes Einzelnen für den Erfolg des Gesamtunternehmens ist. Noch einmal HENRY FORD: «*Es ist nicht der Unternehmer, der die Löhne zahlt – er übergibt nur das Geld. Es ist das Produkt, das die Löhne zahlt.*» Gemeint war hier die Produktqualität, an der jeder Ford-Mitarbeiter durch seine Arbeit beiträgt. Genauso trägt jeder Mitarbeiter im Dienstleistungsunternehmen Kfz-Betrieb zur Kundenzufriedenheit bei. Und analog gilt hier, dass nicht der Chef, sondern die zufriedenen Kunden die Löhne zahlen.
Werkstattmarketing und kundenfreundlicher Service fängt deshalb bei den Mitarbeitern an.

- Die Mitarbeiter müssen erkennen, dass ihr kundenfreundliches Verhalten die Zukunft des Betriebes sichert und damit letztlich auch ihre Arbeitsplätze.
- Mitarbeiter mit ständigem Kundenkontakt sollten entsprechend geschult werden.
- Den Mitarbeitern sollte klar sein, dass Kunden ihr Verhalten beobachten und daraus Schlüsse auf den Betrieb ziehen.
- Jeder Mitarbeiter hat dafür Sorge zu tragen, dass sein Arbeitsbereich immer sauber und ordentlich ist.
- Die Arbeitskleidung sollte möglichst sauber und ordentlich sein.
- Die Werkstatt-Mitarbeiter sollten einheitlich gekleidet sein und den Firmennamen/das Firmenlogo auf der Kleidung tragen.
- Beim Rangieren und Probefahrten mit Kundenfahrzeugen sollten die Mitarbeiter immer besonders vorsichtig und umsichtig fahren.
- Die Mitarbeiter müssen eigenständig dafür sorgen, dass Kundenfahrzeuge während der Arbeit nicht verschmutzt und sauber abgeliefert werden.
- Alle Mitarbeiter sollten sich um einen freundlichen, möglichst persönlichen Kontakt zum Kunden bemühen.
- Kunden, die den Betrieb betreten, sollten freundlich begrüßt und umgehend nach ihren Wünschen gefragt werden.

6.2.2 Verhalten am Telefon

Der erste Kontakt, den der Autofahrer mit dem Kfz-Betrieb hat, verläuft vielfach über das Telefon. Hier gewinnt ein neuer Kunde den ersten Eindruck vom Betrieb. Für den Autofahrer, der den Betrieb schon kennt, ist der telefonische Kontakt der Beginn eines neuen Kundenkontaktes. Diese erste Kommunikation über das Telefon stellt die Weichen für die Zufriedenheit und das Vertrauen des Kun-

den gegenüber dem Kfz-Betrieb. Umso wichtiger ist es, diesen Kontakt so positiv wie möglich zu gestalten, und das ist gar nicht so schwierig, wenn man dazu einige grundlegenden Regeln beachtet. Zudem unterstützen die Möglichkeiten einer modernen Telefonanlage den Kfz-Betrieb dabei.
Das sind die wichtigsten *Regeln* für einen positiven Telefonkontakt:

- Es muss sichergestellt sein, dass jeder Anruf nach wenigen Klingelzeichen entgegengenommen wird.
- Außerhalb der Geschäftszeiten informiert ein Anrufbeantworter über die Erreichbarkeit und erlaubt es den Anrufern auch, eine Nachricht oder eine Bitte um Rückruf aufzusprechen.
- Hat der Anrufer nicht die Zentrale, sondern eine Durchwahlnummer gewählt, wird der Anruf zur Zentrale weitergeschaltet, wenn der Mitarbeiter nicht am Platz ist und deshalb nicht abnimmt.
- Die Mitarbeiterin oder der Mitarbeiter in der Telefonzentrale sollte möglichst eine angenehme Telefonstimme haben.
- Ein bewusstes Lächeln vor dem Abnehmen des Hörers sorgt für einen freundlichen Tonfall.
- Jeder Mitarbeiter meldet sich bei allen von außen eingehenden Anrufen deutlich und gut verständlich mit dem Firmennamen, seinem eigenen Namen und einer Begrüßung («Die Werkstatt, Markus Müller, Guten Tag»).
- Übertriebene Begrüßungsfloskeln, wie in Hotels vielfach üblich, sollten vermieden werden.
- Dem Anrufer sollte genügend Zeit gelassen werden, sein Anliegen vorzutragen.
- Am Ende des Gespräches sollte das Ergebnis kurz zusammengefasst werden (z.B. Werkstatttermin mit Datum und Zeit wiederholen).
- Wird der Anrufer weiterverbunden, hört er eine möglichst neutrale, angenehme Pausenmusik.
- Ist der vom Anrufer gewünschte Gesprächspartner nicht erreichbar und kann auch kein Kollege weiterhelfen, sollte in jedem Fall ein Rückruf angeboten werden.
- Dazu muss in der Telefonzentrale zumindest für die leitenden Mitarbeiter und Mitarbeiter mit Kundenkontakt bekannt sein, wann sie im Haus sind (Terminpläne, Abmeldung, wenn sie das Haus verlassen).
- Die Rückrufinformation mit Namen und Telefonnummer muss konsequent weitergegeben werden (Telefonnotiz, e-Mail, Anruf).
- Wichtige Informationen sollten in der Telefonzentrale gebündelt werden, so dass nicht unnötig weiterverbunden werden muss. Dazu gehören:

- Terminvereinbarung,
- Fahrzeug abholbereit,
- Höhe der Rechnung.

Viele dieser Regeln sind eigentlich selbstverständlich. Und wer sich in die Situation des Kunden versetzt, wird die Umgangsregeln in der Kommunikation am Telefon automatisch befolgen. Dennoch wird es notwendig sein, allen Mitarbeitern, die mit Kunden telefonieren, einige Regeln vorzugeben. Nur so ist gewährleistet, dass Kunden schon am Telefon einen positiven Eindruck vom Kfz-Betrieb erhalten. Hilfreich ist es zudem, wenn zumindest in der Telefonzentrale, in der Termindisposition und in der Kundendienstannahme die Möglichkeit besteht, über einen Computer rasch auf die Kundendatei zuzugreifen. Einige moderne Kundenkontaktprogramme laden sogar automatisch die Kundenkarteikarte auf den Bildschirm, wenn ein Kunde von einem im System gespeicherten Telefonanschluss aus anruft. Voraussetzung hierfür ist eine Koppelung der Telefonanlage mit dem PC. So hat der Mitarbeiter die wichtigsten Daten rund um den anrufenden Kunden und sein Fahrzeug auf dem Bildschirm zur Verfügung und kann eventuell auf Besonderheiten eingehen. Vor allem aber gewinnt der Kunde so den Eindruck, dass er und sein Fahrzeug bekannt sind. Auch das schafft Vertrauen in die Kompetenz des Kfz-Betriebes.

6.2.3 Werkstatt-Öffnungszeiten

Auch die Werkstatt-Öffnungszeiten sollten sich an den Kundenbedürfnissen orientieren. Allerdings stoßen hier vor allem kleinere Kfz-Betriebe rasch an ihre wirtschaftlichen Grenzen. Selbstverständlich ist es für den Autofahrer sehr angenehm, wenn er sein Fahrzeug zwischen 6.00 Uhr morgens und 22.00 Uhr abends in die Werkstatt bringen und es auch wieder abholen kann. Wenn dann auch noch am Samstag in der Werkstatt bis abends um 18.00 Uhr gearbeitet wird, kann man wohl zu Recht von kundenfreundlichen Werkstatt-Öffnungszeiten sprechen. Möglich ist das aber wohl nur in größeren Betrieben, die in der Lage sind, im Mehrschichtbetrieb zu arbeiten.
Andererseits ist die Kfz-Werkstatt, in der nachmittags um 16.00 Uhr die Tore geschlossen werden, heute auch nicht mehr zeitgemäß. Von einem Dienstleistungsbetrieb erwarten die Kunden mehr. Mit sich überschneidenden Arbeitszeiten kann aber auch ein kleinerer Kfz-Betrieb kundenfreundliche Werkstatt-Öffnungszeiten anbieten. Einige Werkstatt-Mitarbeiter kommen früh und können dafür nachmittags auch früher gehen. Andere beginnen etwas später und bleiben dafür bis zum Werkstattschluss. In der Kernzeit, wenn die ganze Mannschaft da ist, wird die Hauptarbeit erledigt. In den Zeiten früh-

morgens und abends ist dann dennoch die Dienstbereitschaft gewährleistet. Zumindest aber muss es möglich sein, dass der Kunde sein Auto früh in die Werkstatt bringen und relativ spät wieder abholen kann. Denn viele Autofahrer möchten ihr Auto vor ihrem Arbeitsbeginn bringen und wieder abholen, wenn sie selbst Feierabend haben.

Hat der Kfz-Betrieb viele gewerbliche Kunden, müssen die Öffnungszeiten der Werkstatt noch einmal anders geplant werden. Für diese Kunden ist das Fahrzeug wichtiges Arbeitsmittel. Handwerksbetriebe sind meist noch in der Lage, ohne größere Probleme für einen Tag auf eines ihrer Fahrzeuge zu verzichten. Für Unternehmen oder Selbstständige aber, die mit dem Fahrzeug ihr Geld verdienen, ist jeder Werkstatttag eine direkte Umsatzeinbuße, ein Verlust. Das gilt besonders für kleine Taxiunternehmen oder die zahlreichen selbst fahrenden Unternehmer, die mit ihren Kleintransportern Pakete und Waren ausliefern. Diese Kunden würden ihr Fahrzeug am liebsten sonntags in die Werkstatt bringen. Zumindest aber erwarten sie, dass die Werkstatt am Samstag dienstbereit ist. Für Nutzfahrzeug-Werkstätten gehört es deshalb bereits zum Standard, dass hier am Samstag bis 18.00 Uhr gearbeitet wird. Pkw-Werkstätten mit einem hohen Anteil gewerblicher Kunden ziehen nach. Denn viele dieser Unternehmen suchen sich ihre Werkstatt nach der Servicebereitschaft und den «passenden» Öffnungszeiten aus.

6.2.4 Serviceorientierte Kundendienstannahme

Ob ein Werkstattkunde zum Stammkunden wird und sein Auto immer wieder zur Wartung und Reparatur bringt, wird in großem Umfang von der Kundendienstannahme und den hier arbeitenden Mitarbeitern bestimmt. Hier entsteht die persönliche Atmosphäre, die neben der Arbeitsqualität und dem Preis häufig ausschlaggebend für die Kundenbindung ist. Neben dem freundlich-kompetenten Auftreten des Kundendienstberaters zeichnet sich eine serviceorientierte Kundendienstannahme durch die folgenden Punkte aus:

❑ Für wartende Kunden muss in der Kundendienstannahme eine Sitzecke mit Kaffeebar und eventuell Kaltgetränken zur Verfügung stehen.
❑ Die Kundendienstannahme muss immer sauber und ordentlich sein.
❑ Wenn es sich realisieren lässt, sollten Fensterflächen den Blick von der Kundendienstannahme in die Werkstatt ermöglichen (Wir haben nichts zu verbergen!).
❑ Vitrinen mit Zubehör können zusätzliche Kaufanreize auslösen.

- Vor dem Schreibtisch des Kundendienstberaters stehen immer zwei Stühle (manche Kunden kommen in Begleitung!).
- Die Vorabend- oder Nachtannahme muss gewährleistet sein.
- Bei Auslieferung eines Neu- oder Gebrauchtwagens stellt der Verkäufer dem Kunden auch gleich den zuständigen Werkstattmeister/ Kundendienstberater vor und überreicht ihm dessen Visitenkarte. So entsteht Werkstatt-Kundenbindung von Anfang an.
- Bei der Terminvergabe wird dem Werkstattkunden möglichst immer der gleiche Kundendienstberater zugeordnet.
- Jeder Kunde, der die Kundendienstannahme betritt, wird sogleich begrüßt und nach seinen Wünschen gefragt.
- Ist sein Kundendienstberater noch nicht frei, wird er darüber informiert, dass der Kollege gleich wiederkommt. Alternativ: Ihm wird angeboten, dass sich ein anderer Berater um ihn kümmert.
- Die Kundeninformation/die Telefonzentrale/der Kollege weiß jederzeit, wo sich der Kundendienstberater befindet (Werkstatt, Probefahrt, Mittagessen usw.)
- Für die Besprechung des Reparaturauftrages nimmt sich der Kundendienstberater ausreichend Zeit.
- Reparaturumfang und eventuell Preis oder Kostenvoranschlag werden dem Kunden ausführlich erläutert.
- Auch Frauen als Werkstattkundinnen werden ernst genommen und erhalten die gleichen ausführlichen Erläuterungen wie die männlichen Kunden!
- Muss ein Formular, etwa bei einem Glasschaden, für die Versicherung ausgefüllt werden, übernimmt das der Kundendienstberater und erläutert dann das ausgefüllte Formular, bevor es der Kunde unterschreibt.
- Nicht vergessen: Telefonnummer des Kunden notieren, falls Nachfragen nötig sind.
- Auch der Abholtermin muss mit dem Kunden besprochen werden (Kassenöffnungszeiten). Wann braucht er das Fahrzeug wieder, wann möchte er es abholen?
- Wie kommt der Kunde weiter?
    – Benötigt er einen Werkstatt-Ersatzwagen?
    – Muss er zur nächsten S-, U- oder Straßenbahn-Haltestelle gebracht werden?
    – Erhält er einen Fahrschein für den öffentlichen Nahverkehr?
    – Gibt es Leihfahrräder?
    – Wird er nach Hause oder zur Arbeitsstelle gebracht?
- Als besonderer Service kann dem Kunden auch angeboten werden, sein Fahrzeug zu Hause abzuholen und nach der Reparatur wieder zu bringen.

❑ Aufgabe der Kundendienstberater ist es schließlich, die Kunden über Probleme mit der Reparatur, über Verzögerungen und eventuell nötige Erweiterungen rechtzeitig zu informieren.

Auch unter dem Aspekt der Service-Orientierung ist die Direktannahme im Kundendienst ein optimales Instrument. Aufbau und Organisation der Direktannahme wurden bereits in Abschnitt 3.1.2.1 beschrieben. Die Direktannahme ist aber auch ein wichtiges Marketinginstrument:

❑ Mit der Direktannahme hat der Kundendienstberater die Möglichkeit, zusätzliche Werkstattleistungen zu verkaufen.
❑ Mit der Direktannahme erhöht der Kundendienstberater aktiv die Auslastung der Werkstatt.
❑ Durch die Direktannahme wird dem Kunden das Gefühl vermittelt, fachlich kompetent und seriös beraten zu werden.
❑ Die Direktannahme fördert die Bindung des Kunden an «seine» Werkstatt.
❑ Die Direktannahme ist für den Kunden das Tor zum Betrieb. Deshalb muss dieser Bereich besonders sorgfältig sauber gehalten werden.

6.2.5 Kundenbindende Fahrzeugübergabe

«Ihr Wagen steht hinten auf dem Hof, hier sind die Schlüssel.» Viele Werkstattkunden hören diesen Satz, nachdem sie die Reparatur an der Kasse bezahlt haben. Ist das Werkstattgelände groß, irrt der Kunde auch noch herum, um sein Auto zu finden. Eine genaue Standplatzangabe ist also der Mindestservice. Vor allem aber bleibt der Kunde mit seinen Fragen nach dem Verlauf der Reparatur, nach eventuell zusätzlich festgestellten Mängeln allein. Zur Kundenbindung trägt das kaum bei. Deshalb sollte nach Möglichkeit der Kundendienstberater, der das Fahrzeug angenommen hat, es anschließend auch dem Kunden wieder übergeben. Dann bleibt auch Zeit, die Fragen des Kunden zu beantworten.
Nicht immer ist das allerdings möglich. Denn der Kundendienstberater, der seit 7.30 Uhr Fahrzeuge angenommen hat, wird um 17.30 Uhr kaum noch im Betrieb sein. Dann aber sollte entweder

❑ ein Kollege informiert werden, der das Fahrzeug an den Kunden persönlich übergibt, oder
❑ der Kunde schriftlich über die Reparatur informiert werden oder

❑ der Kunde einen Hinweis erhalten, dass der Kundendienstberater ihn am nächsten Tag anruft und ihm telefonisch die Rechnung, den Reparaturverlauf oder festgestellte Mängel erläutert.

Der Kunde erhält so den Eindruck, dass man sich um ihn kümmert, dass er gut betreut wird und dass sein Fahrzeug in dieser Werkstatt in fachmännischen Händen ist.

Darüber hinaus ist es sinnvoll, dem Kunden nicht nur eine mehr oder weniger detaillierte Rechnung mitzugeben, sondern auch die geleistete Arbeit zu dokumentieren. Hierzu gehören beispielsweise Prüfprotokolle der unterschiedlichen Test- und Diagnosesysteme oder auch die vom Mechaniker Punkt für Punkt abgehakte Wartungs-Checkliste. Viele Autofahrer bemängeln, dass sie gar nicht wissen, was im Zusammenhang mit einer «großen Inspektion» alles gemacht wird, und der Rechnungstext gibt darüber auch keinen Aufschluss. Auch eine abgehakte und vom Mechaniker und/oder Kundendienstberater unterschriebene Bestätigung der Endkontrolle sorgt für Transparenz. Hierauf sollten die wichtigsten sicherheitsrelevanten Bauteile, die zur Endkontrolle überprüft werden, enthalten sein. Der Kunde muss erkennen, dass nach dem Werkstattaufenthalt sein Fahrzeug nun in Ordnung ist.

6.2.6 Reklamationen – Chance für den Kundendienst

Im Schwäbischen gibt es einen Spruch, der wörtlich übersetzt etwa lautet: «Nicht geschimpft ist schon genug gelobt.» Schwaben, so lehrt uns dieser Satz, loben also höchst selten. Umgekehrt jedoch beschweren sich auch die wenigsten Mensche lautstark über eine aus ihrer Sicht schlechte Leistung. Die allermeisten Menschen ärgern sich zwar, berichten das Negativerlebnis auch bei Freunden und Bekannten und gehen beim nächsten Mal eben zur Konkurrenz. Im Kfz-Betrieb ist das nicht anders. Auch hier stimmen unzufriedene Kunden eher mit den Füßen ab, kehren dem Betrieb den Rücken und lassen ihr Auto eben woanders warten und reparieren. Die Gründe hierfür sind schnell aufgezählt: Der Aufwand lohnt sich nicht, da der Nutzen scheinbar nur gering ist. Denn die Werkstatt nimmt die Beschwerde ja doch nicht ernst, so die weit verbreitete Meinung.

Glücklicherweise aber gibt es doch auch Kunden, die mit ihrem Ärger, mit ihrer Reklamation zurück in die Werkstatt kommen. Glücklicherweise, denn jede Werkstatt sollte froh sein, wenn die Kunden noch mit einer Beschwerde kommen und nicht gleich wegbleiben. Leider werden Beschwerden oder Reklamation häufig als persönlicher Angriff missverstanden. Wenn dann die Beschwerde auch noch emotional und lautstark vorgetragen wird, dann ist es oft nicht weit bis zu einer ebenso emotionalen Reaktion. Die Diskussion eskaliert, und am Ende hat die Werkstatt einen Kunden endgültig verloren.

Wer jedoch eine Beschwerde als etwas Positives sieht und als eine Chance zur Verbesserung der eigenen Arbeitsqualität, der wird einerseits auch mit aufgeregten Kunden sachlich umgehen können und andererseits für das eigene Verhalten und für den Betrieb profitieren. Deshalb gilt es die Chancen zu nutzen, die in Kundenbeschwerden stecken.

Wenn möglich, sollte der Kunde, der sich beschweren will, das beim Chef, dem Werkstattmeister oder dem Kundendienstberater tun können. Gut ist es zudem, wenn das Reklamationsgespräch nicht gerade in der Kundenzone, sondern eher in einem separaten Raum geführt werden kann. Denn ein Kunde, der im Beisein vieler anderer Kunden vor lauter Ärger lautstark in die Luft geht, trägt bestenfalls zur Belustigung bei, in der Regel aber werden die anderen Kunden misstrauisch. Wichtig ist, dass die Beschwerde oder die Reklamation ernst genommen wird. Außerdem sollte eine rasche Problemlösung angeboten werden. Allein damit wird der Kunde aufgewertet, und diese Erfahrung führt häufig zu wachsendem Vertrauen des Kunden in «seinen» Kfz-Betrieb. Sachlicher Umgang mit Reklamationen dient also ebenfalls der Kundenbindung.

Aber es gibt noch einen zweiten positiven Aspekt der Kundenreklamationen: Sie vermitteln Informationen über Arbeitsqualität und Kundenorientierung. Deshalb sollten Kundenbeschwerden auch protokolliert werden. Und einer berechtigten Beschwerde muss in jedem Fall auch nachgegangen werden. Möglicherweise spiegelt die Beschwerde einen tatsächlichen Qualitätsmangel, der bislang nur noch nicht aufgefallen ist, weil sich eben nur wenige Kunden beschweren. Häufen sich jedoch Beschwerden, dann müssen alle Warnlampen in der Unternehmensleitung angehen. Dann hat der Kfz-Betrieb ein gravierendes Problem, das so schnell wie möglich gelöst werden muss. Erkennbar wird eine solche Häufung durch die kontinuierliche Beschwerdedokumentation und eine regelmäßige Auswertung.

Für den Kunden ist der Beschwerdegrund hoffentlich anschließend gelöst. Er sollte aber dennoch einige Tage später noch einmal angerufen werden, um seine Zufriedenheit abzufragen. Wenn möglich immer, doch zumindest bei wichtigen Kunden sollte das der Chef tun. Denn über die positive Erfahrung mit einer zufrieden stellend gelösten Reklamation wird der Kunde vielen Freunden, Kollegen und Verwandten berichten.

6.3 Medien und Märkte

Als Medien werden die Transportmittel der Werbung bezeichnet. Die Medien transportieren die Werbebotschaften zu den potentiellen Kunden. Zu den Werbemedien gehören beispielsweise:

- Zeitungen und Zeitschriften,
- Internet,
- Handzettel,
- Prospekte,
- Aufkleber,
- die eigene Hausfassade,
- Briefpapier,
- Visitenkarten,
- Beschriftungen auf Fahrzeugen,
- Dekorationsmittel in der Fahrzeugausstellung,
- Rundfunksender,
- Kinos,
- Plakate,
- Bandenwerbung,
- Fahnen und Spannbänder,
- Telefonkarten.

Alle diese Medien stehen dem Kfz-Betrieb für die Werbung zur Verfügung. Ob sie alle sinnvoll sind, ist eine andere Frage. Denn Werbung ist teuer, und einige Werbemedien sind teurer als andere. Die Frage nach dem richtigen Werbeeinsatz muss also lauten: Wo kann ich mit dem geringsten finanziellen Einsatz den größtmöglichen Nutzen erzielen? Klar ist aber auch, dass Werbung kontinuierlich präsent sein muss, um überhaupt bemerkt zu werden. Die unauffällige, kleine, einmalig geschaltete Anzeige macht in der Regel wenig Sinn. Aber auch der überhöhte Werbeeinsatz bringt nicht immer den großen Durchbruch. Es gilt den gesunden Mittelweg zu finden und die Medien auszuwählen, die das Werbeziel am effektivsten unterstützen.

> *Ein erster Werbegrundsatz lautet daher: kontinuierlich, in regelmäßigen Abständen werben. Nur wer sich mit regelmäßiger Werbung permanent beim Autofahrer in Erinnerung ruft, hat die Chance, mit dem Werbeeinsatz einen bleibenden Eindruck zu hinterlassen.*

Zu groß ist die Werbeflut, die heute auf den Verbraucher einstürzt, als dass er sich die einzelne, noch so gut gemachte Werbeaktion merken würde. Deshalb lieber mit geringerem Einsatz im Detail, dafür aber regelmäßig werben.

Neben dem «richtigen», dem möglichst effektiven Medium für die Werbung des Kfz-Betriebes ist die **Zielgruppe** der Werbung von zentraler Bedeutung. Die Werbung eines Kfz-Betriebes wendet sich an eine ganz bestimmte Zielgruppe: die Autofahrer im regionalen Einzugsgebiet, manchmal auch darüber hinaus. Der Begriff der Zielgruppe hat für den sinnvollen Werbeeinsatz zentrale Bedeutung. Zu fragen ist: Mit welchem Werbemedium erreiche ich meine Zielgruppe besonders effektiv? Dabei kann die umfassende Zielgruppe «Autofahrer» für bestimmte Werbeaktionen genauer eingegrenzt werden. Spezielle Zielgruppen, die sich für zielgruppenspezifische Werbung im Autohaus eignen, sind zum Beispiel:

- Führerscheinneulinge,
- Familien,
- Vielfahrer,
- Frauen,
- ältere Autofahrer/Senioren,
- Gewerbetreibende,
- Freiberufler.

Die Werbung soll die jeweilige Zielgruppe möglichst direkt erreichen und dabei möglichst geringe Streuverluste zeigen. Der Begriff **Streuverlust** ist ein weiterer zentraler Begriff für die Werbeplanung. Der Streuverlust bezeichnet den Anteil der Werbemaßnahme, der an der angepeilten Zielgruppe vorbeigeht. Benannt wird damit der Prozentsatz der Menschen, die sich für die Werbung nicht interessieren, weil sie beispielsweise kein Auto fahren, das sie in die Werkstatt bringen könnten. Zum Beispiel die Werbung für einen Frühjahrs-Check zum günstigen Festpreis: Handzettel mit dem Angebot, die flächendeckend in alle Hausbriefkästen einer Region gesteckt werden, haben einen besonders hohen Streuverlust. Das direkte und persönliche Anschreiben an die Stammkunden eines Kfz-Betriebes dagegen hat einen sehr geringen Streuverlust.

Hier einige konkrete Beispiele für die zielgruppengerechte Werbung ohne große Streuverluste:

- Führerscheinneulinge werden mit Handzetteln, die über die Fahrschulen verteilt werden, angesprochen.
- Freiberufler und Gewerbetreibende können über die Branchenfernsprechbücher «Gelbe Seiten» ermittelt und dann mit gezielten Werbebriefen angeschrieben werden.
- Die Mitglieder des Segelclubs benötigen leistungsstarke Fahrzeuge mit Anhängerkupplung. Die Vereinszeitschrift ist das richtige Werbemedium.

❑ Pannenkurse speziell für Frauen bringen diese Zielgruppe mit dem Kfz-Betrieb in direkten Kontakt.

Dennoch lässt sich eine Werbeaktion kaum ganz ohne Streuverluste durchführen. Und manchmal ist das Gieskannenprinzip, bei dem große Streuverluste in Kauf genommen werden müssen, auch notwendig, um neue Kunden anzusprechen. Eine wichtige Einschränkung möglicher Streuverluste ergibt sich zudem fast von allein: Das Geschäft eines Kfz-Betriebes ist im Wesentlichen regional begrenzt. Es kommen also ausschließlich Werbemedien in Frage, die in diesem regionalen Raum wirksam sind. Die überregionale Tageszeitung, die meisten Zeitschriften und viele Rundfunksender sind damit für die Werbung des Kfz-Betriebes ungeeignet.

Für die Bestimmung des richtigen Werbemediums ist damit ein weiterer Begriff von Bedeutung: das **Verbreitungsgebiet**. Bei vielen Medien ist die Bestimmung des Verbreitungsgebietes recht einfach: Bei Kino- und Spannbandwerbung im Stadion ist alles klar. Aber schon bei der Plakatwerbung kommt es darauf an, wo die Plakatwände stehen. Besonders interessant wird es bei Tageszeitungen und lokalen Radiosendern. Die haben ein mehr oder weniger großes Verbreitungsgebiet, das sich für einen erfolgreichen Werbeeinsatz möglichst mit dem Einzugsgebiet des Kfz-Betriebes decken sollte. In den so genannten Mediadaten machen aber beispielsweise Zeitungsverlage sehr genaue Angaben über das Verbreitungsgebiet. Möchte der Kfz-Betrieb mit einem beigelegten Prospekt werben, dann kann dessen Verbreitung über die Zeitung noch weiter eingegrenzt werden. Der Prospekt wird dann nur der Auflage beigelegt, die im gewünschten Gebiet verteilt wird.

6.3.1 Zeitungswerbung

Das klassische Werbemedium in der Kfz-Branche war bislang die regionale Tageszeitung. Und auch jetzt noch zählt die regelmäßige Anzeigenschaltung fast überall zum Pflicht-Werbemedium für den Kfz-Betrieb. Allerdings hat das Internet zumindest für den Fahrzeugverkauf, vor allem den von Gebrauchtwagen, der klassischen Zeitungswerbung mittlerweile den Rang abgelaufen. Denn Anzeigenwerbung in Tageszeitungen ist teuer. Vor einer Anzeigenschaltung sollten die Zeitungsszene vor Ort und die Gewohnheiten der Leser, aber auch die Aktionen der Konkurrenz zunächst analysiert werden.

❑ In welcher Zeitung finden sich die meisten Kfz-Anzeigen? Gibt es mehrere Zeitungen am Ort, dann hat sich das eine Blatt möglicherweise als die Zeitung für Kfz-bezogene Werbung etabliert.

Hier sucht dann auch der Autofahrer nach seinem neuen Gebrauchten oder nach Neuwagenangeboten. Auch die Werkstattwerbung ist dann hier am richtigen Platz. In manchen Regionen haben diese Rolle inzwischen Anzeigenblätter übernommen, die kostenlos an alle Haushalte verteilt werden.

❑ An welchem Wochentag finden sich die meisten Autoanzeigen in der Zeitung? In der Regel haben sich die Wochenendausgaben für die Autohauswerbung herauskristallisiert.

❑ Ist die Zeitung im Einzugsgebiet des Kfz-Betriebes verbreitet? Regionale Tageszeitungen werden in der Regel im Abonnement bezogen. Gibt es mehrere Zeitungen am Ort, dann kann deren Verbreitung von Stadtteil zu Stadtteil erheblich differieren. Die Werbeabteilungen der Tageszeitungen geben Auskunft über das genaue Verbreitungsgebiet.

❑ Wie sieht die Anzeigenwerbung der Konkurrenz aus? Zeitungswerbung, die wirken soll, muss auffallen. Zwischen den vielen Anzeigen auf den «Automarkt»-Seiten einer Tageszeitung ist das nicht immer leicht. Vor allem in Großstädten und Ballungsgebieten treiben viele Autohäuser aufwendige, professionell von Werbeagenturen gestaltete Anzeigenwerbung. Da hat es die Kleinanzeige des Kfz-Reparaturbetriebes schwer. Möglicherweise muss dann hier gar die Konsequenz lauten, auf die Anzeigenwerbung ganz zu verzichten und auf andere Werbemedien auszuweichen.

❑ Vor allem in ländlichen Gebieten dagegen reicht oft eine kleinere, zweispaltig gestaltete Anzeige schon aus, sich aus dem Wust der Kleinanzeigen herauszuheben.

Bild 6.6 (links)
Das attraktive Werkstattangebot für ältere Pkw

Bild 6.7 (rechts)
Wer zu Britsch zum TÜV kommt, zahlt nix – und lässt anschließend in der Werkstatt die Mängel beheben

Bild 6.8 (rechts)
Auffallen im Kleinanzeigenmarkt mit Fotoanzeigen

Beim Autokauf erfüllen wir Ihnen jeden Wunsch. Ob Neuwagen, Jahreswagen, oder EU-Importwagen; wir haben Sie alle – mit Garantie.
Und da Extrawünsche unsere ganz besondere Spezialität sind, sitzen Sie ruck-zuck in Ihrem Traumauto. Testen Sie uns!

Bild 6.9
Anzeigenvorlagen aus der Systemzentrale

Bild 6.10
Automeister hilft bei der Gebrauchtwagenwerbung

Bild 6.11 (rechts)
Auffällige Gebrauchtwagenwerbung am Bundeswehr-Standort

Eine Anzeige, die auffällt, die sich abhebt aus dem Umfeld, erfordert eine professionelle Gestaltung. Bei einfachen Gestaltungsfragen helfen häufig die Werbeabteilungen der Tageszeitungen. Markengebundene Autohäuser und in größeren Organisationen zusammengeschlossene Kfz-Betriebe erhalten häufig Hilfestellung in Form von professionell gestalteten Anzeigenmotiven von ihren Handelsorganisationen oder den Werkstattsystem-Zentralen. Darüber hinaus kann der Kfz-Betrieb auch die Dienstleistung einer professionellen Werbeagentur nutzen, die neben der Anzeigengestaltung häufig auch die Entwicklung eines kompletten Marketingkonzeptes übernehmen kann. Der Rat der – allerdings nicht ganz billigen – Werbeprofis sorgt dann nicht selten dafür, dass das Werbebudget sinnvoll und damit wieder kostengünstig eingesetzt wird.

Bild 6.12
Der große Event im Autohaus, angekündigt über die klassische Zeitungsanzeige

6.3.2 Internet und e-Mail-Kontakt

Kein Medium hat in den letzten Jahren eine so rasante Entwicklung erfahren wie das Internet. 1998 hatten bereits sieben Millionen Bundesbürger Zugriff auf das Internet. Das waren gut zehn Prozent der deutschen Bevölkerung über 14 Jahren. Vier Jahre später, 2002, hatten bereits 33,2 Millionen Bundesbürger oder mehr als 50% der über 14-Jährigen Zugang zum Internet – Tendenz weiter steigend. Zunächst fragten sich viele nach dem Nutzen. Was hat der Kfz-Betrieb, der schließlich regional agiert, davon, wenn in Australien oder den USA Informationen über ihn abrufbar sind? Das weltumspannende Informationsmedium Internet schien zunächst für den regionalen Markt ungeeignet. Das hat sich inzwischen grundlegend gewandelt. Für viele Verbraucher ist das Internet zum erheblich erweiterten Telefonbuch geworden. Wie früher die «Gelben Seiten», wird heute das Internet auch auf der Suche nach einem regionalen Unternehmen genutzt.
Kfz-Betriebe nutzen das Internet in zweifacher Weise. Zum einen informiert der eigene Internetauftritt, die so genannte Homepage, detailliert in Text und Bild über das Unternehmen und seine Leistungen. Zum zweiten werden die Internet-Gebrauchtwagenbörsen zum Verkauf und zum Teil auch für die Marktbeobachtung und den Gebrauchtwagenzukauf genutzt.

Die eigene Homepage des Kfz-Betriebes

Der eigene Internetauftritt hat im Wesentlichen die folgenden Ziele und Nutzen:

❑ Das Internet bedient das veränderte Informationsverhalten der Kunden.

- Aktuelle Basisinformationen über den Kfz-Betrieb sind rund um die Uhr verfügbar.
- Das Internet gewährleistet die zeitnahe Information der Kunden.
- Die Leistungsfähigkeit des Kfz-Betriebes wird ausführlich dargestellt.
- Das Internet unterstützt den Kfz-Betrieb bei der Mitarbeitersuche.
- Im Vergleich zu gedruckten Werbemedien ist das Internet deutlich günstiger bei gleichzeitig erheblich größerer Informationstiefe.
- Über e-Mail bietet der Internetauftritt sehr gute und rasche Kontaktmöglichkeiten zwischen Kunden und Kfz-Betrieb.

Ganz gleich, ob der Internetauftritt durch einen versierten Mitarbeiter selbst gestaltet und gepflegt wird oder ob eine professionelle Agentur damit beauftragt wird, sollten die folgenden Grundregeln beachtet werden.

- Übersichtliche Benutzerführung
    - So schnell wie möglich zur gewünschten Information
    - Selbst erklärende Navigation
    - Einfache und eindeutige Oberbegriffe verwenden
    - Klare, verständliche Grafik
    - Möglichst wenig Ebenen und Verzweigungen
    - Navigationspfad nachvollziehbar machen

- Professionelles Design
    - Integration in das Corporate Design des Hauses
    - Klare Gliederung
    - Einheitliche Typografie
    - Verbindlich definiertes Farbklima («bunt» ist nicht gleich farbig)
    - Bildschirmergonomie beachten (Schriftgrößen, Spaltenbreiten)
    - Optimierte Bilddaten verwenden

- Basisinformationen wie
    - Standort, Adressen, Kommunikationsdaten
    - Ansprechpartner
    - Leistungsspektrum
    - Serviceleistungen
    - Aktuelle Service-Aktionen
    - Kontaktmöglichkeit per e-Mail

*Bild 6.13 bis Bild 6.17
Der eigene Internetauftritt gehört für jeden Kfz-Betrieb zum Standard. Mit wenig Aufwand stehen die wichtigsten Informationen im Netz zur Verfügung.*

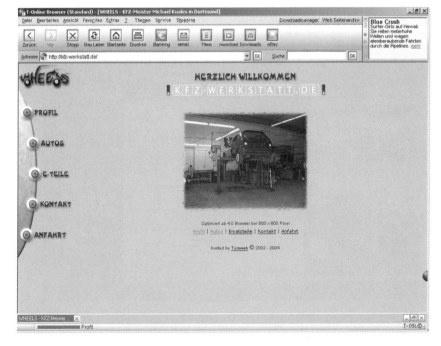

Bild 6.14

Bild 6.15

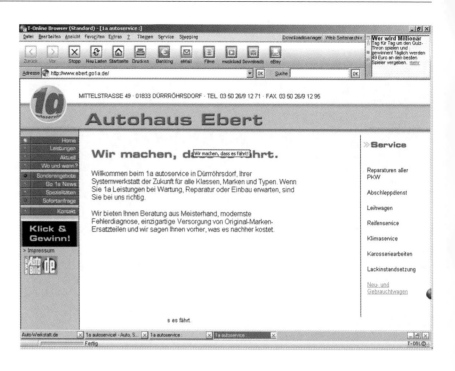

Bild 6.16

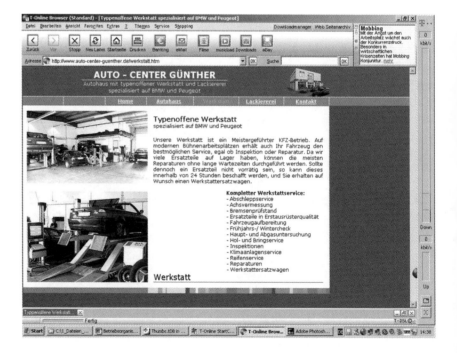

Bild 6.17

Ziel der eigenen Homepage ist es wie bei allen Werbemedien, dass möglichst viele Verbraucher die Seite anklicken und die dort hinterlegten Informationen wahrnehmen. Sicher wird der Internetauftritt eines Kfz-Betriebes nicht die Zugriffszahlen erreichen, die die großen Internetportale mit ihren Millionen von Besuchern erreichen. Dennoch können auch hier die Zugriffszahlen gesteigert werden. Dazu muss der Internetauftritt zunächst einmal attraktiv und interessant sein. Vor allem aber muss er aktuell sein. Enthält der Auftritt Werkstattangebote, die schon nicht mehr gelten, oder Gebrauchtwagen, die bereits verkauft sind, wird der Internetnutzer kaum die Seite ein zweites Mal aufrufen. Wenn aber beispielsweise das Fahrzeugangebot tagesaktuell gepflegt wird und sich auch sonst viel tut auf der Internetseite, dann ist die Chance groß, dass die Zugriffszahlen steigen.

Allerdings muss die Internetadresse dazu zunächst bekannt gemacht werden. Um das zu erreichen, muss die Internetadresse auf jedem Schriftstück konsequent aufgedruckt sein. Kein Brief, keine Rechnung, kein Handzettel, keine Anzeige, kein Prospekt darf mehr ohne die Internetadresse erscheinen. Sie wird fortan zum festen Bestandteil der Anschrift so wie die Telefonnummer. Zudem sollte der Internetnutzer sich die Internetadresse des Kfz-Betriebes auch selbst erschließen können. Wer den Internetauftritt des «Autohaus Sommer» sucht, der wird es zunächst mit der Internetadresse «www.autohaussommer.de» versuchen. Je stärker die Internetadresse vom allseits bekannten Firmennamen abweicht, desto problematischer ist sie auf Anhieb zu finden.

Gebrauchtwagenbörsen im Internet

Die Präsentation des Gebrauchtwagenangebotes in Online-Gebrauchtwagenmärkten gehört für den Autohandel heute zur Selbstverständlichkeit. Jeder Händler, der etwas auf sich hält, überträgt seinen Datenbestand auf die Server von mobile, autoscout & Co. – viele bereits tagesaktuell. Ebenso normal wie der Handel seine Gebrauchtfahrzeuge online anbietet, so selbstverständlich nutzen die Autokäufer das Medium für die Suche und Information. Vor allem die freien, markenübergreifenden Gebrauchtwagenbörsen sind beliebt. Daneben hat inzwischen auch jeder Hersteller und Importeur eine Gebrauchtwagenbörse, in die die Markenvertragshändler ihre Gebrauchten einstellen.

Laut DAT-Report griffen 2003 rund 55% der GW-Käufer auf das Internet als Informationsquelle zu. Die Onlinebörsen verzeichnen nach wie vor einen rasanten Aufschwung, der sich nach Ansicht der Experten auch in den kommenden Jahren weiter fortsetzen wird. Im Jahr 1999 hatte die Zahl der Nutzer beim GW-Kauf erst vier Prozent betragen, 2000 war sie auf elf Prozent gestiegen und hatte 2001 eine Quote von 17% erreicht. Federn lassen mussten vor allem die Kfz-Anzeigenteile in der Tagespresse. Hier ging das Anzeigenvolumen des GW-Handels deutlich zurück – parallel zum sinkenden Interesse der Käufer: Diese informierten sich 2003 nur mehr zu 41% in Tageszeitungen. Das sind 8% weniger als noch zwei Jahre zuvor.

Der Internetmarkt ist jedoch nach wie vor in Bewegung. Kleinere Börsen sind wieder verschwunden oder in größeren aufgegangen. Neue kommen dazu. All das kann die Bedeutungszunahme des Internets für den Gebrauchtwagenhandel nicht bremsen. Neben den beiden Großen der Branche, mobile.de und autoscout24.de, kämpfen verschiedene verlagsgebundene Börsen um Marktanteile, wie etwa autobild.de, classicdriver.com und sueddeutsche.de. Daneben relevant sind Anbieter wie webmobil24.com, die autoboerse.de (CC-Bank), webauto.de (Nachfolger von Motoversum) und autodrom (RealGarant).

Viele Händler stellen ihr Gebrauchtwagenangebot inzwischen in mehrere Börsen ein, was durch immer komfortablere und flexiblere Schnittstellen sowie die – verglichen mit Zeitungsannoncen – relativ geringen Nutzungsgebühren gefördert wird. Außerdem bieten die geschlossenen Händlerbereiche der Börsen viele Funktionen, die den Handel unterstützen. So gibt es die Anzeige von Durchschnittspreisen für gängige Modelle als Hilfe bei der Preisgestaltung, nützliche Hilfen fürs Tagesgeschäft wie ausgefüllte Kaufverträge, Bestandslisten,

Exportpapiere und Preisschilder oder regionale Bannerwerbung. Viel Nützliches ist bei einzelnen Börsen im normalen Leistungsumfang enthalten. Auch wer bloß schnuppern will, hat gute Karten: Testphasen von sechs bis acht Wochen sind ebenso verbreitet wie kurze Kündigungsfristen.

e-Mail-Kontakt
Mit dem Internet hat sich ebenso rasant auch die Kommunikation per e-Mail entwickelt. Vieles, was früher per Post oder Fax versendet wurde, läuft heute über den Computer und die elektronische Post. Neben der Bedeutung für den Geschäftsverkehr oder beispielsweise auch die Ersatzteilbestellung werden e-Mails zunehmend auch für den Kundenkontakt eingesetzt. Anfragen aus dem Angebot einer Gebrauchtwagen-Internetbörse laufen ausschließlich über e-Mail. Und auch sonst wenden sich Kunden immer öfter mit e-Mail-Anfragen an den Kfz-Betrieb. Die sind jedoch häufig noch gar nicht so recht eingestellt auf diese Form der schnellen Kommunikation.
Ein Test der Zeitschrift «Auto – Straßenverkehr» ergab 2003 bei 160 Autohäusern ein ausgesprochen schwaches Bild. Weniger als die Hälfte reagierte überhaupt auf die Kunden-e-Mails. Ein Drittel beantwortete die Kundenanfragen mit Gegenfragen. Es gab sogar die Aufforderung: «Bitte rufen Sie mich an!»
e-Mail ist ein sehr schnelles Kommunikationsmedium. Innerhalb weniger Minuten kann ich eine Antwort erhalten. Das erwartet der Kunde, der eine e-Mail an den Kfz-Betrieb schickt, gar nicht.

➥ *Innerhalb von 24 Stunden sollte der Kunde per e-Mail eine zufrieden stellende Antwort auf seine e-Mail-Anfrage erhalten. Denn oft ist dieser erste Kontakt der Einstieg in einen Gebrauchtwagenkauf oder der Beginn einer dauerhaften Kundenbeziehung.*

6.3.3 Sonstige Werbemedien für den Kfz-Betrieb

Neben den Hauptwerbeträgern im Kfz-Betrieb, der Anzeigenwerbung und der Internetnutzung, sind auch einige weitere Medien für einen optimalen Marketingmix sinnvoll. An erster Stelle steht dabei der Betrieb selbst: Ein sauberer, ordentlicher Betrieb ist die beste Werbung. Hinzu kommt eine auffällige Außenwerbung, die schon von Weitem auf den Kfz-Betrieb aufmerksam macht. Markengebundenen Kfz-Betrieben und auch den Systemwerkstatt-Partnern machen die Hersteller- und Importeursorganisationen oder die Systemzentralen der Werkstattsysteme häufig sehr detaillierte Vorgaben für die Beschilderung und Außensignalisation. Der Grund ist klar: Der Kfz-

Betrieb soll selbst auf den ersten flüchtigen Blick als Opel-, VW-, BMW-, Toyota-, Mazda-, Bosch- oder Automeister-Betrieb erkennbar sein. Kfz-Betriebe, die völlig frei arbeiten und keiner Organisation angehören, müssen selbst dafür sorgen, dass sie als kompetenter Kfz-Meisterbetrieb von den Autofahrern identifiziert werden. Das Werbemittelangebot des ZDK mit dem blauen Logo des Kfz-Gewerbes ist da eine gute Alternative.

Hier noch einige Anmerkungen zu weiteren ausgewählten Werbemedien für den Kfz-Betrieb:

- ❏ **Handzettel**: Sie eignen sich hervorragend, um auf besondere Serviceangebote aufmerksam zu machen. Im eigenen Betrieb ausgelegt, Rechnungen und Kundenbriefen beigelegt, in Geschäften oder Vereinsheimen ausgelegt (Besitzer oder Vorstand darum bitten), nach Großveranstaltungen verteilt oder hinter die Scheibenwischer parkender Autos geklemmt (Ordnungsamt um Genehmigung fragen), sind Handzettel leicht verteilt. Ihre Herstellung lässt sich oft schon in einem Copyshop oder dem eigenen Kopierer kostengünstig bewerkstelligen.
- ❏ **Prospekte**: Da der Verbraucher heute mit Prospekten überhäuft wird, müssen Prospekte aufwendig und farbig gestaltet sein. Das macht sie für den Kfz-Betrieb in der Regel zu teuer. Häufig aber bieten die Autohersteller oder auch Zubehörlieferanten ihren Handelspartnern Prospektmaterial an, in das sich der Firmenname eindrucken oder aufstempeln lässt. Dann können die Prospekte ähnlich wie die Handzettel verteilt oder als Beilage in die regionale Tageszeitung eingelegt werden.
- ❏ **Briefpapier**: Über Firmenbriefpapier wird wohl jeder Kfz-Betrieb verfügen. Neben dem Firmennamen und dem Logo kann der Briefbogen einen pfiffigen Slogan enthalten. Moderne Schreibsysteme erlauben es außerdem, auf jeden Briefbogen oder auf jede Rechnung in einer Unterzeile eine Werbung für ein spezielles Angebot einzudrucken.
- ❏ **Visitenkarten**: Jeder Kundendienstberater und auch alle Verkäufer müssen über eigene Visitenkarten verfügen. Die kleinen Kärtchen sorgen dafür, dass der Kunde sich an seinen Ansprechpartner im Betrieb erinnert. Kleinere Kfz-Reparaturbetriebe sollten zumindest Blanco-Visitenkarten für das Gesamtunternehmen drucken lassen, damit der Kunde Adresse und Telefonnummer «seiner» Werkstatt immer griffbereit hat.
- ❏ **Beschriftungen auf Fahrzeugen**: Das Firmenfahrzeug für die Ersatzteilbeschaffung muss selbstverständlich mit dem Firmenschriftzug beschriftet sein. So trägt es im Straßenbild dazu bei, dass der Betrieb bekannt wird. (Allerdings muss sich der Fahrer

dann im Straßenverkehr auch immer so verhalten, dass er dem Ruf des Unternehmens nicht schadet.) Darüber hinaus kann es sinnvoll sein, Werbeflächen auf Taxis, Bussen oder den Fahrzeugen der Post, die im Einzugsgebiet unterwegs sind, anzumieten.

- **Rundfunksender**: Rundfunkwerbung ist sehr teuer, sowohl in der Herstellung des Funkspots als auch für die Sendesekunde. Sie lohnt sich in der Regel nur bei kleineren, regional eng begrenzten Sendern. Dann sollte aber zuvor geklärt werden, ob die Werbung überhaupt Verbreitung findet.
- **Kinos**: Mit Kinowerbung wird vor allem ein jüngeres Publikum angesprochen. Die professionelle Werbung der großen Markenartikel-Hersteller macht es aber zunehmend schwer, sich hier durchzusetzen. Nur selten reicht daher das Standbild mit darüber gesprochenem Text aus. Diaserien oder gar Werbefilme aber sind teuer und lohnen daher nur selten den Aufwand.
- **Plakate**: Die Produktion eines Großflächenplakats ist aufwendig und teuer. Die Schaltung der Plakate in einem genau definierten Bereich dagegen kann sich auch der Kfz-Betrieb leisten.

6.3.4 Werbeerfolgskontrolle

Welche Hälfte der Werbung hat sich gelohnt und welche war nur herausgeworfenes Geld? Das fragte sich schon HENRY FORD. Und so sind Unternehmen, die Werbung betreiben, schon immer bestrebt, deren Erfolg zu messen. Das aber ist gar nicht so einfach. Denn niemand kann genau sagen, wie viele Kunden aufgrund einer Imagekampagne neu in den Kfz-Betrieb kommen. Immerhin aber hat das Gebrauchtwagenangebot am Samstag in der Zeitung wohl Erfolg gezeigt, wenn die Gebrauchten am Dienstag nicht mehr auf dem Hof stehen. Vielleicht hat sich aber auch ein Interessent unabhängig von der Anzeige gefunden. Oder das Angebot für den «Wintercheck» zum Festpreis in der Werkstatt: Der Erfolg zeigt sich am Zustrom der Kunden. Aber war es wirklich die Anzeige oder vielleicht auch die Beratung durch den Verkaufsberater? Der Erfolg einer Werbemaßnahme bleibt also häufig diffus.

Große Unternehmen testen deshalb häufig schon vorab die Wirkung von Anzeigen auf den Verbraucher. Auch über Kundenbefragungen erhalten sie Hinweise auf den Werbeerfolg. Für den Kfz-Betrieb sind diese Möglichkeiten zu aufwendig und vor allem zu teuer .

Dennoch hat auch der Kfz-Betrieb in Grenzen die Möglichkeit, den Erfolg der Werbeaktionen zu bewerten. Erste Erfolgskontrolle ist der **Soll-Ist-Vergleich** oder die **Vorher-Nachher-Bewertung**. Ziel einer Werbeaktion ist beispielsweise die Verbesserung der Werkstattauslastung. Mit einer Aktion Bremsbelagwechsel zum Festpreis werden

Autofahrer älterer Pkw angesprochen. Nach vier Wochen kann das Ergebnis bewertet werden: Ist die Auslastung gestiegen? Wie viele Autofahrer haben von dem Angebot Gebrauch gemacht? Wie viele davon waren Neukunden? Das sind Daten, die sich leicht ermitteln lassen. Die wenigsten jedoch tun es. Hat sich der Erfolg nicht eingestellt, muss die Werbeaktion jedoch differenziert gesehen werden. Es könnte sein, dass die Anzeigenwerbung das falsche Mittel war. Möglich ist aber auch, dass das Angebot selbst am Markt vorbeiging. Besonders schwierig ist es, den Erfolg von Imagewerbung oder dem allgemeinen Auftritt des Kfz-Betriebes zu bewerten. Eine Möglichkeit, mit wenig Aufwand wenigstens einen Eindruck über den Werbeerfolg zu bekommen, ist die konsequente Nachfrage bei jedem Neukunden: «Wie sind Sie auf uns aufmerksam geworden?» Ist die Frage als Standardfeld für die Neuanlage des Kunden in der Kundenkartei vorgesehen, wird die Frage nicht vergessen. Eine ähnliche Frage lässt sich auch mit einer besonderen Werkstattaktion verknüpfen: «Wie haben Sie von unserem besonderen Angebot erfahren?» könnte die Frage des Kundendienstberaters an den Kunden dann lauten.

6.4 Spezielle Marketingaktionen in der Werkstatt

Imagewerbung hat die Aufgabe, den Kfz-Betrieb bei den Kunden, also den Autofahrern bekannt zu machen und die besonderen Qualitäten des Betriebes herauszustellen. Imagewerbung muss dem Autofahrer gute Gründe vermitteln, die ihn überzeugen, gerade diesem Kfz-Betrieb sein Auto anzuvertrauen. Die Fachkompetenz eines Kfz-Meisterbetriebes kann das sein, der Schnellservice ohne Wartezeiten oder auch die besonders kundenfreundlichen Öffnungszeiten.

Bild 6.18
Schafft zusätzliche Kundenbindung für die Werkstatt: der eigene Pannendienst
(Quelle: VW)

Im Gegensatz dazu weist die Angebotswerbung auf besondere Werkstattangebote hin. Bei diesen speziellen Marketingaktionen geht es in erster Linie darum, mit für den Autofahrer attraktiven Leistungen

- die Werkstattauslastung zu verbessern,
- neue Kunden zu gewinnen und
- bestehende Kundenbeziehungen zu pflegen.

Dazu schnürt die Werkstatt ein spezielles Leistungspaket, das beispielsweise eine Fahrzeuginspektion umfasst, eine klar definierte Reparaturleistung enthält oder auch ein spezielles Zubehörangebot bewirbt. Ist das Paket geschnürt, müssen die Autofahrer informiert werden. Hierzu eignen sich die klassischen Werbemedien. Das jeweilige Angebot wird den Kunden durch

- Zeitungswerbung,
- die eigene Internet-Homepage,
- Handzettel, verteilt und ausgelegt im Betrieb, und
- mit Direct-mail-Aktionen

bekannt gemacht.

6.4.1 Frühjahrs-, Urlaubs- und Winteraktionen

Neben Wartungs- und Instandsetzungsarbeiten sind es vor allem die jahreszeitlichen Dienstleistungsangebote, die die Werkstattauslastung erhöhen helfen. Die klassischen Zusatzdienstleistungen sind:

- Frühjahrsservice,
- Urlaubsservice,
- Aktion «winterfest»,
- Klimaanlagencheck,
- Rundum-Pflegeangebote.

Bild 6.19
Hier gibt es die Profi-Klimakontrolle
(Quelle: Hella)

Ausgesprochen werbewirksam ist auch die alljährlich im Herbst vom ZDK angeregte Beleuchtungsaktion. Zwar ist dies ein Service, den der Kfz-Betrieb kostenlos erbringt. Aber es besteht die Möglichkeit für einen zusätzlichen Kundenkontakt, bei dem nicht selten weitere Werkstattleistungen verkauft werden können. Und für die Kunden, die in der Zeit, in der die Beleuchtungsaktion läuft, zum Beispiel für eine Wartung in die Werkstatt kommen, ist die Plakette zur Aktion ein kundenbindender Zusatzservice.

Bild 6.20
Jedes Jahr im Herbst der kostenlose Lichttest
(Quelle: Bosch)

Bild 6.21
Die Lichttest-Plakette ist bei Autofahrern begehrt
(Quelle: ZDK)

Die Sonderaktionen zum Frühjahr, vor den großen Ferien und vor der kalten Jahreszeit entsprechen im Prinzip einer kleinen Inspektion, ergänzt um saisonale Besonderheiten. Deshalb werden hier unter anderem die Autofahrer angesprochen, die ihr schon älteres Auto nicht mehr regelmäßig zu den vom Hersteller empfohlenen Wartungsintervallen in die Werkstatt bringen. Diese Autofahrer geben häufig sehr gezielte Werkstattaufträge für Wartungs- und Instandsetzungsarbeiten. Außerdem sind die Aktionen für Kunden gedacht, die etwa vor einer großen Urlaubsreise auf Nummer Sicher gehen wollen.

Zu den gängigen Arbeiten, wie:

- Prüfen und Einstellen der Zündanlage,
- Prüfen und Einstellen der Leerlaufdrehzahl,
- Batterietest,
- Prüfen und Auffüllen aller Flüssigkeitsstände,
- eventuell Ölwechsel,
- eventuell Wechsel der Bremsflüssigkeit,
- Kontrolle des Kühlsystems,
- Kontrolle der Keilriemen,
- Prüfen der Stoßdämpfer auf Funktion und Dichtigkeit,
- Prüfen und Korrigieren des Reifenluftdrucks,
- Prüfen und Einstellen der Beleuchtungsanlage,
- Bremsentest,

kommt vor dem Winter hinzu:

- Frostschutz im Kühlsystem prüfen und auffüllen,
- Scheibenreinigungsanlage prüfen und mit Frostschutz auffüllen,
- Wischerblätter prüfen,
- Türgummidichtungen pflegen,
- Unterbodenschutz prüfen,
- auf Wunsch und gegen gesonderte Berechnung: Wechsel von Sommer- auf Winterreifen.

Die Frühjahrsdurchsicht soll Schäden aus den Wintermonaten erkennen und eventuell beseitigen. Deshalb gehört hier zusätzlich dazu:

- Unterbodenwäsche,
- Motorwäsche und Versiegelung,
- Unterbodenschutz auf Schäden prüfen,
- Scheibenwischerblätter erneuern,
- eventuell auf Wunsch und gegen gesonderte Berechnung
  – Steinschlagschäden beseitigen,
  – Wechsel von Winter- auf Sommerreifen.

All diese Angebote sollten zu einem günstigen Komplettpreis angeboten werden. Das Material wird gesondert berechnet. Werden gravierende Schäden festgestellt, muss der Kunde vor der Instandsetzung informiert werden.

Immer mehr Pkw sind heute mit einer Klimaanlage ausgestattet, und die sollte regelmäßig geprüft werden. Gerade Besitzer älterer Pkw ver-

Bild 6.22
Sonderaktion: Pannenkurse speziell für Frauen schaffen Vertrauen bei den Autofahrerinnen
(Quelle: ZDK)

nachlässigen diese wichtige Arbeit jedoch. Hier kann der Klimaanlagencheck zum Festpreis das richtige Angebot bieten. Der Klimaanlagencheck umfasst die folgenden Prüfungen:

- Kühlmittelstand,
- Dichtheit des Kühlsystems,
- Kühlleistung,
- Filterfunktion,
- Kompressorfunktion,
- Systemdruck.

Die professionelle Fahrzeugaufbereitung für Werterhalt und Pflege ist ein weiteres Angebot, das viele Autofahrer nutzen, wenn es zu einem attraktiven Preis angeboten wird. Der Aufbereitungsplatz, an dem sonst die eigenen Gebrauchtwagen aufbereitet und die Neuwagen für den Verkauf vorbereitet werden, wird mit einer solchen Aktion besonders gut ausgelastet. Eine Aufbereitungs- und Pflegeaktion kann beispielsweise die folgenden Arbeiten umfassen:

- Innenreinigung,
- Kunststoff- und Polsterpflege,
- Unterbodenwäsche,
- Unterbodenschutz kontrollieren und ausbessern,
- Motorreinigung,
- Außenwäsche,
- Ausbessern von Steinschlagschäden und kleinen Roststellen,
- Lackpolitur und -versiegelung.

6.4.2 Zubehöraktionen

Das Werkstattgeschäft mit Zubehör bietet ebenfalls sehr gute Möglichkeiten, Umsatz und Werkstattauslastung zu verbessern. Neben dem reinen Kaufzubehör, wie beispielsweise dem Dachgepäckträger mit den verschiedenen Anbauteilen für Fahrrad-, Skier- oder Surfbretttransport, sind vor allem die Zubehörteile für die Werkstatt interessant, die Einbauaufwand erfordern.

In seiner Öffentlichkeitsarbeit unterstützt der ZDK die Kfz-Betriebe dabei mit begleitenden Aktionen. So enthält beispielsweise der «Meister-Tipp der Woche» des ZDK immer mal wieder auch Hinweise auf Zubehör, das vom Kfz-Meisterbetrieb nachgerüstet werden kann. Beispiele für Nachrüstaktionen sind etwa:

- elektrische Fensterheber,
- Funk-Schließanlagen,

Bild 6.23
Zubehöraktion:
Freisprecheinrichtungen inklusive Einbau
(Quelle: ZDK)

- Leichtmetallfelgen,
- Klimaanlagen,
- Standheizung,
- Glasdacheinbau,
- Auto-HiFi-Komponenten,
- Telefon-Freisprecheinrichtung,
- Navigationssystem,
- Nachrüstkatalysator,
- Showtuning-Anbauten,
- Dekorsets,
- Fahrwerksveränderungen,
- Tuning-Maßnahmen.

Wie die jahreszeitlichen Werkstatt-Sonderaktionen werden auch die Zubehörangebote möglichst breit gestreut beworben, um auch viele Autofahrer anzusprechen, die den Betrieb und seine Leistungen noch nicht kennen. Oft entsteht über den ersten Kontakt aufgrund einer Sonderaktion eine dauerhafte Kundenbindung.

Bild 6.24
Der besondere Service: Reifeneinlagerung
(Quelle: ZDK)

6.4.3 Paketpreise und Festpreisangebote

Kfz-Betriebe, insbesondere die Werkstätten der fabrikatsgebundenen Autohäuser, haben bei vielen Autofahrern ein Apothekenimage. Die Kunden sind der Meinung, dass die Werkstattpreise viel zu hoch sind. Bestimmte Reparaturen, so die weitverbreitete Meinung, gibt es im Schnellservice oder der Hinterhofwerkstatt billiger. Und so mancher legt auch gleich selbst Hand an oder lässt sich im Rahmen von Schwarzarbeit helfen.

Zum großen Teil liegt das daran, dass der Kunde vielfach nicht erkennen kann, was bestimmte Dienstleistungen kosten. Der Preisauszeichnungspflicht ist Genüge getan, wenn der Stundenverrechnungssatz in der Kundendienstannahme ausgehängt ist. Dem Kunden jedoch nützt das wenig. Deshalb sollten überschaubare Leistungen zum Festpreis im Paket, einschließlich Teile- und Lohnkosten (und selbstverständlich einschließlich Mehrwertsteuer) angeboten werden. Beispiele für paketpreisfähige Angebote der Kfz-Werkstatt:

❏ Inspektionen,
❏ Reifenservice,
❏ Auspufferneuerung,
❏ kleiner und großer Motortest,
❏ Kupplungswechsel,
❏ Bremsbelagerneuerung,
❏ TÜV-Vorbereitung und -Vorführung einschließlich Gebühren,
❏ Stoßdämpfer ersetzen.

Auch diese Paketpreise sollten im Betrieb ausgehängt werden. Paketpreise aber eignen sich auch hervorragend für Direct-mail- oder Handzettelaktionen. Im direkten Briefversand besteht dann die Möglichkeit, die Preise genau auf das Fahrzeug des Kunden zugeschnitten individuell zu benennen. Aber auch in einer breit gestreuten Werbe-

Bild 6.25
Paket- und Festpreisangebote müssen den Kunden bekannt gemacht werden

aktion verfehlen sie nicht ihren Zweck: Der Autofahrer erkennt, dass er in der Werkstatt Preise für bestimmte Leistungen erwarten kann, die für ihn kalkulierbar sind und auf die er sich verlassen kann.

Darüber hinaus eignen sich Festpreis- oder Paketangebote auch sehr gut für besondere Werbeaktionen, die das Ziel haben, neue Kunden über einen besonders günstigen Preis mit dem Kfz-Betrieb in Kontakt zu bringen. Diese Art der Neukundengewinnung ist jedoch nicht ganz ungefährlich. Die «Dumpingpreise» können leicht zu einem unsinnigen Preiskrieg zwischen konkurrierenden Werkstätten führen, der letztlich niemandem etwas nützt. Außerdem weckt das besonders günstige Angebot Kundenerwartungen, die sich auf Dauer nicht erfüllen lassen. Deshalb sollte bei Paket- oder Festpreisangeboten immer auch die Werkstattqualität im Vordergrund stehen – auch wenn es natürlich der Preis ist, auf den die Autofahrer in erster Linie reagieren.

6.5 Werbeplanung und Kosten

Rund ein Prozent vom Umsatz geben Unternehmen in der Bundesrepublik für Werbung aus – einige mehr, andere weniger. Allgemein aber gilt dieser Wert als Richtschnur für eine sinnvolle Planung des Werbemitteleinsatzes. Auch der Kfz-Betrieb kann sich daran orientieren. Dabei muss allerdings berücksichtigt werden, dass beispielsweise nach einer Betriebsneugründung das Werbebudget höher ausfallen muss, um den Betrieb zunächst in der Region als neuen qualifizierten Anbieter bekannt zu machen. Das Budget muss also den Unternehmenszielen und der Marketingstrategie angepasst werden.

Zudem gilt es, die Aufteilung des Werbebudgets zu planen. Die Aufteilung hängt zunächst davon ab, aus welchen Teilbereichen der Kfz-Betrieb besteht. So gilt für ein Autohaus mit Neu- und Gebrauchtwagenhandel die folgende Aufteilung des gesamten Werbebudgets als sinnvoll:

Neu- und Gebrauchtwagen:	50%
Teile und Zubehör	10%
Werkstatt	25%
Imagewerbung für den Gesamtbetrieb	15%

Die genannten Werte sind allerdings nur als Richtschnur zu verstehen und müssen wie erwähnt den individuellen Notwendigkeiten und den Marketingzielen angepasst werden. Das gilt auch für die Aufteilung des Werbebudgets auf die einzelnen Werbemedien. Auch hier können nur Anhaltswerte genannt werden:

Anzeigenwerbung in Zeitungen	30%
Internet	30%
Direktwerbung	20%
Eigener Betrieb	15%
Sonstige Medien	5%

Im nächsten Schritt geht es um die Verteilung des Werbebudgets über das Jahr. Der Werbeeinsatz sollte kontinuierlich erfolgen. Das heißt, auch im Dezember muss noch Geld für die Werbung vorhanden sein. Andererseits folgt das Geschäft im Kfz-Gewerbe auch saisonalen Schwankungen. Neu- und Gebrauchtwagen werden vor allem ab dem Frühjahr bis in den Sommer hinein verkauft. Mit Einschränkungen folgt auch das Werkstattgeschäft diesem Zyklus. Deshalb sollten die Werbeschwerpunkte in den ersten sechs Monaten liegen, ohne das Herbst- und Wintergeschäft zu vernachlässigen. Darüber hinaus orientiert sich die Werkstattwerbung an Themen, die übers Jahr akut werden. Die im vorangegangenen Abschnitt genannten speziellen Werkstatt-Marketingaktionen wie der Frühlings-Check oder der Urlaubsservice müssen ebenso in den Werbeplan aufgenommen und mit besonderen Teilbudgets berücksichtigt werden. Und wenn ein besonderer Bereich – wie etwa der Auto-HiFi-, Telefon- und Navigationssysteme-Einbau – neu aufgebaut werden soll, dann erfordert das ebenfalls ein besonderes Budget oder doch zumindest eine Budgetverschiebung.

Die Jahreswerbeplanung sollte daher rechtzeitig am Ende des Vorjahres erfolgen. Das Budget wird sich dabei an den Ausgaben des Vorjahres orientieren. Dennoch sollte das Budget auch nicht einfach übernommen werden. Vielmehr ist die Budgetplanung am Jahresende für das Folgejahr willkommener Anlass, die durchgeführten Aktionen und den Werbemitteleinsatz im Detail kritisch zu beleuchten. Wichtig ist dabei aber in jedem Fall, dass der Kfz-Betrieb in seinen Marketingaktivitäten nicht nachlassen sollte, auch wenn die Auslastung stimmt und das Geschäft «brummt». Denn Werbung ist immer eine Investition in die Zukunft. Und es ist immer einfacher und kostengünstiger, einen gut laufenden Betrieb mit kontinuierlicher Werbung auf Erfolgskurs zu halten, als einen Betrieb, der im wirtschaftlichen Keller ist, mit Werbemaßnahmen wieder aufzubauen.

6.6 Kundenkontaktprogramme

Der Aufwand, neue Kunden für den Kfz-Betrieb zu gewinnen, ist in aller Regel sehr hoch. Mit aufwendigen Werbeaktionen müssen die Autofahrer auf den Betrieb aufmerksam gemacht werden. Möglicherweise sind besonders günstige Werkstattangebote erforderlich, um den Kunden überhaupt das erste Mal in den Betrieb zu locken.

Verdient ist damit oft noch nicht viel. Zudem ist der Neukunde beim ersten Mal besonders misstrauisch; das Vertrauen zum Kfz-Betrieb und die Qualität seiner Arbeit muss erst noch wachsen.

Dagegen ist es vergleichsweise einfacher, bestehende Kundenbeziehungen zu pflegen und dafür zu sorgen, dass Stammkunden immer wieder kommen. Aus diesem Vergleich von Aufwand und Nutzen haben sich in allen Branchen Systeme zur Bindung bestehender Kundenbeziehungen entwickelt. Sie haben die Aufgabe, den persönlichen Kontakt zum Kunden aufrechtzuerhalten. Gleichzeitig werden Daten über den Kunden gesammelt, die es dem Unternehmen erlauben, dem Kunden gezielt die Angebote zu machen, die er voraussichtlich benötigt. Ist beispielsweise bekannt, dass ein Kunde alle zwei Jahre einen neuen Gebrauchtwagen kauft und den finanziert, dann kann ihm rechtzeitig ein entsprechendes Angebot gemacht werden.

Wie in vielen Bereichen des Marketings hat sich auch hier ein englischer Fachbegriff etabliert. Die systematische Pflege der Kundenbeziehungen wird als **Customer Relationship Management** oder kurz **CRM** bezeichnet. Ursprünglich wurde CRM für das Firmenkundengeschäft entwickelt, also für die Geschäftsbeziehungen zwischen zwei Unternehmen. Inzwischen spricht man aber auch im Geschäft mit Endkunden von CRM. Manche Automobilhersteller und Importeure haben für ihre Handelsorganisationen umfassende CRM-Systeme entwickelt. Im Namen der Händler werden hier die Kunden dann oft direkt vom Hersteller betreut.

Aber auch für den mittelständischen Kfz-Betrieb machen CRM oder Kundenbindungsprogramme Sinn. Denn in der Alltagsroutine eines Werkstattbetriebes oder auch einer Fahrzeug-Verkaufsabteilung geht der regelmäßige persönliche Kundenkontakt schnell verloren. Ein systematisches Kundenkontaktprogramm soll sicherstellen, dass kein Kunde vergessen wird. Das heißt, der Kfz-Betrieb wartet nicht darauf, dass der Kunde von allein wiederkommt, sondern meldet sich selbst bei ihm, ruft sich in Erinnerung, macht auf Termine aufmerksam und unterbreitet konkrete Angebote. Der Kunde soll sich rundum betreut und vor allem auch ernst genommen fühlen. Manchmal wird ein solches Kundenbindungssystem auch als Tante-Emma-Prinzip bezeichnet: Der Kunde soll sich so gut und so persönlich betreut fühlen, wie das früher im Tante-Emma-Laden um die Ecke üblich war.

Datenbasis Kundenkartei

Basis für ein effektives Kundenkontaktprogramm ist eine von allen Mitarbeitern verlässlich gepflegte Kundenkartei. Längst haben auch im Kfz-Betrieb EDV-Programme die früher üblichen handschriftlichen Karteikarten abgelöst. Zudem ist die Kundenkartei heute weit mehr als die simple Adressdatei aller Kunden des Kfz-Betriebes. Für das

Kundenkontaktprogramm sind möglichst viele Informationen über den Kunden erforderlich. Die gängigen Kundenkarteiprogramme sehen eine Vielzahl von festen Datenfeldern vor, die von allen Mitarbeitern mit Kundenkontakt und Zugriff auf die EDV-gestützte Kartei gepflegt werden. Dabei ist es hilfreich, wenn immer auch automatisch das Datum der letzten Änderung erscheint. So kann der Mitarbeiter beurteilen, ob eventuell die Gefahr besteht, dass die Kundendaten nicht mehr aktuell sind.

Allgemeine Kundendaten
- Titel und Anrede
- Name und Vorname
- eventuell Firma
- Straße/Postfach
- Postleitzahl und Ort
- Telefon tagsüber und privat
- Mobiltelefon
- Faxnummer
- e-Mail-Adresse

Fahrzeugdaten
- Aktueller Fahrzeugtyp
- Kfz-Kennzeichen
- Baujahr
- Letzter bekannter Km-Stand am:
- Im Hintergrund: Fahrzeuglebenslauf/Werkstattkontakte
- Weitere Fahrzeuge im Haushalt/der Familie
- Informationen über vorherige Fahrzeuge

Persönliche Kundeninformationen
- Geburtsdatum/Alter
- Beruf
- Familienstand
- Anzahl/Alter der Kinder
- Bankverbindung/Kreditkarte
- Bonitätsbeurteilung
- Hobbys
- Experte/Engagement für ...

Kontakthistorie
- Anzahl der Kundenkontakte
- Letzter Werkstattbesuch
- Kontaktanrufe
- Verschickte Mailings

- Beschwerden und Reklamationen
- Ergebnis Kundenbefragung

Die genannten Einträge können als Anhaltspunkt für den Aufbau einer Kundendatei dienen, sollten aber den individuellen Bedürfnissen des Betriebes angepasst werden. Zudem ist nicht zu erwarten, dass alle Daten gleich mit dem ersten Kontakt ermittelt werden können. Der Kunde würde sich zu Recht ausgefragt vorkommen und misstrauisch werden. Vielmehr ergeben sich viele Informationen erst über einen längeren Zeitraum ganz zwanglos im Gespräch mit dem Kunden.

Deshalb sollte in der Kundenkartei in jedem Fall auch ein Feld vorgesehen sein, in das die Mitarbeiter nach einem Kundengespräch frei formulierte Informationen eintragen können. Hat der Kunde gerade von seinem Ärger mit den Handwerkern beim Bau seines Hauses berichtet oder erzählt, dass er in drei Wochen nach Italien in den Urlaub fahren will, dann dient diese Information beim nächsten Gespräch als willkommener Anknüpfungspunkt. Der Kunde fühlt sich dadurch individuell und persönlich betreut – eben so wie früher im Tante-Emma-Laden.

In das Kundenbindungsprogramm werden grundsätzlich alle bekannten Kunden einbezogen. Ziel ist es, aus einem Neukunden einen mit dem Unternehmen zufriedenen Stammkunden zu machen. Der Kunde muss dazu auch emotional und persönlich an den Betrieb gebunden werden. Dann wird dieser Kunde schließlich auch zum Multiplikator und empfiehlt «seinen» Kfz-Betrieb auch Freunden und Verwandten weiter. Für den Kfz-Betrieb selbst geht es dabei um wirtschaftliche Ziele. Die Werkstattauslastung wird durch einen hohen Anteil zufriedener Stammkunden gesichert, möglichst sogar gesteigert. Da weniger Aufwand für die Neukundengewinnung erforderlich ist, erhöhen sich auch die Erträge. Und im Bereich des Fahrzeugverkaufs sorgt ein gutes Kundenbindungsprogramm dafür, dass Stammkunden immer wieder ein Auto in «ihrem» Kfz-Betrieb kaufen.

6.6.1 Direct-mail-Aktionen

Genutzt werden die Daten der Kundenkartei im Rahmen eines systematischen Kundenkontaktprogramms zum einen für den regelmäßigen Briefkontakt. Diese regelmäßigen Aussendungen von Informations-, Angebots- und Werbebriefen wird als Direct-mailing bezeichnet. Direct-mail-Aktionen werden eingesetzt:

- für die Information zu einzelnen Werkstattaktionen,
- zu besonderen Anlässen,
- als Teil einer regelmäßigen Kontaktstrategie.

Hat der Kunde im Kfz-Betrieb einen Gebrauchtwagen gekauft, könnte ein über zwei Jahre laufendes Basis-Kontaktprogramm folgendermaßen ablaufen:

- Eine Woche nach dem Kauf: Gratulation zum Kauf und Dank für das Vertrauen mit Wünschen für allseits gute Fahrt.
- Drei Monate nach dem Kauf: aktuelle Werkstattangebote.
- Elf Monate nach dem Kauf: Erinnerung an den Ablauf der Gebrauchtwagengarantie mit dem Angebot einer Verlängerung nach einer Inspektion.
- 18 Monate nach dem Kauf: Das besondere Zubehörangebot.
- Zwei Jahre nach dem Kauf: Erinnerung an TÜV- und AU-Termin, aktuelle Gebrauchtwagenangebote, Finanzierungs- und Leasingangebote.

Hinzu kommen als selbstverständlicher Direct-mail-Kontakt für jeden Kunden die Gratulation zum Geburtstag und der Gruß zu Weihnachten mit den besten Wünschen zum neuen Jahr. Das Basis-Kontaktprogramm kann außerdem ergänzt werden durch spezielle Direct-mail-Aktionen der Werkstatt wie:

- jahreszeitliche Inspektionsangebote,
- Paketpreisangebote,
- Zubehöreinbauten,
- Hinweise auf Wartungstermine.

Sinn dieses streng geregelten Zeitplanes ist es, wirklich jeden Kunden regelmäßig zu erreichen. Die EDV ermittelt wöchentlich die Adressen, die aktuell mit einem der Werbebriefe bedacht werden müssen. Darüber hinaus kann die Kundendatei natürlich auch gezielt für die Suche nach potentiellen Interessenten für eine bestimmte Leistung durchsucht werden. Die Nachrüstung mit einem Navigationssystem beispielsweise wird eher den Kunden angeboten, die noch ein relativ junges Auto fahren und überdurchschnittlich hohe Jahresfahrleistungen haben.

Bild 6.26
See you! Einladung zum Lichttest zieht Kunden an
(Quelle: Bosch)

6.6.2 Telefonmarketing

Eigentlich nichts anderes als eine Direct-mail-Aktion, nur eben schneller, persönlicher, direkter, das ist Telefonmarketing. Ein großer Teil der Kontakte mit dem Kunden läuft sowieso über das Telefon: die Werkstatt-Terminvereinbarung etwa oder eine notwendige Auftragserweiterung, und dann ruft der Kunde vielleicht noch an, um zu fragen, ob sein Auto nun fertig und abholbereit ist.

Der Kunde ist den telefonischen Kontakt mit seiner Werkstatt also gewöhnt. Deshalb ist es auch nicht anrüchig, den Kunden statt per Post persönlich am Telefon zu kontaktieren. Aber Vorsicht: Hier gelten noch einige Verbote. So sind so genannte «Kaltanrufe» bei Privatleuten noch untersagt. Das heißt, private Autofahrer, die noch keine Kundenbeziehung zum Kfz-Betrieb haben, dürfen nicht mit Telefonmarketing belästigt werden. Bei Firmen und bei Selbstständigen ist aber selbst das innerhalb der üblichen Geschäftszeiten erlaubt – und eben auch bei Autofahrern, zu denen bereits eine Kundenbeziehung besteht.

Als Teil eines Kundenkontaktprogramms kann also durchaus auch auf Telefonmarketing gesetzt werden. Besonders geeignet ist der Telefonkontakt, um die Zufriedenheit des Kunden abzufragen, zum Beispiel eine Woche nach dem Kauf eines Autos oder eine Woche nach jedem Werkstattbesuch oder wenigstens nach einer größeren Reparatur. Aber auch bei einem Kunden, der schon länger nicht mehr im Kfz-Betrieb war, kann ein persönlicher Anruf hilfreich sein. Und wenn sich ein Kunde nach einem Gebrauchtwagen erkundigt hat, dann aber ohne ihn zu kaufen wieder gegangen ist, auch dann lohnt sich oft ein telefonisches Nachfassen. Besonders herausgehoben fühlt sich ein Kunde auch immer dann, wenn er zu einer Veranstaltung im Kfz-Betrieb telefonisch eingeladen wird. Dabei wird die schriftliche Einladung angekündigt und hinterhergeschickt.

Allerdings ist Telefonmarketing auch mit einigem Aufwand verbunden. Im Kfz-Betrieb werden sich die Mitarbeiter mit Kundenkontakt diese Aufgabe deshalb teilen. Im Automobilverkauf ist es üblich, dass für die Verkäufer Telefonkontaktlisten ausgedruckt werden.

Eine weitere Möglichkeit für professionelles Telefonmarketing ist die Einschaltung eines Callcenters. Hier sitzen Mitarbeiter, die mit Hilfe konkreter Angaben durch den Auftraggeber dessen Kunden anrufen. Die Mitarbeiter dieser Callcenter sind in der Regel speziell geschult und haben Erfahrung im Umgang mit Kunden am Telefon. Inhaltlich können sie allerdings nur so gut sein, wie die Information ist, die sie zuvor vom Auftraggeber erhalten. Die regelmäßige Betreuung der Kunden durch ein Callcenter können sich allerdings nur größere Kfz-Betriebe leisten. Dagegen kann es auch für kleinere Kfz-Betriebe Sinn machen, ein Callcenter mit einer Kundenzufriedenheitsanalyse zu beauftragen. Die Mitarbeiter des Callcenters rufen dann 50 oder 100 Kunden des Betriebes an und fragen nach ihrer Zufriedenheit mit dem Betrieb und auch danach, was ihnen nicht gefällt. Meist ist ein Kfz-Betrieb schon aus Zeitgründen selbst nicht in der Lage, eine solche Umfrage professionell durchzuführen. Die Auswertung der Gesprächsprotokolle ergibt dann recht schnell eine aussagefähige

Kundenzufriedenheitsanalyse, die Schwachpunkte und Stärken in der Kundenbetreuung aufgedeckt.

6.6.3 Kundenkarten und Garantieprogramme

Kundenkarten gibt es inzwischen in vielen Bereichen. Vor allem große Kaufhausketten bieten Kundenkarten, die mehr oder weniger Zusatznutzen versprechen. Auch sie haben den Sinn, die Kundenbindung zu erhöhen.

Im Kfz-Betrieb ist das nicht anders. Auch hier sind Kundenkarten ein Instrument der Kundenbindung. Richtig eingesetzt, bieten sie dem Autofahrer aber einen echten Mehrwert und sorgen damit tatsächlich für eine engere Bindung an den Betrieb.

Mit der Kundenkarte hat der Kunde zum einen die wichtigsten Telefonnummern seiner Werkstatt immer griffbereit. Viel wichtiger jedoch sind die Leistungen, die mit einer Kundenkarte verbunden werden. Das «PremiumServicePaket», das beispielsweise der ZDK mit seinem Kundenkartenangebot «ServiceCard» verbindet, enthält zum Beispiel die folgenden Leistungen:

- kostenlose Wagenpflege,
- preiswerte Ersatzfahrzeuge,
- kostenloser Kurzcheck,
- Wintercheck,
- Reifencheck,
- Lichtcheck,
- Bonusprogramme.

Im Laufe eines Jahres kann der Kunde diese Leistungen abrufen. Dazu kommt er entsprechend oft in die Werkstatt, und da ergeben sich in der Regel auch noch weitere Möglichkeiten, Werkstattleistungen zu verkaufen. Vor allem aber: Der Kunde bleibt bei der Werkstatt.

Denkbar ist auch, die Kundenkarte mit einer Garantie zu koppeln. Hat der Kunde in der Werkstatt eine Inspektion durchführen lassen, erhält er daraufhin eine Garantie, die bis zum nächsten Inspektionstermin gilt. Einige der Gebrauchtwagen-Garantieversicherer setzen ebenfalls auf diese Art der Kundenbindung. Zur Garantie gibt es dann ein Checkheft mit speziellen Bonusleistungen und eine Kundenkarte, die den Autofahrer berechtigt, Garantie- und Bonusleistungen in Anspruch zu nehmen.

Quellenverzeichnis

[1] Autohaus-Management 2003
[2] Ing.-Büro Karl Damschen, Weinheim
[3] www.bmwa-bund.de
[4] asanetwork GmbH, Ratingen
[5] *Gebrauchtwagen-Praxis*. Vogel Auto Medien GmbH & Co. KG, Würzburg
[6] Zentralverband Deutsches Kraftfahrzeuggewerbe (ZDK), Bonn
[7] ZDK/VDA/VDIK
[8] *Autohaus* 19/2003, Seite 67

Bilder 1.1, 1.5, 1.11, 1.15, 1.17, 1.18; 3.3, 3.6, 3.7, 3.10, 3.11, 3.12, 3.14; 6.4, 6.21, 6.22, 6.23, 6.24: Zentralverband Deutsches Kraftfahrzeuggewerbe (ZDK), Bonn

Bilder 1.2, 1.6, 1.7, 1.8, 1.12, 1.13; 3.1: Deutsche Automobil Treuhand (DAT), Stuttgart

Bilder 1.3, 1.9, 1.10, 1.14; 2.4, 2.9, 2.10, 2.11, 2.12; 3.5; 6.1, 6.2, 6.3, 6.5, 6.20, 6.26: Fa. Robert Bosch GmbH, Stuttgart

Bilder 1.4; 2.2; 6.19: Fa. Hella KG, Hueck & Co, Lippstadt

Bild 1.16: Toyota Deutschland GmbH, Köln

Bilder 1.19, 1.20; 3.2, 3.9: Ing.-Büro Karl Damschen, Weinheim

Bild 1.21: RealGarant Versicherung AG, Neuhausen a.d. Fildern

Bilder 2.1, 2.2, 2.5, 2.6, 2.7, 2.8: Werbas AG, Holzgerlingen

Bilder 2.13, 2.14, 2.15; 3.15, 3.16: EurotaxSchwacke GmbH, Maintal

Bilder 3.4, 3.8, 3.10, 3.17: Dekra AG, Stuttgart

Bild 3.13: autop Maschinenbau GmbH, Rheine

Bild 6.18: Volkswagen AG, Wolfsburg

Stichwortverzeichnis

A

Abgas-Absaugvorrichtung 129
Abgastester 75
Abgasuntersuchung 55, 96, 143 f., 181
Abnahme 219, 223
Aktiengesellschaft (AG) 67
Altersvorsorge 246
Altfahrzeug 176
Altlasten 55
Altölentsorgung 57
Altteile 152
Altwagen 118
Angebotswerbung 281
Ankaufquellen 34, 105
Annahmetüten 124
Anwesenheitsgrad 196
Anzeigenwerbung 251, 268 f., 280
Application Service Providing (ASP) 107
Arbeitsamt 44 f., 217
Arbeitsauftrag 151, 179
Arbeitskarte 94, 96, 122
Arbeitslose 45
Arbeitslosenversicherung 49 f.
Arbeitsplatzausstattung 117
Arbeitsqualität 265
Arbeitssicherheit 186
Arbeitsunfall 243
Arbeitsvertrag 48 f.
Arbeitswerte 92, 96, 132 ff., 142, 154, 179
Arbeitszeit 49
Arbeitszeitkarte 154
ASA-Werkstatt-Netz 77, 80, 94
Audit 21
Aufbereitung 100, 167, 215
– der Gebrauchtwagen 20, 33
Auftragsannahme 222
Auftragsbearbeitung 84
Auftragscontrolling 195
Auftragserweiterung 143, 179, 196, 222, 242, 292
Auftragsnummer 179
Auftragstasche 121, 135
Auftragsvolumen 52
Auktion 111
AU-Prüfung 182
Ausbildungsmaßnahmen 51
Auslastung 191, 196
Auslastungsplanung 203
Außensignalisation 18, 176, 277
Außenwerbung 277
Ausstattungsgrad 212
Ausstellungshallen 16
Austauschteile 133, 152
Automeile 54
Autorisierungsverfahren 21

B

Bannerwerbung 111
Barzahlungsrabatt 238
Bauantrag 56
Bauaufsichtsbehörde 56
Bauvoranfrage 56
Bebauungsplan 55 f.
Bekanntheitsgrad 54
Belegfluss 179
Beleuchtung 147
Benchmarking 198
Berufsgenossenschaft 45, 50, 217, 243
Berufskrankheit 243
Berufsunfähigkeitsversicherung 246
Besitzumschreibung 33, 196
Bestandsanalyse 212
Bestellsystem 80
Betriebsblindheit 180
Betriebshaftpflichtversicherung 244
Betriebsklima 192, 257
Betriebsnummer 217
Betriebssystem 77, 94
Betriebsunterbrechungsversicherung 244
Beweislastumkehr 172, 230
Bewerbungsgespräch 46
Boxen-Prinzip 59
Branchenlösungen 80 f.
Branchen-Software 78
Break-even-Analyse 197
Bruttoertragsquote 195
Bundesknappschaft 45 f.
Bürgerliches Gesetzbuch (BGB) 217 f., 229
Büro-Softwarepaket 78
Businessplan 199, 248, 250

C

Callcenter 293
Checkliste 151 f.
Claim 253
Controller 192
Controlling 37, 178, 191 ff., 198 f., 201, 212, 214
Corporate Behavior 257 f.
Corporate Design (CD) 23, 253 f., 272
Corporate Identity (CI) 23, 251, 257
Customer Relation Management (CRM) 106, 289

D

Datenbank 92, 102
Dealer-Management-System (DMS) 98 ff., 103 ff., 198
Deckungsbeitrag 196
Deckungsbeitragsrechnung 197

Diagnose 42, 76, 89 f., 93, 118, 123, 132, 138, 140, 142, 150, 163, 195, 206
Diagnose-Arbeitsplatz 117, 136
Diagnosesystem 30, 41, 95 f., 264
Diagnosetechnik 29
Diagnosetester 87, 89 f., 93, 137
Diagnosetiefe 89
Dialogannahme 121, 125 ff., 132, 140, 196
Differenzbesteuerung 227
Direct-mail-Aktion 250 f., 281, 291 f.
Direktannahme 60, 63, 125 f., 129, 163, 188, 263
Dispositionssystem 122
Distributionspolitik 248 f.
Diversifikation 250
Do-it-yourself 14, 27, 207
Dokumentation 167
Dokumenten-Management 86
Durchgangskunden 207

E

e-Business-Lösungen 113
e-Commerce 76
Eigenrating 200
Einbauanleitungen 85
Einbruchdiebstahl-Versicherung 244
Einzelunternehmen 67
Einzugsgebiet 38
Elektronikversicherung 245
e-Mail 76 ff., 93, 107 f., 271, 277
Endkontrolle 153, 179, 264
Energieversorgung 63
Enterprise Resource Planning (ERP) 106
Entkonservierung der Neuwagen 33
Entsorgung der Altöle 57
Ergänzungsbestellung 159
Erlösindex 195
Ersatzteilbevorratung 16, 158
Ersatzteillager 57, 63
Ersatzteilversorgung 157
Erstinspektion 177
Erwerbsminderungsrente 246
EU-Reimport-Fahrzeug 161
Europäische On-board-Diagnose (EOBD) 88
Existenzgründer 71 f.
Expertendatenbank 138
Expertensysteme 90, 115
Expressbestellung 159 f., 196

F

Fabrikatsbindung 22
Fahrwerktester 128
Fahrzeugakten 86
Fahrzeugannahme 81
Fahrzeugaufbereitung 284
Fahrzeugausstellung 15, 22
Fahrzeugbestand 196
Fahrzeugdaten 84 f.
Fahrzeugdatenbank 93
Fahrzeugdurchgänge 196

Fahrzeughandel 84
Fahrzeug-Handelsmodule 176
Fahrzeuglebenslauf 95, 123, 222
Fahrzeugstammdaten 82
Fahrzeugtypen-Datenbank 79
Fairnessregeln 239
Fehlerspeicher 87, 89, 137
Fehlersuchanleitung 90
Fehlersuche 87, 89, 91, 137 f., 140, 142, 242
Fertigstellungstermin 223
Festpreis 267
Festpreisangebote 285
Festpreiskalkulation 82
Feuerversicherung 244
Finanzamt 217
Finanzbuchhaltung 84
Finanzcontrolling 195
Finanzierung 13
Finanzierungsvertrag 84
Finanzplanung 192 f.
Fixkosten 16
Flächenbedarf 56 f.
Flächennutzungsplan 55
Flussprinzip 58, 62, 136, 140
Fördermittel 72
Förderprogramme 71
Fortbildung 50
Führungsstil 251, 257

G

Garantie 21, 196, 207, 230 f.
Garantiearbeit 153, 155, 204
Garantieleistung 202, 222
Garantieprämie 169
Garantiereparatur 208
Garantieversicherer 155 f., 172, 294
Garantiezusage 155
Gebäudestruktur 62
Gebietsschutz 18
Gebrauchtfahrzeuge 16
Gebrauchtteile 133
Gebrauchtwagen 13, 19 f., 22 f., 25 f., 33 ff., 54, 57, 65, 76, 84, 98 ff., 103, 118, 144, 161, 163, 203, 230, 248, 275, 292 f.
Gebrauchtwagenaufbereitung 20, 33, 163, 167
Gebrauchtwagenauktionen 34
Gebrauchtwagenbestand 105, 170, 197, 211, 213 f.
Gebrauchtwagenbewertung 102
Gebrauchtwagen-Bewertungsprogramm 164
Gebrauchtwagenbörse 76, 110 f., 165, 271, 276
Gebrauchtwagengarantie 98, 162, 172, 176
Gebrauchtwagen-Hereinnahme 165
Gebrauchtwagen-Internetbörse 101
Gebrauchtwagen-Management 161
Gebrauchtwagen-Preiskalkulation 103

Gemeinkosten 131, 193
Gemeinkostenzuschlag 131
Geschäftsausstattung 253 f.
Geschäftsbedingungen, allgemeine 218, 229
Geschossflächenzahlen (GFZ) 56
Gesellschaft des bürgerlichen Rechts (GbR) 66, 68
Gesellschaft mit beschränkter Haftung (GmbH) 67, 69
Gewährleistung 172, 221, 230
Gewährleistungsfall 222
Gewährleistungsrecht 167, 171
Gewerbeamt 217
Glasversicherung 245
GmbH & Co. KG 66 f., 70
Grundflächenzahlen (GRZ) 56
Grundstücksbedarf 57
GVO (Gruppenfreistellungsverordnung) 17, 21, 36, 88, 104 ff.

H
Hagelversicherung 245
Hallenrastermaße 62
Handelsgesetzbuch 67
Handelsregister 67, 69 f.
Handelsregistergericht 217
Händlervertrag 21, 23
Handwerkskammer 217
Hauptuntersuchung 33, 143 f., 174, 244
Hereinnahme 211, 215
Hereinnahmebewertung 20, 99 f., 161 f., 176
Hereinnahmepreis 34, 100, 102, 163 f.
Hereinnahmeprotokoll 100
HiFi-Komponenten 25, 32, 53
Homepage 107 f., 271, 275, 281

I
Imagekampagne 279
Imagewerbung 280, 287
Industrie- und Handelskammer 217
Inspektionsdaten 81
Internet 75 ff., 85, 93, 100, 102 f., 107 f., 110, 113 f., 157, 164 ff., 238, 250, 268, 271 ff., 275 f., 281, 288
Internet-Gebrauchtwagenbörse 107, 110 f.
Internetpräsenz 251
Inventur 159
Investitionskosten 16
Ist-Analyse 13

J
Jahreswagen 161
Job-Börse 44
Jubiläumsverkauf 240

K
Kaltanrufe 293
Kapitalbindung 16
Kapitalgesellschaft 67

Karosseriearbeitsplatz 55, 57 ff., 117
Karosseriewerkstatt 25 f.
Kaufleute 67
Kaufvertrag 229
Kennzahlen 85, 178, 194 ff., 206
Kfz-Reparaturbedingungen 218, 221 ff., 229
Kfz-Versicherung 245
Kleine AG 70
Kommanditgesellschaft (KG) 66 f., 69
Kommunikationspolitik 248 ff.
Kompetenzzentrum 136
Komplettpreise 133, 283
Konkurrenzanalyse 197
Konkurrenzsituation 52, 54
Kostenstelle 193
Kostenvoranschlag 75, 80 ff., 85, 93, 132 f., 205, 223, 242, 262
Kraftfahrt-Bundesamt 33, 36
Kraftfahrzeugbestand 29
Krankentagegeldversicherung 246
Krankenversicherung 45, 49 f., 246
Kreditkarten 153
Kreditwürdigkeit 199
Kulanz 21
Kulanzantrag 155
Kulanzarbeiten 155, 202
Kulanzleistungen 222
Kundenanalyse 197
Kundenannahme 60
Kundenbefragung 187, 279, 291
Kundenbeziehungen 289
Kundenbindung 13, 15, 22, 119, 137, 142 f., 149, 151, 209, 261 ff., 265, 294
Kundenbindungsinstrument 144
Kundenbindungsprogramme 289, 291
Kundendatei 123, 260, 292
Kundendaten 77, 93, 100
Kundendatenbank 79, 120
Kundendienstannahme 26, 94 f., 118, 120, 134, 177, 179, 209, 254, 260 ff., 286
Kundendienstberater 42, 89, 93, 123, 126 f., 130, 132 f., 135, 142 f., 149, 151 ff., 158, 176 f., 188, 201 f., 222, 242, 251, 256 f., 261 ff., 278, 280
Kundenfreundlichkeit 180
Kundenkartei 38, 94, 144, 289, 291
Kundenkarten 294
Kundenkontakt 144, 277
Kundenkontaktanalyse 206, 209
Kundenkontaktprogramm 100, 106, 207, 260, 288 ff., 293
Kundenloyalität 207
Kundenloyalitätsrate 206
Kundenorientierung 255 f., 265
Kundenpotential 52
Kundenreklamation 169
Kundenzentrum 128
Kundenzufriedenheit 83, 180, 185, 187, 192, 196, 255, 258
Kundenzufriedenheitsanalyse 293 f.

L

Lackierabteilung 25
Lackiererei 41, 55, 58
Lackierkabine 148
Lackierwerkstatt 25 f.
Lagerbedarf 157
Lagerbestand 158 f., 196 f.
Lagerdauer 196
Lagerfahrzeug 177
Lagerorganisation 158 f.
Lagerumschlagshäufigkeit 196
Lagerwagen 229
Langsteher 100, 212 ff.
Lärmschutz 147
Lärmschutzwand 58
Lauterkeitsrecht 239
Leistungsgrad 195
Leistungslohnmodelle 143
Leitungswasserversicherung 245
Leitzahl 134 f.
Leitzahlsystem 136
Lieferantendatenbank 79
Liefertermin 229 f.
Lieferzeiten 210, 229 f.
Liquiditätsengpass 191
Logo 251 ff., 278
Lohnerlös 195
Lohnfortzahlung 45
Lohnkosten 131
Lohnsteuer 45
Lohnsteuerkarte 47
Lohnsteuerklasse 46

M

Markenimage 253
Markenlogo 23
Marketingaktionen 288
Marketinginstrumente 238
Marketingkonzept 270
Marketing-Stellschrauben 248
Marketingstrategie 247, 250 f., 287
Marketingziele 247, 287
Marktanalyse 36 f., 199
Marktanteil 39, 250
Marktbeobachtungen 106
Marktchancen 13
Marktdurchdringung 250
Marktentwicklung 250
Marktpotential 199
Marktpreisliste 99, 101, 163
Marktpreisspiegel 99, 164
Mechatroniker 30, 42, 76, 90, 140, 202
Medien 268
Medium 267
Mehrebenen-Arbeitsplätze 150
Mehrmarkenbetrieb 22
Mehrmarkenhändler 36
Mehrschichtbetrieb 260
Meisterbrief 254
Metall-Berufsgenossenschaft 50
Mindestbestand 160

Minijob 45 f., 49
Mobilfunk 53, 148
Mobiltelefon 25
Motorwäsche 32 f.

N

Nachbesserung 172, 219
Nachkalkulation 85, 99, 206, 215
Nachtannahme 222, 262
Navigation 53
Navigationssysteme 32, 210
Netzwerk 83, 94, 104
Neufahrzeuge 16
Neukunde 38, 280, 289, 291
Neukundengewinnung 287
Neuwagen 13, 19, 22 ff., 26, 33 f., 36, 144, 203, 208, 230
Neuwagenauslieferung 118
Neuwagen-Entkonservierung 33
Neuzulassungen 36, 196
Notreparaturen 119

O

Offene Handelsgesellschaft (OHG) 66 ff.
Öffentlichkeitsarbeit 249
Original-Ersatzteile 133
Originalzubehör 158

P

Paketpreis 285
Pannenkurse 250, 268
Partnerschaftsgesellschaft (PartG) 66
Personal Digital Assistant (PDA) 103
Personalauswahl 46
Personalcomputer 75
Personalführung 51
Personalplanung 42, 51, 97
Personal-Service-Agentur 45
Personalstandards 43
Personengesellschaft 66
Pfandrecht 223
Pflegeversicherung 49 f., 246
Pkw-Dichte 38
Pkw-Dieselprüfung 55
Planzahlen 191, 200
Portalwaschanlage 32
Preiskalkulation 132
Preispolitik 248 ff.
Preisschilder 100
Pressearbeit 249
Probefahrt 151, 219
Produktentwicklung 250
Produktivität 195
Produktpolitik 248 f.
Produktqualität 258
Profit-Center 118, 159
Provider 108
Prüfgeräte 95
Prüfstraße 60
Prüftechnik 76

Q
Qualität 195
Qualitätskontrolle 151, 180
Qualitätsmanagement-Projekt 118
Qualitätsmanagement-System 180 f., 185
Qualitätsstandard 18, 23 f.

R
Rabattgesetz 238
Rating 191, 199 f., 248
Räumungsverkauf 240
Rechtsform 66 f.
Reimporte 19
Re-Import-Fahrzeuge 105
Reklamationen 142, 150, 180, 196, 248, 255, 264 f., 291
Rentenanspruch 45
Rentenversicherung 45, 49 f., 246
Reparatur, zeitwertgerechte 133
Reparaturanleitungen 138, 142
Reparaturannahme 75, 242
Reparaturannahmezeiten 140
Reparaturauftrag 79 f., 123, 125, 127, 130, 134, 143, 218, 220 ff., 242, 262
Reparaturbedarf 208
Reparaturbedingungen 125, 134 f.
Reparaturhandbuch 16, 87
Reparaturkosten-Kalkulation 99
Reparaturrechnung 36
Reparaturumfang 124
Reparaturvolumen 38, 40
Ressourcencontrolling 195
Ressourcenplanung 120
Richtbank 60
Richtsystem 147
Richtzeiten 132
Risikoabsicherung 243
Rückabwicklung 172
Rundfunkwerbung 279
Rüstzeiten 124, 136

S
Sachmängelhaftung 229 ff.
Schadenskalkulation 85
Scheinwerfer-Einstellgerät 129
Schiedsstelle 218, 223, 240 ff.
Schnelldienste 158
Schnellservice 119, 122, 139 f., 280, 285
Schnellservice-Dienste 207
Schnellserviceplatz 117
Schnittstelle 80 f., 84, 101, 104, 118, 121, 149, 177, 179, 276
Schuldrecht 229
Schuldrechtsreform 221
Schwarzarbeit 14, 285
Schwerbehinderung 47 f.
Selbstkostenindex 195
Selbstprüfung 21
Service Return 206, 208 f.
Service-Annahmeplatz 117

Serviceberater 43, 126, 128
Service-Checkliste 142
Serviceheft 153
Serviceintervall-Anzeige 87
Servicequalität 188
Servicestandard 21
Servicetechniker 42, 90 f., 140, 149 f., 202
Slogan 253, 278
Sommerschlussverkauf 239
Sonderveranstaltungen 239, 251
Sortimentscontrolling 195
Sozialabgaben 45
Sozialversicherung 49
Spezialwerkzeuge 142
Spurmessplatte 129
Stammdaten 80, 84, 105
Stammkunde 54, 144, 150, 157, 201, 206, 208, 255 f., 289, 291
Stammkundenpotential 54
Standardbestellung 159
Standkosten 100, 213, 215
Standort 53 ff.
Standzeit 100, 171, 194, 197, 213
Standzeitenkontrolle 162
Standzeitenübersicht 214 f.
Stellenbeschreibung 44, 48, 186
Stempeluhr 154, 205
Steuergeräte 76, 137
Streuverlust 267 f.
Stundenverrechnungssatz 80, 82, 131 f., 195, 286
Sturmversicherung 245
Systemdiagnose 75
Systemvoraussetzungen 78

T
Tagesarbeitskarte 155, 204
Tankstellen 14 f.
Tarifvertrag 48
TecCom 113 ff.
TecDoc 114
Teileentsorgung 152
Teilekatalog 75, 77, 79, 81, 85
Teilelager 60
Teilelogistik 31
Teileservice 158
Teilkostenrechnung 197
Telefon-Hotline 138
Telefonmarketing 106, 292 f.
Telefonzentrale 259 f., 262
Termindisposition 119 ff., 126, 260
Terminplanung 157
Terminplanungsprogramm 120

U
Übergabe-Inspektion 118, 177
Überhangauftrag 121
Umsatzrentabilität 195
Umsatzsteuer-Identifikationsnummer (UstIdNr.) 227

Umweltgutachten 55
Umweltkonzept 18
Umweltschutz 186
Unfallhäufigkeit 38 f.
Unfallinstandsetzung 25
Unfallschaden 60
Unfallversicherung 50, 243
Universal-Messsystem 60
Unternehmensidentität 247, 251 f.
Unternehmenskultur 251
Unternehmensplanung 191
Unternehmensziel 51

V

Vandalismus 244
Verbraucherschutz 217 f., 238, 241
Verbrauchsmaterial 157
Verbreitungsgebiet 268
Verkäuferprovision 100
Verkehrssicherheit 151, 153
Vernetzung 76, 98
Versicherungspflicht 46
Versteigerungs-Androhung 220
Vollflächen-Anordnung 58
Vollkaufmann 67
Vorführfahrzeuge 245
Vorführwagen 203, 210

W

Warenwirtschaftssysteme 106, 114
Wartezone 32
Wartungs-Checkliste 264
Wartungshäufigkeit 28
Wartungsintervalle 28, 208
Wartungsplan 81, 141
Wartungstermin 119
Weiterbildung 50
Weiterbildungsmaßnahmen 51
Werbeaktionen 287
Werbebotschaften 266
Werbebudget 270, 287 f.
Werbeerfolgskontrolle 251, 279
Werbemittel 170 f., 254
Werbemitteleinsatz 177, 287
Werbung 247
Werkstattanmeldung 95
Werkstattauftrag 27, 123, 151, 166

Werkstattauslastung 281, 291
Werkstatt-Auslastungsgrad 119
Werkstattausrüstung 17
Werkstattdisposition 167
Werkstattdurchgang 43, 209
Werkstatt-Historie 82
Werkstattkapazität 120
Werkstattkontakt 28, 208
Werkstattkonzept 85
Werkstattmarketing 258
Werkstatt-Plantafel 121
Werkstattplanung 118
Werkstatt-Planungstafel 135
Werkstattqualität 209
Werkstattrechnung 32
Werkstattsystem 13 f., 17 ff., 22, 25, 176, 181, 187, 198
Werkstatttermine 75, 77
Werkstatttest 18
Werkstatt-Tore 63
Werkunternehmer-Pfandrecht 220
Werkvertrag 218, 221 ff.
Wettbewerbsrecht 238
Wettbewerbsregeln 238
Wettbewerbsvorteil 83
Wiederverkäufer 112, 157, 159 f., 165, 214
Winterschlussverkauf 239

X

Xenon-Licht 210

Z

Zahlungseingang 84 f.
Zeitarbeitsfirma 45
Zeitarbeitskarte 204
Zeiterfassung 206
Zeiterfassungssysteme 154
Zertifizierung 181
Zielgruppen 250, 267
Zubehörausstellung 32
Zubehörshop 57
Zubehörverkauf 64
Zugabeverordnung 238
Zugriffszahlen 275
Zukaufsquellen 19

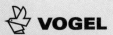

»kfz-betrieb Wochenjournal & Online«
Die perfekte Symbiose aus Print & Online!

www.kfz-betrieb.de

- ▶ Umfassende Berichterstattung bei **wöchentlicher Erscheinungsweise**
- ▶ Plus »**kfz-betrieb-Servicetechniker**« – dem großen Weiterbildungsteil für ambitionierte Kfz-Meister und Kfz-Servicetechniker. Jeden Monat neu!
- ▶ **Innovative Online-Verknüpfung** *e-info*
  Online-Zugangsnummern im Heft sorgen für blitzschnellen Zugriff auf vertiefende Zusatz-infos unter **www.kfzbetrieb.de**
- ▶ Insiderinformationen aus dem Verbandsgeschehen

- ▶ **Technische Mitteilungen** für die AU
- ▶ **Breite Zustimmung in der Branche**
  Führungskräfte entscheiden sich für »kfz-betrieb« – die meistabonnierte Fachzeitschrift* im Kfz-Gewerbe
- ▶ Informationen und Probehefte unter Vogel Auto Medien »kfz-betrieb«, D-97064 Wüzburg, Tel. 0931 / 418-2119
  Fax 0931 / 418-2411
  EMail:
  vertrieb@vogel-automedien.de

*)aller vergleichbaren Branchentitel

Kontakt: www.kfz-betrieb.de

[Fachwissen griffbereit]

Kraftfahrzeugtechnik

Hess, Eckhard

Betriebswirtschaft

160 Seiten, zahlreiche Bilder
1. Auflage 2002
ISBN 3-8023-1908-7
Buch mit CD-ROM

Ohne betriebswirtschaftliche Kenntnisse ist für einen Kfz-Meister die sinnvolle Beurteilung der Betriebsvorgänge in einem Autohaus nicht vorstellbar. Der Autor nimmt den vorwiegend technisch ausgebildeten angehenden Kfz-Meistern die Vorbehalte gegenüber dieser unvertrauten Thematik. Von der Buchführung über Kostenrechnung, Vollkostenrechnung und Teilkostenrechnung bis hin zu deren Auswertung werden alle im Kfz-Betrieb wichtigen Bereiche anhand von Beispielen erläutert. Der Band führt den Meisterschüler in leichtverständlicher Form Schritt für Schritt durch die Grundbegriffe der Betriebswirtschaft. Die beiliegende CD-ROM enthält Übungen und Rechenbeispiele.

- Buchführung
- Kostenrechnung
- Teil- und Vollkostenrechnung
- Investitionsrechnung
- Betriebliche Statistik
- Betriebswirtschaftliche Auswertung
- Informationssystem einer Kfz-Unternehmung
- Bilanzauswertung
- Fragen und Aufgaben

Vogel Buchverlag, 97064 Würzburg, Tel. (09 31) 4 18-24 19
Fax (09 31) 4 18-26 60, www.vogel-buchverlag.de